"十三五"国家重点图书出版规划项目
智能型新能源汽车关键技术

电动汽车无线充电系统原理与设计

魏学哲　罗志超　熊　萌　著

同济大学出版社
TONGJI UNIVERSITY PRESS

图书在版编目(CIP)数据

电动汽车无线充电系统原理与设计 / 魏学哲,罗志超,熊萌著. —上海:同济大学出版社,2021.3

ISBN 978-7-5608-9569-7

Ⅰ.①电… Ⅱ.①魏… Ⅲ.①电动汽车—充电—研究 Ⅳ.①U469.72

中国版本图书馆 CIP 数据核字(2020)第 209682 号

电动汽车无线充电系统原理与设计

魏学哲　罗志超　熊　萌　**著**

策划编辑　朱　勇
责任编辑　张　莉　任学敏
责任校对　徐春莲
封面设计　陈益平
出版发行　同济大学出版社　　www.tongjipress.com.cn
(地址:上海市四平路 1239 号　邮编:200092　电话:021-65985622)
经　　销　全国各地新华书店
排　　版　南京文脉图文设计制作有限公司
印　　刷　上海安枫印务有限公司
开　　本　787 mm×1092 mm　1/16
印　　张　16
字　　数　399 000
版　　次　2021 年 3 月第 1 版　　2021 年 3 月第 1 次印刷
书　　号　ISBN 978-7-5608-9569-7
定　　价　128.00 元

前言

PREFACE

本书主要依据同济大学汽车学院近年来在车载无线充电系统的研究成果，同时综合国内外多位研究者和多家企业的研究进展，对车载无线充电技术进行了分析、归纳和总结，其主要内容包括电动汽车车载无线充电系统的基本原理、发展概况、技术路线、关键技术以及未来发展趋势。本书旨在为有兴趣从事电动汽车车载无线充电系统研发和产业化的研究生及工程师提供较为全面的技术指导和理论分析。

电动汽车已经成为当下汽车行业革新的大潮流，也是中国产业发展的战略方向，《国家重点研发计划新能源汽车重点专项实施方案》明确指出："到 2020 年，建立起完善的电动汽车动力系统科技体系和产业链，为 2020 年实现新能源汽车保有量达到 500 万辆提供技术支撑。"2019 年 7 月 2 日的《世界新能源汽车大会博鳌共识》提出"电动化、智能化、共享化"已成为全球汽车产业转型升级的主要方向，各国政府应协同营造更适合"电动化、智能化、共享化"融合发展的政策环境，出台更积极且市场化的政策，协同推进跨产业的合作与融合发展，规划建设更智能、更清洁、更安全、更便利的基础设施。

电动汽车不仅仅是车辆本身的革命，也是能源供应体系的革命。在电动汽车影响范围日益扩大的同时，也出现了许多应用中所产生的问题，其中充电设施不完善、充电过程操作不够方便友好成为众多用户担心的一大问题。目前，电动汽车充电基本以传统的有线充电为主，这种充电方式需要较为繁琐的操作过程，而且长期裸露于室外的充电桩容易损坏，导致漏电甚至触电等安全事故的发生。而无线充电则可以通过一对松耦合的磁能线圈进行空间的能量传递，与传统的有线充电相比，无线充电可以免去复杂的充电操作，增加汽车充电的便利性和安全性，同时，因为避免了机械插拔，也可提高系统可靠性，降低充电设备的维护成本。此外，车载无线充电技术也必将与自动驾驶和自动泊车技术相结合，逐步发展成车网协同的智能充电技术。与未来电动化、智能化、网联化、共享化等协同融合发展趋势兼容，车载无线充电技术必定具有广阔的发展前景。

无线电能传输是人类多年的梦想，早在 1889 年，美籍塞尔维亚裔科学家特斯拉(Nikola Tesla)

发明并设计了著名的特斯拉线圈，实现了电能无线传输的设想，证明了电能无线传输的理论可能性，拉开了现代电能无线传输技术探索的序幕；1978 年，博尔杰(J. G. Bolger)研究了面向高速电动汽车系统的大功率感应式电能传输技术，然而由于缺乏高性能的半导体器件、电容器及其他基础材料等宣告失败；2000 年，奥克兰大学的博伊斯(J. T. Boys)教授第一次实现了真正意义上的针对载人交通设备的无线充电；2007 年，美国麻省理工学院马林·索尔贾西克(Marin Soljacic)教授领导的研究小组提出了共振式强磁耦合无线电能传输技术，以 40%的效率点亮 2 m 以外的60 W灯泡，并用电磁场耦合模理论给出了详细的原理阐述，该研究成果使无线电能传输技术成为举世瞩目的焦点，随后世界多家企业和科研组织相继投入大量的精力研究该项技术。

近年来，由于电动汽车的快速发展，无线电能传输技术也从小功率的应用场合逐渐向大功率的应用场合发展。在国外，新西兰奥克兰大学以博伊斯和科维克(Grant Covic)两位教授为首的团队，美国橡树岭国家实验室的研究团队以及瑞士联邦理工学院的科拉尔(Kolar)教授的团队都纷纷开始大功率车载无线充电系统的研究。随着高校和研究所对大功率无线充电技术的不断深入研究，逐渐有企业开始投入精力和财力致力于车载无线充电技术的产业化和商业化。其中，以麻省理工学院研究团队为首创立的 Witricity 公司是世界比较著名的车载无线充电系统研发公司，目前该公司已经有 3.3 kW—11 kW 不同功率等级的无线充电产品样机。随后 Powermat 公司、Evatran 公司、HaloIPT 公司等也陆续开始对车载无线充电系统的产业化进行投入。而在国内，车载无线充电系统的研发和商业化属于一个新兴的产业，目前在此领域投入较多的公司主要有中兴通讯公司以及中惠创智公司等，近年来不断有企业家纷纷组建团队，成立初创公司投身于车载无线充电系统的研发和产业化，如上海的万安亿创科技有限公司、苏州的安洁无线科技有限公司等。

目前国内尚缺乏针对电动汽车无线电能传输技术体系及关键技术的书籍，因此作者希望总结关于车载无线充电的研究成果以及国内外先进研究团队的研究方法和理念，较为全面地为即将或已经从事车载无线充电系统的研究开发人员提供关于车载无线充电技术的理论支撑和部分技术细节，以期推动车载无线电能传输的产业化进程乃至电动汽车的发展进程。

本书的主要内容包括：

(1) 无线电能传输技术的基本原理及发展现状介绍。其中主要包括对不同形式的无线电能传输技术进行分类介绍，重点阐述了基于磁感应式进行无线电能传输的技术原理，并介绍了当前国内外对大功率无线电能传输的研究现状以及标准制定进程。

(2) 大功率无线充电系统中磁能线圈组的选型设计，磁场调控及优化研究。其中主要包括不同磁能线圈组结构的空间磁场分布对比，对水平位错的容错能力比较以及磁能线圈组的多目标优化设计。

(3) 大功率无线电能传输应用下的磁能线圈组磁芯设计方法。从铁氧体磁芯的滞回和饱和等非线性特征出发，分析磁芯在不同工况下各部分的磁场分布情况，提出防止磁饱和与提高铁芯利用率的优化思路，并介绍了新型纳米晶磁芯的相关研究及应用可行性分析。

(4) 车载静态无线充电系统电路中各功能模块的主要作用及基本设计思路。主要介绍了典型车载无线充电系统中的功率因数校正电路，高频逆变电路，谐振补偿电路以及整流电路的基本原理和设计思路，并在此基础上进一步介绍了车载无线充电系统的输出功率控制器，其中包括发射端控制器、接收端控制器、双边控制器的基本控制思路以及控制效果分析。

(5) 前沿及未来大功率无线电能传输技术。包括能够为电网反向馈电的双向无线电能传输系统、汽车动态中补给电能的动态无线充电技术等。

本书先从基本原理出发，由浅入深地介绍了车载无线充电系统各个功能模块的主流技术方案及技术特征。为了加深读者对车载无线充电系统设计的认知，在几个重要章节中加入实际的设计案例，其目的是为了让读者从最基础的器件选型、电路设计、线圈组参数匹配等方面入手，更全面地了解整个车载无线充电系统的设计流程和关键技术。

限于作者水平有限，本书的内容难免存在疏漏甚至错误之处，还请专家和读者批评指正。

魏学哲

2020 年 5 月

目录

CONTENTS

前言

01 绪论

汽车大大提升了出行自由，是人类社会极具革命性的出行工具。百余年来，汽车技术、内燃机技术、石油炼化技术相互结合、相互支撑，共同构成了现代工业的支柱性产业，也在能源、动力机械和交通工具等方面共同构成了现代社会的底层物质基础。在中国，随着经济的发展和人民生活水平的提高，汽车产量和保有量快速增长，与之相适应，石油产品的消耗也快速增加。2018年，我国石油年进口量突破4亿吨，对外依存度高达70%[1]，而石油制成品的70%消耗在交通运输领域，与此同时，汽车的尾气排放也成为中国城市大气的主要污染源。因此，我国现有交通能源体系存在不安全、不环保、不可持续发展等突出的问题。基于现有能源体系的汽车业和汽车交通运输业已不能满足未来社会对清洁、可持续发展的要求，汽车工业需要重新寻找新的动力系统，实现汽车的动力转型，而汽车交通运输业需要新的能源替代方案，实现汽车交通运输业的能源转型。

电动汽车作为新能源汽车改革的重要发展方向在近年来得到飞速的发展，而阻碍电动汽车推广的一大瓶颈是“充电难”问题。就目前而言，电动汽车充电基本以传统的有线充电为主，这种充电方式操作繁琐，而且充电桩长期暴露在室外，容易导致漏电、触电等安全事故的发生。无线充电作为新兴的充电技术，通过一对松耦合的磁能线圈可以实现不需要介质的电能无线传输。与传统的有线充电相比，无线充电无须人为干预充电，增加了汽车充电的便捷性，同时其发射端基础设施可埋于地下，可减少室外环境对其工作性能的影响，也能够降低充电设备的维护成本。此外，随着汽车智能化的不断推广，无线充电技术与自动驾驶和自动泊车技术相结合，可逐步发展成车网协同的智能充电技术，大大提升了用户对电动汽车的使用体验，因此电动汽车无线充电技术具有广阔的发展前景。

1.1 电动汽车及充电基础设施发展概况

中国科技部早在2001年提出的863计划“电动汽车重大科技专项”中就确定了以“三横三纵”为核心的电动汽车专项矩阵式研发体系，并在后续发展中将混合动力调整为插电式混合动力，明确了纯电驱动的技术路线。经过近20年的努力，中国在汽车电动化进程中取得了多方面的进展和突破。

电动汽车发展最大的瓶颈是电池技术，电动汽车的产业发展离不开电池技术的进步，尤其是锂离子电池技术的进步。在中国，磷酸铁锂类型锂离子电池率先得到了大规模应用，尤其是在公交车和专用车市场取得了很大成功，近年来电池的能量密度已经达到了180 Wh/kg，循环寿命可以超过10 000次。而三元锂离子电池以松下公司的NCA21700型电池为代表，能量密度为300 Wh/kg，已在特斯拉MODEL 3车型上得到大规模应用。中国市场上的三元锂离子电池正极以NCM体系为主，逐渐向高镍少钴方向发展，负极以硅碳复合为主，经历了NCM333、NCM532、NCM622，三元锂离子电池单体能量密度普遍达到了200 Wh/kg左右[2]。2019年，NCM811已经实现了产品化，能量密度已经达到260 Wh/kg；在此基础上，电池系统的能量密度也接近300 Wh/kg。基于三元锂离子电池的乘用车已经基本可满足续驶里程500 km的目标。

在保证安全的前提下，寻求动力电池能量密度提升是动力电池的发展趋势。我国在《节能与新能源汽车产业发展规划(2012—2020年)》和国家“十三五”重点研发计划——新能源汽车重点专项中均对锂离子电池的发展制定了技术路线，其目标是将产业化的锂离子电池的能量密度提升至300 Wh/kg以上，成本降至0.8元/Wh以下，目前来看这个目标已经接近实现。

此外，随着电池负极材料的改进、电池热设计的优化、电池包液冷技术成熟及充电算法的智能化，纯电动汽车电池的快充时间可以控制在半小时甚至一刻钟之内，随着充电基础设施的快速推进，电动汽车充电难的问题开始得到缓解。

据普华永道预测，到2030年中国汽车保有量将达到2.75亿辆[3]，汽车电动化后百公里平均耗电量约为15 kWh，按每辆车每年平均行驶20 000 km来计算，预计中国乘用车全部电动化后年耗电量为0.825万亿kWh，大约占当年预计发电量的8.2%[4]。依据以上估算可以看出，我国电力系统可承载汽车交通从石化等一次能源向电能这种二次能源转型的需求。

电动汽车凭借其节能环保的特点冲击着传统汽车工业，然而其充电设施不完善、充电过程不便利等问题一直为广大消费者所诟病，与传统燃油车与加油站的关系类似，电动汽车的普及离不开充电桩和充电站的大规模建设。我国政府从标准、补贴等多个方面提供了一系列政策扶持充电桩及充电站的发展，支持范围包括充电设施建设、电力接入、设施运营等多方面。中国国家能源局提出到2020年新增集中式充换电站超过1.2万座，分散式充电桩超过480万个的目标，以满足2020年500万辆电动汽车的充电需求。

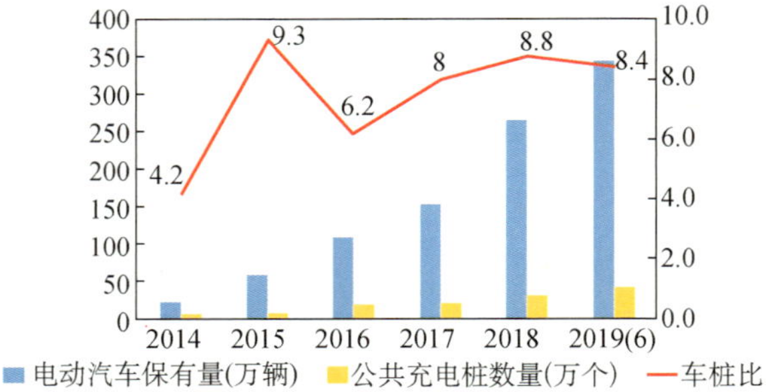

图1.1　2014年到2019年我国充电桩及电动汽车保有量

根据中国电动汽车充电基础设施促进联盟数据，图1.1列出了我国电动汽车保有量（纯电动与插电式混合动力汽车）、公共充电桩数量及车桩比（电动汽车数量：公共充电桩数量）关系。从图中可以看出，2018年总的车桩比约为8.8∶1，充电桩基础配套设施相对滞后；截至2019年6月公共充电桩总数达41万余个，车桩比为8.4∶1，情况开始逐步缓解。与此同时，随着私人购买电动汽车数量的迅速增加，随车配建的私人充电桩得到迅速发展，截至2019年6月，我国私人充电桩数量达到59万个，总车桩比（电动汽车数量：总充电桩数量）达到3∶1，成为目前全球充电桩保有量最多的国家。随着制度建设的推进，充电桩建设突破了进入社区的障碍，充电设施的分布结构也得到了初步的改善。此外，近年来充电桩行业集中度迅速提高，有些运营企业已经进入盈利状态，为摆脱政策和补贴依赖探索了道路。中国以慢充补电为主、快充为辅，即以密度换时间的充电基础设施建设策略正在发挥积极的作用。

1.2　电动汽车充电技术

目前，电动汽车充电方式主要可以分为三种[5]。

1）慢充方式

慢充是指从充电桩取交流电，通过车载充电器进行充电的方式，一般采用较小的交流电（15 A左右）对汽车动力电池进行充电，充电时间为6～10 h，通常用于夜间充电，一般车主可以停车后独自完成，并实现无人值守。慢充具有安装成本低、充电成本低以及利于延长动力电池寿命等优点，是可以安装家用充电桩的普通用户最方便和最具成本优势的充电方式，但是该充电方式无法满足用户紧急使用的需求。

2）快充方式

快速充电又可称为应急充电，通常使用较大的直流电直接对动力电池进行充电（充电电流为150～400 A），可以在15～30 min之内将动力电池电量补充到80%～90%。快速充电方式能够有效解决行驶过程中的电能不足问题，但需要配置大功率电流的直流充电设备，这种充电方式一方面会对电网造成短时间大负荷冲击；另一方面会造成电池发热，甚至会缩短电池的寿命。大功率直流快充设备的投资成本也比较高，充电枪导线、接头尺寸和重量比较大，有一定操作难度，直流快充一般需要专业人员进行充电操作，不可以无人值守。

3）换电方式

换电方式是通过更换汽车的动力电池来达到补充电能的目的，换电方式与传统燃油汽车加油效果最为接近，更换电池后的行驶时间与燃油汽车加满油后的行驶时间相近，更换时间为3～10 min。这种方式具有很好的便捷性，但要求更换前后的电池外形、机械连接、电气连接等诸多参数完全一致，即电动汽车和车载动力电池具有很高的标准化程度。此外，这种方式需要在专门的电池更换站（换电站）进行操作，因此需要在换电站上进行高昂的基础设施投入，一般而言更适合城市中的运营车辆。

对于慢充和快充两种方式，目前主流的方式是使用充电桩和快速充电站对电动汽车进行充电，其本质上属于有线充电方式。而有线充电方式主要存在以下几点缺陷：

（1）充电需要人为操作，而且操作方式繁琐，不同车型需要不同的充电匹配操作方式；

（2）充电桩和充电枪长期暴露在室外环境之下，充电枪及充电线容易老化损坏，大大增加了充电设施的维护成本；

（3）在下雨天或大功率快速充电场合，有线充电会给消费者带来触电的潜在危险。

归根结底，有线充电方式的几点缺陷都源自那一根充电的导线。假若有一种技术使电动汽车摆脱充电导线的束缚，实现自动充电，那将大大提升消费者的用户体验。因此，用交变的电磁场代替通电导线来传输能量的车载无线充电技术应运而生。与有线充电相比，无线充电技术具有以下几个优点：

（1）无线充电的充电操作无须人工干预，该技术与自动泊车技术具有极佳的兼容性，使电动汽车能够实现自动泊车、识别、充电等操作，这可以大大减轻司机的充电烦恼，大大提高充电的便捷性和用户体验；

（2）由于充电的发射装置可以埋于地下，无线充电系统能够更好地适应不同的室外环境，减少设备的维护成本；

(3) 由于不存在与电网物理接触，没有导体裸露在外，可以减少触电等安全危害。

既然无线充电具有以上的种种优势，那怎么样的无线传能技术适用于电动汽车的无线充电呢？下面将对基于电场和基于磁场的无线传能技术进行介绍。

1.3 无线电能传输技术

1.3.1 远场技术和近场技术

无线电能传输按照波长分类可以划分为远场无线电能传输和近场无线电能传输。一般而言，以场源为中心，在三个波长范围内的区域，通常称为近场，也可以称为感应场；在以场源为中心，半径为三个波长之外的空间范围称为远场，也可称为辐射场。其中远场无线电能传输主要包括微波传输，激光传输等。而近场无线电能传输可分为以磁场为主要传输媒介的磁场耦合方式和以电场为主要传输媒介的电场耦合方式(图 1.2)。

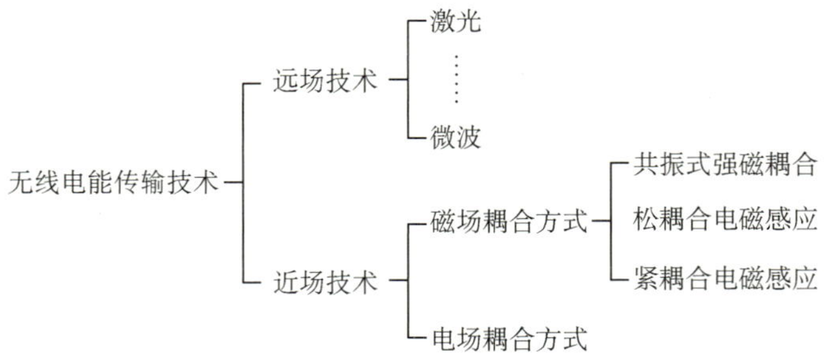

图 1.2　无线电能传输技术分类

根据离线圈的距离可将其周围区域划分为电抗性近场、辐射近场(又称“菲涅尔区”)以及辐射远场(又称“夫琅和费区”)，如图 1.3 所示。

以麻省理工学院马林 · 索尔贾西克(Marin Soljacic)教授提出的无线电能传输系统为例，其工作频率为10 MHz，波长为 30 m，假设磁能线圈最大直径为1 m，根据图 1.3 中公式计算可得电抗性近场半径为 4.77 m，系统处于电抗性近场工作区。在该区域内，电抗场分量占主导地位，其电场和磁场的时间相位差为 90°，电磁场的能量是振荡的，不产生辐射。辐射近场实质是电抗性近场和辐射远场的过渡区域，该区域的边界可定义为从 $\frac{\lambda}{2\pi}$ 至 $\frac{2D^2}{\lambda}+\lambda$。类似地，辐射远场边界可定义为 $\frac{2D^2}{\lambda}+\lambda$ 至无穷大[6, 7]，该区域内电场和磁场以电磁波的形式存在，并且电场分量和磁场分量都随离辐射源距离 R 的增大而减小，因此表示辐射能量的坡印廷矢量 $\boldsymbol{E}\times\boldsymbol{H}$ 随 R 的增大而迅速减小。

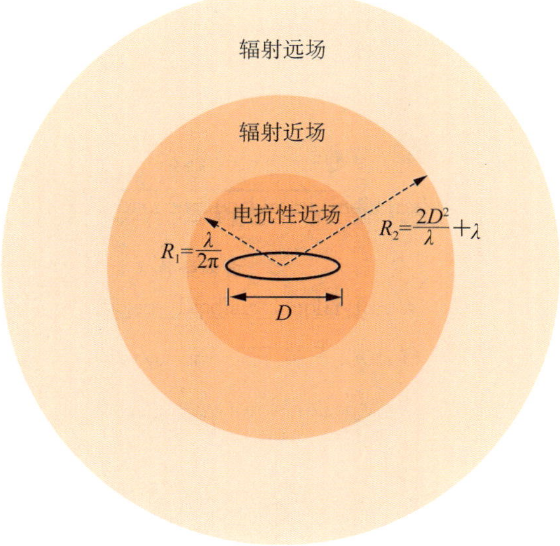

图 1.3　线圈周围区域远近场划分

微波和激光是辐射远场技术的典型代表，为了达到较高的辐射效率，其工作频率一般要高于 300 MHz，同时线圈的尺寸要正比于波长，通常选择波长的 $\frac{1}{4}$ 倍。在这种条件下，由于磁能线圈周围磁场分布和电场分布不再统一，传统的集总参数电路模型已不能表征系统传输特性，必须使用麦克斯韦方程组和波导理论来分析系统。

以微波和激光为代表的远场无线电能传输技术存在如下原理性问题：第一，系统传输效率较低，传输功率大小易受发射线圈和接收线圈之间的对准度影响。第二，易受天气、地形及障碍物等诸多因素影响。第三，高能电磁波会对生物以及生态环境造成不可预知的后果，难以实现汽车在普通场景下的使用。因此，本书不考虑以远场技术为基础的无线电能传输系统。

1.3.2　电场耦合式无线电能传输

1891 年，著名科学家特斯拉在纽约哥伦比亚大学首次展示了以电场耦合技术为基础的无线电能传输系统。如图 1.4 所示，他证明了相距一定距离的两个导电片之间的交变电场可以给处于电场中的电子管供电，并点亮它们[8]。

典型的电场耦合式无线电能传输系统结构包括电源、谐振变换器、补偿电路、耦合电容、整流器、滤波器及负载等。在这种结构下，能量以电场的形式储存在电容盘之间，其大小可记为

$$E=\frac{1}{2}CV^2 \tag{1.1}$$

图 1.4 特斯拉演示基于电场耦合的无线电能传输系统

式(1.1)中的 C 代表耦合两端等效的电容,V 代表加在电容两端的电压。空气的介电常数一般为 8.854×10^{-12} F/m,而空气的磁导率一般为 $4\pi\times10^{-7}$ H/m,前者与后者差5个数量级,远远小于后者,这说明如果要基于空气为媒介无线传输相同的能量,基于电场耦合原理的系统体积要远远大于基于磁场耦合原理的系统体积。

戴洁健等对比分析了电场耦合式无线电能传输系统和磁场耦合式无线电能传输系统,对比结果如图 1.5 所示,其中“圆点(•)”代表磁场耦合式无线电能传输系统,“十字(+)”代表电场耦合式无线电能传输系统[8]。

图 1.5(a)表明电场耦合式系统传输距离一般小于 1 mm,而磁场耦合式系统传输距离较大,并且传输功率和效率都较高。图 1.5(b)表明电场耦合式系统和磁场耦合式系统的传输效率都可以达到 90%以上,但是电场耦合式系统只能在近距离情况下实现能量高效传输,而磁场耦合式系统可以在 10～20 cm 的距离下实现能量高效传输。图 1.5(c)表明电场耦合式系统和磁场耦合式系统的传输效率都随着传输功率的升高而升高。图 1.5(d)表明无论是电场耦合式系统还是磁场耦合式系统在传输较大功率场合下所需的耦合面积也要变大,同时效率也会相应升高。图 1.5(e)表明电场耦合式系统频率范围在 100 kHz～10 MHz,磁场耦合式系统频率范围在 10 kHz～10 MHz,二者的功率密度(传输功率/发射端与接收端之间的空间体积)基本持平。图 1.5(f)表明无论是电场耦合式系统还是磁场耦合式系统,其系统传输功率都在逐年上升,因此大功率等级的无线电能传输系统是未来的发展方向。

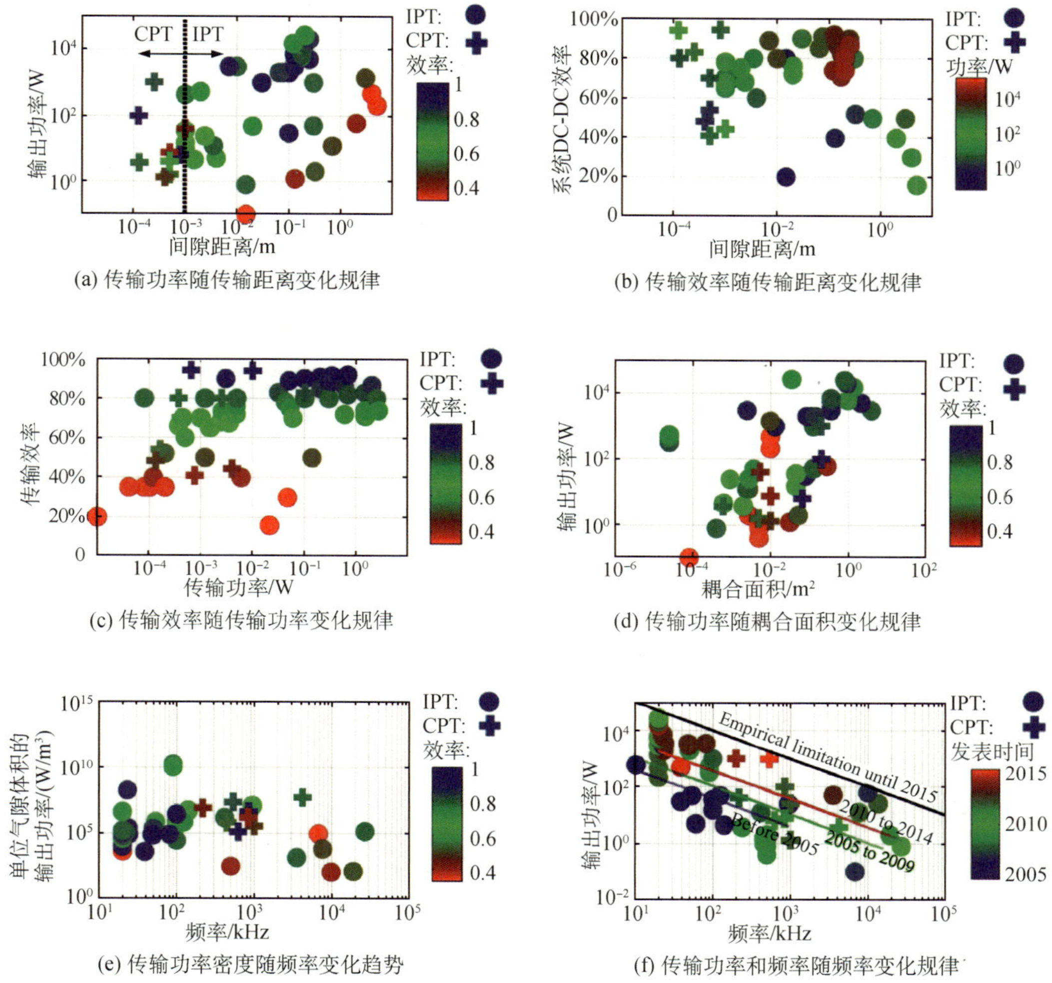

图 1.5 电场耦合式与磁场耦合式无线电能传输技术对比[8]

综上所述，笼统地判断电场耦合式系统和磁场耦合式系统孰好孰坏是不准确的，具体要看实际应用场合。对于电动汽车无线充电这种大功率、远传输距离的应用场合，磁场耦合式系统的优势要远远大于电场耦合式系统，目前技术和产业也集中在该技术路线上，因此本书将针对磁场耦合式无线电能传输系统进行解析和讨论。

1.3.3 磁场耦合式无线电能传输

磁场耦合式无线电能传输是指以交变磁场作为能量传输媒介，以电能—磁能—电能为基本转换方式的能量传输技术。从这个角度来看，在工业电气领域得到广泛应用的变压器技术也是一种磁场耦合式无线电能传输技术，因为变压器原副边没有电气接触，完全靠存在于磁芯内的交变磁场进行能量传输，但变压器依赖磁芯作为导磁材料，且原副边线圈密绕，属于典型的紧耦合电磁感应。

目前，学术界对无线电能传输技术定义多种多样，诸如感应式无线电能传输技术、松耦合感应式无线电能传输技术及共振式强磁耦合技术等，实质上它们都属于磁场耦合式无线电能传输技术，只不过它们的耦合程度及应用场合不一样。线圈之间的耦合程度一般可以用耦合系数[其定义见式(1.2)]表示，相比于传统的变压器，目前的磁耦合式无线电能传输系统线圈之间没有导磁材料，因此耦合系数一般较低，大致在 0.1～0.6[9,10]。

$$k=\frac{M}{\sqrt{L_1L_2}} \tag{1.2}$$

式中，M 为两个耦合线圈之间的互感系数；L_1，L_2分别为发射与接收线圈的自感系数。

磁场耦合式无线电能传输技术是在安培定律和法拉第定律的基础上建立起来的，根据麦克斯韦第一方程(全电流定律、安培环路定律)可得

$$\oint_l \boldsymbol{H}\cdot \mathrm{d}\boldsymbol{l}=\int_S\left(\boldsymbol{J}+\frac{\partial \boldsymbol{D}}{\partial t}\right)\cdot \mathrm{d}\boldsymbol{S} \tag{1.3}$$

式中，$\boldsymbol{H}$ 表示磁场强度矢量；$\boldsymbol{D}$ 表示电位移通量；$\boldsymbol{J}$ 表示电流密度矢量；$\boldsymbol{l}$ 表示空间任意闭合曲线；$\boldsymbol{S}$ 表示空间任意闭合曲面。因为位移电流实质上是电场的变化率，磁场耦合式无线电能传输系统频率在 10 kHz～10 MHz 范围内，传输媒介是磁场，不存在电场分量，因此可以忽略位移电流，故式(1.3)可以简化为

$$\oint_l \boldsymbol{H}\cdot \mathrm{d}\boldsymbol{l}=\int_S(\boldsymbol{J})\cdot \mathrm{d}\boldsymbol{S}=\boldsymbol{N}_1\boldsymbol{I}_1 \tag{1.4}$$

式(1.4)表示磁场耦合式无线电能传输系统发射端线圈产生的交变磁场 $\boldsymbol{H}$ 沿闭合回路 $\boldsymbol{l}$ 的环量等于穿过 $\boldsymbol{l}$ 所限定面积上的恒定电流的代数和。

根据麦克斯韦第二方程(法拉第电磁感应定律)可得

$$\varepsilon=\oint_l \boldsymbol{E}\cdot \mathrm{d}\boldsymbol{l}=-\int_S\frac{\partial \boldsymbol{B}}{\partial t}\cdot \mathrm{d}\boldsymbol{S} \tag{1.5}$$

式中，$\boldsymbol{E}$ 表示感应电场；$\boldsymbol{B}$ 表示磁感应强度；ε 表示感应电动势。式(1.5)右边部分表示当穿过闭合导体回路所限定面积的磁通量发生变化时，在该回路上将产生感应电动势，并且导体回路上感应电动势的大小与所交链磁通量随时间的变化率成正比，而式(1.5)中间部分表示感应电动势的大小等于感应电场 $\boldsymbol{E}$ 沿闭合导体回路 $\boldsymbol{l}$ 的线积分。式(1.4)和式(1.5)是磁场耦合式无线电能传输技术

的理论基础。

基于磁场耦合式的无线电能传输工作过程大致如图 1.6 所示。首先在发射线圈上加以交变的激励电流，根据式(1.4)交变的电流会使发射线圈产生交变的电场，而交变的电场会在空间中激发交变的磁场，其磁场强度为 $\boldsymbol{H}$。根据式(1.5)的法拉第电磁感应定律，空间中交变的磁场穿过接收线圈的闭合导线所围成的面积时，会在接收线圈上感应出交变的电场，即产生了感应电动势，从而给连接在接收线圈上的负载供电。

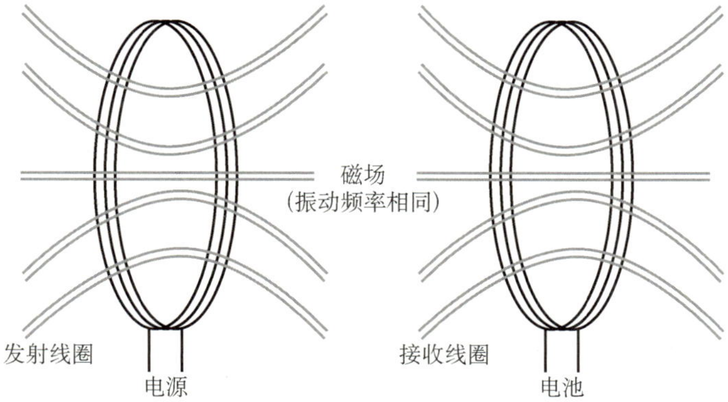

图 1.6 磁场耦合式无线充电原理

由此看来，磁能线圈是磁场耦合式无线电能传输技术的重要组成部分。因此，根据空间中传递能量的磁能线圈数量，可以将磁场耦合式无线电能传输分为两线圈系统和多线圈系统两大类。

(1) 两线圈系统

图 1.7(a)为两线圈系统结构电路模型。其中 L_2 和 L_3 为发射和接收线圈的自感(通常用于无线电能传输的磁能线圈为平面的螺绕线圈，其感抗较大，电阻较小，在电路中可以等效为一个电感与电阻串联的简化模型)。R_2 和 R_3 为磁能线圈的寄生电阻。M_{23} 为发射与接收线圈之间的互感值。V_s，R_s，R_L 分别为电压源、电压源内阻以及电阻负载。由于磁能线圈接近纯感性元件，假若直接用电压源驱动，发射端的电压和电流会存在接近 90°的相位差，即系统大部分能量为无功功率，来回往返于电感与电压源之间，并不利于大功率的无线传能。通常，为了提高系统的功率因数(让输入电压与输入电流基本同相)，需要在磁能线圈的基础上再加入谐振补偿电路，使得磁能线圈工作在谐振状态。如图 1.7(a)所示为串联谐振拓扑，即用两个补偿电容 C_2 与 C_3 去“抵消”磁能线圈的感性，使系统的整体阻抗呈纯阻性。

为了将发射端和接收端电路解耦独立分析，对图 1.7(a)使用反射阻抗理论，将接收端(次级线圈)的阻抗等效到发射端(初级线圈)中去，如图 1.7(b)所示，其中 R_{ref}，Z_3 和 ω 分别代表接收端(次级线圈)反射到发射端(初级线圈)的等效阻抗、接收端(次级线圈)的总阻抗及系统工作频率。类似地,将发射端(初级线圈)中的电源与阻抗等效到接收端(次级线圈)中去,如图 1.7(c)所示,其中 V_{ref} 和 Z_2 分别为发射端(初级线圈)反射到接收端(次级线圈)的电压源及发射端(初级线圈)的总阻抗。

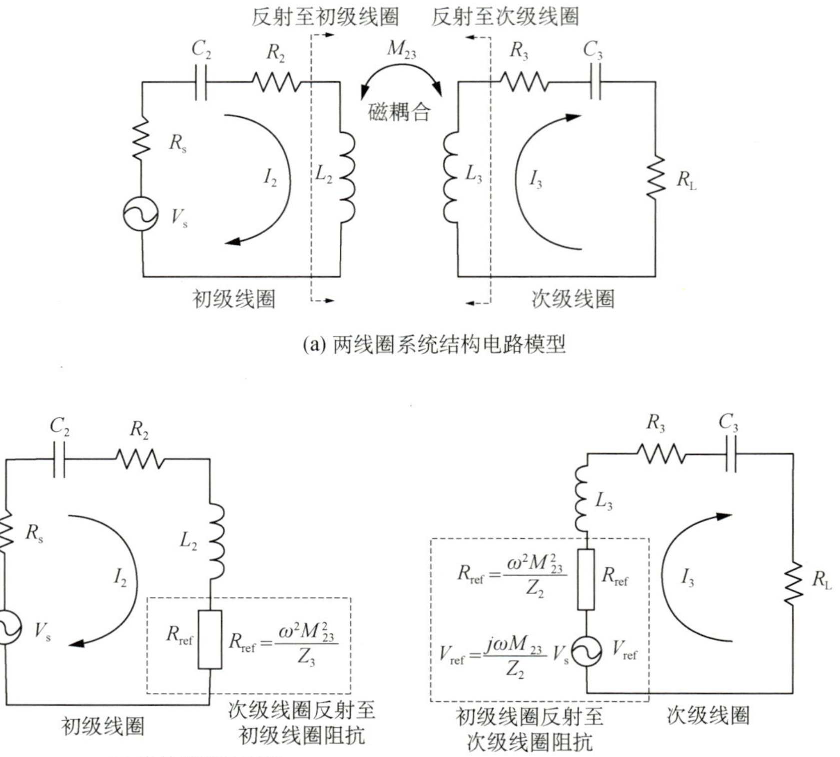

(a) 两线圈系统结构电路模型

(b) 发射端等效电路

(c) 接收端等效电路

图 1.7 两线圈系统结构电路模型及其简化等效电路模型

(2) 多线圈系统

有研究[11-14]提出了典型的四谐振线圈系统结构,其等效电路如图 1.8 所示,其中 L_1 和 L_4 代表驱动线圈和负载线圈,L_2 和 L_3 代表发射线圈和接收线圈,R_1, R_2, R_3, R_4 分别为对应的寄生内阻,C_1, C_2, C_3, C_4 分别为对应的谐振电容,M_{12}, M_{23}, M_{34} 分别为对应线圈之间的互感,其中翟渊等[13]提出了四谐振线圈系统的四种不同电路拓扑结构,并给出了最大传输效率和功率优化的互感值。也有文献[9, 15]提出的四谐振线圈结构与图 1.8 所示结构类似,但发射线圈与接收线圈为非谐振线圈,无谐振电容,即没有图 1.8 中的 C_1 与 C_4,将图 1.8 中两边的两线圈作为调谐网络进行阻抗匹配。

四线圈系统结构传输特性是由一个复杂的阻抗网络决定的,每一部分的阻抗变化都会引起系统传输特性的变化[16]。对于图 1.8 所示的四线圈系统结构来说,当系统传输距离和负载阻抗在线

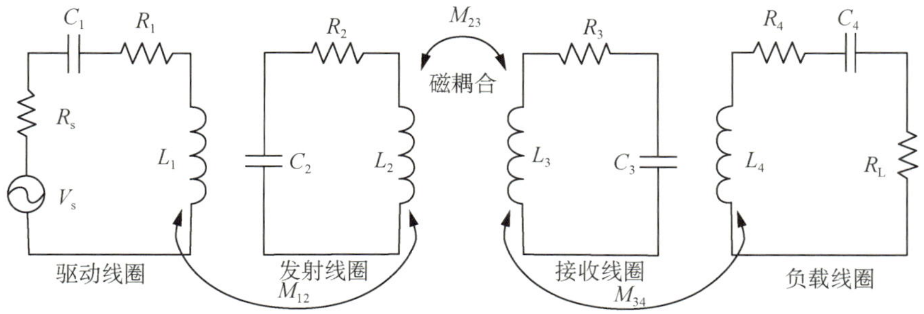

图 1.8 四谐振线圈系统结构

变化时，也可以通过调节驱动线圈与发射线圈的耦合系数 k_{12} 和接收线圈与负载线圈的耦合系数 k_{34} 以改变反射到驱动线圈中等效阻抗的大小，即可以满足传输效率及功率最优化条件，这样便可以使系统应用于传输距离和负载阻抗变化的场合，但会增加系统的复杂程度，而且控制电路也相对复杂。

对于车载无线充电的应用，往往希望系统更加简单稳定，尤其在车载端的接收装置，其结构越简单，成本就越低，对汽车本身的结构和性能影响越小。因此，与四线圈系统相比，两线圈的磁场耦合式无线电能传输技术更加适用于电动汽车。

1.4 电动汽车无线充电技术

电动汽车无线充电系统按照车辆是否在行驶过程中进行充电可进一步分为静态无线充电和动态无线充电。静态无线充电技术以简化用户充电操作，减少充电安全危险为目标；动态无线充电技术是在汽车行驶过程中对电动汽车进行实时充电，应用该技术的长期目标是减少车载动力电池包的重量和最终解决电动汽车的里程焦虑。但是动态无线充电系统比较复杂，充电效率和漏磁控制仍存在一定的技术难题。

1.4.1 静态无线充电技术

如图 1.9 所示，一般的变压器工作原理为大家所熟知，其工作原理为在初级侧线圈输入交变的电流，从而在磁芯上产生交变的磁场，磁通量通过磁芯创造的低磁阻回路穿过次级侧的绕组线圈，

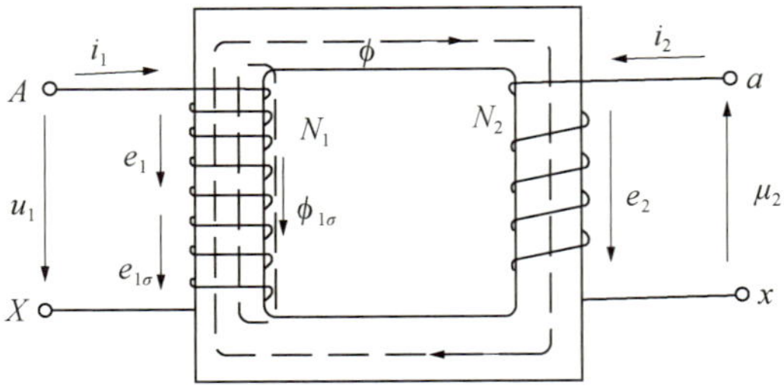

图 1.9　变压器工作原理

并在接收绕组线圈上产生感应电动势，最终将电能从初级侧传递到次级侧，并可以通过改变初级侧与次级侧的绕组线圈匝数实现不同的电压比传输。

而静态无线充电技术的基本原理与变压器类似，只是将变压器中的高磁导率磁芯分别集成改装在初级侧与次级侧线圈上作为磁屏蔽层，本书中将线圈与磁屏蔽层的组合结构称为磁能线圈组。此时初级侧和次级侧的磁能线圈组之间只有空气介质，能量便从发射线圈组经过空气域传输至接收线圈组。正是这种改变，使得静态无线充电系统与变压器相比，存在如下不同：

(1) 变压器由于存在高磁导率的铁芯连接初级侧与次级侧，其耦合系数较高，一般在 0.9 以上，为紧耦合系统。而电动汽车无线充电系统需要在 100～300 mm 的空气气隙中传递能量，其耦合系数较低，一般在 0.1～0.3 之间，属于松耦合系统，因此在电动汽车无线充电系统中往往需要加入漏感谐振补偿电路对耦合线圈组的漏感进行补偿，从而提高系统的输出功率和传输效率。

针对无线充电系统的拓扑研究方面，如图 1.10 所示，S(串)-S(串)、P(并)-P(并)、S(串)-P(并)、P(并)-S(串)是四种最基本的线圈谐振补偿拓扑结构。下面以 S-S 补偿拓扑为例简单说明对漏感进行谐振补偿的作用。其中在发射端将功率因数校正单元与高频逆变电路用交流源 V_{in} 进行简化。L_p，L_s 分别为发射端与接收端线圈组的自感，M 为两线圈组之间的互感。C_p 和 C_s 分别是发射端与接收端的补偿电容，R 为负载。

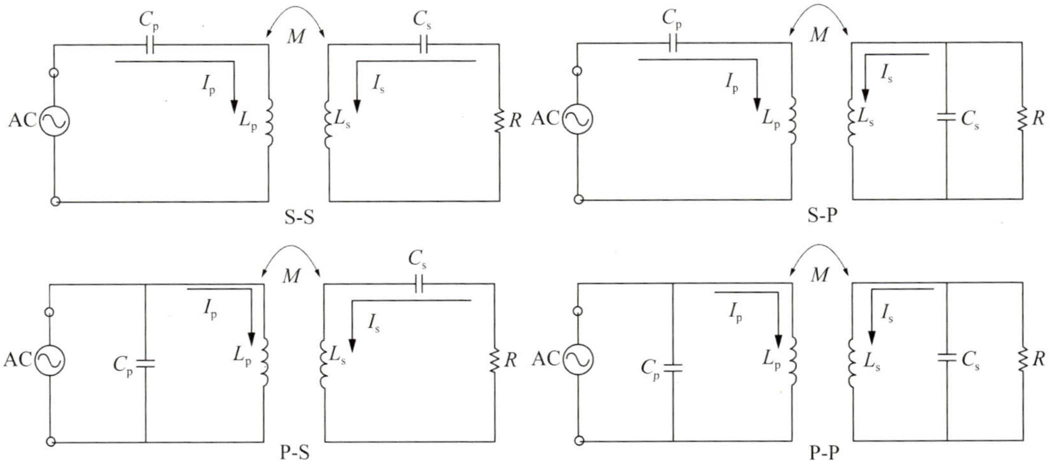

图 1.10　四种基本线圈谐振补偿拓扑结构

下面将简要分析谐振电容的主要作用。对于发射端，如图 1.11(a)所示，将接收端简化为等效阻抗 Z_s。假若不加入谐振补偿电容 C_p，由于存在电感 L_p，则电路存在一部分的无功功率，即系统的输入功率并不能完全传输到负载端。若加入补偿电容 C_p，则可以补偿发射线圈组所带来的感抗，使系统的功率因数为 1，即输入功率完全传输到接收端。此外由于发射线圈组处于谐振状态，会在线圈上产生较高的谐振电压，有利于激发更强的磁场，以保证在较大的气隙中传递功率。

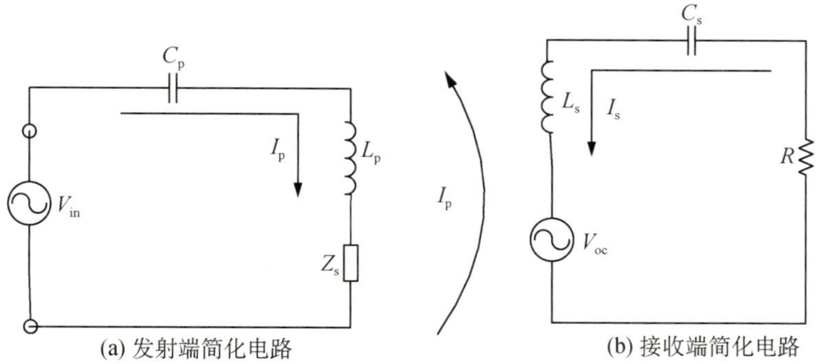

图 1.11 发射与接收端简化电路

对于接收端，假设发射端的激励线圈中激励电流恒定不变为 I_p，则在接收线圈上的感应电压 V_{oc} 为

$$V_{oc} = j\omega M I_p \tag{1.6}$$

假若不存在谐振补偿电容 C_s，则系统的输出功率 P'_{out} 为

$$P'_{out} = I_s^2 R = \frac{V_{oc}^2}{R^2 + (\omega L_2)^2} R = \frac{V_{oc}^2}{R} \frac{1}{1+Q^2} \tag{1.7}$$

式中，$Q = \omega L_2 / R$，其值一般大于 1。

若接收端加入谐振补偿电容 C_s，将接收线圈组的感抗完全补偿，则其输出功率 P_{out} 为

$$P_{out} = \frac{V_{oc}^2}{R} \tag{1.8}$$

由式(1.7)和式(1.8)对比可得，在加入谐振补偿电容后，系统的输出功率可以提高 $1+Q^2$ 倍。由上述分析可知，加入谐振补偿电容能够有效地增加系统的有功功率，减少对输入端的功率需求。同时，串联谐振拓扑结构的谐振条件为

$$\omega_0 = \frac{1}{\sqrt{L_p C_p}} = \frac{1}{\sqrt{L_s C_s}} \tag{1.9}$$

此外,除了四种基本的谐振补偿拓扑之外,为了使电路具有更好的传递特性,近年来更多较为复杂的谐振补偿拓扑被提出。其中双边 LCC 谐振补偿拓扑结构是一种被学者广泛认可的多元器件谐振补偿拓扑结构[18]。

双边 LCC 谐振补偿拓扑结构在满足上述谐振条件下,其电路存在以下特性:①输入电流 $I_{L_{f1}}$ 与输入电压 U_{AB} 同相;②输出电流 $I_{L_{f2}}$ 与输出电压 U_{ab} 同相;③流过发射线圈的激励电流 I_1 不随负载 U_{ab} 的变化而变化。因此,采用双 LCC 的谐振补偿拓扑结构可以获得一个恒流源的输出,同时能够保证输入电压电流和输出电压电流的功率因数均为 1,最大限度减少电路的无功功率。上述的 SS 电路以及双边 LCC 电路特性的具体理论推导将在本书的第 2 章中展开讨论。

(2) 变压器主要通过高磁导率磁芯引导磁力线,而电动汽车无线充电系统则在发射与接收端之间存在较大的空气气隙。这要求在耦合线圈组的设计上需要考虑其空间磁场的分布以及约束问题。

磁能线圈组是无线电能传输系统中不可或缺的重要组成部分,因此关于电动汽车无线充电系统的磁能线圈组结构的研究也是该领域关注的热点。迄今为止,比较常见的磁能线圈结构有圆形线圈组、方形线圈组、双 D 线圈组、DDQ 线圈组和双极线圈组[19-25]。按照线圈空间磁场分布情况可将上述线圈组分为两类[26]。

方形和圆形线圈组的空间磁场分布与 E 型铁芯的变压器类似,主要磁路是从结构中心向外发射。而双 D 线圈、双极线圈组的空间磁场分布与 C 型铁芯的变压器类似,磁力线从结构的左侧出发然后到结构的右侧汇入,形成磁回路(图 1.12)。基于上述分析,假若以方形线圈组为发射线圈组,双 D 线圈组为接收线圈组,由于方形线圈组产生的空间磁场是由中心往四周对称发射[图 1.13(a)],会使得双 D 线圈在两个子 D 线圈上产生相同的感应电压,进而两个电压互相抵消。因此,在这种线圈搭配上,线圈之间的耦合系数会比较低。同样,假若发射线圈组为双 D 线圈组,接收线圈组为方形线圈组,在双 D 线圈激发的空间磁场下[图 1.13(b)],流入方形线圈的净磁通量基本为零,此时两线圈之间的耦合系数也会比较低。根据上述分析可知,电动汽车无线充电系统中发射与接收线圈组的互操作性问题也是一个重要的研究方向。

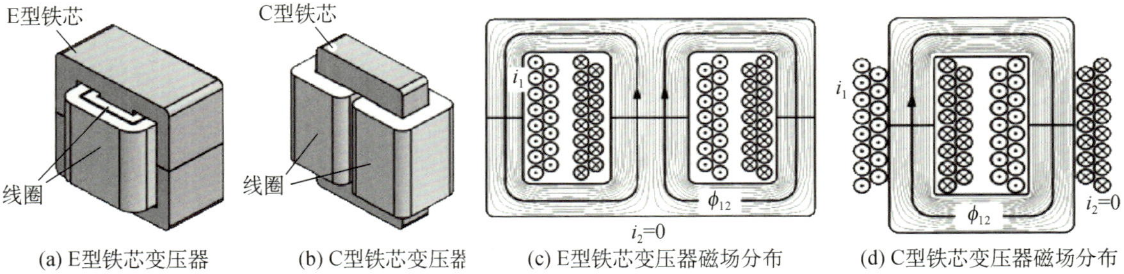

图 1.12 E 型和 C 型铁芯变压器示意及磁场分布

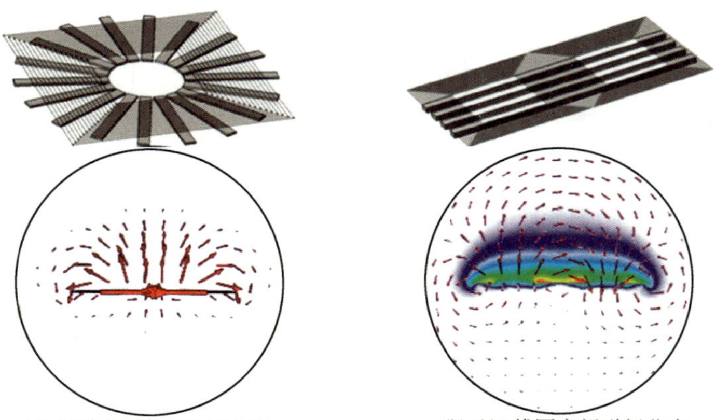

图 1.13　方形线圈和双 D 线圈空间磁场分布[27]

关于磁能线圈组的设计优化以及其磁芯材料选型设计问题将在本书的第 3 章和第 4 章详细展开。

(3) 典型的电力变压器，其激励电流的频率属于低频段。而电动汽车无线充电系统需要在较大的空气气隙中传输千瓦级别的能量，因此采用与传统变压器一样的低频交流电作为激励电流是不可取的。根据 SAE J2954 标准规定，电动汽车无线充电系统的工作电流频率为 85 kHz 左右。而中国标准的交流电力系统市电仅仅为 50 Hz 的低频交流电，因此需要功率因数校正单元先将市电转变为功率因数接近为 1 的直流电，然后经过高频逆变电路将直流电转化为特定频率的激励电流，在输出负载端连接的是电动汽车的动力电池，而给动力电池充电需要直流电，因此在接收端还需加入整流电路，使接收线圈组感应的交流电转变为直流电再给动力电池充电。

(4) 在电力变压器应用中，其工作环境和工作状态都比较固定。而对于电动汽车无线充电系统，其周围环境的温度、湿度、每次车辆的停车位错以及不同车型的不同接收线圈组都会改变系统的工作状态。因此，需要在电动汽车无线充电系统中加入闭环控制系统，加强系统的环境适应性和鲁棒性，使其能在更宽的工作条件下进行稳定的功率传输。

针对第三个问题中所提及的功率因数校正单元、高频逆变电路以及整流电路的设计以及第四个问题中所提及的系统控制器的设计将在第 5 章中展开叙述。

总体上说，电动汽车静态无线充电技术目前已经比较成熟，无论是逆变整流电路的设计，补偿拓扑结构选取，系统整体控制及通信还是磁能线圈组空间磁场的调控与约束都已经基本达到产业化标准水平。因此，本书将着重围绕电动汽车静态无线充电技术展开详细讨论。如图 1.14 所示[17]的是一种典型的静态电动汽车无线充电的系统架构。

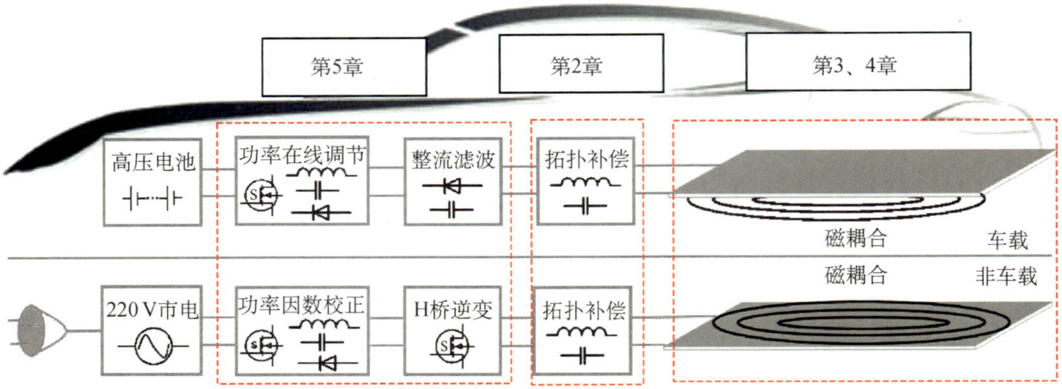

图 1.14　静态电动汽车无线充电系统架构

1.4.2　动态无线充电技术

除了静态的无线充电技术，电动汽车“边走边充”的动态无线充电技术也是近年来研究的热点。

典型动态车载无线充电系统如图 1.15 所示，车载部分(接收端)与静态式系统结构相同，非车载部分(发射端)与静态式系统结构不同，根据发射端线圈分布可以将动态式无线充电系统分为线圈阵列式和线圈导轨式。线圈阵列式动态无线充电系统是在车辆行驶道路中埋入相同的多个线圈，线圈大小及间距需根据车辆实际行驶的位置和速度进行优化设计，通过在线切换工作线圈实现车辆行驶过程中无线充电的目的。线圈导轨式动态无线充电系统则是采用长直导线代替阵列线圈，相比于前者，导轨式系统不需要在线切换工作线圈，即可实现车辆行驶过程中无线充电目的。

动态式无线充电系统可以减轻车载电池包重量，相当于降低了电池包价格，或者可以延长电动汽车续驶里程，减小“里程焦虑”问题。研究指出动态式无线充电系统可以减小电池包 39%的体积或增加 50%的续驶里程[28]。然而，动态式无线充电系统仍面临如下技术难点：

(1) 系统发射端与接收端对不准现象严重，而且还受到车辆行驶状态和路况的影响，导致系统传输效率及传输功率变化剧烈，因此需要一套响应速度较快的在线控制系统。

(2) 无论是阵列式动态无线充电系统结构还是导轨式动态无线充电系统结构，在发射端都需要大量的导线和多个功率变换装置，这无疑大大增加了成本，限制了该项技术的应用普及。除此之外，对于不同型号的电动汽车，阵列线圈和导轨线圈大小、尺寸、间距及长度等配置也不同，其通用性难以保证。

(3) 在动态无线充电系统中，安装在移动的电动汽车上的接收端会在系统发射端产生的交变磁场中运动，同时接收端中存在充电电流，因此会产生一个洛伦兹力，其大小会与交变磁场强度及

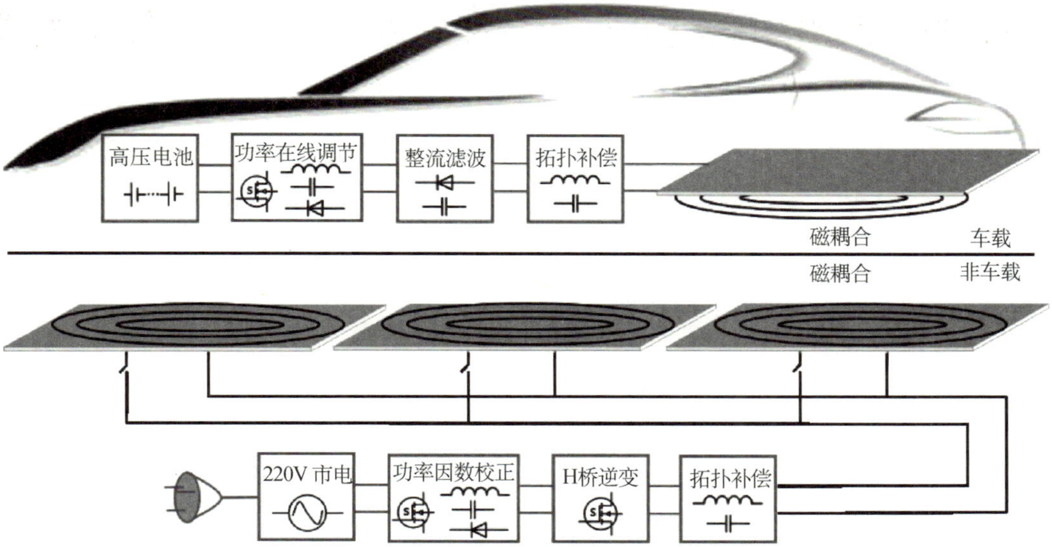

(a) 线圈阵列式动态无线充电系统

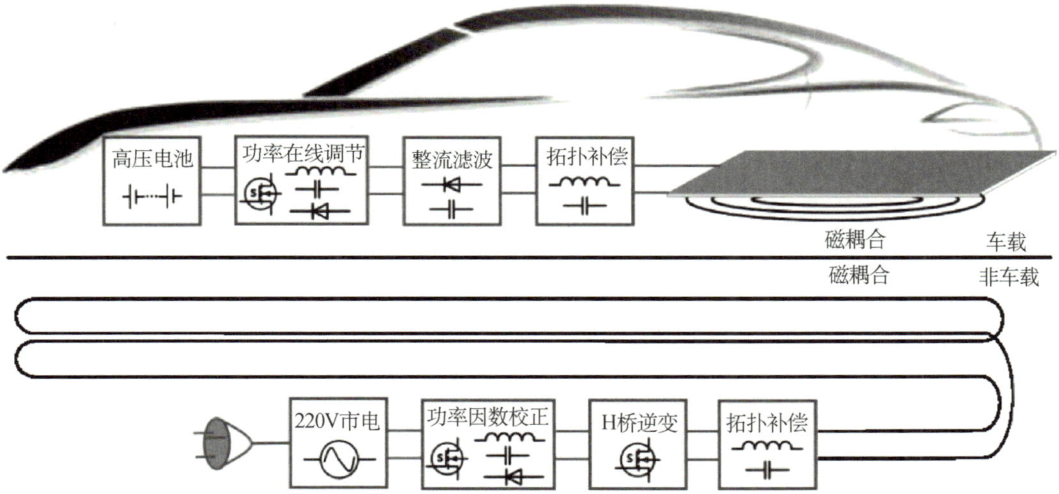

(b) 线圈导轨式动态无线充电系统

图 1.15　典型动态车载无线充电系统

电动汽车行驶速度有关。在静态无线充电系统中，由于车辆静止不动，不会出现这种现象。

(4) 动态无线充电系统的设计不仅仅要考虑技术层面上的内容，还要考虑对现有基础设施改造的问题，铺一条路面下埋有线圈的电气公路工程量巨大，成本也较昂贵，而且还要考虑不同重量的车辆是否会对埋在地下的线圈产生挤压性机械损伤等。

综上所述，动态无线充电技术目前仍然处于实验室的研发阶段，存在不少技术原理上的难点。因此，关于动态无线充电技术，本书将在第 9 章对其典型的系统构成和研究热点作简单的介绍。

1.5 国内外电动汽车无线充电技术及其产业进展

电动汽车无线充电技术按照研究对象可以分为两大类，第一类是对电路的研究，包括供电电路，接收电路，控制电路以及谐振补偿电路；第二类是对磁路的研究，包括磁能线圈的几何结构布置，铁氧体屏蔽层的尺寸与位置布置等。下面将从这两个方面对国内外研究现状进行讨论，最后还将对目前电动汽车无线充电技术在各大车企的商业化进程作简单的介绍。

1.5.1 无线充电电路及控制技术进展

新西兰奥克兰大学是世界范围内无线充电技术研究的开拓者。其中，博伊斯教授和科维克教授的研究团队率先对自动导引运输车(Automated Guided Vehicle, AGV)进行了无线充电的研究，确定了整个无线充电系统的基本架构和技术方向。其中在研究[29-32]中分别对无线充电系统的基本拓扑结构以及谐振补偿电路的频率劈裂现象进行了分析研究。在文献[33-36]中建立了无线充电系统的理论模型并提出了相应的在线控制方法。另外，同样在新西兰奥克兰大学，由马达瓦拉教授带领的团队近年来对双向无线电能传输展开了深入的研究(图 1.16)，其中包括系统建模[37]、系统稳定性分析[38]以及提出基于电流源的双向无线传能系统[39]和新型电路拓扑研究[40, 41]。

而在 2010 年，博伊斯和科维克教授一起成立了一家专门从事无线电能传输的公司 HaloIPT，后来被高通收购，成为高通公司专门负责电动汽车无线充电研发的子公司。其研发的无线充电系统如图 1.17 所示。

美国麻省理工学院的马林 · 索尔贾西克教授也是无线电能传输研究领域的标志性人物。其带领课题组在 2007 年的 Science 上发表了一篇关于强磁耦合的无线传能研究的论文[9]，引起了国际

图 1.16 奥克兰大学马达瓦拉教授团队的 3.3 kW 双向无线传能系统

图 1.17 HaloIPT 公司无线充电系统

上广大学者对无线电能传输的关注和研究。马林·索尔贾西克教授也于 2008 年成立了 Witricity 公司,致力于推动无线电能传输技术商业化的步伐。其推出的电动汽车无线充电系统产品如图 1.18(a)所示,最高输出功率可达 11 kW,传输效率在 90%~93%。

西班牙萨拉戈萨大学的 J. L. 维拉(J. L. Villa)和杰西·萨尔曼(Jesus Sallan)从 2007 年开始从事无线充电系统的相关研究。其研究的重点包括提出对线圈位错不敏感的谐振 SPS 拓扑,并且对该系统进行了详细的设计优化[42-45]。图 1.18(b)是该团队的无线充电系统台架。

(a) Witricity公司的电动汽车无线充电系统　　(b) 萨拉戈萨大学无线充电系统

▲ 图 1.18　国外两所研究结构的电动汽车无线充电系统

美国圣地亚哥州立大学的米春亭(Chunting Chris Mi)带领的研究团队从 2015 年开始从事电动汽车的无线充电研究。其研究内容包括双边 LCC 谐振拓扑结构的理论分析和系统实现[18, 46, 47]。同时该团队也开始投入到电动汽车动态充电领域的研究中[48, 49],图 1.19 为米春亭团队的静态与动态无线充电系统的实验台架。

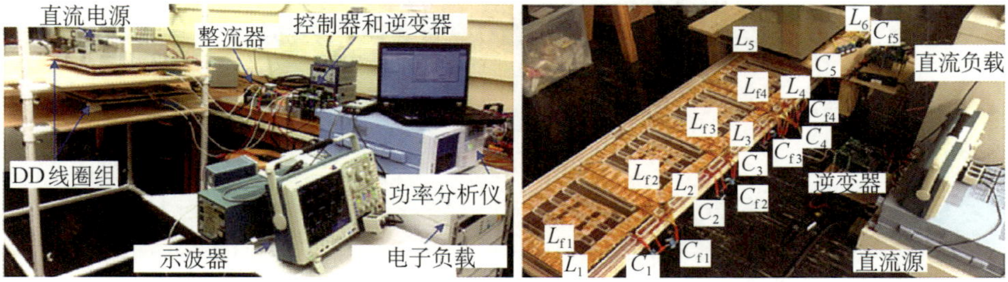

▲ 图 1.19　米春亭研究团队的电动汽车无线充电系统

在国内也有很多高校的学者纷纷投入到电动汽车无线充电系统的研究当中。重庆大学的孙跃教授带领的科研团队在无线电能传输领域的研究内容涵盖了从基本的系统建模、特性分析及优化[50-55]到系统控制及负载在线检测与辨识[56, 57]。重庆大学电动汽车无线充电系统台架如图 1.20(a)所示。

东南大学以黄学良教授为首的科研团队也在电动汽车无线充电领域作出了许多的贡献。其研究内容主要包括系统建模及在线优化控制[58-63]，以及实际应用中所经常关注的异物入侵对系统的传输特性影响分析[64]。图 1.20(b)为黄学良教授的科研小组的实验台架。

华南理工大学电力学院的张波教授的课题组也对电动汽车无线充电技术有着深入的研究。其研究内容包括感应式无线充电系统能量法模型研究，频率失谐分析[65,66]，系统的整体优化过程，以及基于蓝牙的控制装置设计[67,68]。图 1.20(c)为张波教授课题组的实验研究台架。

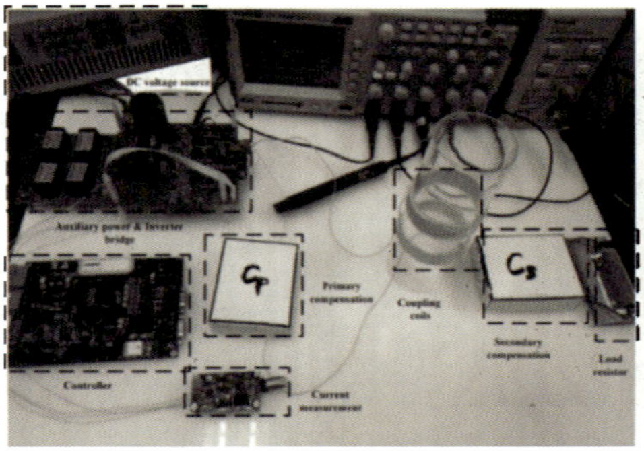

(a) 重庆大学的无线充电系统

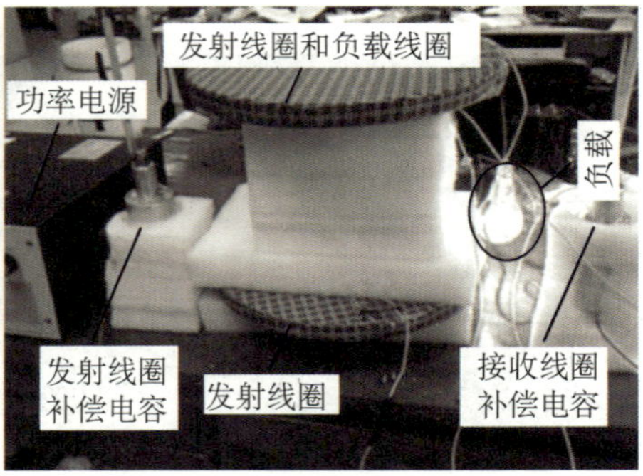

(b) 东南大学的无线充电系统

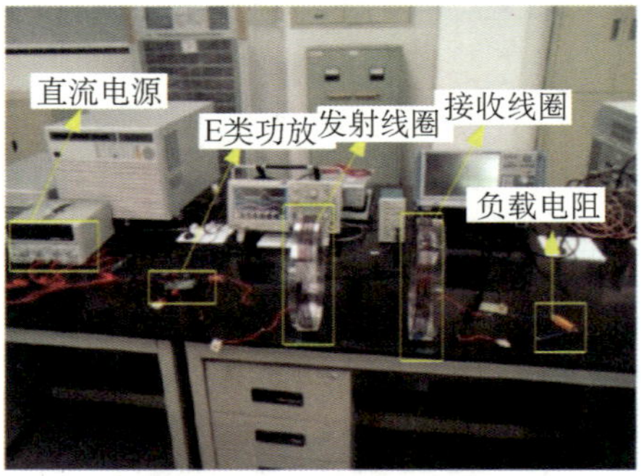

(c) 华南理工大学的无线充电系统

图 1.20　国内研究团队的无线充电系统

由上述的国内外发展现状可知，关于电动汽车无线充电的电路技术，已经有许多研究团队从谐振补偿拓扑分析、系统控制、双向电能传输、发射与接收端无线通信以及异物检测系统等多方面进行了研究。

1.5.2　无线充电磁场设计技术发展

磁场设计是电动汽车无线充电技术中最重要的环节之一，它会直接影响整个系统的输出功率和传输效率，同时也会涉及线圈的发热问题以及周围磁场的泄漏问题。

在磁能线圈设计方面，奥克兰大学的科维克教授团队近年来提出了多种具有不同传输特点的磁能线圈结构。其中包括具有较强抗偏移能力的双极线圈[69]、具有更多磁场调控自由度的三极线圈[70]，以及用线圈代替铁氧体屏蔽层的无铁氧体线圈[71]（图 1.21）。

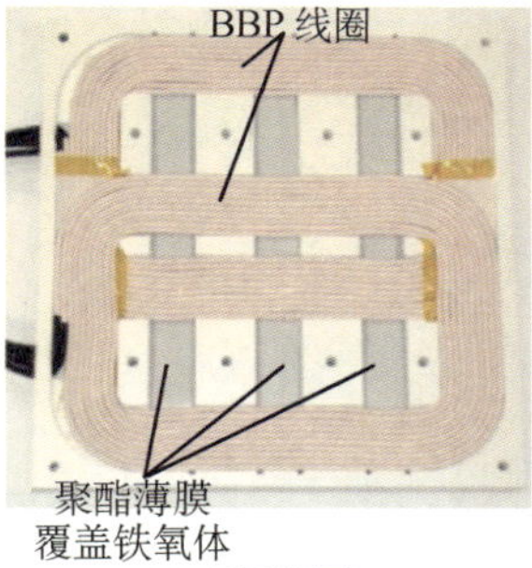

(a) 双极线圈

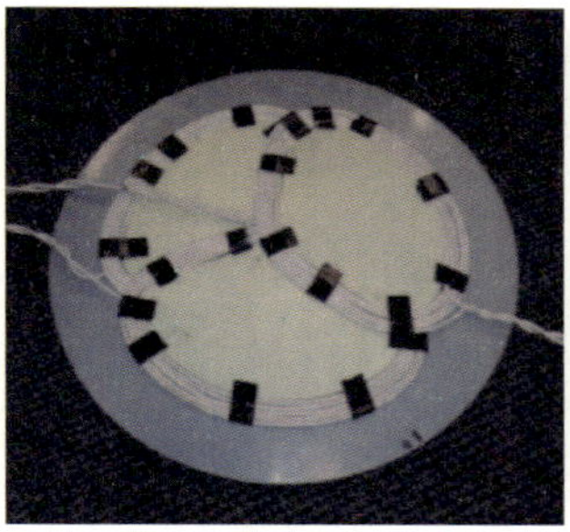
(b) 三极线圈

(c) 无铁氧体线圈

图 1.21　奥克兰大学科维克团队的磁能线圈结构

瑞士联邦科技学院的科拉尔（J. W. Kolar）教授所带领的研究团队在大功率无线充电系统磁能线圈的设计优化上有着深入的研究。其研究内容包括基于 Pareto front 理论的磁能线圈多目标优化[72-74]以及不同线圈的优化结果对比研究[26]。图 1.22 (a)为该研究团队所研究的应用于50 kW无线充电的磁能线圈。

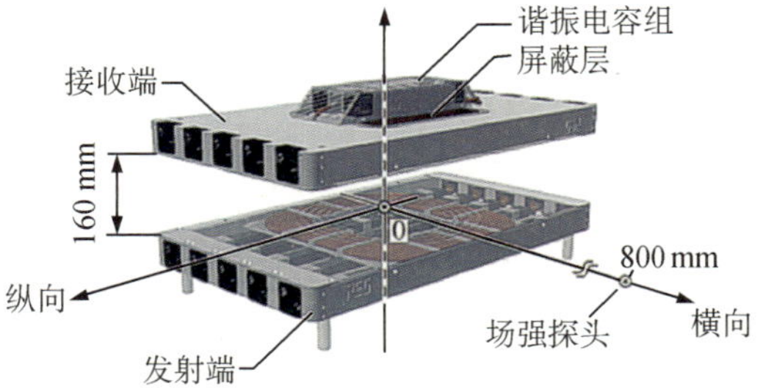

(a) 瑞士联邦科技学院磁能线圈结构

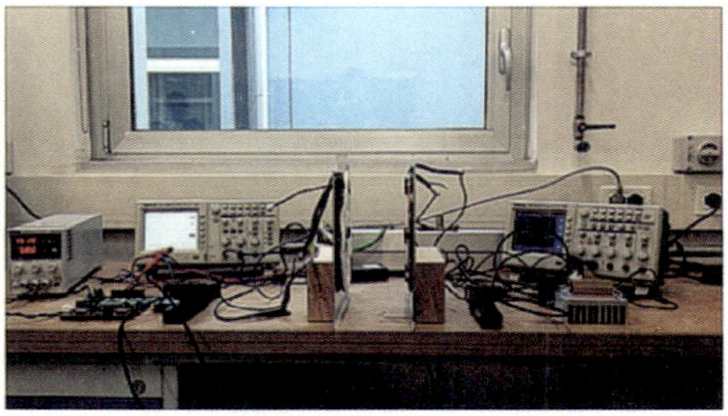
(b) 意大利米兰理工学院无线充电系统原型样机

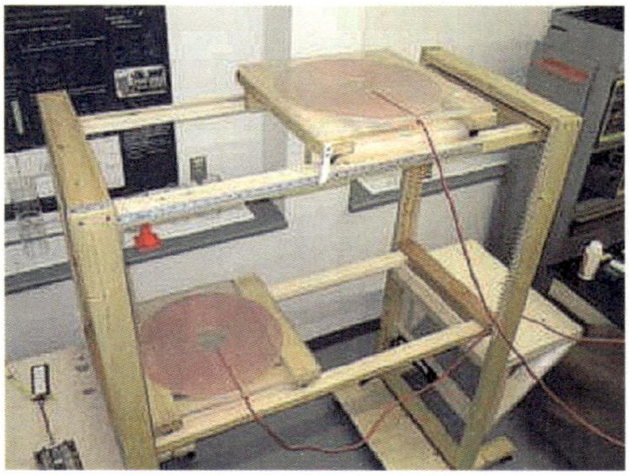
(c) 加拿大温莎大学线圈偏移测试台架

图 1.22　国外研究团队磁能线圈样机

意大利米兰理工学院的卡尔梅利(M. S. Carmeli)，德扎(F. C. Dezza)，毛里(M. Mauri)等人基于有限元方法，研究了不同结构的铁氧体屏蔽层对磁能线圈的自感及耦合系数的影响，对后续线圈整体的参数设计具有重要的参考意义[75]。图 1.22(b)为该团队无线电能传输系统的原型样机。

加拿大温莎大学的布赖恩·埃斯特班(Bryan Esteban)，尼古拉·斯托亚科维奇(Nikola Stojakovic)，马厄·锡德·艾哈迈德(Maher Sid Ahmed)等人对圆形线圈在空气中的磁场分布进行了理论建模，并且详细分析了圆形线圈在不同位错情况下的传输特性[76]。他们的实验台架如图 1.22(c)所示。

在国内也有不少的研究学者针对无线充电系统中的线圈磁场问题进行研究。其中重庆大学的孙跃教授的研究团队提出了一种凹陷型的铁氧体铁芯，并且对其饱和特性进行了分析[77]，图 1.23 为重庆大学研究团队的磁能线圈模型。

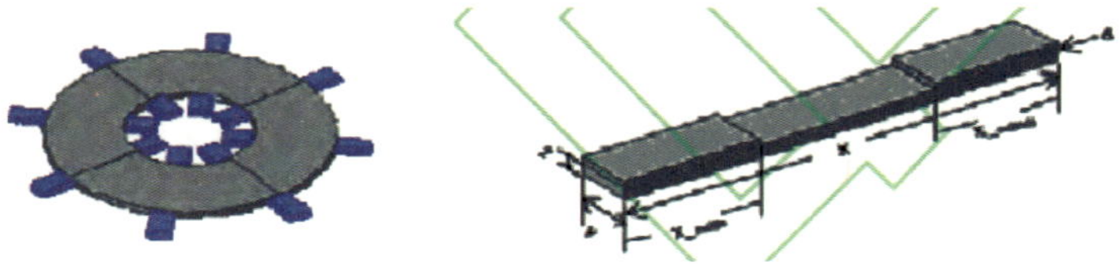

(a) 线圈整体三维模型　　(b) 铁氧体磁芯三维模型

图 1.23　重庆大学团队的磁能线圈模型

哈尔滨工业大学朱春波教授的研究团队在磁能线圈方面的主要研究内容涉及系统损耗分析[78, 79]、线圈拓扑结构及磁结构的设计[80-82]。其课题组的实验台架如图 1.24 所示。

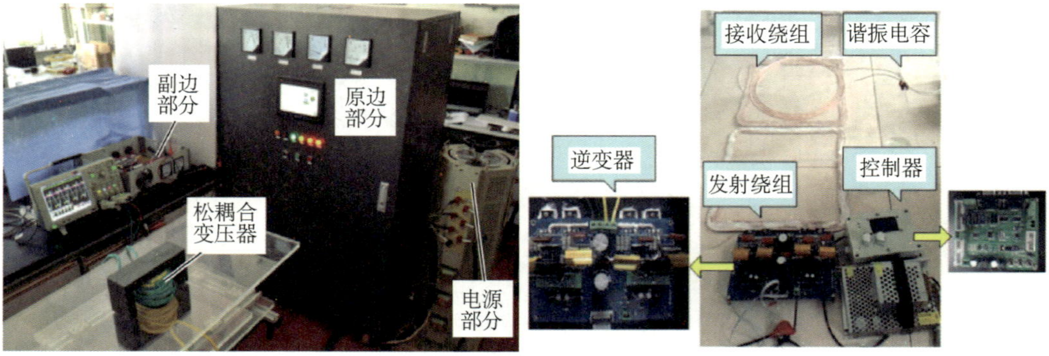

图 1.24　哈尔滨工业大学团队的无线充电系统样机

香港大学的邹国棠等人对变线距的方形线圈的空间磁场进行了分析，并且得到比等线距线圈更加均匀的磁场。这有利于提高线圈的抗偏移能力[24]。图 1.25 为变线距方形线圈的模型示意图及其空间磁场分布仿真图。

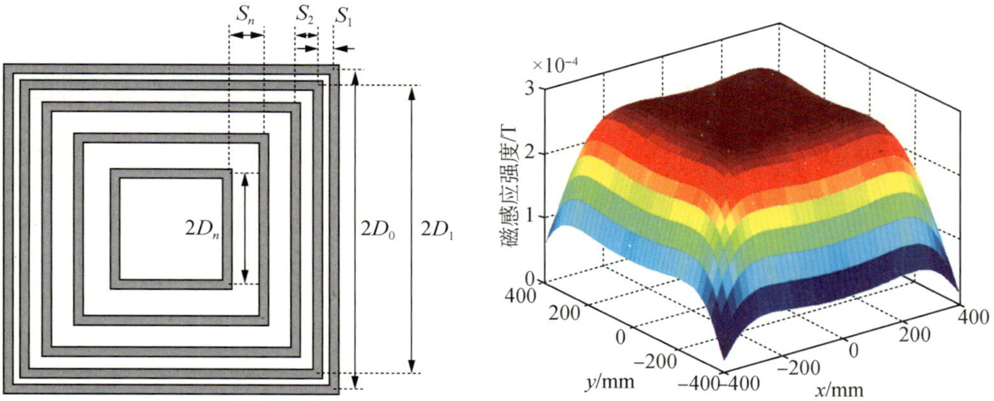

图 1.25 香港大学的变线距方形线圈模型示意及空间磁场分布仿真

1.5.3 电动汽车无线充电商业化发展现状

随着近年来大功率无线电能传输的研究热潮,电动汽车无线充电技术作为一种新兴的充电技术逐步从实验室走向商业化。其中最具前景的就是将无线充电技术与自动泊车技术相结合,实现真正的停车充电自动化。因此,越来越多的汽车厂商纷纷开始对自动泊车和无线充电技术进行研发投入。

2015 年,尼桑(Nissan)宣布将在其豪华四门电动车 Infiniti LE 上加入无线充电系统,此外该车还配备自动泊车功能,使得汽车能够自动实现无线充电系统发射与接收线圈的对齐(图 1.26)。早在多年前,Nissan Gran Drive 中就已经完成了一套汽车自动泊车的原型样机。该系统最先在与 Infiniti LE 具有同一个平台的 Nissan Leaf 车型中应用,利用 Nissan 工程师们开发的 Around View 摄像和传感器技术进行汽车定位和周围环境的感知。

BMW 530e iPerfomance 插电式混合动力轿车中加入了功率为 3.2 kW 的无线充电系统,该系统在 80 mm 气隙中的传输效率在 85%左右,可以在 3.5 h 内将电池从 0%充至大约满电。在该车的中控面板中加入了停车辅助系统,帮助驾驶员将汽车停至可充电区域。此无线充电系统可以容纳的位错范围为在汽车前进方向 70 mm,在汽车侧向 140 mm(图 1.27)。

2018 年,中兴新能源汽车有限公司协助上汽完成荣威 Marvel X 智能无线充电技术的正向开发,如图 1.28 所示,标志着国内第一台无线充电前装车型诞生,该车支持一公里"自主泊车+无线充电"融合应用,车上还搭载 ADAS 系统及人工智能巡航。

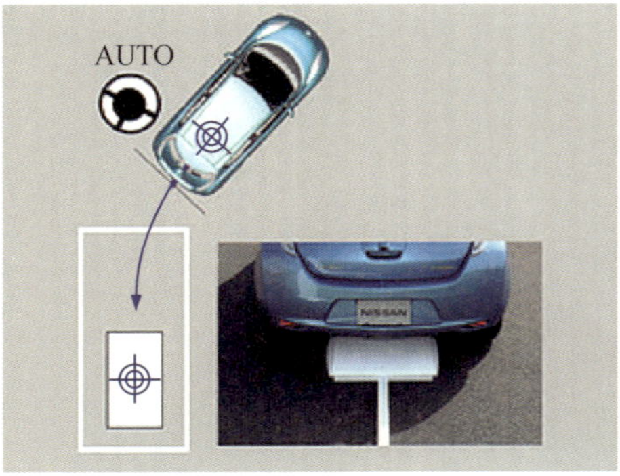

▲ 图 1.26　Nissan 自动泊车及无线充电技术

▲ 图 1.27　BMW 自动泊车及无线充电技术

另外,现代起亚发布信息,称其正在开发电动汽车无线充电和自动泊车系统。该系统由现代摩比斯研发,可以实现电动车的自动停车与充电,计划于 2025 年为旗下的自动驾驶车辆配置该功能。当驾驶员和乘客下车后,车辆将开启导航功能,自动驶向空置的停车位并利用磁感应技术为停放的车辆进行无线充电,当其电池达到充电饱和的状态,车将自动从车位移开,将充电的位置释放出来,为其他需要充电的车辆提供位置(图 1.29)。

▲ 图 1.28　上汽荣威 Marvel X 智能无线充电技术

▲ 图 1.29　起亚自动泊车与无线充电智能车库示意

德国大众汽车的 V-Charge 系统能够实现自动泊车、自动无线充电和召唤汽车等功能。利用该系统,可以将手机和汽车连接起来,通过手机操作,实现自动泊车和召唤功能(图 1.30)。对于无人驾驶泊车功能,大众在e-Golf 上安装了 4 个单目鱼眼相机、2 个立体相机和一些超声波传感器等设备,利用这些设备来识别车库的道路、行人、其他车辆等。利用相机、传感器等设备识别周边的物体,进而控制汽车运动,避让行人、其他车辆,最后找到停车位并停好。当汽车停稳后,启动停车位上的无线充电系统,给汽车进行无线充电。目前有 2 辆装载 V-Charge 系统的电动汽车正在进行测试,分别位于沃尔夫斯堡和苏黎世。

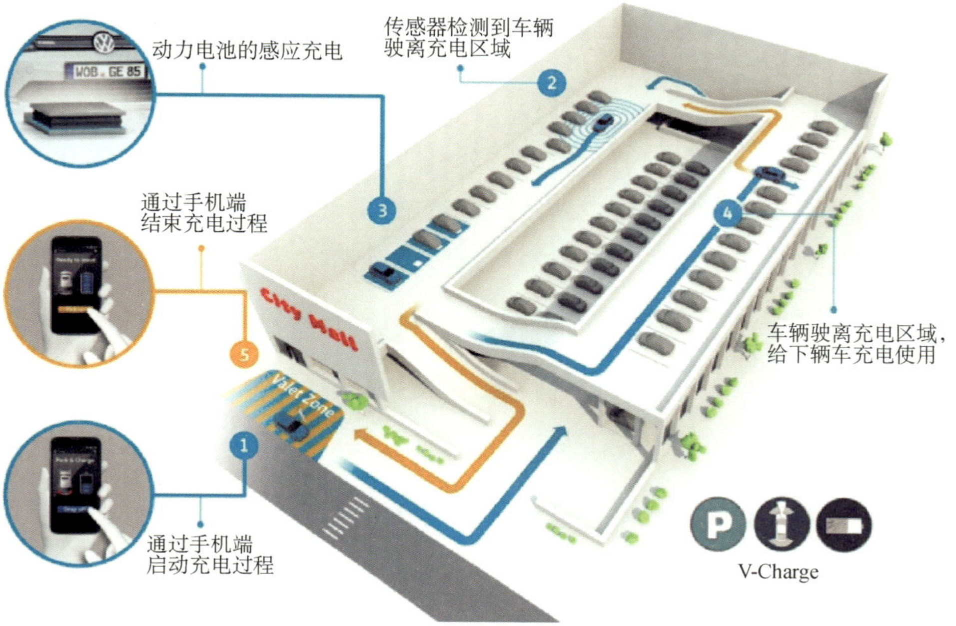

▲ 图 1.30　大众 V-Charge 系统示意

2014 年，丰田专门为无线充电开发了泊车辅助系统，如图 1.31 所示，驾驶员可借助于中控显示屏辨别汽车与发射线圈的相对位置，提高配对的准确率。自动泊车和无线充电两种技术的融合大大提高了电动汽车的用户体验。

▲ 图 1.31　丰田无线充电与泊车辅助系统

随着电动车的兴起，基于车辆间、车辆与停车场、充电设施及驾驶员间的“车联网技术”的新系统可为车辆的充电及停靠提供便利，还能探查已占用的充电设备及停车位。

总体上看，各大知名整车厂都在近几年对电动汽车无线充电技术投入研发，并且发布了相关的发展计划以及概念产品，相信在不远的将来，电动汽车无线充电将会迎来真正的大规模产业化阶段。

1.6 电动汽车无线充电标准

随着大功率无线充电技术的不断发展，国内外相关研究协会相继开始着手开展关于电动汽车无线充电的标准制定工作。在国际上，目前关于电动汽车无线充电最全面的标准是美国汽车工程师协会(SAE)制定的J2954。而在国内，相关研究专家和企业的工程师也纷纷投入到国标制定的工作当中，目前国内有多家标准制定机构已经对电动汽车无线充电的国标进行了多轮的讨论和草拟。本节将对SAE TIR J2954以及国内标准的制定进行介绍。

1.6.1 SAE TIR J2954的制定过程

目前消费类电子产品小功率充电已经普遍采用无线充电技术，为了实现电动车等大功率设备的商业化无线充电(WPT)，汽车行业也需要一套共同参照的标准。因此，制定一套有关无线充电系统安全性、电磁限值、能效、交互能力及测试设置方面的标准非常重要，而SAE TIR J2954™《适用于轻型插入式/纯电动汽车的无线功率传输及定位方法》(*Wireless Power Transfer for Light-Duty Plug-In/Electric Vehicles and Alignment Methodology*)承担的就是这样的角色。

SAE TIR J2954由SAE学会下设的PH/EV无线充电委员会(PH/EV Wireless Power Transfer Committee)主持起草，旨在为插电式混动车以及纯电动车的无线充电技术制定规范，包括通用、福特、丰田等在内的11家主机厂、4家商用车、14家零部件企业支持J2954标准。同时，该标准开启了电动车无线充电系统标准化的第一步。SAE无线充电系统委员会于2010年成立，由BMW公司燃料电池、电动车及标准开发经理杰西·施奈德(Jesse Schneider)担任主席。

SAE TIR J2954于2016年5月首次发布，作为电动汽车无线充电领域的首份标准，其推动了电动车和对应地面基础设施WPT系统在世界范围内的标准化进程，同时该标准对WPT系统的频带、交互功能、EMC/EMF限值及线圈规格作出了详细规定，因此，理论上说，符合SAE TIR J2954的车辆能够轻松在住宅、公司或购物中心等任何配备WPT充电系统的地方实现无缝、高效率的无线充电。

自SAE TIR J2954于2016年发布之后，部分汽车厂商与供应商都已经开始打造符合SAE TIR J2954的充电系统。美国能源部爱达荷国家实验室与阿岗国家实验室的跨界团队也一直在进行相关系统的测试，测试主要分两个部分：台架测试与真车测试，最终这些实验数据都将用于完善更新标准，并推动无线充电技术的推广。

截至目前，该标准的内容与版本已经更新迭代了三次，2019年4月23日，由SAE International发布了 J2954™《适用于轻型插入式/纯电动汽车的无线功率传输及定位方法》最新一版，此次更新也是首次在全球范围内为 11 kW 功率级(WPT3)的电动汽车无线电力传输提供了设计与测试规范。

1.6.2 SAE TIR J2954 解读

本节内容主要对 SAE TIR J2954 中全行业普遍比较关心的主要几个技术内容部分进行解读。

(1) 感应式无线充电系统的组成部分

SAE TIR J2954 认为一套完整的感应式无线充电系统需要具有如图 1.32 所示的组成部分，每一部分行使特定的功能。基本原理是由两个带间隙的松耦合变压器构成，整个系统由地面组件(GA)和车辆组件(VA)组成，GA 主要包括一个主连接功率因数校正(PFC)转换器，以及一个 DC-AC逆变器，一个滤波器(Fitter)和连接到 GA 端线圈的阻抗匹配网络(IMN)。GA 线圈产生的磁能与 VA 端线圈耦合。VA 由连接到 IMN 和滤波器的 VA 线圈、整流器和可选阻抗转换器组成，阻抗转换器为所连接的可充电电池产生合适的充电电压和电流。

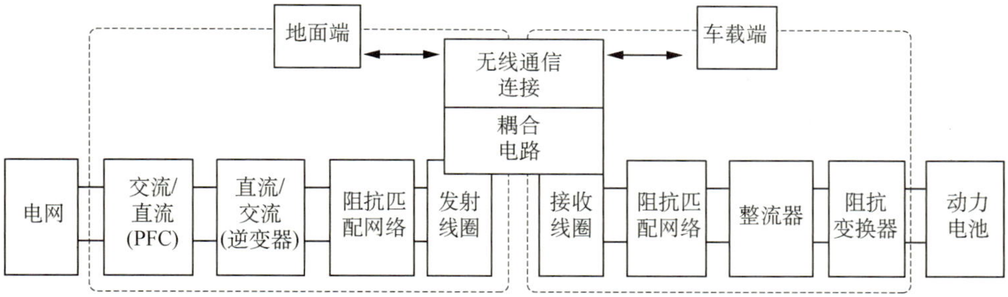

图 1.32 感应式无线充电系统的组成结构

为了确保安全，GA 和 VA 都必须满足一定的要求，包括安全监控(电压、电流和温度等安全限值)，以及具有在达到非安全运行极限时采取纠正措施的能力。同时，地面端与车载端必须建立通信连接，即对于 GA 而言能够接收并响应来自 VA 的信息，比较关键的是只有当 VA 端基本对准并与 GA 端满足互操作性的前提下，GA 端才能对其启动功率传输。

(2) 对无线充电专业术语的定义

为了方便行业人员的查阅，SAE TIR J2954 还对相关的无线充电专业术语进行了概念的清晰定义，比如磁间距(MAGNETIC GAP)、阻抗匹配网络(IMN: IMPEDANCE MATCHING NETWORK)、最优位置(OPTIMAL POSITION)、VA 端控制器(VA CONTROLLER)、汽车离地间隙(VEHICLE GROUND CLEARANCE)、VA 线圈离地间隙(VA COIL GROUND CLEARANCE)、VA 线圈磁间距(VA COIL MAGNETIC CLEARANCE)等。对标准里涉及的

EMF、EMI、EMC 等相关缩写也进行了全称阐述,上述部分写在标准的第 3、第 4 章节。

(3) 无线充电系统的标准频段及 WPT 的功率等级

SAE TIR J2954 最为重要的是确定了电动汽车无线充电系统均应统一采用 85 kHz(81.39～90 kHz)的标准频段。同时在标准的第 5 章节定义了 WPT 的功率等级,并标识了不同功率等级的效率目标,见表 1.1。在最新一版的标准里,已经对 WPT1, WPT2 和 WPT3 功率等级进行了定义,但 WPT4 仍处于待定义阶段。该功率等级大小是根据 GA 端电子器件的最大输入视在功率(伏安)来定义的。从 GA 获取的实际功率取决于输入功率因数,而传输到 VA 的可输出功率则会因系统效率转化而降低。不同功率等级的 GA/VA 组合后其输出的最大功率由 GA 的 WPT 功率等级和 VA 额定输出功率等级二者中较小的决定。表 1.1 中的最小目标效率需要在对应的垂直间隙下进行实验。

同时,关于不同功率等级的 GA 与 VA 之间的功率互操作性,SAE TIR J2954 也提出了要求,见表 1.2。以 WPT2 功率等级的 GA 为例,如果其与 WPT1, WPT2 的 VA 进行耦合的话,要求能够输出 VA 对应功率等级的额定功率,若是与 WPT3 的 VA 耦合,则要求 WPT2 的 GA 能够以其最大额定功率 7.7 kW 输入系统。WPT4 的功率互操作性暂未确定。

表 1.1　SAE TIR J2954 功率等级划分

	WPT 功率等级			
	WPT1	WPT2	WPT3	WPT4
最大输入伏安值	3.7 kVA	7.7 kVA	11.1 kVA	22 kVA
对准时的最低目标效率	>85%	>85%	>85%	待定
位错下的最低目标效率	>80%	>80%	>80%	待定

对于功率等级不同的 GA 与 VA 组合,效率可能会更低,甚至达不到表 1.1 要求的效率,但标准要求其效率不能低于 75%。

表 1.2　不同功率等级的 GA 与 VA 之间的功率互操作性要求

		VA			
		WPT1	WPT2	WPT3	WPT4*
GA	WPT1	需满足	需满足	需满足	待定
	WPT2	需满足	需满足	需满足	待定
	WPT3	需满足	需满足	需满足	待定
	WPT4*	待定	待定	待定	需满足

* 需注意的是所有 GA 和 VA 产品要求是向下可兼容的。对 WPT4 的互操作性要求将在后续版本的标准中考虑并更新。

(4) 定义垂直距离 Z 的等级

垂直距离 Z 也是 WPT 系统规范的一个重要参数。为此，标准定义了三种 Z 等级来对 WPT 系统进行分类。Z 分类是根据所有产品和测试台架的 VA 线圈设计的最大线圈离地间隙确定的。VA 线圈离地间隙是指地表面与 VA 线圈下表面的垂直距离，如图 1.33 所示，每个 Z 间隙等级对应的 VA 线圈离地间隙范围见表 1.3。

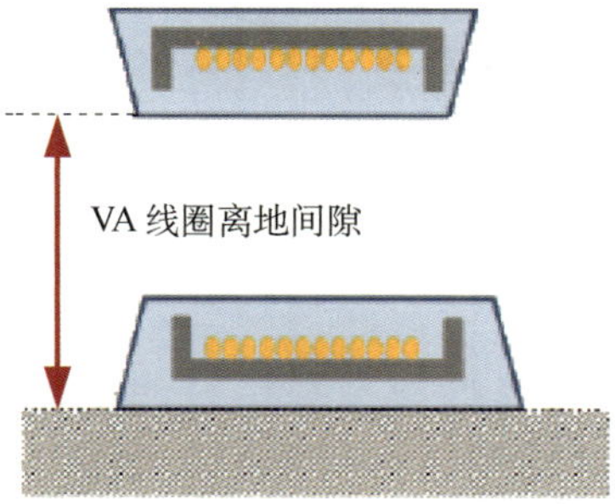

图 1.33 VA 线圈离地间隙示意

表 1.3 离地间隙等级列表

Z 等级	VA 线圈离地间隙范围/mm
Z1	100～150
Z2	140～210
Z3	170～250

对特定 Z 等级下的 GA 要求是 GA 应在整个 Z 值范围内都能工作，从最小的 VA 线圈离地间隙值到该 Z 等级下的最大间隙值。比如 Z2 的 GA 在与 Z1，Z2 的 VA 耦合时，要求在 100～210 mm 都能工作。对于公共地面端的 GA，可能会面临不同 Z 等级的 VA 来充电，因此要求公共地面端 GA 需能够在所有 Z 等级正常工作(即选择 GA Z3)(表 1.4)。

同时，在实际装车后，对于 VA 的 Z 间隙，会由于车辆的载荷的不同而出现差异。因此，为了保证不同载荷下 VA 的互操作性，应选取最大 Z 间隙对应的 VA 进行安装使用。

表 1.4 不同 Z 间隙等级的 GA 与 VA 之间的互操作性要求

		VA		
		Z1	Z2	Z3
GA	Z1	需满足	不适用	不适用
	Z2	需满足	需满足	不适用
	Z3	需满足	需满足	需满足

(5) 无线充电系统的 EMF 安全性管理

除此之外，对于未来电动汽车无线充电的用户而言，最关心的就是电磁辐射对人体的危害问题。SAE TIR J2954 的第 10 章定义了三个物理区域来对无线充电系统的 EMF 安全性进行管理。以车为对象三个物理区域的划分如图 1.34 所示，区域①为汽车底盘下 GA 与 VA 两个线圈之间的区域，这部分属于危险区域，电磁辐射最高，装置运转过程中不允许有人员接触该区域。区域②为汽车外部的区域,包括车身两侧与车身顶部以外的区域,区域③则定义为汽车内部区域。

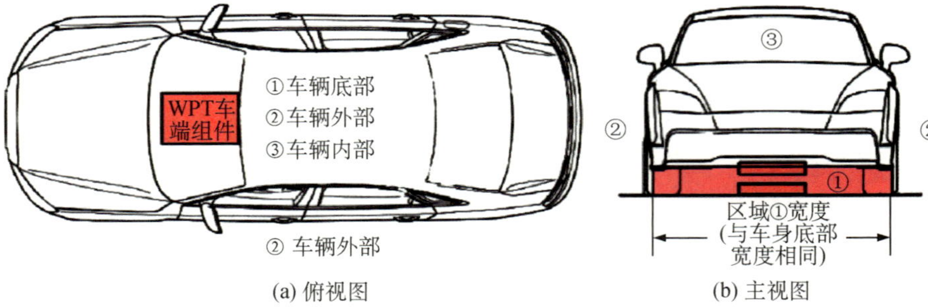

图 1.34 SAE TIR J2954 的 EMF 限定区域示意

对于区域①,需配备一定的检测和保护装置,一旦有人员在充电过程中接触该区域,则立马进行断电保护。而区域②和③的电场和磁场应符合表 1.5 中公众 EMF 安全限值所示的一般公众电磁场暴露指南(ICNIRP)。某些地区还存在对 EMF 的其他限值监管要求(表 1.6)。

表 1.5 公众 EMF 安全限值

指标	ICNIRP 2010 一般公用参考场强(RMS 值) 区域②和③
磁场强度	27 μT 或 21.5 A/m
电场强度	83 V/m

表 1.6 带植入式医疗设备人员 EMF 安全限值

区域	磁场强度限值(RMS 值)
③,②	15 μT 或 11.9 A/m (79~90 kHz)

通常来说,按照标准的 EMF 规定,只要区域②和③的磁辐射在 27 μT(RMS)以下则认为对人体是没有辐射危害的。但考虑到高频电磁场辐射对人体植入设备可能造成电磁感应加热、电磁干扰、设备损害等危害,SAE TIR J2954 进一步将 EMF 的磁饱和安全限值定义在 15 μT(RMS)以下。

除了对无线充电装车后的 EMF 进行定义以外,SAE TIR J2954 相应地对台架试验过程中的 EMF 物理区域和 EMF 测量方法也作出了要求,为保证实验操作人员的安全,需测量充电线圈周围边界的电磁场辐射值。测量边界距 VA 线圈几何中心 0.8 m,包括侧面的区域②,上方的区域③,使其符合 ICNIRP 要求,如图 1.35 所示。除此之外,标准对设备产生的接触电流以及其他电子设备的电磁干扰(EMI)也做了规范说明,在本书不具体展开。

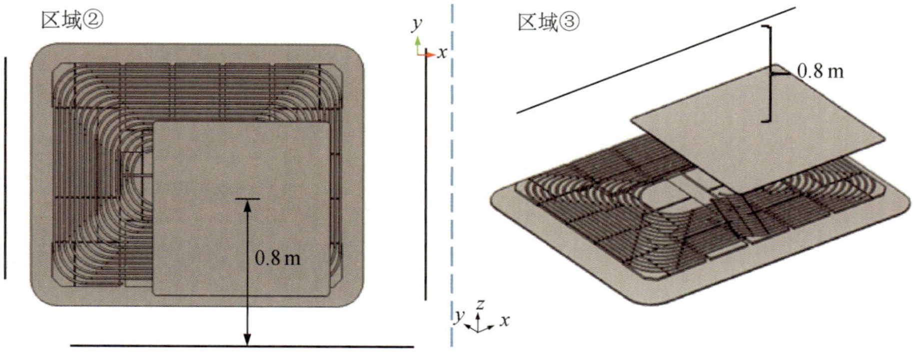

图 1.35 无线充电装置在台架试验中的物理区域划分

(6) 互操作性的可选方案

由于目前无线充电电路拓扑与线圈的多样性,电动汽车无线充电这种具有发射端和接收端两大部件组成的系统,必然会面临生产厂商的不同所导致的不同拓扑以及不同线圈类型之间相互耦合后效率低下的情况,所以它们之间的互操作性如何来定义和评判是标准制定中的重点和难点。目前 SAE TIR J2954 对于互操作性部分的内容规定还比较模糊,只提出了功率等级、间隙等级的互操作性,互操作下产品的 EMC, EMF 及热辐射安全等基本要求须达标,但对于不同 GA 与 VA 之间的互操作性仍然没有给出一个比较详细的边界要求。因为涉及不同的电路拓扑与不同线圈间的组合,需要通过大量的测试,获取足够的数据才能给出明确的无线充电互操作边界,所以互操作性标准的内容发布还需要一定的时间。

关于互操作性的可选方案方面,SAE TIR J2954 收集了目前比较主流的两种线圈类型与电路拓扑结构作为业界参考的实例放在了标准的附录部分,主要是来自两大主流无线充电方案供应商 WiTricity 的圆形线圈与双边 LCC 拓扑方案,以及高通 DD 线圈与 LCL-P(LCC-SP)拓扑方案。由于涉及不同功率等级,不同间隙等级下的不同 GA 与 VA 的方案,因此这部分内容篇幅较大,占据了标准一半以上的内容。两家供应商的无线充电解决方案对线圈的物理尺寸参数、电路拓扑的电气参数等都给出了明确的参考范围。

2019 年年初,WiTricity 收购了高通(Halo)的电动汽车无线充电专利,意味着上述的两种设计方案都将属于 WiTricity,这将进一步加速全球无线充电标准的制定,从而实现各主机厂之间的通用性。WiTricity 认为,到 2021 年,无线充电设备将会得到广泛应用,这会鼓励更多的主机厂在其 PHEV 和 BEV 车型中配备无线充电功能。

1.6.3 国内电动汽车无线充电标准制定进展

除了行业影响力最大的 SAE TIR J2954 以外，世界各国也都陆续提出了适合本国国情的电动汽车无线充电标准，比如德国推出的 STILLE、日本的 JSAE 等标准。我国的《电动汽车无线充电系统通用要求》(以下简称《通用要求》)国家标准也早在 2015 年便下达了制定计划，于 2016 年开始启动实施。除此之外，电动汽车无线充电的其他相关国标也在并行起草制定之中。电动汽车无线充电的国家标准由中国电力企业联合会和中国汽车技术研究中心牵头发起，参与的企业包括了测试机构(中国电力科学研究院等)、国内设备制造企业(中兴新能源汽车等)、国外设备制造企业(Witricity 等)、国内车企(北汽、上汽等)、国外车企(宝马、奥迪、丰田等)、充电运营商(国家电网、特来电等)、研究机构(中科院电工所等)以及测试设备制造商、零部件供应商等。基本覆盖了电动汽车无线充电的零部件、技术研究、设备制造、测试认证、系统应用等方面，是由全产业链参与完成的。

《通用要求》的内容包含总体要求、互操作性要求、电击防护要求、安全试验、结构要求、强度要求六大主要部分，涵盖了电动汽车无线充电系统从研发设计到生产安装各个方面的标准要求。我国的《通用要求》主要以 SAE TIR J2954 为参考，在内容上基本与其一致，但也结合了中国国情做了些许的扩展衍生，比如在传输功率与传输高度的划分上会略有不同。

在功率等级的划分上，国标通用要求的划分见表 1.7，相比 J2954 的四个功率等级，国标为国内更大功率等级的电动大巴无线充电做了扩展，将等级上限提高到了 WPT7 的 66 kW。需要提到的一点是，我国的家庭用电为单相 220 V 输入，最大只能提供 32 A 电流，因此若要配备更大功率等级的无线充电设施，须做地端电网改造。除此之外，传输高度的划分见表 1.8，国标的 D1、D2、D3 在保持了 J2954 间隙范围不变的前提下，扩展到了更高的 D4，也是考虑到底盘较高的电动大巴。除此之外，国标的通用要求与 SAE 的 J2954 一样，对整套无线充电系统的其他部分，比如 PFC、逆变模块、整流模块提及较少，两个标准体系对通讯的规约要求目前也不够明朗。

表 1.7　国标通用要求中的功率等级划分

等级	MF-WPT1	MF-WPT2	MF-WPT3	MF-WPT4	MF-WPT5	MF-WPT6	MF-WPT7
功率范围(kW)	$P\leqslant3.7$	$3.7<P\leqslant7.7$	$7.7<P\leqslant11.1$	$11.1<P\leqslant22$	$22<P\leqslant33$	$33<P\leqslant66$	$P>66$

注：MF-WPT4，MF-WPT5，MF-WPT6 和 MF-WPT7 不能用于单相输入(国内单相输入 220 V时，只能提供 32 A)。

表 1.8 国标通用要求中的传输高度等级划分

间隙等级	VA 线圈离地间隙范围/mm	间隙等级	VA 线圈离地间隙范围/mm
D1	100～150	D3	170～250
D2	140～210	D4	≥250

以上关于国标的信息获取来自标准草案，最终版本的标准内容以标准公布之后的信息为准。目前笔者从全国标准信息公共服务平台获取到的最新电动汽车无线充电的标准制定进展如下，以下四个标准内容已经制定完成，并批准通过，已于 2020 年 4 月 28 日公开发布：

(1) GB/T 38775.1—2020 电动汽车无线充电系统通用要求

(2) GB/T 38775.3—2020 电动汽车无线充电系统特殊要求

(3) GB/T 38775.4—2020 电动汽车无线充电电磁暴露限值与测试方法

(4) GB/T 38775.2—2020 电动汽车车载充电机和无线充电设备之间的通信协议

另外四个标准的内容仍在起草之中，特别是地面端与车辆端的互操作性要求及测试，涉及大量的互操作性测试工作需要完成，将很难在短期内完成起草：

(1) 20180971—T—524 电动汽车无线充电系统商用车应用特殊要求

(2) 20171275—T—339 电动汽车无线充电系统电磁兼容性要求和试验方法

(3) 20180970—T—524 电动汽车无线充电系统互操作性要求及测试 第 1 部分：地面端

(4) 20181906—T—339 电动汽车无线充电系统互操作性要求及测试 第 2 部分：车辆端

经历了近三十年的积累及探索，电动汽车无线充电技术已具备产业化的基础。电动汽车无线充电国家标准的制定与公布，将积极推动其产业化的发展。目前很多相关产业链的企业包括车企都在蓄势待发，纷纷布局该领域。一旦标准成熟，电动汽车无线充电将迅速商业化普及。

参考文献

[1] 唐葆君，刘江鹏. 中国新能源汽车产业发展展望[J]. 北京理工大学学报(社会科学版)，2015，17(2)：1-6.

[2] GRUNDITZ E A, THIRINGER T. Performance Analysis of Current BEVs Based on a Comprehensive Review of Specifications[J]. IEEE Transactions on Transportation Electrification, 2016, 2(3): 270-289.

[3] 普华永道.普华永道：2030 中国新车销量将达 3 500 万辆[J]. 商用汽车，2018，330(4)：8.

[4] 程路，邢璐. 2030 年碳排放达到峰值对电力发展的要求及影响分析[J]. 中国电力，2016，49(1)：174-177.

[5] 程益德. 电动汽车充电技术应用现状与发展探析[J]. 交通建设，2017(12)：145.

[6] YAGHJIAN A. An Overview of Near-field Antenna Measurements[J]. IEEE Transactions on Antennas and Propagation，1986，34(1)：30-45.

[7] RAHMAT-SAMII Y，WILLIAMS L I，YACCARINO R G. The UCLA Bi-polar Planar-near-Field Antenna-Measurement and Diagnostics Range[J]. IEEE Antennas and Propagation Magazine，1995，37(6)：16-35.

[8] DAI J，LUDOIS D C. A Survey of Wireless Power Transfer and a Critical Comparison of Inductive and Capacitive Coupling for Small Gap Applications[J]. IEEE Transactions on Power Electronics，2015，30(11)：6017-6029.

[9] KURS A，KARALIS A，MOFFATT R，et al. Wireless Power Transfer via Strongly Coupled Magnetic Resonances[J]. Science，2007，317:83-86.

[10] WANG C S，STIELAU O H，COVIC G A. Design Considerations for a Contactless Electric Vehicle Battery Charger[J]. IEEE Transactions on Industrial Electronics，2005，52(5)：1308-1314.

[11] CHEON S，KIM Y H，KANG S Y，et al. Circuit-Model-Based Analysis of a Wireless Energy-Transfer System via Coupled Magnetic Resonances[J]. IEEE Transactions on Industrial Electronics，2011，58(7)：2906-2914.

[12] RAMRAKHYANI A K，MIRABBASI S，CHIAO M. Design and Optimization of Resonance-Based Efficient Wireless Power Delivery Systems for Biomedical Implants[J]. IEEE Transactions on Biomedical Circuits and Systems，2011，5(1)：48-63.

[13] 翟渊，孙跃，戴欣，等. 磁共振模式无线电能传输系统建模与分析[J]. 中国电机工程学报，2012(12)：155-160.

[14] SAMPLE A P，MEYER D A，SMITH J R. Analysis，Experimental Results，and Range Adaptation of Magnetically Coupled Resonators for Wireless Power Transfer[J]. IEEE Transactions on Industrial Electronics，2011，58(2)：544-554.

[15] CHEN C J，CHU T H，LIN C L，et al. A Study of Loosely Coupled Coils for Wireless Power Transfer [J]. IEEE Transactions on Circuits and Systems II：Express Briefs，2010，57(7)：536-540.

[16] KIANI M，JOW U M，GHOVANLOO M. Design and Optimization of a 3-Coil Inductive Link for Efficient Wireless Power Transmission[J]. IEEE Transactions on Biomedical Circuits and Systems，2011，5(6)：579-591.

[17] 王振世. 车载 3.3 kW 无线充电系统关键问题研究[D]. 上海:同济大学汽车学院，2016.

[18] LI S，LI W，DENG J，et al. A Double-Sided LCC Compensation Network and Its Tuning Method for

Wireless Power Transfer[J]. IEEE Transactions on Vehicular Technology, 2015, 64(6): 2261-2273.

[19] BUDHIA M, BOYS J T, COVIC G A, et al. Development of a Single-Sided Flux Magnetic Coupler for Electric Vehicle IPT Charging Systems[J]. IEEE Transactions on Industrial Electronics, 2013, 60(1): 318-328.

[20] BUDHIA M, COVIC G A, BOYS J T. A new IPT Magnetic Coupler for Electric Vehicle Charging Systems[J]. IEEE Xplore 2010:2487-2492.

[21] BUDHIA M, COVIC G A, BOYS J T. Design and Optimization of Circular Magnetic Structures for Lumped Inductive Power Transfer Systems[J]. IEEE Transactions on Power Electronics, 2011, 26(11): 3096-3108.

[22] FUJITA I, YAMANAKA T, KANEKO Y, et al. A 10 kW Transformer with a Novel Cooling Structure of a Contactless Power Transfer System for Electric Vehicles[C]// IEEE. IEEE Energy Conversion Congress and Exposition. 2013: 3643-3650.

[23] LUO Z, WEI X. Analysis of Square and Circular Planar Spiral Coils in Wireless Power Transfer System for Electric Vehicles[J]. IEEE Transactions on Industrial Electronics, 2018, 65(1): 331-341.

[24] QIU C, CHAU K T, LI C, et al. Modular Inductive Power Transmission System for High Misalignment Electric Vehicle Application[J]. Journal of Applied Physics, 2015, 117(17B528): 1-4.

[25] ZAHEER A, HAO H, COVIC G A, et al. Investigation of Multiple Decoupled Coil Primary Pad Topologies in Lumped IPT Systems for Interoperable Electric Vehicle Charging[J]. IEEE Transactions on Power Electronics, 2015, 30(4): 1937-1955.

[26] BOSSHARD R, IRURETAGOYENA U, KOLAR J W. Comprehensive Evaluation of Rectangular and Double-D Coil Geometry for 50 kW/85 kHz IPT System[J]. IEEE Journal of Emerging and Selected Topics in Power Electronics, 2017, 4(4): 1406-1415.

[27] 罗志超. 车载无线充电系统磁能线圈组设计优化及系统实现[D]. 上海:同济大学汽车学院, 2019.

[28] LORICO A, TAIBER J, YANNI T. Inductive Power Transfer System Integration for Battery-Electric Vehicles[M]// Hung S, Subic A, Wellnitz J. Sustainable Automotive Technologies. Berlin: Springer, 2011:75-83.

[29] HUANG C Y, BOYS J T, COVIC G A, et al. LCL Pick-up Circulating Current Controller for Inductive Power Transfer Systems[C]// IEEE. IEEE Energy Conversion Congress and Exposition, 2010.

[30] KEELING N A, COVIC G A, BOYS J T. A Unity-Power-Factor IPT Pickup for High-Power Applications[J]. IEEE Transactions on Industrial Electronics, 2010, 57(2): 744-751.

[31] WANG C S, COVIC G A, STIELAU O H. Power Transfer Capability and Bifurcation Phenomena of

Loosely Coupled Inductive Power Transfer Systems[J]. IEEE Transactions on Industrial Electronics, 2004, 51(1): 148-157.

[32] TANG C S, SUN Y, SU Y G, et al. Determining Multiple Steady-State ZCS Operating Points of a Switch-Mode Contactless Power Transfer System[J]. IEEE Transactions on Power Electronics, 2009, 24(2): 416-425.

[33] WANG C S, COVIC G A, STIELAU O H. General Stability Criterions for Zero Phase Angle Controlled Loosely Coupled Inductive Power Transfer Systems[C]// IEEE. Conference of the IEEE Industrial Electronics Society, 2001.

[34] HUANG C Y, BOYS J T, COVIC G A. LCL Pickup Circulating Current Controller for Inductive Power Transfer Systems[J]. IEEE Transactions on Power Electronics, 2013, 28(4): 2081-2093.

[35] LI H L, HU A P, COVIC G A. A Direct AC-AC Converter for Inductive Power Transfer Systems [J]. IEEE Transactions on Power Electronics, 2012, 27(2): 661-668.

[36] HAO H, COVIC G A, BOYS J T. An Approximate Dynamic Model of LCL-T-Based Inductive Power Transfer Power Supplies[J]. IEEE Transactions on Power Electronics, 2014, 29(10): 5554-5567.

[37] WEEARSINGHE S, THRIMAWITHANA D J, MADAWALA U K. Modeling Bidirectional Contactless Grid Interfaces with a Soft DC-Link[J]. IEEE Transactions on Power Electronics, 2015, 30(7): 3528-3541.

[38] THRIMAWITHANA D J, MADAWALA U K. A Generalized Steady-State Model for Bidirectional IPT Systems[J]. IEEE Transactions on Power Electronics, 2013, 28(10): 4681-4689.

[39] SAMANTA S, RATHORE A K, THRIMAWITHANA D J. Bidirectional Current-Fed Half-Bridge (C)(LC)-(LC) Configuration for Inductive Wireless Power Transfer System[J]. IEEE Transactions on Industry Applications, 2017, 53(4): 4053-4062.

[40] UDAYA K M, MICHAEL N, DULEEPA J, et al. A Power-Frequency Controller for Bidirectional Inductive Power Transfer Systems[J]. IEEE Transactions on Industrial Electronics, 2013, 60(1): 310-317.

[41] ZHAO L, THRIMAWITHANA D, MADAWALA U. A Hybrid Bi-directional Wireless EV Charging System Tolerant to Pad Misalignment[J]. IEEE Transactions on Industrial Electronics, 2017, 64(9): 7079-7086.

[42] VILLA J L, SALLÁN J, SANZ OSORIO J F, et al. High-Misalignment Tolerant Compensation Topology for ICPT Systems[J]. IEEE Transactions on Industrial Electronics, 2011, 59(2): 945-951.

[43] SALLÁN J, VILLA J L, LLOMBART A, et al. Optimal Design of ICPT Systems Applied to Electric

Vehicle Battery Charge[J]. IEEE Transactions on Industrial Electronics, 2009, 56(6): 2140-2149.

[44] VILLA J L, SALLÁN J, LLOMBART A, et al. Design of a high frequency Inductively Coupled Power Transfer system for electric vehicle battery charge[J]. Applied Energy, 2009, 86(3): 355-363.

[45] VILLA J L, LLOMBART A, SANZ J F, et al. Practical Development of a 5 kW ICPT System SS Compensated with a Large Air gap[C]// ISIE. IEEE International Symposium on Industrial Electronics, 2007.

[46] DENG J, LI W, NGUYEN T D, et al. Compact and Efficient Bipolar Coupler for Wireless Power Chargers: Design and Analysis[J]. IEEE Transactions on Power Electronics, 2015, 30(11): 6130-6140.

[47] LI W, ZHAO H, LI S, et al. Integrated LCC Compensation Topology for Wireless Charger in Electric and Plug-in Electric Vehicles[J]. IEEE Transactions on Industrial Electronics, 2015, 62(7): 4215-4225.

[48] LU F, ZHANG H, HOFMANN H, et al. A Dynamic Charging System with Reduced Output Power Pulsation for Electric Vehicles[J]. IEEE Transactions on Industrial Electronics, 2016, 63(10): 6580-6590.

[49] MI C C, BUJA G, CHOI S Y, et al. Modern Advances in Wireless Power Transfer Systems for Roadway Powered Electric Vehicles[J]. IEEE Transactions on Industrial Electronics, 2016, 63(10): 6533-6545.

[50] 翟渊, 孙跃, 戴欣, 等. 磁共振模式无线电能传输系统建模与分析[J]. 中国电机工程学报, 2012(12): 155-160.

[51] LI Y L, SUN Y, DAI X. Mu-Synthesis for Frequency Uncertainty of the ICPT System[J]. IEEE Transactions on Industrial Electronics, 2013, 60(1): 291-300.

[52] 戴欣, 王霄, 王智慧, 等. 感应电能传输系统环流抑制方法[J]. 重庆大学学报, 2013, 36(10): 67-73.

[53] 王智慧, 吕潇, 孙跃, 等. 谐振式无线电能传输系统损耗模型[J]. 电工技术学报, 2014, 29(9): 17-21.

[54] 王智慧, 胡超, 孙跃, 等. 基于输出能效特性的 IPT 系统磁耦合机构设计[J]. 电工技术学报, 2015, 30(19): 26-31.

[55] 夏晨阳, 孙跃, 贾娜, 等. 耦合磁共振电能传输系统磁路机构参数优化[J]. 电工技术学报, 2012(11): 139-145.

[56] 夏晨阳, 庄裕海, 邵祥, 等. 新型多负载变拓扑感应耦合电能传输系统[J]. 中国电机工程学报, 2015, 35(4): 953-960.

[57] ZOU Y, DAI X, LI W, et al. Robust Design Optimisation for Inductive Power Transfer Systems from Topology Collection Based on an Evolutionary Multi-objective Algorithm[J]. IET Power Electronics, 2015, 8(9): 1767-1776.

[58] 黄学良, 吉青晶, 谭林林, 等. 磁耦合谐振式无线电能传输系统串并式模型研究[J]. 电工技术学报,

2013, 28(3): 171-176.

[59] 黄辉，黄学良，周亚龙，等. 基于磁场谐振耦合的无线电力传输发射及接收装置的研究[J]. 电工电能新技术，2011, 30(1): 32-35.

[60] 王维，黄学良，周亚龙，等. 双中继无线电能传输系统建模及传输效率分析[J]. 电工技术学报，2014, 29(9): 1-6.

[61] 谭林林，黄学良，黄辉，等. 基于频率控制的磁耦合共振式无线电力传输系统传输效率优化控制[J]. 中国科学:技术科学，2011, 41(7): 913-919.

[62] CHEN Z, JING W, HUANG X, et al. A Promoted Design for Primary Coil in Roadway-Powered System[J]. IEEE Transactions on Magnetics, 2015, 51(11): 1-4.

[63] TAN L, HUANG X, ZHOU Y, et al. Optimal Control of Wireless Energy Transfer System via Decreasing Frequency[J]. Journal of Southeast University (English Edition), 2013, 29(3): 259-263.

[64] 陈琛,黄学良,孙文慧,等. 金属障碍物对磁耦合谐振无线电能传输系统的影响[J]. 电工技术学报，2014, 29(9): 22-26.

[65] 谢民灿，肖文勋，张波，等. 基于蓝牙控制的谐振式无线输电装置的研制[J]. 电力电子技术，2016(11): 91-93.

[66] 方赞峰，张波，江彦伟，等. 磁谐振无线电能传输功率关系及频率失谐分析[J]. 广西大学学报(自然科学版), 2017, 42(3): 1029-1034.

[67] 王振亚. 谐振式无线电能传输系统的优化设计[D]. 广州:华南理工大学，2015.

[68] 谢民灿.谐振式无线电能传输装置的系统分析与设计[D]. 广州:华南理工大学电力学院，2016.

[69] ZAHEER A, COVIC G A, KACPRZAK D. A Bipolar Pad in a 10-kHz 300-W Distributed IPT System for AGV Applications[J]. IEEE Transactions on Industrial Electronics, 2014, 61(7): 3288-3301.

[70] KIM S, COVIC G A, BOYS J T. Tripolar Pad for Inductive Power Transfer Systems for EV Charging [J]. IEEE Transactions on Power Electronics, 2017, 32(9): 5045-5057.

[71] TEJEDA A, CARRETERO C, BOYS J T, et al. Ferrite-Less Circular Pad with Controlled Flux Cancelation for EV Wireless Charging[J]. IEEE Transactions on Power Electronics, 2017, 32(11): 8349-8359.

[72] BOSSHARD R, KOLAR J W. Multi-Objective Optimization of 50 kW/85 kHz IPT System for Public Transport[J]. IEEE Journal of Emerging and Selected Topics in Power Electronics, 2016, 4(4): 1370-1382.

[73] BOSSHARD R, KOLAR J W, MÜHLETHALER J, et al. Modeling and η-α-Pareto Optimization of Inductive Power Transfer Coils for Electric Vehicles[J]. IEEE Journal of Emerging and Selected Topics

in Power Electronics, 2015, 3(1): 50-64.

[74] BOSSHARD R. Multi-Objective Optimization of Inductive Power Transfer Systems for EV Charging[D]. Switzerland: ETH Zürich, 2015.

[75] CARMELI M S, CASTELLI-DEZZA F, MAURI M, et al. Contactless Energy Transmission System for Electrical Vehicles Batteries Charging[C]// IEEE. International Conference on Clean Electrical Power, 2015.

[76] ESTEBAN B, STOJAKOVIC N, SID-AHMED M, et al. Development of Mutual Inductance Formula for Misaligned Planar Circular Spiral Coils[C]// IEEE. Energy Conversion Congress and Exposition, 2015.

[77] 孙跃，谭若兮，唐春森，等. 一种应用于电动汽车的新型耦合机构优化设计[J]. 西南交通大学学报, 2018, 53(5): 1078-1086.

[78] 朱春波，于春来，毛银花，等. 磁共振无线能量传输系统损耗分析[J]. 电工技术学报, 2012, 27(4): 13-17.

[79] ZHIYUAN C, YANG L, KAI S, et al. Design and Loss Analysis of Loosely Coupled Transformer for an Underwater High-Power Inductive Power Transfer System[J]. IEEE Transactions on Magnetics, 2015, 51(7): 1-10.

[80] 郭尧，朱春，宋凯，等. 平板磁芯磁耦合谐振式无线电能传输技术[J]. 哈尔滨工业大学学报, 2014, 46(5): 23-27.

[81] ZHU C, YU C, LIU K, et al. Research on the topology of wireless energy transfer device[C]// IEEE. Vehicle Power and Propulsion Conference, 2008.

[82] 郭尧，魏国，宋凯，等. 一种新型 WPT 二次侧谐振补偿拓扑[J]. 电工技术学报, 2015, 30(S1): 148-153.

02 无线电能传输系统谐振补偿拓扑

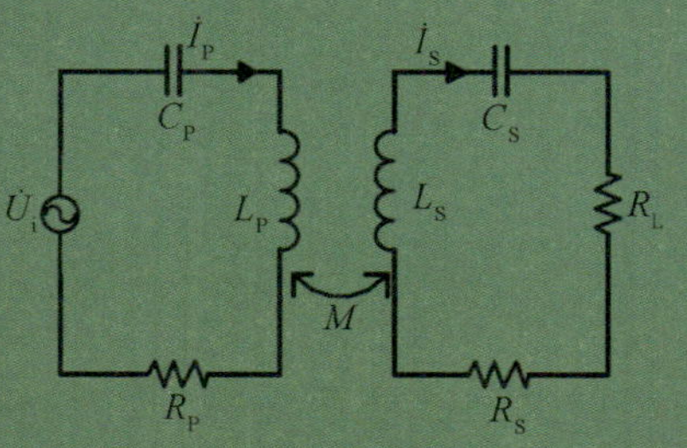

S−S

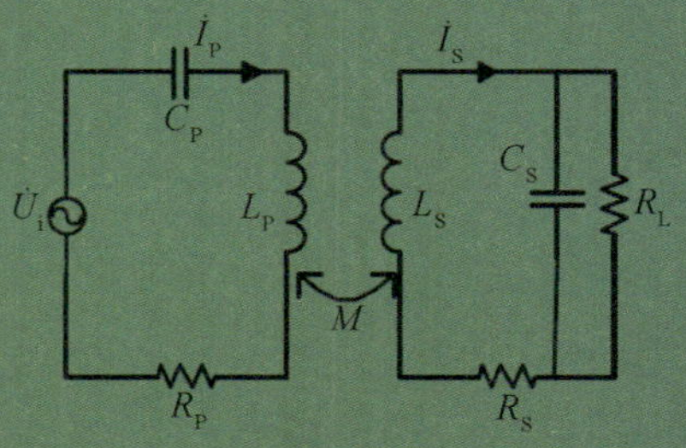

S−P

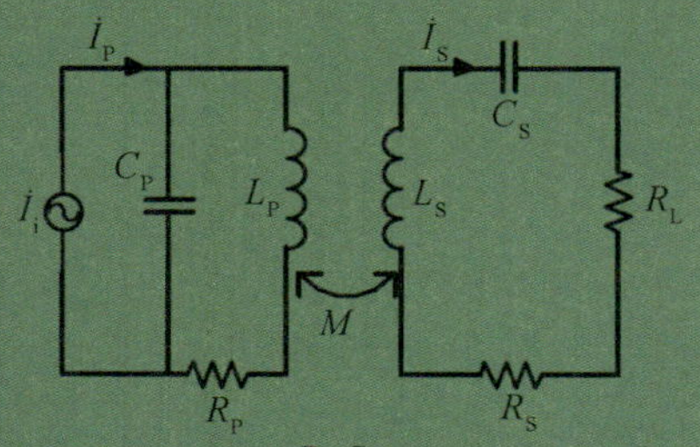

P−S

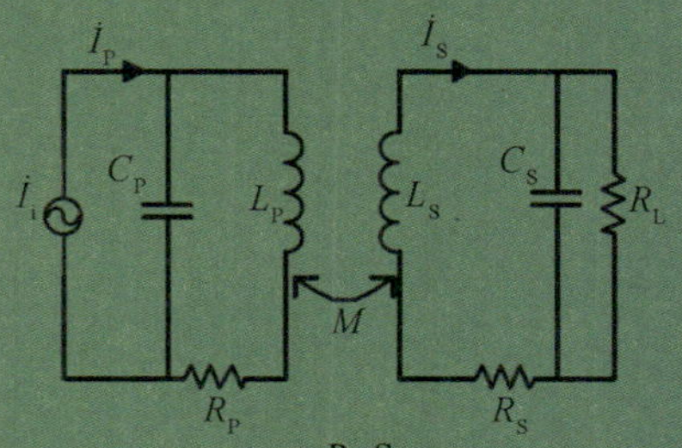

P−S

谐振补偿是无线电能传输系统的重要组成部分，其拓扑结构的种类多样、传输特性的各不相同在很大程度上决定了整个系统性能，因此有必要进行深入探究。针对车载无线充电系统这一典型应用，本章主要从谐振补偿拓扑结构的基本分析思路以及几种典型拓扑的传输特性分析等方面展开讨论，最后再以 LCC-LCC 拓扑为案例，初步介绍具体的拓扑结构设计流程。

2.1 谐振补偿拓扑结构分析

2.1.1 拓扑结构基本分析方法

串联补偿和并联补偿是最基本的两种谐振补偿手段,二者衍生的四种典型拓扑结构包括串联-串联(S-S)拓扑、串联-并联(S-P)拓扑、并联-并联(P-P)拓扑及并联-串联(P-S)拓扑[1-3],如图 2.1 所示。

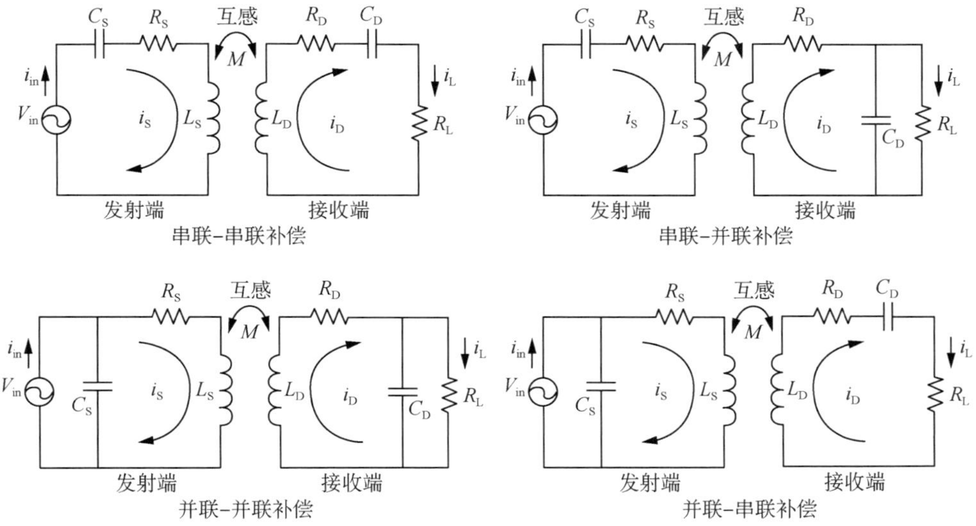

▲ 图 2.1　典型的四种基本拓扑结构

在详述这四种典型拓扑结构之前,需要先了解所述电路模型与基于变压器的等效电路模型[4-8]异同,以便从熟悉的概念出发,逐渐深入。根据图 1.2 可知,紧耦合电磁感应技术属于磁场耦合式无线电能传输技术,而变压器是紧耦合电磁感应技术的典型代表,因此可推测基于变压器的等效电路模型与图 2.1 所述的四种典型电路模型本质是相同的。变压器典型等效电路如图 2.2 所示,其中 L_1 和 L_2 是变压器原边漏感和副边漏感,R_1 和 R_2 是相应的寄生电阻,L_M是变压器励磁电感,n 是变压器原副边匝数比。

假设 $L_1+L_M=L_S$, $L_2+L_M=L_D$, $R_1=R_S$, $L_M=M$和$R_2=R_D$, 并将图 2.2 所示变压器等效电路代入图 2.1 中的串联-串联补偿拓扑结构中可得图 2.3,当变压器匝数比 n 等于 1 的时候,图 2.3 中理想变压器可以忽略,即可变为经典的 T 型电路。

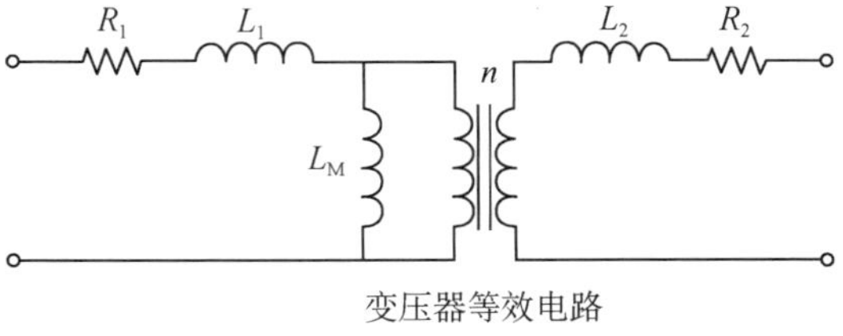

▲ 图 2.2　变压器等效电路

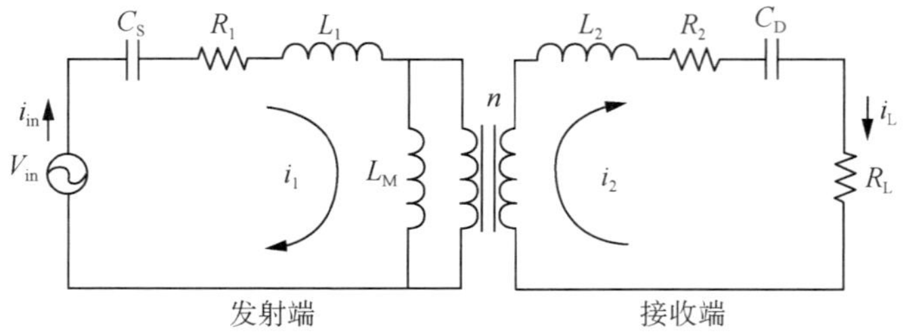

图 2.3　基于变压器模型的串联-串联补偿拓扑结构

又假设 $L_S = L_D = L$，并引入耦合系数 $k = L_M / L$，则 $L_1 = L_2 = (1-k)L$，接收端的等效阻抗 Z_s 为

$$Z_s = \frac{1}{j\omega(1-k)L + \frac{1}{j\omega C_D} + R_L + R_2} \tag{2.1}$$

而发射端的等效输入阻抗可以表示为

$$\begin{aligned} Z &= R_1 + \frac{1}{j\omega C_S} + j\omega(1-k)L + j\omega kL // Z_s \\ &= R_1 + \frac{1}{j\omega C_S} + j\omega(1-k)L + \frac{1}{\frac{1}{j\omega kL} + \frac{1}{j\omega(1-k)L + \frac{1}{j\omega C_D} + R_L + R_2}} \end{aligned} \tag{2.2}$$

当系统处于谐振状态时，即 $\omega = 1/\sqrt{L_S C_S} = 1/\sqrt{(L_1 + L_M)C_S}$，式(2.2)可简化为

$$Z = R_1 + \frac{\omega^2 k^2 L^2}{R_L + R_2} = R_1 + \frac{\omega^2 M^2}{R_L + R_2} \tag{2.3}$$

车载无线充电系统的基本原理和电路拓扑与传统电力变压器相似，都是利用空间交变磁场来传递能量，二者的最大差异就是其发射端与接收端的耦合程度。传统电力变压器属于典型的紧耦合结构，即漏感 L_1 和 L_2 很小，甚至可以忽略，而车载无线充电系统属于松耦合结构，即漏感 L_1 和 L_2 很大，故无线电能传输系统使用基于互感的等效电路模型更合适。

与传统无补偿策略的变压器模型相比，有补偿的结构可以提升传输功率[9]，图 2.4 给出了无补偿结构、并联补偿结构和串联补偿结构电路图。

根据图 2.4 中无补偿结构，可得此时负载电阻 R_1 上的电压和功率为

$$V_{R_1} = V_1 \cdot \frac{R_1}{\omega L_1 + R_1} \tag{2.4}$$

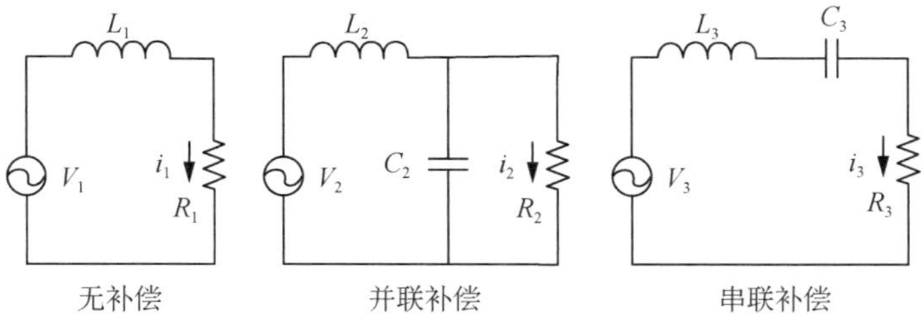

图 2.4 无补偿结构、并联补偿结构及串联补偿结构

$$P_{R_1}=\left(\frac{V_1}{\omega L_1+R_1}\right)^2\cdot R_1 \tag{2.5}$$

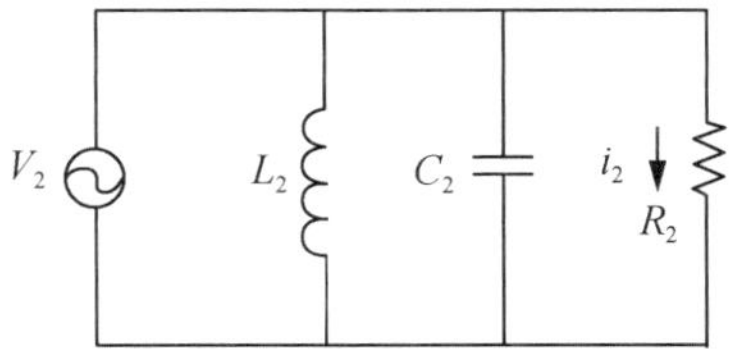

图 2.5 并联补偿结构诺顿等效

假设交流电源 V_2 的频率与电感 L_2 和电容 C_2 的谐振频率一样，则根据诺顿定理，图 2.4 中并联补偿结构可等效为图 2.5 所示结构，其中交流电流源 $I_2=V_2/\omega L_2$。则此时负载电阻 R_2 上的电压和功率为

$$V_{R_2}=\frac{V_2R_2}{\omega L_2} \tag{2.6}$$

$$P_{R_2}=\left(\frac{V_2}{\omega L_2}\right)^2\cdot R_2 \tag{2.7}$$

对于图 2.4 中串联补偿结构，当交流电源 V_3 的频率与电感 L_3 和电容 C_3 的谐振频率相同时，回路中感抗与容抗恰好抵消，则负载电阻 R_3 两端电压和功率为

$$V_{R_3}=V_3 \tag{2.8}$$

$$P_{R_3}=\frac{V_3^2}{R_3} \tag{2.9}$$

假设$V_1=V_2=V_3=V$，$R_1=R_2=R_3=R$，$L_1=L_2=L_3=L$，$C_2=C_3=C$，分别用式(2.6)除以式(2.4)以及用式(2.7)除以式(2.5)可得

$$\frac{V_{R_2}}{V_{R_1}}=1+\frac{R}{\omega L}=1+\frac{1}{Q} \tag{2.10}$$

$$\frac{P_{R_2}}{P_{R_1}}=\left(1+\frac{R}{\omega L}\right)^2=\left(1+\frac{1}{Q}\right)^2 \tag{2.11}$$

式中，$Q=\omega L/R$ 为并联补偿线圈组品质因数。

同理，用式(2.8)除以式(2.4)以及用式(2.9)除以式(2.5)可得

$$\frac{V_{R_3}}{V_{R_1}}=1+\frac{\omega L}{R}=1+Q \tag{2.12}$$

$$\frac{P_{R_3}}{P_{R_1}}=\left(1+\frac{\omega L}{R}\right)^2=(1+Q)^2 \tag{2.13}$$

式中，$Q=\omega L/R$ 为串联补偿线圈组的品质因数。

从以上公式推导过程可以看出，通过并联补偿或者串联补偿，可以分别实现负载电阻电压和电流提升 $1+\frac{1}{Q}$ 和 $1+Q$ 倍，因此功率可分别提升 $\left(1+\frac{1}{Q}\right)^2$ 和 $(1+Q)^2$ 倍。串联补偿和并联补偿策略通过容抗器件补偿磁能线圈组进行功率传输时所产生的感性阻抗，同时还可以减小电源输出的视在功率。除了串联补偿策略和并联补偿策略外，比较常用的补偿策略还有混联补偿策略[10, 11]和 LCL 补偿策略[12-14]，以上补偿策略相互组合又衍生出多种补偿拓扑结构。

2.1.2 恒流特性、恒压特性及阻抗特性

不同补偿策略的拓扑结构往往具有不同特性，主要包括恒流特性、恒压特性及阻抗特性。根据图 2.4 和图 2.5 可知，并联补偿结构具有恒流源特性，类似地将戴维南定理用于图 2.4 中的串联补偿结构，可得串联补偿结构具有电压源特性。实质上，补偿策略就是一种阻抗匹配技术，最典型的两种电路阻抗匹配网络为 π 型网络和 T 型网络，如图 2.6 所示，其中输入电源均考虑为电压源，因为实际车载应用中，H 桥逆变后的输出通常具有电压源特性。

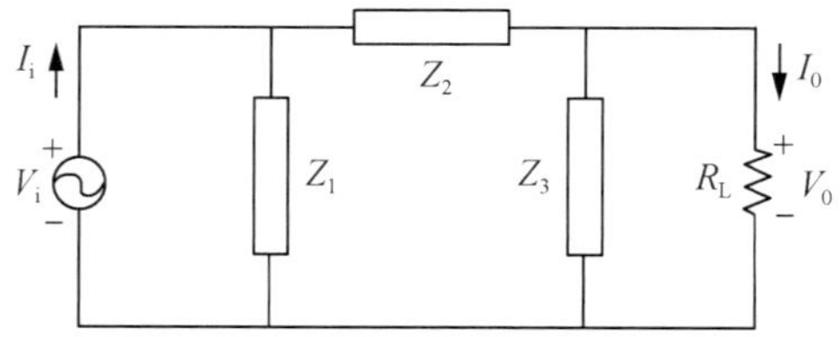

(a) π型阻抗匹配网络

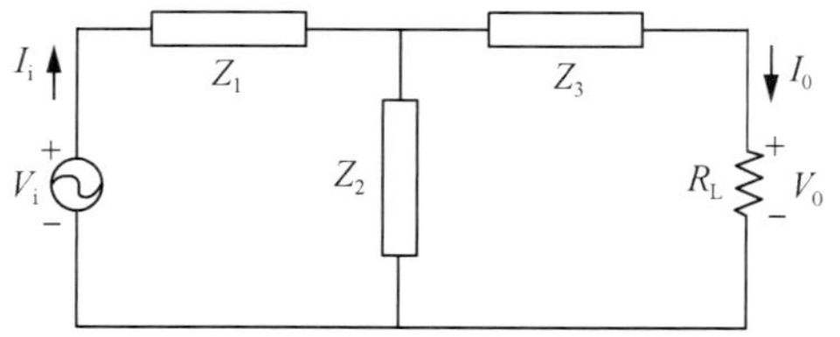

(b) T型阻抗匹配网络

▲ 图 2.6 两种典型阻抗匹配网络

以图 2.6(a)为例，根据基尔霍夫定律，可得

$$V_i=(I_i-I_{Z_2})Z_1 \tag{2.14}$$

$$V_i=I_{Z_2}Z_2+(I_{Z_2}-I_o)Z_3 \tag{2.15}$$

$$(I_{Z_2}-I_o)Z_3=I_oR_L \tag{2.16}$$

$$V_o = I_o R_L \tag{2.17}$$

整理式(2.14)至式(2.17)可得

$$V_i = \frac{Z_2 + Z_3}{Z_3} V_o + Z_2 I_o \tag{2.18}$$

式(2.18)表明当阻抗 Z_2 和阻抗 Z_3 之和为 0 的时候，π 型网络具有恒流特性，其中阻抗 Z_3 可为不等于 0 的任何值。当阻抗 Z_2 等于 0 的时候，π 型网络具有电压源的特性。

以图 2.6(b)为例，根据基尔霍夫定律，可得

$$V_i = I_i Z_1 + (I_i - I_o) Z_2 \tag{2.19}$$

$$(I_i - I_o) Z_2 = I_o Z_3 + V_o \tag{2.20}$$

$$V_o = I_o R_L \tag{2.21}$$

整理式(2.19)至式(2.21)后，可得

$$V_i = \frac{Z_1 + Z_2}{Z_2} V_o + \frac{Z_1 Z_2 + Z_2 Z_3 + Z_1 Z_3}{Z_2} I_o \tag{2.22}$$

式(2.22)表明当阻抗 Z_1 和阻抗 Z_2 之和等于 0 时，T 型阻抗匹配网络具有恒流特性，其中 Z_1 和 Z_2 不等于 0。当阻抗等式 $Z_1 Z_2 + Z_2 Z_3 + Z_1 Z_3$ 等于 0 的时候，T 型阻抗匹配网络具有恒压特性。由此可见，任何一种补偿策略都可以用 π 型网络和 T 型网络来表示，只是相应的电感、电容及工作频率取值不同。以文献提出的混联补偿[10, 11]和文献提出的 LCL 补偿[12-14]为例，如图 2.7 所示，分析二者的恒流恒压特性。

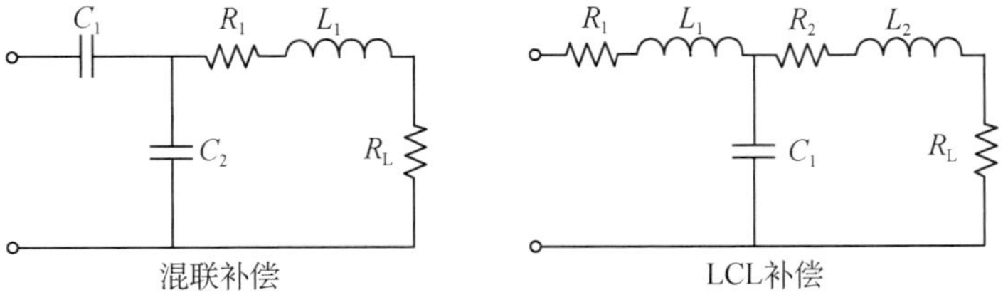

图 2.7　混联补偿和 LCL 补偿

忽略电感的寄生电阻，从图 2.7 中可以明显看出，混联补偿和 LCL 补偿都属于 T 型阻抗匹配网络。在混联补偿结构中，Z_1 等于 C_1，Z_2 等于 C_2，Z_3 等于 L_1，根据式(2.22)可知，Z_1 和 Z_2 之和不可能等于 0，因此混联补偿不具有恒流特性，令阻抗式 $Z_1 Z_2 + Z_2 Z_3 + Z_1 Z_3$ 等于 0，可得

$$\frac{1}{j\omega C_1}\cdot\frac{1}{j\omega C_2}+\frac{1}{j\omega C_1}\cdot j\omega L_1+\frac{1}{j\omega C_2}\cdot j\omega L_1=0 \tag{2.23}$$

式(2.23)化简后可得

$$\omega=\frac{1}{\sqrt{L_1(C_1+C_2)}} \tag{2.24}$$

当混联补偿结构的输入功率信号频率为式(2.24)所示时,该拓扑结构具有恒压特性。

在 LCL 补偿结构中,Z_1 等于 L_1,Z_2 等于 C_1,Z_3 等于 L_2,令式(2.22)中的阻抗式 Z_1+Z_2 等于 0,可得

$$\omega=\frac{1}{\sqrt{L_1C_1}} \tag{2.25}$$

当 LCL 补偿结构的输入功率信号频率为式(2.25)所示时,该结构具有恒流特性,令式(2.22)中的阻抗式 $Z_1Z_2+Z_2Z_3+Z_1Z_3$ 等于 0,可得

$$\omega=\sqrt{\frac{1}{L_1C_1}+\frac{1}{L_2C_1}} \tag{2.26}$$

当 LCL 补偿结构的输入功率信号频率为式(2.26)所示时,该结构具有恒压特性。同理,任何一种补偿策略都可以用式(2.18)和式(2.22)来判断其恒流恒压特性,本节不再一一论证。

在计算串联补偿结构的等效阻抗时,串联的感抗和容抗恰好抵消,因此其等效阻抗即为负载电阻,无电抗成分。相反地,并联补偿结构等效阻抗中却含有电抗成分,图 2.4 中的并联补偿结构等效阻抗为

$$Z_{equ}=\frac{j\omega L_2-\omega^2L_2C_2R_2+R_2}{j\omega R_2C_2+1} \tag{2.27}$$

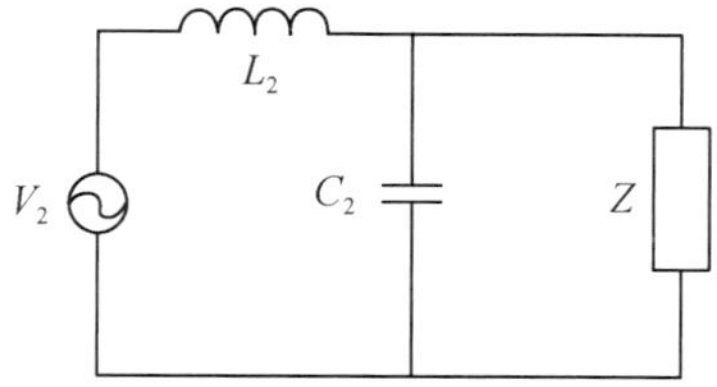

图 2.8　带有补偿器件的并联补偿结构

输入电源的等效阻抗中存在虚部成分,意味着电源要提供较大的视在功率,增加开关器件的电压电流应力,甚至会降低系统效率,因此有必要补偿这一虚部阻抗。图 2.8 为加入了补偿器件的并联补偿结构,其中 $Z=R_2+jX$ 包含了原有负载电阻 R_2 和新加入的补偿器件 X。

因此,图 2.8 电路图的等效阻抗(输入阻抗)为

$$Z_{equ}=j\omega L_2+\frac{1}{j\omega C_2}//(R_2+jX) \tag{2.28}$$

分离阻抗实部部分和虚部部分，可得

$$Z_{\mathrm{equ}}=\frac{R_2}{(1-\omega C_2 X)^2+(\omega C_2 R_2)^2}+j\frac{\omega L_2(1-\omega C_2 X)}{(1-\omega C_2 X)^2+(\omega C_2 R_2)^2} \tag{2.29}$$

令式(2.29)中虚部成分为0，可得

$$X=\frac{1}{\omega C_2}=\omega L_2 \tag{2.30}$$

式(2.30)表明 X 的感值必须与 L_2 相同。不难发现，经过阻抗虚部补偿后的并联补偿结构变为LCL补偿结构，因此LCL补偿结构实质上是LC并联补偿结构的衍生结构。根据图2.7中所示的LCL补偿结构，令 $L_1=L_2=L$，并忽略二者的寄生阻抗 R_1 和 R_2，可得其等效阻抗(输入阻抗)为

$$\begin{aligned}Z_{\mathrm{equ}}&=j\omega L+\cfrac{1}{j\omega C_1+\cfrac{1}{R_{\mathrm{L}}+j\omega L}}\\&=\frac{R_{\mathrm{L}}}{(R_{\mathrm{L}}^2+\omega^2L^2)\left[\dfrac{R_{\mathrm{L}}^2}{(R_{\mathrm{L}}^2+\omega^2L^2)^2}+\left(\omega C_1-\dfrac{\omega L}{R_{\mathrm{L}}^2+\omega^2L^2}\right)^2\right]}+\\&\quad j\left[\omega L-\frac{\omega C_1-\dfrac{\omega L}{R_{\mathrm{L}}^2+\omega^2L^2}}{\dfrac{R_{\mathrm{L}}^2}{(R_{\mathrm{L}}^2+\omega^2L^2)^2}+\left(\omega C_1-\dfrac{\omega L}{R_{\mathrm{L}}^2+\omega^2L^2}\right)^2}\right]\end{aligned} \tag{2.31}$$

令上式中虚部为0，可得 C_1 的两个解，分别为

$$C_{11}=\frac{1}{\omega^2L},\quad C_{12}=\frac{2L}{R_{\mathrm{L}}^2+\omega^2L^2} \tag{2.32}$$

将式(2.32)代入式(2.31)可得

$$Z_{\mathrm{equ1}}=\frac{(\omega L)^2}{R_{\mathrm{L}}},\quad Z_{\mathrm{equ2}}=R_{\mathrm{L}} \tag{2.33}$$

式(2.32)中 C_{12} 的表达式中含有负载电阻 R_{L}，在实际应用中，负载电阻 R_{L} 可能随时间变化，因此 C_{12} 的容值会随之变化，这对于实际应用而言比较困难，因此本节不考虑这种情况。运用类似方法也可对混联补偿结构的等效阻抗进行补偿，这里不再赘述。

2.2 S-S 电路补偿拓扑结构分析

2.2.1 S-S 拓扑额定工况下建模分析

上一节从单个谐振拓扑补偿网络着手，对典型的补偿结构的恒压恒流及恒阻特性进行了分析，而实际的车载无线充电系统需要一对磁能线圈组，因此在发射端和接收端各需要一个补偿结构，本节先以串-串(S-S)拓扑结构为例，阐述串联补偿对系统拓扑结构特性的影响，并分析磁能线圈组存在位错情况下的传输特性。

典型的 S-S 串联型补偿拓扑电路如图 2.9 所示，其中，U_{in}一般是 PFC 的输出直流电压，大概在 400 V 左右，经过由 4 个 MOS 管组成的全桥逆变电路后与串联补偿电路的发射端相接，发射端线圈组与接收端线圈组在一定的空气间隙中传递能量，经过接收端补偿电路后，交流电经过整流桥整流为直流电给动力电池充电。电路中 L_p，L_s为发射线圈组和接收线圈组的自感，C_p，C_s分别是发射端与接收端的串联补偿电容，M 为发射线圈组与接收线圈组之间的互感。

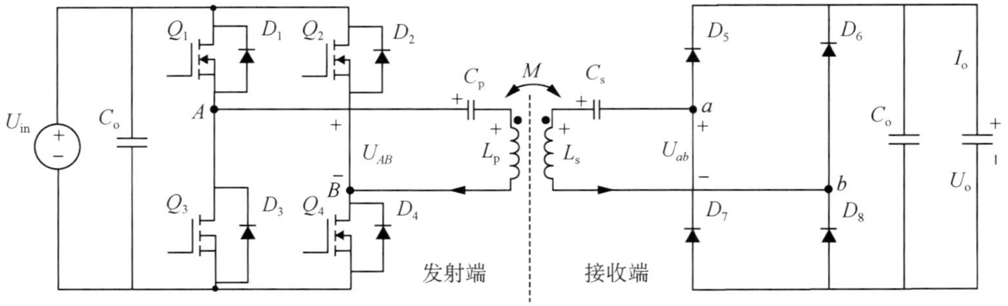

▲ 图 2.9 S-S 谐振拓扑结构电路

一般而言，S-S 补偿拓扑结构的谐振条件为

$$\omega_0=\frac{1}{\sqrt{L_pC_p}} \tag{2.34}$$

$$\omega_0=\frac{1}{\sqrt{L_sC_s}} \tag{2.35}$$

式中，ω_0 为系统的谐振角频率。

S-S 拓扑结构在谐振状态下，发射线圈组与接收线圈组上的感应电压分别为 $j\omega MI_2$ 和

$j\omega M I_1$，则线圈组中的电流为

$$I_1 = \frac{U_{ab}}{j\omega_0 M} = \frac{U_{ab}}{\omega_0 M}\angle 0^\circ \tag{2.36}$$

$$I_2 = \frac{U_{AB}}{j\omega_0 M} = \frac{U_{AB}}{\omega_0 M}\angle 90^\circ \tag{2.37}$$

由式(2.37)可知，S-S拓扑结构在接收线圈上的电流 I_2 与负载无关，呈恒流源特性，更适合动力电池充电场合。而该拓扑结构在谐振状态下的输出功率计算公式为

$$P = R_e(U_{AB} I_1^*) = \frac{U_{AB}U_{ab}}{\omega_0 M} \tag{2.38}$$

由式(2.38)可知，S-S拓扑结构谐振时的输出功率由谐振腔两端电压、线圈间互感和谐振频率决定，当系统的功率等级以及线圈间互感确定后，谐振腔两端的电压随即确定，不能进行自由调整。同时，也使得S-S拓扑结构的输入阻抗无法通过补偿元件的取值进行调整，对线圈组设计的参数匹配要求较高。另外，该输出功率与线圈间互感成反比，这意味着在实际工作中，当线圈间存在较大的位错时或接收线圈组意外开路，将会导致发射端短路烧毁。

为了方便对S-S拓扑结构电路进一步分析，将图2.9的电路图进一步简化，将逆变器输出的高频电压用交流电压源代替，整流桥及后端的动力电池用等效负载电阻代替。其简化后的电路如图2.10所示。

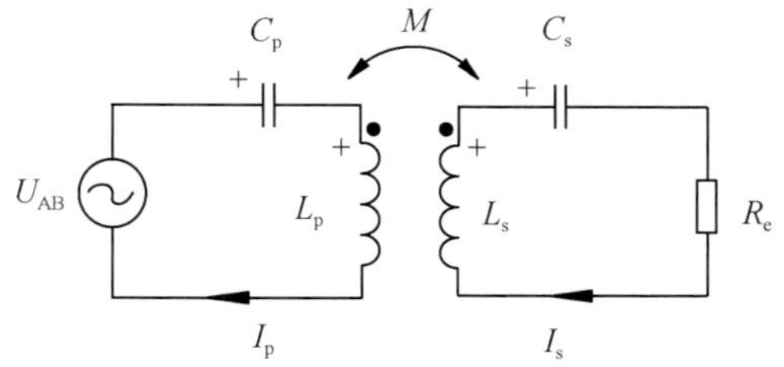

图2.10　S-S谐振拓扑结构简化电路

由线圈组电感以及补偿电容组成的LC串联电路对 U_{AB} 中的高频成分有较强的抑制作用，即电路中几乎只有基频电流的响应。因此为了简化分析，本节采用基波分析法(Fundamental Harmonic Approximation, FHA)对电路进行分析。令 U_{AB} 为高频方波电压 U_{AB} 基波的有效值，按照傅里叶级数展开，可得 U_{AB} 与 U_{in} 之间的关系为

$$U_{AB} = \frac{2\sqrt{2}U_{in}}{\pi} \tag{2.39}$$

对于整流桥及其后端动力电池，将其等效为一个纯阻性负载，其等效电阻为

$$R_e = \frac{8}{\pi^2}R_L = \frac{8}{\pi^2}\frac{U_o}{I_o} \tag{2.40}$$

进一步将两松耦合线圈组等效为流控电压源，可得如图2.11所示的等效电路图。

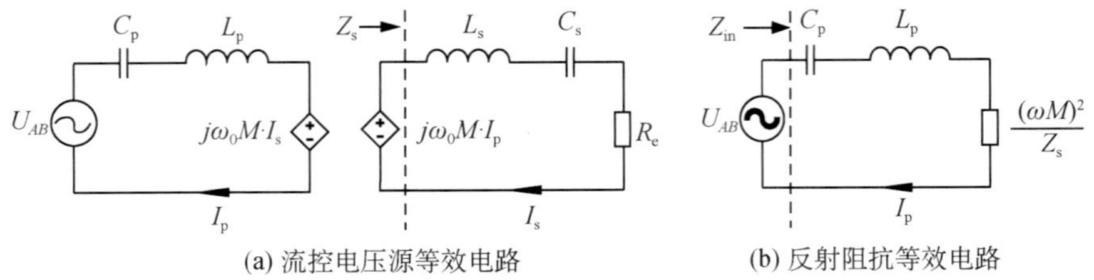

图 2.11 S-S 谐振拓扑结构等效电路

图 2.11(a) 中的 Z_s 为接收端的等效阻抗，其表达式为式(2.41)所示。通过反射阻抗变换，将接收端阻抗等效至发射端，可得到图 2.11(b)电路，并由式(2.42)求得 S-S 拓扑结构的输入阻抗 Z_{in}。

$$Z_s = j\omega L_s + \frac{1}{j\omega C_s} + R_e = jX_s + R_e \tag{2.41}$$

$$Z_{in} = j\omega L_p + \frac{1}{j\omega C_p} + \frac{(\omega M)^2}{Z_s} = jX_p + \frac{(\omega M)^2}{Z_s} \tag{2.42}$$

为了对输入阻抗进行归一化，定义如下中间变量，接收线圈组与发射线圈组自感比值 λ_L 为

$$\lambda_L = \frac{L_s}{L_p} \tag{2.43}$$

工作频率与谐振频率比值 ω_n 为

$$\omega_n = \frac{\omega}{\omega_0} \tag{2.44}$$

归一化基准阻抗 Z_0，即发射线圈组阻抗为

$$Z_0 = \omega_0 L_p \tag{2.45}$$

以及发射线圈组阻抗与等效负载电阻的比值 R_n 为

$$R_n = \frac{Z_0}{R_e} \tag{2.46}$$

定义归一化输入阻抗为

$$Z_n = \frac{Z_{in}}{Z_0} = j\left(\omega_n - \frac{1}{\omega_n}\right) + \frac{\lambda_L (k\omega_n)^2}{j\lambda_L\left(\omega_n - \frac{1}{\omega_n}\right) + \frac{1}{R_n}} \tag{2.47}$$

当工作频率为谐振频率时，S-S 拓扑的归一化输入阻抗为

$$Z_{n\_\omega_0} = \lambda_L R_n k^2 \tag{2.48}$$

由式(2.48)可知,当线圈组的参数及负载确定后,S-S 拓扑结构在谐振时的输入阻抗随即确定。因此,在线圈设计时必须考虑其自感和互感是否满足电路输入阻抗的要求。

图 2.12 和图 2.13 所示的是 S-S 拓扑结构归一化输入阻抗模及阻抗角与频率的关系。从图中可知当工作频率为谐振频率时,输入阻抗为纯阻性,系统实现单位功率因数,此时系统的传输效率达到最大值。通常为让 H 桥逆变器实现 ZVS,往往需要等效输入阻抗呈略微感性,即输入阻抗角大于零。为达到该目的,其中一种办法是略微增大工作频率,但是由图 2.13 可见,当提高系统工作频率时,输入阻抗的阻抗角不一定大于零,这与负载大小有关。从图 2.12 的变化趋势可以看出,当归一化负载电阻在 3～5 时,输入阻抗在谐振频率附近稳定性较好。

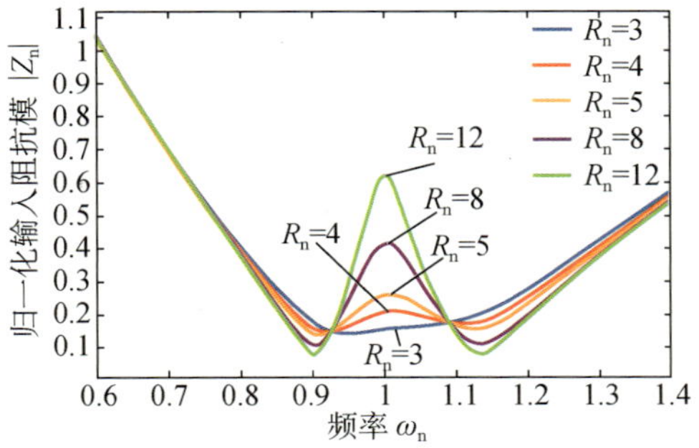

▲ 图 2.12 S-S 谐振拓扑归一化输入阻抗模与频率关系

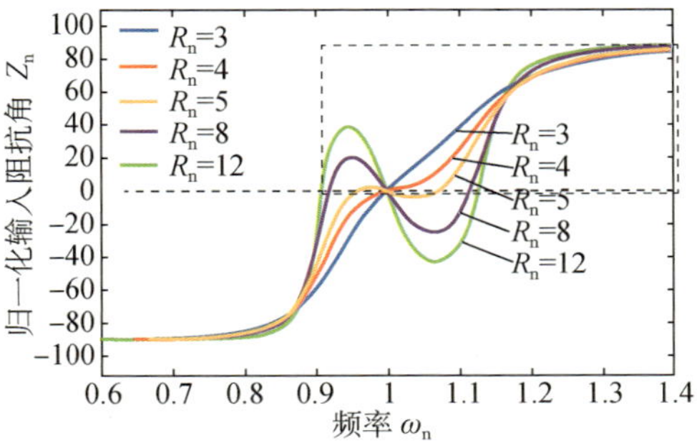

▲ 图 2.13 S-S 谐振拓扑归一化输入阻抗角与频率关系

基于式(2.41)和式(2.42)的发射端和接收端的阻抗计算表达式可以得到发射端与接收端的电流计算表达式

$$I_p = \frac{U_{AB}}{Z_{in}} = \frac{U_{AB} Z_s}{jX_p Z_s + (\omega M)^2} \tag{2.49}$$

$$I_s = \frac{j\omega M I_p}{Z_s} = \frac{j\omega M U_{AB}}{jX_p(R_e + jX_s) + (\omega M)^2} \tag{2.50}$$

定义输出电流增益为输出电流和输入电压的比值,将式(2.43)至式(2.46)代入式(2.50)可以得到归一化电流增益

$$G_{CV} = \frac{I_s}{U_{AB}} = \frac{j\omega_n k\sqrt{\lambda_L}}{-\lambda_L\left(\omega_n - \dfrac{1}{\omega_n}\right)^2 + j\dfrac{1}{R_n}\left(\omega_n - \dfrac{1}{\omega_n}\right) + (\omega_n k)^2 \lambda_L} \tag{2.51}$$

输出电流增益随频率变化如图 2.14 所示,在谐振频率时,系统的输出电流不随负载变化而变

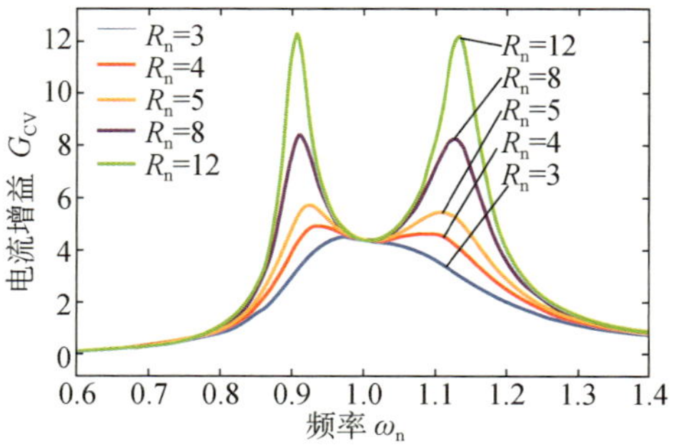

▲ 图 2.14 S-S谐振拓扑电流增益与频率关系

化，呈恒流源的特性。当工作频率在谐振频率附近波动时，归一化负载电阻在 3～4 时，输出电流增益比较稳定。因此，若采用 S-S 拓扑结构时，在设计线圈组结构过程中应同时考虑归一化负载电阻的取值。

2.2.2 S-S 拓扑位错工况下建模分析

在实际应用过程中，发射线圈组与接收线圈组无法保证完全对准，因此须对由于线圈间位错产生的线圈参数变动的电路模型进行分析。如图 2.15 所示为考虑线圈组参数变动时的简化电路。图中，ΔL_p 和 ΔL_s 分别是发射线圈组和接收线圈组在位错情况下产生的自感偏移值。

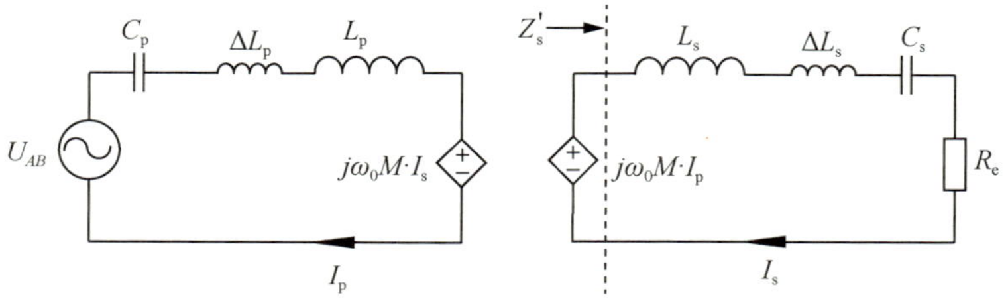

▲ 图 2.15 线圈组参数变动时 S-S 拓扑简化电路

定义发射线圈组和接收线圈组的相对自感变动值 δ_p 和 δ_s 如下：

$$\delta_p = \frac{\Delta L_p}{L_p} \tag{2.52}$$

$$\delta_s = \frac{\Delta L_s}{L_s} \tag{2.53}$$

在发射线圈组和接收线圈组存在自感值变动时，接收端的等效阻抗和发射端的等效阻抗如下：

$$Z'_s = j\omega L_s + j\omega \Delta L_s + \frac{1}{j\omega C_s} + R_e = jX'_s + R_e \tag{2.54}$$

$$Z'_{in} = j\omega L_p + j\omega \Delta L_p + \frac{1}{j\omega L_p} + \frac{(\omega M')^2}{Z'_s} \tag{2.55}$$

式中，M' 为不同位错情况下的互感值。

对发射端输入阻抗进行归一化处理可得

$$Z'_{n}=\frac{Z'_{in}}{Z_{0}}=j\left(\omega_{n}-\frac{1}{\omega_{n}}+\omega_{n}\delta_{p}\right)+\frac{\lambda_{L}(k'\Delta\omega_{n})^{2}}{j\lambda_{L}\left(\omega_{n}-\frac{1}{\omega_{n}}+\omega_{n}\delta_{s}\right)+\frac{1}{R_{n}}} \tag{2.56}$$

式中，k'为不同位错情况下的耦合系数值，$\Delta=\sqrt{(1+\delta_{p})(1+\delta_{s})}$。

假设工作频率为谐振频率，发射线圈组与接收线圈组一致，即 $\omega_{n}=1$，$\lambda_{L}=1$，归一化输入阻抗可以简化为

$$Z'_{n\_\omega_0}=j\delta_{p}-\frac{jR_{n}k'^{2}\Delta^{2}\delta_{s}}{(R_{n}\delta_{s})^{2}+1}+\frac{R_{n}k'^{2}\Delta^{2}}{(R_{n}\delta_{s})^{2}+1} \tag{2.57}$$

由式(2.57)可知，当线圈组自感变动后，输入阻抗不再为纯阻性，导致系统的功率因数下降。且当发射线圈组自感减少，接收线圈组自感增加时，输入阻抗呈容性，导致 H 桥逆变电路的 MOSFET 无法工作在 ZVS 状态，大大增加了开关损耗。

2.3 LCC-LCC 电路补偿拓扑结构分析

2.3.1 LCC-LCC 拓扑额定工况下建模分析

LCC 谐振补偿结构是一种电路补偿拓扑，其本质为 LCL 电路的改进[15]。由于在 LCL 电路中，补偿电感要与线圈组电感一致，但实际应用中，线圈组电感往往比较大，这会导致补偿电感的感值也很大，不利于集成到电路板中。因此，需要用一个电容与线圈组串联，降低补偿电感的感值，以便直接将补偿电感集成于电路板中。

图 2.16 为双边 LCC 谐振拓扑电路，其中 L_1，L_2 分别是发射和接收线圈组自感；C_1，C_2 分别是与线圈串联的补偿电容；L_{f1}，L_{f2}分别是发射端和接收端的补偿电感；C_{f1}在发射端与 L_{f1}，L_1，C_1 组成 T 型谐振网络；C_{f2}在接收端与 L_{f2}，L_2，C_2 组成 T 型谐振网络。

当 LCC-LCC 处于谐振工作状态时，电路中的补偿元件满足以下关系[15]：

$$\omega_{0}=\frac{1}{\sqrt{L_{f1}C_{f1}}} \tag{2.58}$$

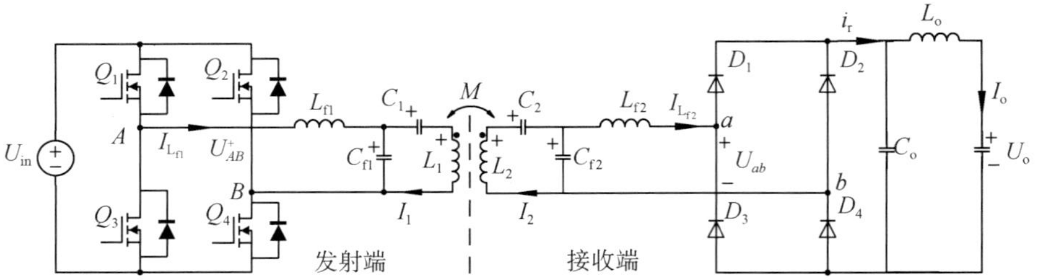

图 2.16 LCC-LCC 拓扑电路

$$\omega_0 = \frac{1}{\sqrt{L_{f2} C_{f2}}} \tag{2.59}$$

$$\omega_0 (L_1 - L_{f1}) = \frac{1}{\omega_0 C_1} \tag{2.60}$$

$$\omega_0 (L_2 - L_{f2}) = \frac{1}{\omega_0 C_2} \tag{2.61}$$

图 2.16 可以利用变压器等效电路简化为图 2.17。

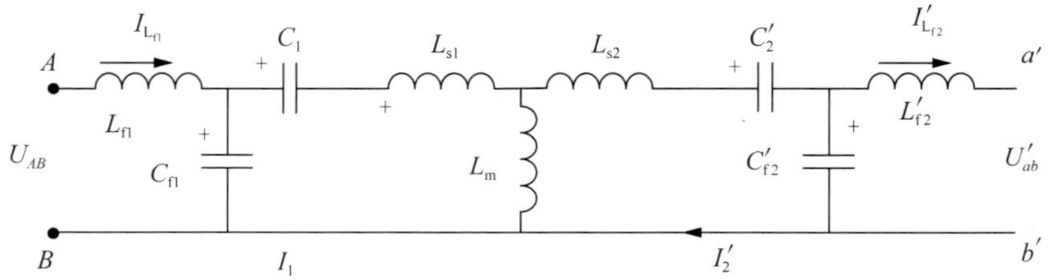

图 2.17 LCC-LCC 变压器等效电路

图 2.17 中定义 $n=\sqrt{L_2/L_1}$，$L_m=kL_1$，$L_{s1}=(1-k)L_1$，$L_{s2}=(1-k)L_2$，$L_{f2}'=L_{f2}/n^2$，$C_2'=n^2C_2$，$C_{f2}'=n^2C_{f2}$，$U_{ab}'=U_{ab}/n$。

当系统工作在谐振条件下时，如图 2.18 所示，分别求取只有 U_{AB} 和 U_{ab} 单独作用时各支路的电流：

$$L_{e1} = \frac{1}{j\omega_0}\left(\frac{1}{j\omega_0 C_1} + j\omega_0 L_{s1}\right) = L_{f1} - kL_1 \tag{2.62}$$

$$L_{e2}' = \frac{1}{j\omega_0}\left(\frac{1}{j\omega_0 C_2'} + j\omega_0 L_{s2}'\right) = L_{f2}' - kL_1 \tag{2.63}$$

图 2.18(a)中 L_m，L_{e1}，C_{f1} 构成一个谐振回路，L_{f2}' 和 C_{f2}' 构成另一个谐振回路；图 2.18(b)中

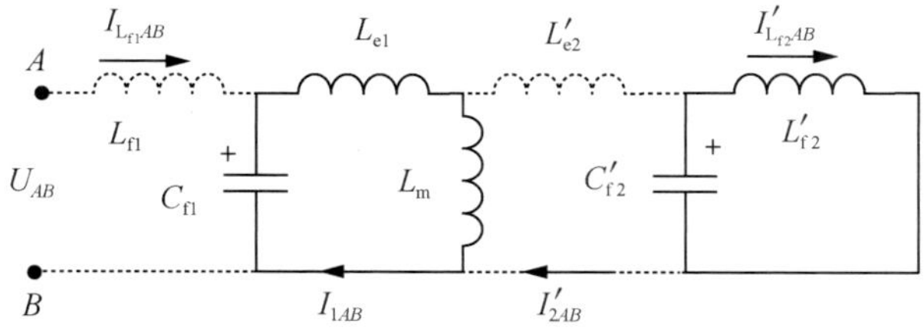

(a) U_{AB}单独工作时LCC-LCC等效电路

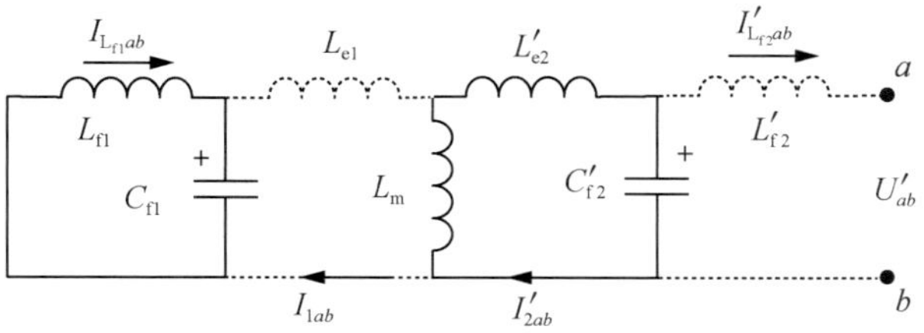

(b) U_{ab}单独工作时LCC-LCC等效电路

图 2.18 LCC-LCC 在谐振条件下的等效电路

L_{f1}和 C_{f1} 构成一个谐振回路，L_m，L'_{e2}，C'_{f2} 构成另一个谐振回路。因此

$$I'_{2AB}=0,\ I_{L_{f1}AB}=0,\ I'_{L_{f2}ab}=0,\ I_{1ab}=0 \tag{2.64}$$

最终根据电路的线性叠加原理可得：

$$I_{L_{f1}}=I_{L_{f1}ab}=\frac{kL_1U'_{ab}}{\omega_0L_{f1}L'_{f2}}\angle 0^\circ=\frac{MU_{ab}}{\omega_0L_{f1}L_{f2}}\angle 0^\circ \tag{2.65}$$

$$I_1=I_{1AB}=\frac{U_{AB}}{j\omega_0L_{f1}}=\frac{U_{AB}}{\omega_0L_{f1}}\angle -90^\circ \tag{2.66}$$

$$I_2=\frac{I'_{2ab}}{n}=\frac{U_{ab}}{n\omega_0L'_{f2}}\angle 0^\circ=\frac{U_{ab}}{\omega_0L_{f2}}\angle 0^\circ \tag{2.67}$$

$$I_{L_{f2}}=\frac{I'_{L_{f2}AB}}{n}=\frac{MU_{AB}}{\omega_0L_{f1}L_{f2}}\angle -90^\circ \tag{2.68}$$

由上述四式可得，当系统工作在谐振状态时，发射线圈组中的电流 I_1 与负载大小无关，为恒流特性，这意味着双边 LCC 拓扑补偿能实现发射端和接收端解耦，简化系统的控制结构，有利于提高无线电能传输系统的互操作性。此外，LCC-LCC 拓扑的输出电流 $I_{L_{f2}}$ 也表现出与负载无关的恒流特性，且与输出电流 U_{ab} 同相，而输入电流 $I_{L_{f1}}$ 与输入电压 U_{AB} 同相，即该拓扑结构在输入端与输出端都能实现单位功率因数。

双边 LCC 拓扑结构的输出功率公式为

$$P=Re(U_{AB}I_{L_{f1}}^{*})=\frac{MU_{AB}U_{ab}}{\omega_0 L_{f1}L_{f2}} \tag{2.69}$$

与式(2.38)对比可知,双边 LCC 拓扑结构的输出功率不但与谐振腔两端的电压、线圈间互感、谐振频率相关,同时还与拓扑结构中的补偿电感 L_f 有关。因此可通过对电路中补偿电感取值进行设计,进而调节整个系统的输入阻抗,与两端电压进行匹配。除此之外,LCC-LCC 系统的输出功率与互感成正比,能够保证当线圈间位错较大或接收线圈组开路时,不会导致发射端短路。

对 LCC-LCC 拓扑结构的电路进行简化,将整流桥及后端动力电池简化为一个电阻,高频逆变电路等效为一个交流电压源,可得图 2.19(a)的简化电路。

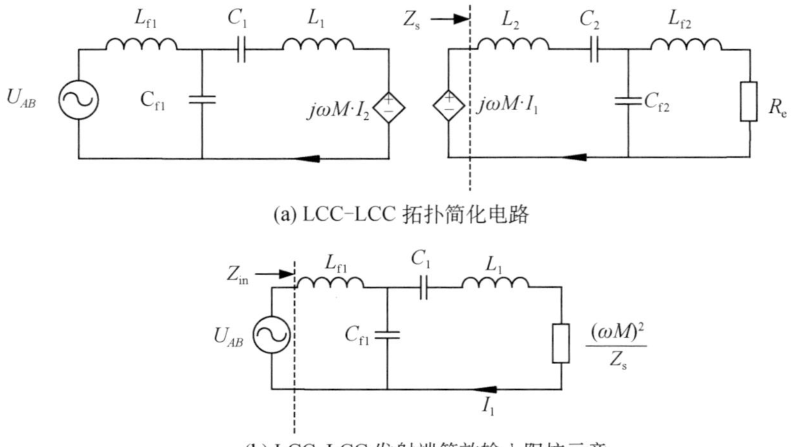

(b) LCC-LCC 发射端等效输入阻抗示意

图 2.19　LCC-LCC 拓扑简化电路及发射端等效输入阻抗示意

由电路原理可以求得接收端的等效阻抗为

$$Z_s=\frac{(j\omega L_{f2}+R_e)\dfrac{1}{j\omega C_{f2}}}{j\omega L_{f2}+R_e+\dfrac{1}{j\omega C_{f2}}}+j\omega L_2+\frac{1}{j\omega C_2} \tag{2.70}$$

根据图 2.19(b)以及反射阻抗理论可得发射端的等效输入阻抗为

$$Z_{in}=\frac{\left(\dfrac{(\omega M)^2}{Z_s}+j\omega L_1+\dfrac{1}{j\omega C_1}\right)\dfrac{1}{j\omega C_{f1}}}{\dfrac{(\omega M)^2}{Z_s}+j\omega L_1+\dfrac{1}{j\omega C_1}+\dfrac{1}{j\omega C_{f1}}}+j\omega L_{f1} \tag{2.71}$$

为了对等效阻抗进行归一化,除式(2.43)至式(2.46)之外,再定义以下三个公式:

$$\lambda_{L}=\frac{L_2}{L_1} \tag{2.72}$$

$$\lambda_{L_{f1}}=\frac{L_{f1}}{L_1} \tag{2.73}$$

$$\lambda_{L_{f2}}=\frac{L_{f2}}{L_2} \tag{2.74}$$

可得归一化接收端等效阻抗以及归一化发射端等效阻抗为

$$Z_{sn}=\frac{Z_s}{Z_0}=\frac{R_n(\lambda_L\lambda_{L_{f2}})^2-j\dfrac{1}{\omega_n}\lambda_L\lambda_{L_{f2}}}{jR_n\lambda_L\lambda_{L_{f2}}\left(\omega_n-\dfrac{1}{\omega_n}\right)+1}+j\lambda_L\left[\omega_n-\frac{1}{\omega_n}(1-\lambda_{L_{f2}})\right] \tag{2.75}$$

$$Z_n=\frac{Z_{in}}{Z_0}=\frac{\left[\dfrac{(\omega_n k)^2\lambda_L}{Z_{sn}}+j\left(\omega_n-\dfrac{1}{\omega_n}+\dfrac{\lambda_{L_{f1}}}{\omega_n}\right)\right]\dfrac{\lambda_{L_{f1}}}{j\omega_n}}{\dfrac{(\omega_n k)^2\lambda_L}{Z_{sn}}+j\left(\omega_n-\dfrac{1}{\omega_n}+\dfrac{\lambda_{L_{f1}}}{\omega_n}\right)+\dfrac{\lambda_{L_{f1}}}{j\omega_n}}+j\lambda_{L_{f1}}\omega_n \tag{2.76}$$

当工作频率为谐振频率时，归一化输入阻抗为

$$Z_{n\_\omega_0}=\frac{\lambda_L R_n(\lambda_{L_{f1}}\lambda_{L_{f2}})^2}{k^2} \tag{2.77}$$

由式(2.77)可知，归一化输入阻抗不仅由线圈组之间的耦合系数和负载电阻决定，还与补偿电感 L_{f1} 与 L_{f2} 的取值有关，因此 LCC-LCC 补偿拓扑结构在设计上有更大的自由度。

图 2.20 和图 2.21 是 LCC-LCC 拓扑归一化输入阻抗的幅值和相角与频率之间的关系。与前文的公式推导一致，当系统工作在谐振频率点时，输入阻抗呈纯阻性。由图 2.21 可知，当系统偏离

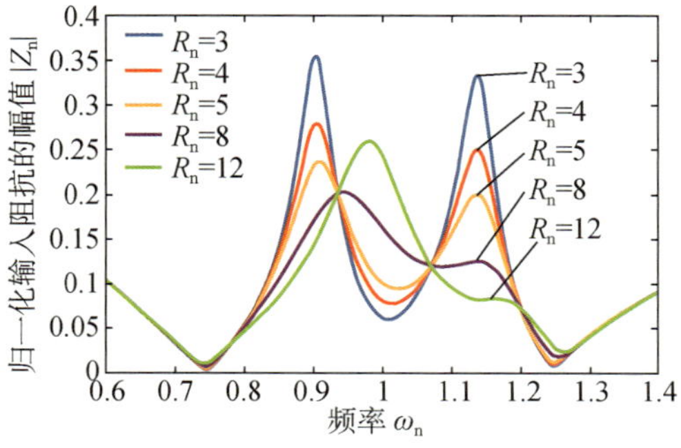

▲ 图 2.20 LCC-LCC 拓扑归一化输入阻抗幅值与频率关系

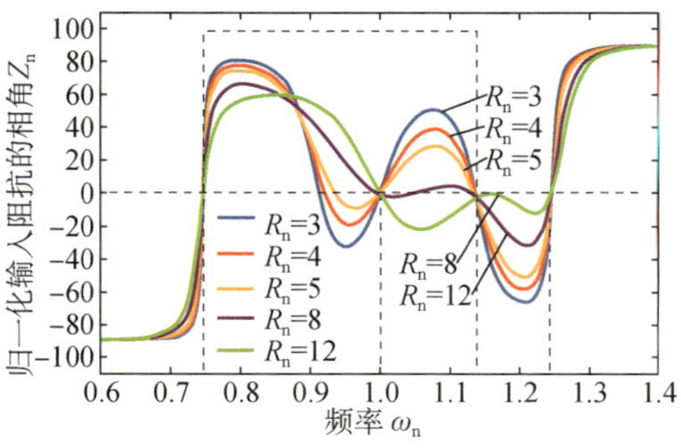

▲ 图 2.21 LCC-LCC 拓扑归一化输入阻抗相角与频率关系

谐振工作点附近时，随着负载的不一致，其输入阻抗的相角正负也不同，因此无法通过调频方法确保输入阻抗呈感性，即无法保证 H 桥逆变电路工作在 ZVS 状态。

2.3.2 LCC-LCC 拓扑位错工况下建模分析

与上节分析一致，当线圈组之间发生位错时，线圈组的自感和互感都发生变化，其等效电路如图 2.22 所示。

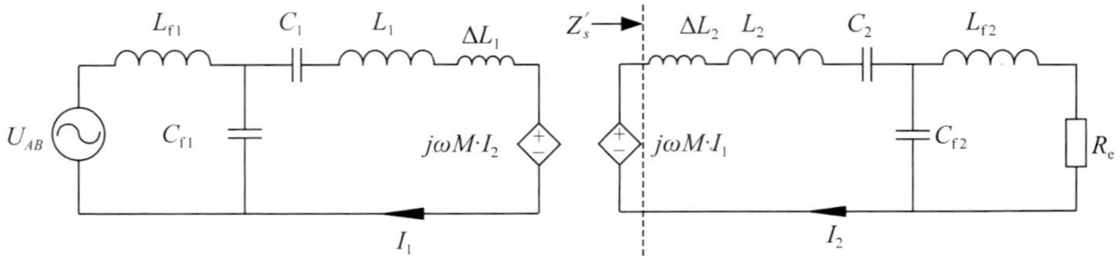

图 2.22　线圈组参数变动时 LCC-LCC 拓扑等效电路

定义发射与接收线圈组自感相对变动量分别为 δ_1 和 δ_2，即

$$\delta_1=\frac{\Delta L_1}{L_1} \tag{2.78}$$

$$\delta_2=\frac{\Delta L_2}{L_2} \tag{2.79}$$

由此可以推导得位错下的接收端等效阻抗为

$$Z'_{sn}=\frac{Z'_s}{Z_0}=\frac{R_n(\lambda_L\lambda_{L2})^2-j\dfrac{1}{\omega_n}\lambda_L\lambda_{L2}}{jR_n\lambda_L\lambda_{L2}\left(\omega_n-\dfrac{1}{\omega_n}\right)+1}+j\lambda_L\left(\omega_n+\omega_n\delta_2-\frac{1}{\omega_n}(1-\lambda_{L_{f2}})\right) \tag{2.80}$$

发射端的等效阻抗为

$$Z'_{in}=\frac{\left[\dfrac{(\omega_n k'\Delta)^2\lambda_L}{Z'_{sn}}+j\left(\omega_n+\omega_n\delta_1-\dfrac{1}{\omega_n}+\dfrac{\lambda_{L_{f1}}}{\omega_n}\right)\right]\dfrac{\lambda_{L_{f1}}}{j\omega_n}}{\dfrac{(\omega_n k'\Delta)^2\lambda_L}{Z'_{sn}}+j\left(\omega_n+\omega_n\delta_1-\dfrac{1}{\omega_n}+\dfrac{\lambda_{L_{f1}}}{\omega_n}\right)+\dfrac{\lambda_{L_{f1}}}{j\omega_n}}+j\lambda_{L_{f1}}\omega_n \tag{2.81}$$

式中，k'为不同位错情况下的耦合系数值，$\Delta=\sqrt{(1+\delta_1)(1+\delta_2)}$。

当系统工作在谐振频率上（$\omega_n=1$）时，且 $\lambda_L=1$，$\lambda_{L_{f1}}=\lambda_{L_{f2}}$，此时的接收端与发射端归一化输入阻抗可以简化为

$$Z'_{sn\_\omega_0}=R_n\lambda_{L_f}^2+j\delta_2 \tag{2.82}$$

$$Z'_{n\_\omega_0}=\frac{\lambda_{L_f}^2(R_nk'^2\Delta^2\lambda_{L_f}^2+jk'^2\Delta^2\delta_2-j\delta_1\delta_2^2-j\delta_1R_n^2\lambda_{L_f}^4)}{(k'^2\Delta^2-\delta_1\delta_2)^2+(\delta_1R_n\lambda_{L_f}^2)^2} \tag{2.83}$$

由式(2.83)可知,当线圈组发生位错时,线圈自感的变化会导致输入阻抗不再呈阻性,当发射端线圈自感增大,接收线圈自感减小时,输入阻抗会呈容性,这时对于逆变电路来说是最恶劣的工况,将不能实现软开关。

2.4 LCC-S 电路补偿拓扑结构分析

2.4.1 LCC-S 拓扑额定工况下建模分析

如图 2.23 所示的是 LCC-S 补偿拓扑结构的电路。发射端由 L_{f1}, C_{f1}, C_1 与发射线圈组组成 T 型谐振补偿网络。接收端由 C_2 与接收线圈组构成串联谐振腔。

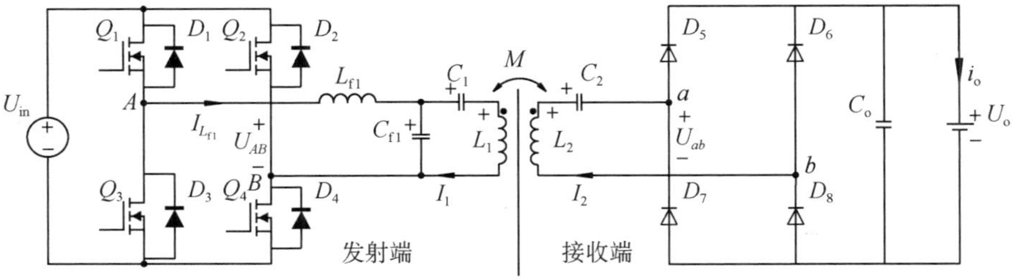

▲ 图 2.23 LCC-S 补偿拓扑结构电路

LCC-S 拓扑结构的谐振条件如下式所示:

$$\omega_0=\frac{1}{\sqrt{L_{f1}C_{f1}}} \tag{2.84}$$

$$\omega_0(L_1-L_{f1})=\frac{1}{\omega_0C_1} \tag{2.85}$$

$$\omega_0=\frac{1}{\sqrt{L_2C_2}} \tag{2.86}$$

将图 2.23 简化为变压器等效模型，然后利用电路线性叠加原理，可以得到谐振情况下，电路中的关键参数表达式：

$$I_{L_{f1}}=\frac{MI_2}{L_{f1}}=\frac{MI_2}{L_{f1}}\angle 0^\circ \tag{2.87}$$

$$I_1=\frac{U_{AB}}{j\omega_0 L_{f1}}=\frac{U_{AB}}{j\omega_0 L_{f1}}\angle -90^\circ \tag{2.88}$$

$$U_{ab}=\frac{U_{AB}M}{L_{f1}}=\frac{U_{AB}M}{L_{f1}}\angle 0^\circ \tag{2.89}$$

由于发射端采用 LCC 补偿网络，LCC-S 发射线圈组上的电流 I_1 和 LCC-LCC 拓扑中的一致，均表现为与负载无关的恒流特性。在接收端，由于采用了串联的谐振补偿拓扑，接收线圈组的感抗与补偿电容的容抗相互抵消，因此接收端表现为一个恒压源。

而 LCC-S 的输出功率如下式所示：

$$P=R_e(U_{ab}I_2^*)=\frac{U_{AB}MI_2}{L_{f1}} \tag{2.90}$$

同前两节 S-S 及 LCC-LCC 中分析方法一致，将 LCC-S 的电路拓扑作相应的简化得如图 2.24(a)所示的简化等效电路。

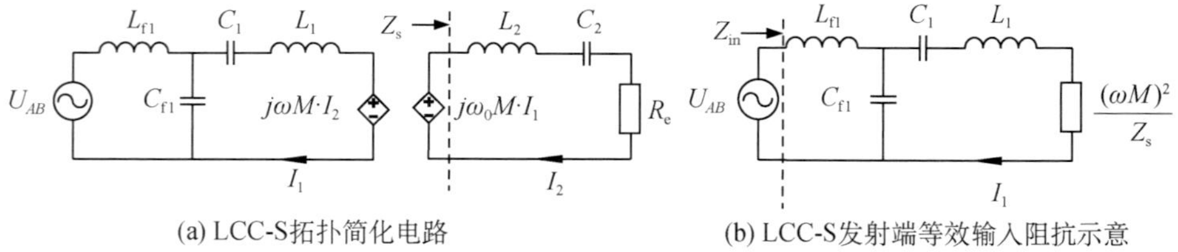

图 2.24 LCC-S 拓扑简化电路及发射端等效输入阻抗示意

利用基尔霍夫定律以及反射阻抗理论可得接收端阻抗

$$Z_s=j\omega L_2+\frac{1}{j\omega C_2}+R_e=jX_2+R_e \tag{2.91}$$

根据图 2.24(b) 所示的发射端等效输入阻抗示意可得

$$Z_{in}=\frac{\left[\frac{(\omega M)^2}{Z_s}+j\omega L_1+\frac{1}{j\omega C_1}\right]\frac{1}{j\omega C_{f1}}}{\frac{(\omega M)^2}{Z_s}+j\omega L_1+\frac{1}{j\omega C_1}+\frac{1}{j\omega C_{f1}}}+j\omega L_{f1} \tag{2.92}$$

对接收端和发射端的等效输入阻抗进行归一化处理可得

$$Z_{sn}=\frac{Z_s}{Z_0}=j\lambda_L\left(\omega_n-\frac{1}{\omega_n}\right)+\frac{1}{R_n} \tag{2.93}$$

$$Z_n=\frac{Z_{in}}{Z_0}=\frac{\left[\frac{(\omega_n k)^2\lambda_L}{Z_{sn}}+j\left(\omega_n-\frac{1}{\omega_n}+\frac{\lambda_{L\text{-}f1}}{\omega_n}\right)\right]\frac{\lambda_{L\text{-}f1}}{j\omega_n}}{\frac{(\omega_n k)^2\lambda_L}{Z_{sn}}+j\left(\omega_n-\frac{1}{\omega_n}+\frac{\lambda_{L\text{-}f1}}{\omega_n}\right)+\frac{\lambda_{L\text{-}f1}}{j\omega_n}}+j\lambda_{L\text{-}f1}\omega_n \tag{2.94}$$

当系统工作在谐振状态时，归一化输入阻抗为

$$Z_{n\_\omega_0}=\frac{\lambda_{L\text{-}f1}^2}{k^2\lambda_L R_n} \tag{2.95}$$

2.4.2 LCC-S 位错工况下建模分析

当考虑线圈组位错时，LCC-S 拓扑结构的简化电路如图 2.25 所示。

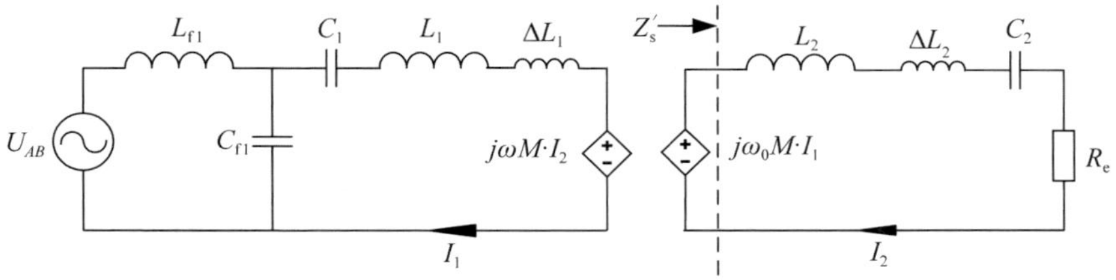

▲ 图 2.25 LCC-S 拓扑简化电路

根据图 2.25 中的简化电路，可以得到接收端的归一化输入阻抗

$$Z_{sn}'=\frac{Z_s'}{Z_0}=j\lambda_L\left(\omega_n+\omega_n\delta_2-\frac{1}{\omega_n}\right)+\frac{1}{R_n} \tag{2.96}$$

由反射阻抗理论可得发射端的归一化等效输入阻抗

$$Z_{in}'=\frac{\left[\frac{(\omega_n k'\Delta)^2\lambda_L}{Z_{sn}'}+j\left(\omega_n+\omega_n\delta_1-\frac{1}{\omega_n}+\frac{\lambda_{L\text{-}f1}}{\omega_n}\right)\right]\frac{\lambda_{L\text{-}f1}}{j\omega_n}}{\frac{(\omega_n k'\Delta)^2\lambda_L}{Z_{sn}'}+j\left(\omega_n+\omega_n\delta_1-\frac{1}{\omega_n}+\frac{\lambda_{L\text{-}f1}}{\omega_n}\right)+\frac{\lambda_{L\text{-}f1}}{j\omega_n}}+j\lambda_{L\text{-}f1}\omega_n \tag{2.97}$$

式中，k'为不同位错情况下的耦合系数值，$\Delta=\sqrt{(1+\delta_1)(1+\delta_2)}$。

当线圈组存在位错时，假设系统工作在谐振频率上，且 $\lambda_L=1$，此时接收端和发射端的归一化等效输入阻抗

$$Z'_{\mathrm{sn\_\omega_0}} = \frac{1}{R_{\mathrm{n}}} + j\delta_2 \tag{2.98}$$

$$Z'_{\mathrm{n\_\omega_0}} = \frac{\lambda_{\mathrm{L_f}}^2 \left(\dfrac{k'^2 \Delta^2}{R_{\mathrm{n}}} + jk^2\Delta^2\delta_2 - j\dfrac{\delta_1}{R_{\mathrm{n}}^2} - j\delta_1\delta_2^2 \right)}{(k^2\Delta^2 - \delta_1\delta_2)^2 + \left(\dfrac{\delta_1}{R_{\mathrm{n}}}\right)^2} \tag{2.99}$$

此时,无论是接收端还是发射端的等效输入阻抗,不再是纯阻性。当发射线圈自感增加,接收线圈自感减小时,发射端输入阻抗呈现容性,对于 H 桥逆变电路而言是最坏的情况。

2.4.3 三种电路补偿拓扑位错工况下传输特性比较

本章前几节分别介绍了 S-S, LCC-LCC 以及 LCC-S 三种不同的谐振补偿拓扑结构在额定工况以及参数变动时的电路关键参数的计算方法。从输出特性层面看,S-S 和 LCC-LCC 拓扑都是恒流源输出,适合直接对动力电池进行恒流充电。而 LCC-S 拓扑则相当于一个恒压源,在最后加入一级 DC/DC 变换电路也能实现恒流输出。在输入特性上,S-S 和 LCC-LCC 由于恒流输出特性,输入阻抗与负载电阻呈反比。LCC-S 拓扑由于是恒压输出特性,其输入阻抗与负载阻抗成正比。

为了进一步比较三种拓扑结构在线圈组位错情况下的传输特性,本节将以方形线圈组为例,分析该线圈组在搭配不同的谐振匹配网络下的功率及效率随线圈组位错的变化特性。此方形线圈的最大边长为 200 mm,匝数为 15 匝,每匝间距为 10 mm;单个铁氧体条的尺寸为 140 mm×30 mm×10 mm,铁氧体条呈圆周阵列分布。且模型中发射与接收线圈组的垂直距离为 150 mm,两个线圈组均采用同样的线圈结构。通过 Comsol 有限元仿真软件可以得到该线圈组沿中心线方向水平偏移 150 mm 的自感及互感变化值。

定义功率变化系数 PVF:

$$PVF = \frac{P'_{\mathrm{n}}}{P_{\mathrm{n}}} = \frac{|Z_{\mathrm{n}}|}{|Z'_{\mathrm{n}}|}\cos\varphi \tag{2.100}$$

式中,P_{n}和 P'_{n}分别是额定工况下以及存在线圈组参数偏移情况下的归一化输入功率;Z_{n}, Z'_{n}则分别是额定工况下以及存在线圈组参数偏移情况下的归一化等效输入阻抗;$\cos\varphi$ 为输入的功率因数。

将有限元仿真得到的不同位错情况下的线圈自感与互感值代入式(2.100),可得如图 2.26 所示的变化曲线。

图 2.26 中的结果是基于 $\lambda_{\mathrm{L_f}} = k$, $R_{\mathrm{n}} = 1/k$ 的前提所得。在此前提下,不同拓扑结构的输入和

输出电压都一致，且 LCC-S 与 LCC-LCC 两种拓扑结构的等效输入阻抗相同。因此，图 2.26 中 LCC-LCC 与 LCC-S 的 *PVF* 变化曲线完全重合。而对于 S-S 拓扑，其 *PVF* 随着水平位错的增大而增加，这一特性会导致在大位错情况下，发射端的电流过大，从而引起较大的功率损耗，严重的情况会导致元器件烧坏。而 LCC-LCC 和 LCC-S 拓扑结构在水平位错 80 mm 以内 *PVF* 可以保持在 0.8 左右。但是在更大的位错情况下其 *PVF* 会下降至 0.3，因此在实际的应用过程中，需要在电路中加入闭环功率调节模块，使得系统能够在不同的位错条件下输出稳定的功率。

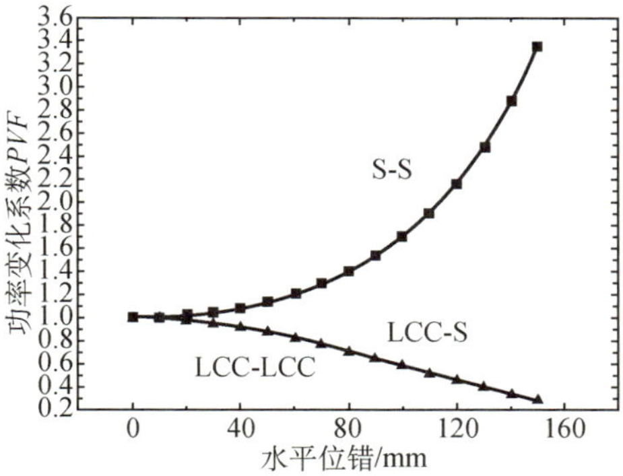

图 2.26　不同补偿拓扑结构的 *PVF* 变化曲线

此外，为进一步对比三种不同拓扑结构在位错情况下的传输性能，本节利用 LTspice 电路仿真软件对三种不同拓扑结构在不同位错条件下的 DC/DC 传输效率进行了仿真分析。为保证每一个位错点的相对公平，在同一个位错点中，通过调节不同的直流输入电压，使得系统的输入功率保持在 6 kW。该仿真系统考虑的器件寄生参数见表 2.1。值得注意的是，由于 LCC-LCC 与 S-S 均为电流源输出特性，因此负载设置为 300 V 的直流电压负载，而 LCC-S 为电压源输出特性，因此仿真中采用 14.5 Ω 的纯电阻作为负载。

表 2.1　电路仿真中器件寄生参数列表

发射线圈组寄生电阻 R_{L1}	0.5 Ω
接收线圈组寄生电阻 R_{L2}	0.5 Ω
发射端补偿电感寄生电阻 $R_{L_{f1}}$	0.15 Ω
接收端补偿电感寄生电阻 $R_{L_{f1}}$	0.15 Ω
发射端直流电压源内阻	0.05 Ω
直流输入端并联电容寄生电阻 R_{Cp}	0.1 Ω
直流输出端并联电容寄生电阻 R_{Cs}	0.01 Ω

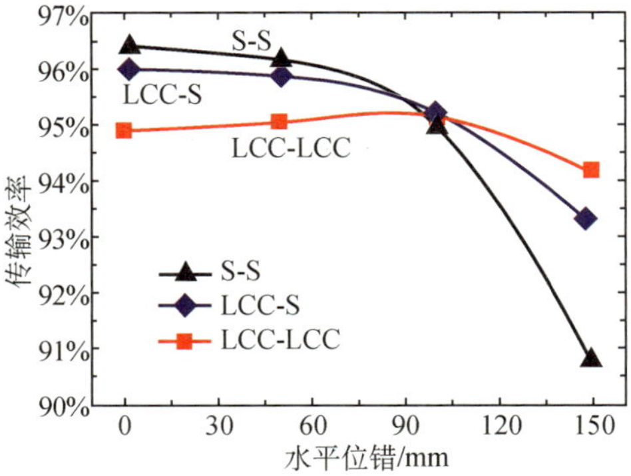

图 2.27　不同补偿拓扑结构的传输效率变化曲线

如图 2.27 所示，S-S 拓扑结构在线圈完全对准的情况下效率最高，这是由于该系统内的补偿元件较少，因此补偿元件上的寄生电阻的损耗也少。但当线圈组存在较大的水平位错时，由于线圈组之间的耦合系数较低，导致 S-S 拓扑结构发射端的电流急剧上升，同时线圈组的自感发生一定的偏移，导致系统出现失谐的状态，最终导致整个系统的传输效率明显下降。LCC-LCC 与 LCC-S

相比，在较小位错的情况下由于 LCC-S 的补偿元件比 LCC-LCC 少，因此 LCC-S 的传输效率更高。但是当线圈存在较大位错时，由于 LCC-S 的接收端采用 S 补偿结构，在系统失谐状态下将对传输效率产生更大的影响。总体而言，虽然 LCC-LCC 拓扑的系统传输效率不高，但是随线圈位错产生的效率波动最小。

2.5 LCC-LCC 电路补偿拓扑设计案例

根据上文分析，双边 LCC 拓扑是一种具有良好稳定性的补偿拓扑，虽然其补偿结构比较复杂，但是其具有电流源输出特性以及多自由度功率匹配特性。因此，本节以 6.6 kW 无线电能传输系统的双边 LCC 谐振补偿电路为例，从元器件取值到选型，进行逐一介绍，旨在更直观地为读者提供补偿电路设计的整体思路和技术细节。

双边 LCC 补偿拓扑的原理如图 2.28 所示，发射端输入为逆变器输出电压 u_{AB}，其为无死区的正负方波，幅值等于逆变器的直流输入电压 U_{in}。在满载时接收端的输出电压 u_{ab} 也是方波，幅值为电池电压 U_b。

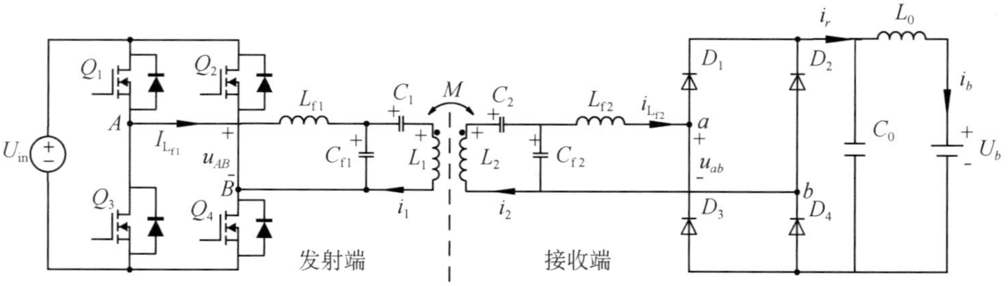

▲ 图 2.28 双边 LCC 补偿拓扑无线电能传输系统原理

根据 SAE J2954 规定，车载无线充电系统的工作频率 f_s 为 85 kHz。则系统的谐振角频率为

$$\omega_0 = 2\pi f_s = 5.3407 \times 10^5 \text{(rad/s)} \tag{2.101}$$

根据公式(2.69)，由于系统的磁耦合线圈设计已完成，其互感 M 已知，因此可以计算得到双边补偿电感的乘积，即

$$L_{f1}\cdot L_{f2}=\frac{U_{AB}U_{ab}M}{P\omega_0} \tag{2.102}$$

式中，U_{AB} 和 U_{ab} 用大写表示其基波的有效值，该值分别由逆变器的输入电压和电池电压决定。如果设计较高的逆变器输入电压和电池电压，显然在同样的功率等级下，系统中的电流会更小，因此损耗也就更低。但是由于开关管 650 V 耐压的限制，还要考虑开关产生的尖峰电压，设置 U_{in} 为 425 V。动力电池的电压是在电动汽车制造的时候就已经确定了的，这里采用常见的电池电压 U_b 为 400 V。那么输入与输出电压方波作傅里叶变换后的基波有效值如下式所示：

$$U_{AB}=\frac{2\sqrt{2}U_{in}}{\pi}=382.63(\mathrm{V}) \tag{2.103}$$

$$U_{ab}=\frac{2\sqrt{2}U_b}{\pi}=360.13(\mathrm{V}) \tag{2.104}$$

谐振补偿拓扑中的效率损失主要有补偿电感和磁能线圈组上的损失造成。

$$\begin{aligned}P_{LCC\_disp}&=I_{L_{f1}}^2R_{L_{f1}}+I_1^2R_1+I_2^2R_2+I_{L_{f2}}^2R_{L_{f2}}\\&=\left(\frac{P_o}{\omega_0L_{f1}}\right)^2\frac{R_{L_{f1}}}{I_1^2}+\left(\frac{P_o}{\omega_0M}\right)^2\frac{R_2}{I_1^2}+\left(\frac{M}{L_{f2}}\right)^2R_{L_{f2}}I_1^2+I_1^2R_1\end{aligned} \tag{2.105}$$

式中，R_1，R_2，$R_{L_{f1}}$，$R_{L_{f2}}$ 分别为发射线圈组、接收线圈组、发射端补偿电感以及接收端补偿电感的寄生电阻。

由式(2.105)求得当线圈中的电流满足下式时：

$$I_1=\sqrt{\frac{L_{f2}P_o}{\omega_0ML_{f1}}}\sqrt[4]{\frac{M^2R_{L_{f1}}+L_{L_{f1}}^2R_2}{M^2R_{L_{f2}}+L_{L_{f2}}^2R_1}},\quad I_2=\sqrt{\frac{L_{f1}P_o}{\omega_0ML_{f2}}}\sqrt[4]{\frac{M^2R_{L_{f2}}+L_{L_{f2}}^2R_1}{M^2R_{L_{f1}}+L_{L_{f1}}^2R_2}} \tag{2.106}$$

LCC-LCC 谐振补偿拓扑结构的损耗取得最小值，即

$$P_{LCC\_dissp\_min}=\frac{2P_o}{\omega_0ML_{f1}L_{f2}}\sqrt{(M^2R_{L_{f1}}+L_{L_{f1}}^2R_2)(M^2R_{L_{f2}}+L_{L_{f2}}^2R_1)} \tag{2.107}$$

由于发射端和接收端的补偿电感采用相同的工艺绕制，假设它们具有相同的品质因数，则式(2.107)可化为

$$P_{LCC\_dissp\_min}=\frac{2P_o}{\omega_0M}\sqrt{\frac{M^4\omega_0^2}{Q_{L_f}^2L_{f1}L_{f2}}+R_1R_2+\frac{M^2\omega_0}{Q_{L_f}}\left(\frac{R_1}{L_{f1}}+\frac{R_2}{L_{f2}}\right)} \tag{2.108}$$

表 2.2 为实际的一对发射与接收线圈组的基本参数。由于 L_{f1} 和 L_{f2} 的乘积是定值，根据

表2.2的线圈组参数可得，当且仅当发射端和接收端补偿电感满足式(2.109)时，LCC-LCC谐振拓扑补偿可以取得效率最大值。

表2.2　磁能线圈组参数列表

发射线圈组自感	305 μH	发射线圈组寄生电阻	0.25 Ω
接收线圈组自感	265 μH	接收线圈组寄生电阻	0.27 Ω
耦合系数	0.227	线圈组间垂直距离	150 mm

$$L_{f1}=\sqrt{\frac{R_1}{R_2}\cdot\frac{U_{AB}U_{ab}M}{P\omega_0}}=48.44(\mu H),\qquad L_{f2}=\sqrt{\frac{R_2}{R_1}\cdot\frac{U_{AB}U_{ab}M}{P\omega_0}}=52.31(\mu H) \quad (2.109)$$

在发射端的补偿电感确定之后，根据系统谐振条件可得到各补偿电容的参数值，即

$$C_{f1}=\frac{1}{\omega_0^2 L_{f1}}=72.56(nF)$$

$$C_{f2}=\frac{1}{\omega_0^2 L_{f2}}=67.19(nF)$$

$$C_1=\frac{1}{\omega_0^2(L_1-L_{f1})}=13.66(nF)$$

$$C_2=\frac{1}{\omega_0^2(L_2-L_{f2})}=16.47(nF) \quad (2.110)$$

至此，双边LCC无线电能传输系统中所有谐振元件的参数都已经确定。为了对元器件进行选型，需要计算电容上的电压应力和电感上的电流应力。

以发射端为例。与发射线圈串联的补偿电容 C_1 上的电流为发射线圈的电流 I_1，根据公式(2.66)发射线圈上电流的有效值为

$$I_1=\frac{U_{AB}}{j\,\omega_0 L_{f1}}=14.82(A) \quad (2.111)$$

依此可以计算补偿电容 C_1 上的电压应力为

$$V_{C1}=\frac{I_1}{j\,\omega_0 C_1}=2.03(kV) \quad (2.112)$$

对于补偿电容 C_{f1}，先计算通过的电流 I_{Cf1}，只考虑基波，根据基尔霍夫电流定律知

$$I_{C_{f1}}=I_{L_{f1}}-I_1=I_{L_{f1}}+jI_1 \quad (2.113)$$

式(2.113)中的 $I_{C_{f1}}$ 为补偿电容 C_{f1} 上电流的有效值计算公式，那么补偿电容 C_{f1} 的电压应力可以通过公式(2.112)计算得到，即

$$I_{C_{f1}} = \sqrt{I_{L_{f1}}^2 + I_1^2} = 24.23\ (\mathrm{A}) \tag{2.114}$$

$$V_{C_{f1}} = \frac{I_{C_{f1}}}{j\,\omega_0 C_{f1}} = 625.34\ (\mathrm{V}) \tag{2.115}$$

可见，补偿电容 C_1 和 C_{f1} 上的电压应力都较高，为保证其不被高电压击穿且有较小的损耗，可以选用耐压为 1 000 VAC 的薄膜电容。因为只考虑了一阶分量，且为了防止偶然尖峰，补偿电容 C_1 可采用三组薄膜电容串联而成，总耐压达到 3 000 VAC。补偿电容 C_{f1} 采用两组薄膜电容串联，总耐压为 2 000 VAC。对于接收端的补偿电容，其参数与发射端相近，计算方法也相同。

双边 LCC 拓扑的无线电能传输系统中的补偿电感 L_{f1}，L_{f2} 上通过了较大电流，并且其成分为 85 kHz 的高频以及少部分谐波。这将使得电感产生较大的铜损和铁损。文献[16]将补偿电感集成到主线圈中，利用特殊的线圈结构减少补偿电感之间的耦合以及补偿电感和主线圈之间的耦合。外置的补偿电感可以把面积做得很大，使用利兹线绕制，使用外置的铁氧体条来增加磁导率，这样能把补偿的铁损和铜损降到很小，并且电路部分的体积大大减小，缓解了电路散热的压力，这对车载端来说十分重要。

然而将补偿电感集成到主线圈中，将大大增加主线圈的设计难度，需要精细的设计才能防止补偿电感与主线圈互相耦合对电路的特性产生影响。并且由于不同车型的线圈结构不同，这种集成式的方案很难将补偿电感与主线圈相互耦合的影响解耦，因此会削弱无线电能传输的互操作性，线圈的标准将更难以制定。最后，不同功率等级的补偿电感值不同，这意味着整个线圈结构需要重新设计，削弱了线圈的通用性。

因此，还可以选择将补偿电感放置在电路之中。通过合理设计、优化补偿电感的结构，让其在体积可接受的情况下减少发热降低损耗，与线圈和补偿电容形成具有良好性能的补偿拓扑。根据上文的分析，以发射端的补偿电感为例，其设计要求电感值 L_{f1} 为 48.44 μH，满载时电流的有效值 $I_{L_{f1}}$ 为 19.17A。忽略高频成分，通过的电流频率为 85 kHz 的正弦波。

对于电感的设计，要选择合适的磁芯材料。考虑到工作谐振频率高达 85 kHz，铁硅铝等适合直流电感的磁芯材料不再适用。通过查询磁芯材料供应商的资料，发现铁氧体和钼坡莫合金(MMP)在高频下损耗较小，适合用作谐振电感的材料[17]。MMP 材料的磁导率对温度变化不敏感，比较稳定，可使谐振电感的感值不随其温升发生明显变化，且 MMP 材料经常做成有分布式气隙的磁环，能减少气隙带来的磁泄漏损耗。但是 MMP 材料的价格过于昂贵，会直接导致系统成本

的大幅上升，并且通过选取磁环初步设计后，发现在谐振频率 85 kHz 下，MMP 材料制成的谐振电感相比铁氧体材料并无体积上的优势。

而铁氧体材料以相对较低的成本，被制作成各种磁芯形状，广泛应用于开关电源变压器和电感之中。相对来说，铁氧体材料在损耗、性能、成本和体积上取得了一个良好的均衡。虽然铁氧体材料在温度变化时，其磁导率发生较大变化，但是这类电感往往会开有气隙，使电感随温度的变化减小。因此，可以采用 TDK 公司用于开关电源变压器、电感的铁氧体磁芯材料 PC95。在磁芯形状的选择上，选择了 PQ 型磁芯，因为这种形状优化了磁芯的体积、绕制面积和有效截面积之间的关系，能在最小磁芯体积下获得最大的感量和输出功率，从而减小铁损，并且占用较小的 PCB 安装空间。

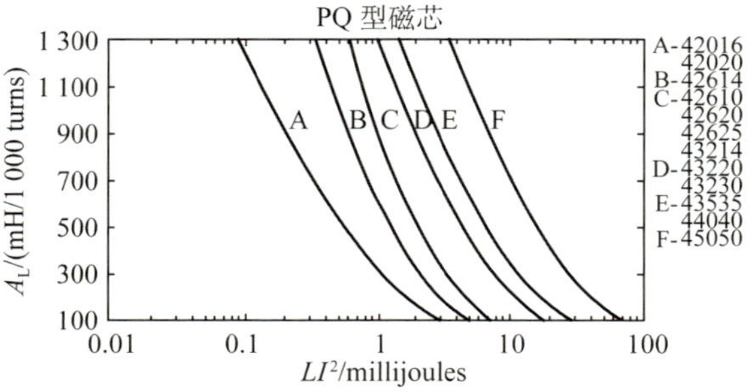

▲ 图 2.29　PQ 型磁芯功率容量

图 2.29 是磁芯选型中电感系数与电感存储能量之间的关系，发射端补偿电感存储能量为

$$LI^2 = L_{f1} \times (2\sqrt{2} I_{L_{f1}})^2 = 142.1(\text{mJ}) \tag{2.116}$$

从图中可以看出即便是最大的磁芯 PQ50/50 也不能提供 142.1 mJ 的能量，因此本设计用两个 PQ50/50 磁芯串联，分别绕制成感量为 L_{f1} 一半的电感，即

$$L = \frac{L_{f1}}{2} = 24.16(\mu\text{H}) \tag{2.117}$$

表 2.3 为 TDK 磁芯 PC95PQ50/50 的主要参数。补偿电感上的电流都是高频的交流量，因此必须考虑趋肤效应。根据公式，最大温度为 80 ℃时的趋肤深度为

$$\delta = \frac{66.1 \times [1 + 0.004\,2(T - 20)]}{\sqrt{f}} = 0.289\ (\text{mm}) \tag{2.118}$$

表 2.3　PC95PQ50/50 磁芯参数

形状参数									电气特性		
磁心常数 C_1 /mm^{-1}	实效磁路长度 l_e /mm	实效截面面积 A_e /mm^2	实效体积 V_e /mm^3	中脚截面面积 A_{cp} /mm^2	最小中脚截面面积 A_{cp} min. /mm^2	卷线截面面积 A_{CW} /mm^2	质量 /(g/组)	电感系数 A_L-value* /(nH/N^2) 1 kHz 0.5 mA	磁生损耗(W)max 100 kHz 150 mT		
									25 ℃	80 ℃	120 ℃
0.346	113	328	37 200	314	303	433	195	9 700±25%	9.00	7.50	9.00

因此,单根导线的半径要小于趋肤深度 δ,考虑到电感中的高频电流成分,本设计选用的导线直径为0.1 mm。根据上文的计算结果,满载情况下电感中电流的有效值 $I_{L_{fl}}$ 为19.17 A,按照经验取电流密度为3.5 A/mm²,导线的截面积应为5.477 mm²,因此采用800股的0.1 mm的利兹线进行绕制,其横截面积为6.28 mm²。根据表中数据,磁芯的绕线截面面积 A_{CW} 为433 mm²,由于采用比较粗的利兹线,考虑丝包线的绝缘层,其总截面积为9 mm² 左右,外径为3.9 mm。将窗口利用系数 K 设置为0.3来估计最大绕线匝数,即

$$N_{max}=\frac{K\times A_{CW}}{A_{CU}}\approx 14 \tag{2.119}$$

对于电感来说,加大匝数能减少电感的磁通量的摆幅 ΔB,这样能减少铁氧体磁芯的铁损,但是绕组的长度会变长,导致铜损增加。按照经验,当铁损和铜损相等时,整个电感将会有较低的损耗。谐振电感的主要损耗是铁损,因此需要增加匝数,此时为了达到设定的感量,需要在磁芯中间开气隙。但是,过长的气隙将增大边缘磁通,导致严重的气隙损耗。由图2.30可知其支持的最大气隙长度为2 mm,当磁芯气隙大于2 mm时,损耗严重不能忽略。

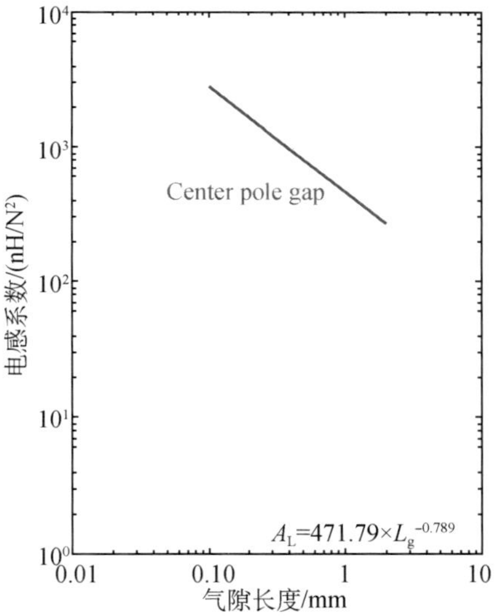

图2.30　PC95PQ50/50气隙-电感系数曲线

根据2 mm气隙进行试设计,此时电感系数为

$$A_L=471.79\times L_g^{-0.789}=273.05\ (nH/N^2) \tag{2.120}$$

电感的匝数为

$$N=\sqrt{\frac{L}{A_L}}=9.406 \tag{2.121}$$

因此取电感匝数 $N=9$,此时的磁通量的摆幅为

$$\Delta B=\frac{LI}{NA_e}=222(mT) \tag{2.122}$$

重新计算气隙长度为

$$L_g=\left(\frac{L}{471.79\,N^2}\right)^{\frac{-1}{0.789}}=1.788(m) \tag{2.123}$$

此时的最大磁通密度为 ΔB 的一半,远小于PC95的饱和磁通480 mT。查阅PC95的材质特

性表，得出此时的磁芯损耗约为 350 kW/m^3，可以算得此时的磁芯损耗为

$$P_{\mathrm{Fe}}=P_{\mathrm{CV}}\times V_{\mathrm{e}}=13.02(\mathrm{W}) \tag{2.124}$$

通过电感的匝数和利兹线的外径可以估算出利兹线的长度，从磁芯窗口面积来看，一层大约可绕 9 匝，外加 20%的绕线转折长度，总长度为

$$L_{g_{\mathrm{CU}}}=1.2N\times 2\pi(R+r)=0.808(\mathrm{m}) \tag{2.125}$$

根据电阻定律，绕组的直流电阻为

$$r_{\mathrm{coil}}=\rho\frac{L_{g_{\mathrm{CU}}}}{S}=2.3(\mathrm{m\Omega}) \tag{2.126}$$

式中，ρ 是铜的电阻率；S 是导线截面积。

此时电感的铜损为

$$P_{\mathrm{Fe}}=r_{\mathrm{coil}}\cdot I_{\mathrm{L_{f1}}}^2=0.83(\mathrm{W}) \tag{2.127}$$

可见系统的铁损占据了绝大部分，应该增加匝数，但是由于气隙长度的限制，按照目前的方案设计，总损耗已经最优。

至此，完全补偿的双边 LCC 谐振拓扑中的元件已全部设计完毕，此时系统能实现单位功率因数。但是为了实现逆变器中 MOSFET 的 ZVS，往往需要微调补偿元件参数，使补偿拓扑呈弱感性，以增加开关管的关断电流。文献[15]给出了双边 LCC 拓扑的软开关条件，为了实现软开关，MOSFET 的关断电流应满足

$$I_{\mathrm{OFF}}\geqslant\frac{4C_{\mathrm{oss}}U_{\mathrm{in\_max}}}{t_{\mathrm{d}}} \tag{2.128}$$

式中，C_{oss}是 MOSFET 的寄生输出电容，可以从数据表中查询；$U_{\mathrm{in_max}}$是最大输入电压；t_d 是死区时间。通过这些参数可以算得关断电流要求大于 2 A。因此本案例将最小关断电流设置在 3 A。

为了实现需要的关断电流，需要在接收端调整补偿电容 C_2，使接收端线圈不完全补偿，未补偿的电感可以由公式(2.129)计算得：

$$\Delta L_{\mathrm{e2}}=\frac{1}{4}L_{\mathrm{f2}}+\frac{I_{\mathrm{OFF\_min}}^2\cdot\omega_0^2\cdot L_{\mathrm{f1}}\cdot L_{\mathrm{f2}}^2}{2\cdot U_{\mathrm{ab\_min}}^2}=14.9(\mu\mathrm{H}) \tag{2.129}$$

然后可以计算得到补偿电容 C_2 的变化量

$$\Delta C_2=\frac{\omega_0^2\cdot\Delta L_{\mathrm{e2}}\cdot C_2^2}{1-\omega_0^2\cdot\Delta L_{\mathrm{e2}}\cdot C_2}\approx 1.1(\mathrm{nF}) \tag{2.130}$$

设计完成的双边 LCC 补偿拓扑的参数见表 2.4。

表 2.4 双边 LCC 补偿拓扑参数

参数	值	参数	值
额定输出功率	6.6 kW	补偿电感 L_{f1}	48.31 μH
输入电压	425 V	补偿电容 C_{f1}	72.56 nF
电池电压	400 V	补偿电容 C_1	13.66 nF
满载输出电流	16.5 A	补偿电感 L_{f2}	52.2 μH
发射线圈自感	305 μH	补偿电容 C_{f2}	67.19 nF
接收线圈自感	265 μH	补偿电容 C_2	17.57 nF
耦合系数	0.170～0.227		

参考文献

[1] WANG C S, COVIC G A, STIELAU O H. Power Transfer Capability and Bifurcation Phenomena of Loosely Coupled Inductive Power Transfer Systems[J]. IEEE Transactions on Industrial Electronics, 2004, 51(1): 148-157.

[2] ZHANG W, WONG S C, TSE C K, et al. Design for Efficiency Optimization and Voltage Controllability of Series — Series Compensated Inductive Power Transfer Systems[J]. IEEE Transactions on Power Electronics, 2013, 29(1): 191-200.

[3] ZHANG W, MI C C. Compensation Topologies of High-Power Wireless Power Transfer Systems[J]. IEEE Transactions on Vehicular Technology, 2016, 65(6): 4768-4778.

[4] JOUNG G B, CHO B H. An Energy Transmission System for an Artificial Heart Using Leakage Inductance Compensation of Transcutaneous Transformer[J]. IEEE Transactions on Power Electronics, 1998, 13(6): 1013-1022.

[5] HUH J, LEE W, CHOI S, et al. Explicit Static Circuit Model of Coupled Magnetic Resonance System [C]// ECCE Asia. 8th International Conference on Power Electronics, 2011.

[6] MORADEWICZ A J, KAZMIERKOWSKI M P. Contactless Energy Transfer System With FPGA-Controlled Resonant Converter[J]. IEEE Transactions on Industrial Electronics, 2010, 57(9): 3181-3190.

[7] CHEN Q H, WONG S C, TSE C K, et al. Analysis, Design, and Control of a Transcutaneous Power Regulator for Artificial Heart[J]. IEEE Transactions on Biomedical Circuits and Systems, 2009, 3(1):

23-31.

[8] VALTCHEV S, BORGES B, BRANDISKY K, et al. Resonant Contactless Energy Transfer With Improved Efficiency[J]. IEEE Transactions on Power Electronics, 2009, 24(3): 685-699.

[9] COVIC G A, BOYS J T. Modern Trends in Inductive Power Transfer for Transportation Applications [J]. IEEE Journal of Emerging and Selected Topics in Power Electronics, 2013, 1(1): 28-41.

[10] VILLA J L, SALLÁN J, SANZ OSORIO J F, et al. High-Misalignment Tolerant Compensation Topology for ICPT Systems[J]. IEEE Transactions on Industrial Electronics, 2011, 59(2): 945-951.

[11] CHEN L, LIU S, ZHOU Y C, et al. An Optimizable Circuit Structure for High-Efficiency Wireless Power Transfer[J]. IEEE Transactions on Industrial Electronics, 2013, 60(1): 339-349.

[12] HUANG C Y, BOYS J T, COVIC G A, et al. LCL Pick-up Circulating Current Controller for Inductive Power Transfer Systems[C]// ECCE. IEEE Energy Conversion Congress and Exposition, 2010.

[13] KEELING N A, COVIC G A, BOYS J T. A Unity-Power-Factor IPT Pickup for High-Power Applications[J]. IEEE Transactions on Industrial Electronics, 2010, 57(2): 744-751.

[14] WANG C S, COVIC G A, STIELAU O H. Investigating an LCL Load Resonant Inverter for Inductive Power Transfer Applications[J]. IEEE Power Electronics, 2004, 19(4): 995-1002.

[15] LI S, LI W, DENG J, et al. A Double-Sided LCC Compensation Network and Its Tuning Method for Wireless Power Transfer[J]. IEEE Transactions on Vehicular Technology, 2015, 64(6): 2261-2273.

[16] LU F, ZHANG H, ZHU C, et al. A Reverse-Coupled Bipolar Coil Structure for an Integrated LCC-Compensated Inductive Power Transfer System[C]// IEEE. IEEE Applied Power Electronics Conference and Exposition (APEC), 2018.

[17] 王智慧，胡超，孙跃，等. 基于输出能效特性的 IPT 系统磁耦合机构设计[J]. 电工技术学报，2015，30(19)：26-31.

03 无线电能传输系统磁能线圈组设计

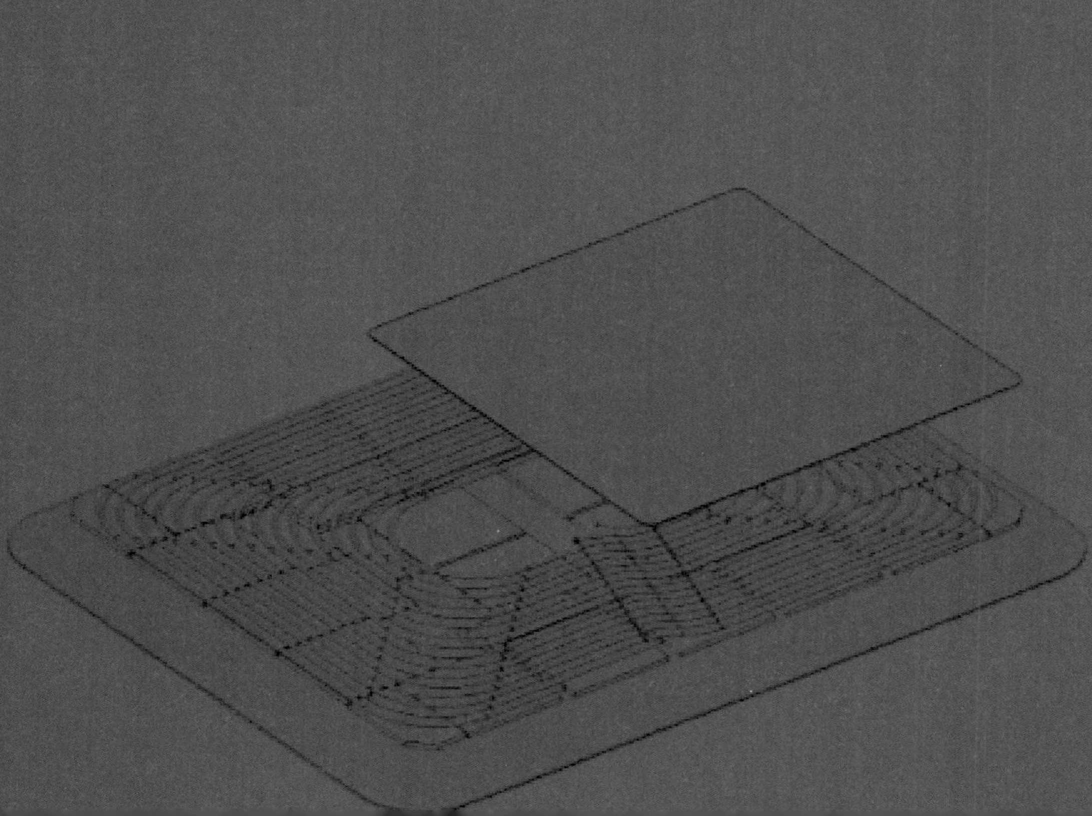

磁能线圈组是无线充电方式与有线充电方式最大的不同之处，其设计与优化是无线充电系统中最为关键的部分，磁能线圈组是车载无线充电系统中传递大功率能量的主要装置，因此它的结构将直接决定整个系统的输出功率和传输效率。同时，发射与接收磁能线圈组之间是依赖空间交变磁场实现能量无线传递的，因此磁能线圈组还决定着空间中的磁场分布，其中包括工作区域中的磁场分布以及周围环境中的漏磁分布。此外，由于实际应用中人为停车使得车载无线充电系统工作中发射与接收线圈组之间存在服从一定概率分布的相对位错，因此磁能线圈组在位错情况下的传输特性更应该引起设计者的关注。本章将从线圈组理论建模出发，分析比较几种典型的磁能线圈组结构在不同位错情况下的传输特性。

3.1 磁能线圈组概况

3.1.1 无线充电系统磁能线圈分类

目前磁感应式无线充电系统在实际工程应用中主要可分为两大类。第一类是基于发射线圈是一段长的轨道回路的无线电能传输。这种无线充电方式多用于工业中的物料无人搬运车(AGV)上。这种模式下的发射线圈为了节省成本和加强驱动能力,在发射端的长轨道回路中一般不加入其他的磁性材料,如铁氧体等。但是在接收端,由于搬运车辆都是严格按照规定路径进行搬运工作,即接收线圈与发射轨道之间的相对位置变动很小。因此,可以在接收线圈上加入特定形状的磁性材料,从而提高发射与接收线圈之间的耦合效率。如图 3.1 所示[1],通过接收端上加入这种包裹在发射轨道上的磁芯结构,可以大大提高发射与接收线圈之间的耦合效率。

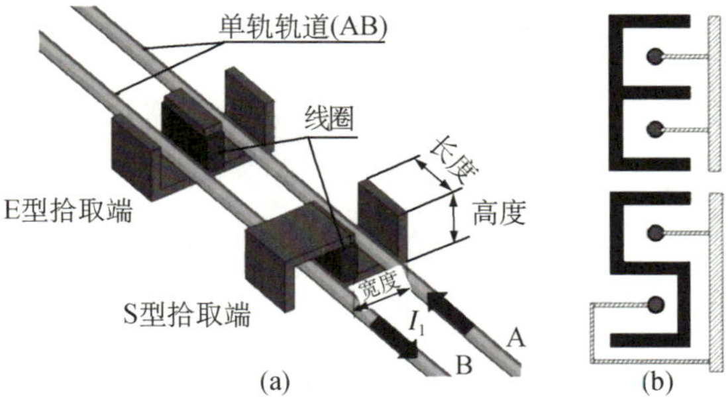

图 3.1 接收线圈的磁芯

无线电能传输系统的另一大类就是基于集中线圈的无线电能传输。相比于导轨线圈式的无线充电,集中线圈式的无线充电应用更为广泛,从小功率的消费电子产品到大功率的电动汽车无线充电,都能应用集中线圈式无线充电。如图 3.2 所示,典型的磁能线圈组(包括线圈和磁屏蔽层)结构通常包括四部分:

(1) 用利兹线(Litz,即一根导体由多根独立绝缘的导体绞合或编织而成)绕成的导电线圈;

(2) 为了提高耦合系数和减少磁场泄漏的铁氧体层;

(3) 用于固定铁氧体层位置的支撑层,通常为有机玻璃或者塑料材料(电导率和磁导率都很低);

(4) 用于进一步限制漏磁场的铝板层。

图 3.2 集中线圈式无线充电系统磁能线圈结构

基于导轨式线圈的无线电能传输系统适用于充电对象沿固定轨道运行的动态无线充电场合，与导轨式线圈无线充电相对位置被严格约束相比，集中线圈式的无线充电需具有更好的容错性，磁能线圈组要求能在 X，Y，Z 方向存在一定偏移的情况下正常工作。

而基于集中线圈式的磁感应无线电能传输系统能够在 100～300 mm 的空气间隙下高效地传输较大的功率，更加适合于电动汽车静态无线充电的场合。因此本章将主要关注集中式线圈组的设计与研究。

3.1.2 集中式磁能线圈组分类

迄今为止比较常见的磁能线圈组有圆形线圈组、方形线圈组、双 D 线圈组、DDQ 线圈组、双极线圈组[2-8]。按照线圈空间磁场分布情况可以将上述线圈分为两类(图 3.3)[9]。

方形和圆形线圈组的空间磁场分布与 E 型铁芯的变压器类似，主要磁路是从结构中心向外发射。而双 D 线圈组(由两个方形线圈并列组成，工作时，两个方形线圈分别通以反向电流，从而模拟磁铁的南北两极，为空间磁场提供磁回路)，双极线圈组的空间磁场分布与 C 型铁芯的变压器类似，磁力线从结构的左侧出发然后到结构的右侧汇入，形成磁回路(图 3.3)。

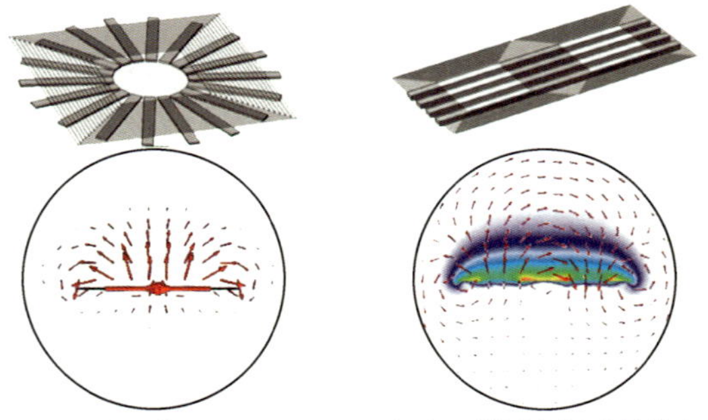

(a) 方形线圈空间磁场分布　(b) 双D线圈空间磁场分布

▲ 图 3.3　方形线圈组和双 D 线圈组空间磁场分布

如图 3.3 所示，与方形线圈组相比，双 D 线圈组的空间磁场在垂直方向上衰减更慢，即在垂直方向的容错性更好。此外，双 D 线圈组在存在水平位错时，其对沿着线圈组纵向(铁氧体条布置方向)和侧向的水平位错的容错能力并不一致(具体特性将在 5.5 节中展开阐述)，这也是双 D 线圈组的一大特点。

除了上述的几种线圈结构之外，近年来奥克兰大学的金世豪提出了三极线圈组[10]，如图 3.4 (a)所示，该线圈结构为空间磁场调控提供了更多的自由度，在存在不同水平位错时，对线圈组间的空间磁场约束效果更佳，但是对电路控制手段要求也更高。而奥克兰大学的特赫达也在 2017 年发表的论文[11]上提出了一种用线圈代替铁氧体作为屏蔽层的新型线圈结构，如图 3.4 (b)所示。该结构在牺牲一定耦合系数的情况下，可以取得与铁氧体相当的磁场屏蔽效果。

香港大学的邹国棠等人对变线距的方形线圈的空间磁场进行了分析，得到了比等线距线圈更加均匀的磁场。这有利于提高线圈的抗偏移能力[7]。

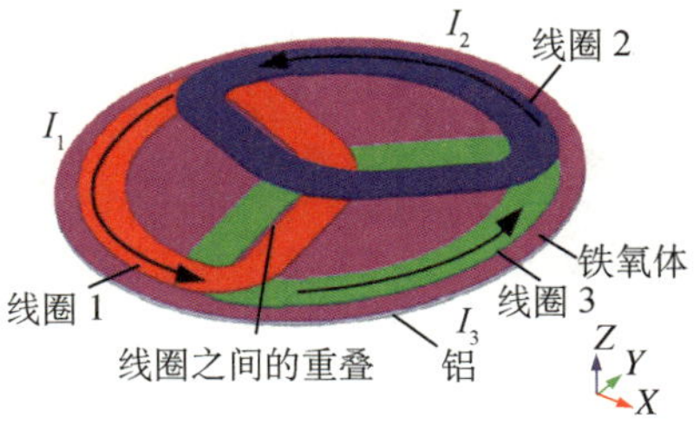

(a) 三极线圈结构

(b) 无铁氧体屏蔽线圈结构

图 3.4 新型磁能线圈结构

3.2 空气域中典型线圈结构空间磁场模型

对于磁能线圈组的空间磁场分析，目前大部分的研究学者都是基于有限元仿真模型进行研究。但是该方法并不利于设计者从原理上了解磁能线圈组空间磁场的分布特性，同时在研究加入磁屏蔽层后的磁能线圈组的位错特性时，往往会因为网格畸变导致计算时间过长甚至计算结果不收敛等问题。因此，本节将从经典的麦克斯韦电磁场理论出发，建立不同磁场约束条件下线圈组的空间磁场模型。该模型能够让读者更深刻地理解磁能线圈组之间的传能机理，以及能够高效准确地得到线圈组的传输特性。

在实际应用中，为了减少导线中的趋肤效应和邻近效应的影响，往往采用多股利兹线作为绕制磁能线圈的导线。因此导线中的电流密度可以近似地视作均匀分布，即具有一定直径的线圈导线在建模中可近似用其中心线的线电流代替。

3.2.1 空气域中圆形线圈空间磁场模型

如图 3.5 所示，在 xOy 平面内，存在一个半径为 R 的圆形线电流 I，$P(r, \theta, \varphi)$是自由空间中任意一点的球坐标值，以此圆形线电流圆心为坐标原点，则圆形线电流在空间中任意一点的磁矢势为

$$\mathbf{A}(r, \theta, \varphi)=\frac{\mu_0 I}{4\pi}\oint_{L}\frac{\mathrm{d}\mathbf{s}'}{|\mathbf{r}-\mathbf{r}'|} \tag{3.1}$$

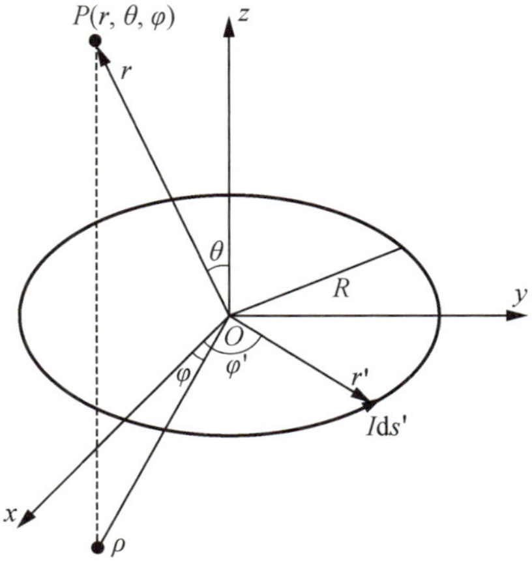

图 3.5 空气域内圆形线电流模型

式中，μ_0 真空磁导率，其值为 $4\pi\times10^{-7}$ H/m；$\mathrm{d}\boldsymbol{s}'$ 是圆形电流中电流元 $I\mathrm{d}\boldsymbol{s}'$ 的一个微分线元，该微分线元的球坐标值为 $(r',\ \varphi',0)$。

由磁感应强度和磁矢势之间的关系 $\boldsymbol{B}=\nabla\times\boldsymbol{A}$，可得到空气域中圆形线电流空间任意点的磁感应强度在直角坐标系中的分量[12]为

$$\begin{cases} B_z=\dfrac{\mu_0 I}{2\pi}\dfrac{1}{\sqrt{[(\rho+R)^2+z^2]}}\cdot\left[K+\dfrac{R^2-\rho^2-z^2}{(\rho-R)^2+z^2}E\right] \\ B_x=\dfrac{\mu_0 I}{2\pi}\dfrac{z}{\rho\sqrt{[(\rho+R)^2+z^2]}}\cdot\left[-K+\dfrac{\rho^2+z^2+R^2}{(\rho-R)^2+z^2}E\right]\cos\varphi \\ B_y=\dfrac{\mu_0 I}{2\pi}\dfrac{z}{\rho\sqrt{[(\rho+R)^2+z^2]}}\cdot\left[-K+\dfrac{\rho^2+z^2+R^2}{(\rho-R)^2+z^2}E\right]\sin\varphi \end{cases} \tag{3.2}$$

式中，

$$K=\int_0^{\frac{\pi}{2}}\frac{\mathrm{d}\varphi}{\sqrt{1-k^2\sin^2\varphi}};\ E=\int_0^{\frac{\pi}{2}}\sqrt{1-k^2\sin^2\varphi}\,\mathrm{d}\varphi;\ k=\sqrt{\frac{4rR\sin\theta}{r^2+R^2+2rR\sin\theta}}$$

3.2.2 空气域中矩形线圈空间磁场模型

图 3.6 所示的是空气域中方形线电流在直角坐标系下的模型[13]。根据文献[14]中，Weber 的空间电磁场理论提出了空气域中矩形线电流在 xOy 平面内的磁矢势解析表达式，并且通过磁矢势得到空间磁感应强度的解析表达式。磁矢势与磁感应强度存在以下关系：

$$B_x=-\frac{\partial A_y}{\partial z},\ B_y=\frac{\partial A_x}{\partial z},\ B_z=\frac{\partial A_x}{\partial z}-\frac{\partial A_y}{\partial z} \tag{3.3}$$

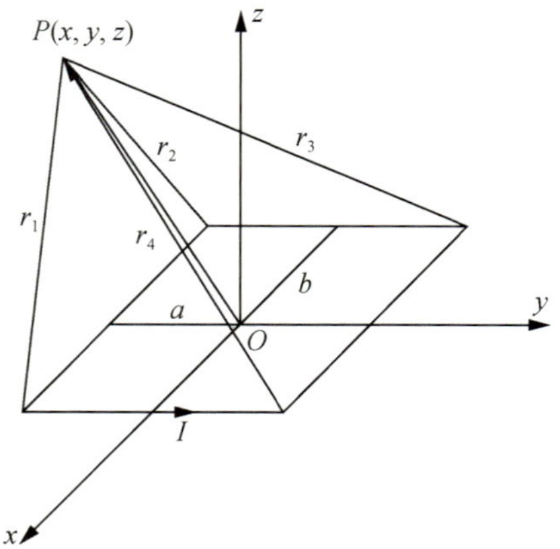

图 3.6 空气域内方形线电流模型

对于图 3.6 所示的模型，矩形线电流的两个半边长分别是 a 和 b，I 是交变线电流的幅值。则空间中任意一点 $P(x,\ y,\ z)$ 在 x 和 y 方向的磁矢势表达式为

$$\begin{aligned} A_x&=\frac{\mu_0 I}{4\pi}\ln\left[\frac{(r_2+b+x)}{(r_1-b+x)}\cdot\frac{(r_4-b+x)}{(r_3+b+x)}\right] \\ A_y&=\frac{\mu_0 I}{4\pi}\ln\left[\frac{(r_1+a+y)}{(r_4-a+y)}\cdot\frac{(r_3-a+y)}{(r_2+a+y)}\right] \end{aligned} \tag{3.4}$$

式中，μ_0 是真空中的磁导率；r_1，r_2，r_3，r_4 分别是矩形线电流四个角到 P 点的距离。

将式(3.4)代入式(3.3)中可得磁感应强度在直角坐标系下的解析表达式

$$B_x=\frac{\mu_0 I}{4\pi}\sum_{i=1}^{4}\left[\frac{(-1)^{i+1}z}{r_i[r_i+p_i]}\right] \tag{3.5}$$

$$B_y=\frac{\mu_0 I}{4\pi}\sum_{i=1}^{4}\left[\frac{(-1)^{i+1}z}{r_i[r_i+(-1)^{i+1}q_i]}\right] \tag{3.6}$$

$$B_z=\frac{\mu_0 I}{4\pi}\sum_{i=1}^{4}\left\{\frac{(-1)^{i}p_i}{r_i[r_i+(-1)^{i+1}q_i]}-\frac{q_i}{r_i[r_i+p_i]}\right\} \tag{3.7}$$

式中

$$\begin{cases} r_1=\sqrt{(a+x)^2+(y+b)^2+z^2} \\ r_2=\sqrt{(a-x)^2+(y+b)^2+z^2} \\ r_3=\sqrt{(a-x)^2+(y-b)^2+z^2} \\ r_4=\sqrt{(a+x)^2+(y-b)^2+z^2} \end{cases}$$

$p_1=-p_4=a-x$, $p_2=-p_3=a+x$, $q_1=q_2=y+b$, $q_3=q_4=y-b$

3.3 磁场约束条件下典型线圈结构空间磁场模型

3.3.1 磁场约束条件下圆形线圈的空间磁场模型

(1) 单磁屏蔽层圆形线圈组空间磁场模型

如图 3.7 所示的圆形线圈在单磁屏蔽层下的理论模型中,区域 2 和区域 5 分别代表发射线圈和接收线圈上的磁屏蔽层,其中 μ, σ, t 分别代表磁屏蔽层的相对磁导率,电导率以及厚度。区域 1 和区域 6 代表的是线圈外的空气域。而区域 3 和区域 4 则是线圈主要耦合区域。其中发射线圈的半径为 r_p,激励电流大小为 I_e,接收线圈半径为 r_s,距离区域 2 上表面 s_2。由于电动汽车无线充电系统的工作频率为 85 kHz,因此整个系统可以看成是磁准静态系统,从而得到在均匀线性各向同性的介质中的麦克斯韦方程

$$\nabla \times \boldsymbol{H} = \boldsymbol{J}$$
$$\nabla \times \boldsymbol{E} = -\frac{\partial \boldsymbol{B}}{\partial t} \tag{3.8}$$

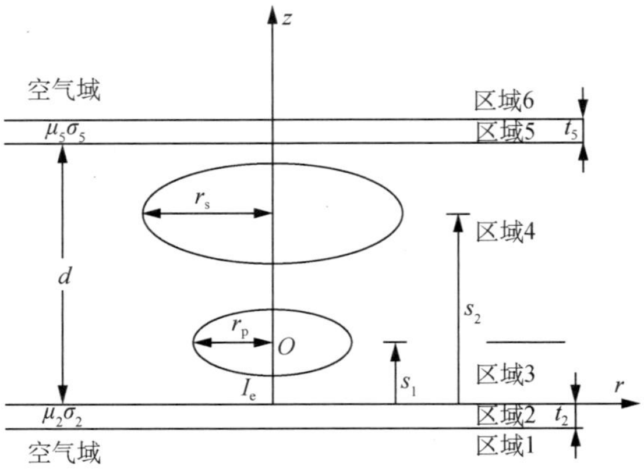

图 3.7　单磁屏蔽层圆形线圈理论模型

式中，$\boldsymbol{J}$ 为电流密度；$\boldsymbol{E}$ 为电场强度；$\boldsymbol{H}$ 为磁场强度；$\boldsymbol{B}$ 为磁感应强度。

考虑到圆形线圈的空间磁场分布的柱面对称性，式(3.8)中的电场强度 $\boldsymbol{E}$ 和磁场强度 $\boldsymbol{H}$ 必须满足以下关系[15]：

$$E_r = 0,\ E_z = 0,\ \frac{\partial E_\phi}{\partial \phi} = 0$$
$$H_\phi = 0,\ \frac{\partial H_r}{\partial \phi} = 0,\ \frac{\partial H_z}{\partial \phi} = 0 \tag{3.9}$$

各区域中的麦克斯韦方程可以简化为以下形式：

- 区域 1($z < -t_2$)：此区域为空气域，而且并没有激励电流存在，则电场强度满足

$$\frac{\partial^2 E_\phi}{\partial z^2} + \frac{\partial^2 E_\phi}{\partial r^2} + \frac{1}{r}\frac{\partial E_\phi}{\partial r} - \frac{E_\phi}{r^2} = 0 \tag{3.10}$$

- 区域 2($-t_2 \leqslant z < 0$)：此区域中会产生涡流电场 $J_\phi = \sigma_1 E_\phi$，因此电场强度满足

$$\frac{\partial^2 E_\phi}{\partial z^2} + \frac{\partial^2 E_\phi}{\partial r^2} + \frac{1}{r}\frac{\partial E_\phi}{\partial r} - \left(\frac{1}{r^2} + j\omega\mu_0\mu_2\sigma_2\right)E_\phi = 0 \tag{3.11}$$

- 区域 3($0 \leqslant z < s_1$)：此区域也是空气层，因此电场强度满足的微分方程与区域 1 相同。
- 区域 4($s_1 \leqslant z < d$)：此区域存在大小为 I_e 的激励电流，因此

$$\frac{\partial H_r}{\partial z} - \frac{\partial H_z}{\partial r} = I_e\delta(r - r_p)\delta(z - s_1)$$
$$\frac{\partial E_\phi}{\partial z} = j\omega\mu_0 H_r$$
$$\frac{1}{r}\frac{\partial (rE_\phi)}{\partial r} = -j\omega\mu_0 H_z \tag{3.12}$$

根据上述三式消去 H，可以得到在区域 4 中 E_ϕ 所满足的微分方程

$$\frac{\partial^2 E_\phi}{\partial z^2} + \frac{\partial^2 E_\phi}{\partial r^2} + \frac{1}{r}\frac{\partial E_\phi}{\partial r} - \frac{E_\phi}{r^2} = j\omega\mu_0 I_e\delta(r - r_p)\delta(z - s_1) \tag{3.13}$$

其中，δ 函数的定义为

$$\delta(x)=\begin{cases}1, & x=0;\\ 0, & x\neq 0.\end{cases}$$

- 区域 5（$d\leqslant z<d+t_5$）：此区域为接收线圈的磁屏蔽层，与区域 2 类似，其电场强度满足

$$\frac{\partial^2 E_\phi}{\partial z^2}+\frac{\partial^2 E_\phi}{\partial r^2}+\frac{1}{r}\frac{\partial E_\phi}{\partial r}-\left(\frac{1}{r^2}+j\omega\mu_0\mu_5\sigma_5\right)E_\phi=0 \tag{3.14}$$

- 区域 6（$d+t_5\leqslant z$）：此区域为接收线圈上方的空气域，其空间电场强度满足的微分方程与区域 1 相同。

上述的各个区域内的电场强度满足的微分方程为二阶偏微分方程，可以通过傅里叶贝塞尔变换[16]，将其转化为频域表达形式。傅里叶贝塞尔变换如下式所示：

$$E_\phi^*=\int_0^\infty E_\phi(r,z)rJ_1(kr)\mathrm{d}r \tag{3.15}$$

式中，$J_1(kr)$是一阶第一类贝塞尔函数；k 是傅里叶贝塞尔场分解的变换算子。

应用式(3.15)对式(3.10)至式(3.14)进行傅里叶贝塞尔变换转换到频域内表达，以区域 3 的微分方程为例，经过傅里叶贝塞尔变换后可得

$$\frac{\mathrm{d}^2 E_\phi^*}{\mathrm{d}z^2}=k^2E_\phi^*+j\omega\mu_0 I_e r_p J_1(kr_p)\delta(z-s_1) \tag{3.16}$$

式(3.16)是一个二阶常系数微分方程，其通解为

$$E_\phi^*=C\mathrm{e}^{kz}+C'\mathrm{e}^{-kz} \tag{3.17}$$

式中，C 和 C' 分别是由边界条件决定的常数。

利用区域间电场强度和磁场强度的边界条件，即空间电场在边界处（$z=-t_2$，$z=0$，$z=s_1$，$z=d$，$z=d+t_5$）连续，而对于磁场强度分量 H_r，在边界 $z=-t_2$，$z=0$，$z=d$，$z=d+t_5$ 处均连续，在边界 $z=s_1$ 处存在圆形激励电流，则此处边界条件满足

$$\boldsymbol{n}\times(\boldsymbol{H}_+-\boldsymbol{H}_-)=\boldsymbol{K}_f \tag{3.18}$$

式中，$\boldsymbol{n}$ 为边界上的单位法向量；$\boldsymbol{K}_f$ 是边界上的表面电流密度，其大小定义为

$$K_f=\int_{s_{1-}}^{s_{1+}} I_e\delta(r-r_p)\delta(z-s_1)\mathrm{d}z=I_e\delta(r-r_p)$$

$$K_f^*=I_e r_p J_1(kr_p) \tag{3.19}$$

可以通过求解线性方程组的方式得到各个区域之中的待定系数值。

对频域内各个区域的表达式进行如下的傅里叶贝塞尔逆变换[16]：

$$E_{\phi}(r,\ z)=\int_{0}^{\infty} E_{\phi}^{*}(k,\ z)kJ_{1}(kr)\mathrm{d}k \tag{3.20}$$

可得到不同区域中的电场强度在时域中的解析表达式。

为了求得圆形线圈组之间的互感值，需要重点求得区域 4 中的电场强度表达式，由圆形线电流激励的空间磁场具有柱面对称性的特点知，在 $z=s_2$ 处半径为 r_s 的圆形线圈内产生的感应电压为

$$V=-\int_{0}^{2\pi} E_{\phi}(r_s,\ s_2)r_s\mathrm{d}\phi=-2\pi r_s E_{\phi}(r_s,\ s_2) \tag{3.21}$$

因此，线圈之间的等效阻抗为

$$Z=\frac{V}{I_e}=j\omega M=-\frac{2\pi r_s E_{\phi}(r_s,\ s_2)}{I_e} \tag{3.22}$$

式中，M 为单磁屏蔽层下发射与接收线圈组之间的互感值。

（2）多磁屏蔽中圆形线圈组空间磁场模型

如图 3.8 所示，圆形的发射与接收线圈被放置在两个 k 层的磁屏蔽层之间。其中发射线圈的半径为 r_p，接收线圈的半径为 r_s。$d_1 \sim d_k$ 以及 $d_{1'} \sim d_{k'}$ 是每一层磁屏蔽层所在的 z 坐标，则每一层的厚度为 $t_k=|d_{k+1}-d_k|$（最边缘的第 k 层与第 k' 层除外）。μ_k，σ_k 是第 k 层均匀各向同性的磁屏蔽层的相对磁导率和电导率。

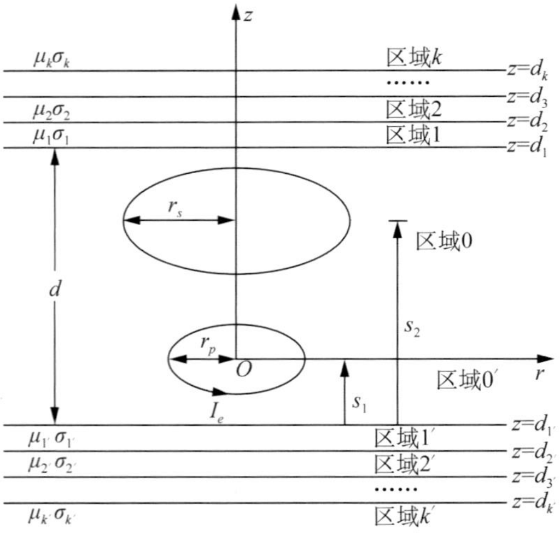

▲ 图 3.8　多磁屏蔽层圆形圈组理论模型

基本思路与单磁屏蔽层的建模方法类似，从泊松方程 $\nabla^2 \mathbf{A}=-\mu J_e$ 出发，首先列出各区域中磁矢势大小 A 满足的偏微分方程，再利用傅里叶贝塞尔变换转化到频域，求得其通解表达式如下：

$$A_{\phi,k}^{*}(\gamma,\ z)=C_k \mathrm{e}^{-\eta_k(z-d_k)}+D_k \mathrm{e}^{\eta_k(z-d_k)} \tag{3.23}$$

通解中 C_k 和 D_k 是由边界条件决定的待定系数，幂因子上的 η_k 是与系统激励频率和各区域材料特性相关的复变量参数，其表达式为

$$\eta_k=\sqrt{\gamma^2+j\omega\mu_k\mu_0\sigma_k} \tag{3.24}$$

值得注意的是，与单磁屏蔽层建模中的通解表达式不同，在多磁屏蔽层建模中，通解的指数需要作一定的坐标变换，即将 z 转变为 $z-d_k$，以此可根据与单磁屏蔽层建模类似的边界条件(A 在各区域之间连续，H_r 仅在区域 0 和 0′间不连续)将各区域的通解写成如下矩阵形式。

在区域 0 和区域 0′

$$\begin{bmatrix} \boldsymbol{D}_0 \\ \boldsymbol{C}_0 \end{bmatrix} - \begin{bmatrix} \boldsymbol{D}_{0'} \\ \boldsymbol{C}_{0'} \end{bmatrix} = \frac{\mu_0 I_e r_p J_1(\gamma r_p)}{2\gamma} \begin{bmatrix} -1 \\ 1 \end{bmatrix} \tag{3.25}$$

在区域 1 到区域 k 以及区域 1′到区域 k'

$$\mathfrak{R}_{k,\,k-1} \begin{bmatrix} \boldsymbol{D}_k \\ \boldsymbol{C}_k \end{bmatrix} - \boldsymbol{I} \begin{bmatrix} \boldsymbol{D}_{k-1} \\ \boldsymbol{C}_{k-1} \end{bmatrix} = \boldsymbol{0} \tag{3.26}$$

式中，$\boldsymbol{I}$ 为 2 阶的单位矩阵；$\mathfrak{R}_{k,k-1}$ 是与材料特性相关的 2 阶系数矩阵

$$\mathfrak{R}_{k,\,k-1} = \frac{1}{2} \begin{bmatrix} \left(1+\dfrac{\zeta_k}{\zeta_{k-1}}\right) e^{-\eta_{k-1} t_{k-1}} & \left(1-\dfrac{\zeta_k}{\zeta_{k-1}}\right) e^{-\eta_{k-1} t_{k-1}} \\ \left(1-\dfrac{\zeta_k}{\zeta_{k-1}}\right) e^{\eta_{k-1} t_{k-1}} & \left(1+\dfrac{\zeta_k}{\zeta_{k-1}}\right) e^{\eta_{k-1} t_{k-1}} \end{bmatrix} \tag{3.27}$$

式中，$\zeta_k = \eta_k / \mu_k$；t_k 是第 k 层磁屏蔽层的厚度。

由于当 z 趋向于正无穷和负无穷时，空间磁矢势也趋向于零。因此，系数 D_k 和 $C_{k'}$ 趋向于零，在最外围的磁屏蔽层(空气域)的系数矩阵可以简化为如下的 2×1 矩阵

$$\mathfrak{R}_{k,\,k-1} = \frac{1}{2} \begin{bmatrix} \left(1-\dfrac{\zeta_k}{\zeta_{k-1}}\right) e^{-\eta_{k-1} t_{k-1}} \\ \left(1+\dfrac{\zeta_k}{\zeta_{k-1}}\right) e^{\eta_{k-1} t_{k-1}} \end{bmatrix}, \quad \mathfrak{R}_{k',\,k'-1} = \frac{1}{2} \begin{bmatrix} \left(1+\dfrac{\zeta_{k'}}{\zeta_{k'-1}}\right) e^{-\eta_{k'-1} t_{k'-1}} \\ \left(1-\dfrac{\zeta_{k'}}{\zeta_{k'-1}}\right) e^{\eta_{k'-1} t_{k'-1}} \end{bmatrix} \tag{3.28}$$

由式(3.25)和式(3.26)之间的迭代关系，可以得到在区域 0 和 0′中的待定系数表达式为

$$\begin{gathered} \begin{bmatrix} \boldsymbol{D}_0 \\ \boldsymbol{C}_0 \end{bmatrix} = \left(\prod_{1}^{k} \mathfrak{R}_{k,\,k-1}\right) \boldsymbol{C}_k, \\ \begin{bmatrix} \boldsymbol{D}_{0'} \\ \boldsymbol{C}_{0'} \end{bmatrix} = \left(\prod_{1'}^{k'} \mathfrak{R}_{k,\,k-1}\right) \boldsymbol{D}_{k'} \end{gathered} \tag{3.29}$$

假若要求得发射与接收线圈之间的互感值，只需要求得在区域 0 处的待定系数即可，即接收线圈 ($z=s_2-s_1$) 上的感应电压表达式为

$$V=j\omega\oint_{\text{pcik-up}}NA_{\phi}\cdot\mathrm{d}l=j\omega\int_{0}^{2\pi}A_{\phi}(r=r_{s},z=s_{2}-s_{1})r_{s}\mathrm{d}\phi \tag{3.30}$$

则互感的表达式为

$$M=\mathrm{Im}\left(\frac{V}{I_{e}}\right)\Big/\omega \tag{3.31}$$

式中,Im 是提取复函数虚部的运算符。

3.3.2 磁场约束条件下矩形线圈组的空间磁场模型

(1) 单磁屏蔽矩形线圈组空间磁场模型

如图 3.9 所示,两个矩形线圈放置在两个无限大的单磁屏蔽层之间。区域 2 和区域 5 分别是发射和接收线圈上的磁屏蔽层,其相对磁导率和电导率为 μ_2, σ_2 和 μ_5, σ_5。发射线圈的两边长为 a_1 和 a_2,并通以大小为 I 的交变电流。接收线圈安置在距离区域 2 上表面 s_2 处,其两边长分别是 b_1 和 b_2。

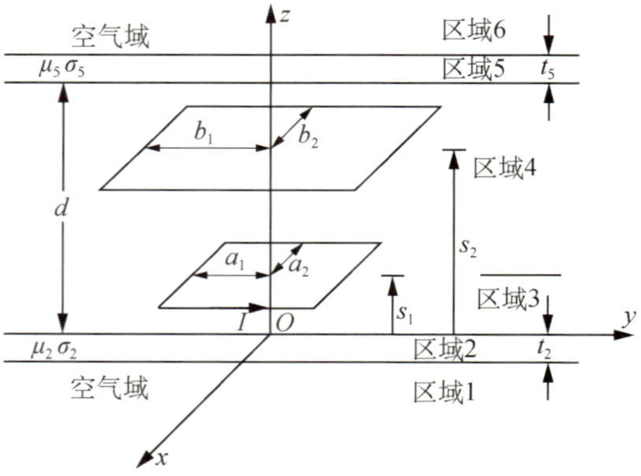

图 3.9 单磁屏蔽矩形线圈理论模型

在区域 3 和区域 4 中,空间电磁场的磁感应强度可以分为两部分。其中 B_i 是由发射线圈激发的电磁场的磁感应强度,B_r是由于磁屏蔽层上的涡电流产生的磁场的磁感应强度。由线圈激发的磁场的磁感应强度可以通过求对应的磁矢势的旋度得到,即

$$\boldsymbol{B}_{i}=\nabla\times\boldsymbol{A}_{i} \tag{3.32}$$

为了得到 $\boldsymbol{B}_i$, 首先需要求得磁矢势 $\boldsymbol{A}_i$ 的解析表达式。根据经典电磁场理论,在空间中任意点 $p(x, y, z)$的磁矢势可以对源点 $p(x', y', z')$沿着线电流路径进行曲线积分

$$A(x, y, z)=\frac{\mu_{0}}{4\pi}\int_{v}\frac{J(x', y', z')\mathrm{d}v'}{R} \tag{3.33}$$

式中,J 是电流密度;v 是线电流分布路径;R 是源点 $p(x', y', z')$到场点 $p(x, y, z)$的距离,其定义如下:

$$R=\sqrt{(x-x')^{2}+(y-y')^{2}+(z-z')^{2}} \tag{3.34}$$

为了求取式(3.34)的解析表达式,需要应用双重傅里叶变换[17]将其转换到频域内进行求解。双重傅里叶变换及其逆变换为

$$b(\xi,\ \eta,\ z)=\int_{-\infty}^{\infty}\int_{-\infty}^{\infty}B(x,\ y,\ z)\cdot \mathrm{e}^{-j(x\xi+y\eta)}\,\mathrm{d}x\,\mathrm{d}y \tag{3.35}$$

$$B(x,\ y,\ z)=\frac{1}{4\pi^2}\int_{-\infty}^{\infty}\int_{-\infty}^{\infty}b(\xi,\ \eta,\ z)\cdot \mathrm{e}^{j(x\xi+y\eta)}\,\mathrm{d}\xi\,\mathrm{d}\eta \tag{3.36}$$

式中,ξ 和 η 分别是对应于 x 和 y 转换到空间频域内的变换算子。

对式(3.32)和式(3.33)应用式(3.35)的双重傅里叶变换即可得到不同区域中 B_{i} 各方向分量在频域内的表达式。

对于由单磁屏蔽层产生的反射磁场的磁感应强度 B_{r},满足以下方程:

$$\nabla^2\boldsymbol{B}_{\mathrm{rn}}-j\omega\mu_0\mu_n\sigma_n\boldsymbol{B}_{\mathrm{rn}}=0 \tag{3.37}$$

式中,n 代表区域数,取值范围为 1~6;μ_0 代表真空磁导率,其值为 $4\pi\times10^{-7}$ H/m;μ_n 为各区域中介质的相对磁导率;σ_n 为各区域中介质的电导率。

在本节讨论的理论模型中,只考虑发射与接收线圈相互平行的情况,即不考虑倾斜偏移位错。因此只需要求取区域 3 和区域 4 的磁感应强度沿 z 方向的分量,就可以得到线圈的自感和互感。对式(3.37)的 B_z 分量满足的偏微分方程进行双重傅里叶变换可得其在频域内的通解表达式

$$b_{\mathrm{rnz}}=C_{\mathrm{rn}}\mathrm{e}^{\lambda_{\mathrm{n}}z}+C'_{\mathrm{rn}}\mathrm{e}^{-\lambda_{\mathrm{n}}z} \tag{3.38}$$

在区域 1, 3, 4 和 6 中,幂因子 $\lambda_{\mathrm{n}}=k$, $k=\sqrt{\xi^2+\eta^2}$, 而在区域 2 和 5 中,$\lambda_{\mathrm{n}}=\sqrt{k^2+j\omega\mu_0\mu_{\mathrm{n}}\sigma_{\mathrm{n}}}$。$C_{\mathrm{n}}$ 和 C'_{n} 是由边界条件决定的待定参数。由于在区域 1 和区域 6 两个空气域中,当 z 趋向于负无穷和正无穷时,磁感应强度趋向于零,因此 C'_1 和 C_6 为零。

考虑到 B_{r} 是由无源场所激发,则满足 $\nabla\times\boldsymbol{B}_{\mathrm{rn}}=0$, 由此可得 b_{rnx} 与 b_{rny} 之间的关系式。且 B_{r} 满足 $\nabla\cdot\boldsymbol{B}_{\mathrm{rn}}=0$, 进一步可以得到 b_{rnx} 与 b_{rnz} 之间的关系,即

$$b_{\mathrm{rnx}}=\frac{\xi}{jk^2}\frac{\partial b_{\mathrm{rnz}}}{\partial z} \tag{3.39}$$

式中, $k=\sqrt{\xi^2+\eta^2}$。

考虑到各区域间的边界条件,在边界 $z=-t_1$, $z=0$, $z=d$, $z=d+t_2$ 上,磁感应强度 $\boldsymbol{B}$ 在 z 方向上的分量以及磁场强度 $\boldsymbol{H}$ 在 x 方向上的分量都连续,即对于 B_z

$$b_{iz}+b_{r3z}=b_{r2z}(z=0),\ b_{r1z}=b_{r2z}(z=-t_2)$$
$$b'_{iz}+b_{r4z}=b_{r5z}(z=d),\ b_{r5z}=b_{r6z}(z=d+t_5) \tag{3.40}$$

对于 H_x

$$(b_{ix}+b_{r3x})=\frac{b_{r2x}}{\mu_2}(z=0),\ b_{r1x}=\frac{b_{r2x}}{\mu_2}(z=-t_2)$$
$$(b_{ix}+b_{r4x})=\frac{b_{r5x}}{\mu_5}(z=d),\ b_{r6x}=\frac{b_{r5x}}{\mu_5}(z=t_5+d) \tag{3.41}$$

式中，μ_2 和 μ_5 是区域 2 和区域 5 的相对磁导率；b_{ix} 为区域 3 中由线圈电流激励所贡献的磁感应强度分量；b'_{ix} 为区域 4 中线圈电流激励所贡献的磁感应强度分量。

将上述的边界条件代入式(3.38)，并利用式(3.39)中 b_r 各个分量之间的关系式，可以确定区域 3 和 4 中的待定系数值。然后将 B_i 和 B_r 两个磁感应强度进行线性叠加即可得到区域 3 和 4 中的磁感应强度解析表达式。最后利用式(3.36)的双重傅里叶逆变换将频域中的解析表达式转换到时域中，求面积分即可得到单磁屏蔽层中两个矩形线圈组之间的互感值[12]

$$M=\frac{\iint_D B_z\cdot \mathrm{d}s}{I} \tag{3.42}$$

(2) 多磁屏蔽矩形线圈组空间磁场模型

如图 3.10 所示，边长为 $2a_1$，$2a_2$ 的矩形发射线圈位于 xOy 平面中，其中心点与坐标原点重合。其中通以幅值为 I_e 的时谐电流。而在 $z=s_2-s_1$ 平面上的是边长为 $2b_1$ 和 $2b_2$ 的接收线圈。在发射和接收线圈之外都布置了 k 层或 k' 层的多层磁屏蔽材料，μ_k，σ_k 分别是每一层磁屏蔽层的相对磁导率和电导率，而每一层的厚度为 $t_k=|d_{k+1}-d_k|$（最外层第 k 层和第 k' 层除外）。

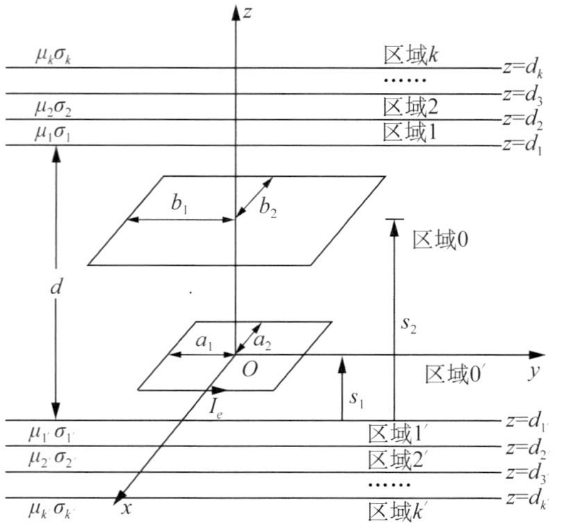

▲ 图 3.10　多磁屏蔽矩形线圈理论模型

与单磁屏蔽层的矩形线圈建模类似，多磁屏蔽层中矩形线圈激励的磁场在区域 0 和 0′中可以分为两部分，分别是由激励电流产生的磁场的磁感应强度 B_i 以及由磁屏蔽层涡流产生的磁场的反射磁感应强度 B_r。

对式(3.33)求双重傅里叶变换可得在区域0和0′中,z方向下B_i沿z方向在空间频域的解析表达式:

- 在区域0中 ($0 \leqslant z < d - s_1$)

$$b_{iz} = \frac{-2\mu_0 I_e \gamma \sin(\alpha a_1)\sin(\beta a_2)}{\alpha\beta} e^{-z\gamma} = C_{iz} e^{-z\gamma} \tag{3.43}$$

- 在区域0′中 ($-s_1 \leqslant z < 0$)

$$b'_{iz} = \frac{-2\mu_0 I_e \gamma \sin(\alpha a_1)\sin(\beta a_2)}{\alpha\beta} e^{z\gamma} = C'_{iz} e^{z\gamma} \tag{3.44}$$

式中,$\gamma = \sqrt{\alpha^2 + \beta^2}$;$\alpha$,$\beta$分别是对应于$x$和$y$转换到空间频域内的变换算子。

对于反射磁感应强度B_r,求解下列两个微分方程

$$\nabla^2 \boldsymbol{B}_r = 0 \tag{3.45}$$

$$\nabla \cdot \boldsymbol{B}_r = 0 \tag{3.46}$$

对上述两个偏微分方程同样应用双重傅里叶变换,可以得到在区域0和0′中,磁感应强度(B_i与B_r之和)在空间频域沿z方向的解析表达式

$$b_{z,0} = (C_{iz} + C'_{rz})e^{-\gamma z} + C_{rz} e^{\gamma z} \tag{3.47}$$

$$b_{z,0'} = (C'_{iz} + C_{rz})e^{\gamma z} + C'_{rz} e^{-\gamma z} \tag{3.48}$$

由于在其他磁屏蔽区域中磁感应强度满足的微分方程与式(3.45)和式(3.46)类似,因此在其他各层磁屏蔽区域中的磁感应强度在空间频域中沿z方向的解析表达式

$$b_{z,k} = C_{z,k} e^{\eta_k (z-d_k)} + C'_{z,k} e^{-\eta_k (z-d_k)} \tag{3.49}$$

式中,$\eta_k = \sqrt{\gamma^2 + j\omega\mu_{rk}\mu_0\sigma_k}$,与单磁屏蔽层不同,式(3.49)中的幂指数作了适当的坐标变换,即将z变成$z - d_k$。

同样利用与单磁屏蔽层模型的边界条件以及b各分量之间的关系,可以将各区域频域内b满足的表达式写成如下矩阵形式:

在$z = d_1$处

$$\mathfrak{R}_{1,0} \begin{bmatrix} \boldsymbol{C}_{z,1} \\ \boldsymbol{C}'_{z,1} \end{bmatrix} - \boldsymbol{I} \begin{bmatrix} \boldsymbol{C}_{rz} \\ \boldsymbol{C}_{iz} + \boldsymbol{C}'_{rz} \end{bmatrix} = \boldsymbol{0} \tag{3.50}$$

在 $z=d_{1'}$ 处

$$\mathfrak{R}_{1',0'}\begin{bmatrix}\boldsymbol{C}_{z,1'}\\ \boldsymbol{C}'_{z,1'}\end{bmatrix}-\boldsymbol{I}\begin{bmatrix}\boldsymbol{C}_{rz}+\boldsymbol{C}'_{iz}\\ \boldsymbol{C}'_{rz}\end{bmatrix}=\boldsymbol{0} \tag{3.51}$$

在 $z=d_n(n=2\sim k$ 或 $2'\sim k')$ 处

$$\mathfrak{R}_{k,k-1}\begin{bmatrix}\boldsymbol{C}_{z,k}\\ \boldsymbol{C}'_{z,k}\end{bmatrix}-\boldsymbol{I}\begin{bmatrix}\boldsymbol{C}_{z,k-1}\\ \boldsymbol{C}_{z,k-1}\end{bmatrix}=\boldsymbol{0} \tag{3.52}$$

式中,$\boldsymbol{I}$ 为 2 阶单位矩阵;$\mathfrak{R}_{k,k-1}$ 是由磁屏蔽层特性决定的 2 阶方阵。

$$\mathfrak{R}_{k,k-1}=\frac{1}{2}\begin{bmatrix}\left(1+\dfrac{\zeta_k}{\zeta_{k-1}}\right)e^{-\eta_{k-1}t_{k-1}} & \left(1-\dfrac{\zeta_k}{\zeta_{k-1}}\right)e^{-\eta_{k-1}t_{k-1}}\\ \left(1-\dfrac{\zeta_k}{\zeta_{k-1}}\right)e^{\eta_{k-1}t_{k-1}} & \left(1+\dfrac{\zeta_k}{\zeta_{k-1}}\right)e^{\eta_{k-1}t_{k-1}}\end{bmatrix} \tag{3.53}$$

与圆形线圈情况类似,在最外层磁屏蔽层的通解表达式中,$\boldsymbol{D}_k$ 和 $\boldsymbol{C}_{k'}$ 趋近于零,因此在最外层磁屏蔽层的待定系数表达式为

$$\mathfrak{R}_{k,k-1}=\frac{1}{2}\begin{bmatrix}\left(1-\dfrac{\zeta_k}{\zeta_{k-1}}\right)e^{-\eta_{k-1}t_{k-1}}\\ \left(1+\dfrac{\zeta_k}{\zeta_{k-1}}\right)e^{\eta_{k-1}t_{k-1}}\end{bmatrix},\quad \mathfrak{R}_{k',k'-1}=\frac{1}{2}\begin{bmatrix}\left(1+\dfrac{\zeta_{k'}}{\zeta_{k'-1}}\right)e^{-\eta_{k'-1}t_{k'-1}}\\ \left(1-\dfrac{\zeta_{k'}}{\zeta_{k'-1}}\right)e^{\eta_{k'-1}t_{k'-1}}\end{bmatrix} \tag{3.54}$$

式中,$\zeta_k=\dfrac{\eta_k}{\mu_k}$.

由式(3.50)至式(3.52)的迭代关系可以得到在区域 0 和区域 0′中的待定系数满足下列两个迭代式,即

$$\begin{aligned}\begin{bmatrix}\boldsymbol{C}_{rz}\\ \boldsymbol{C}_{iz}+\boldsymbol{C}'_{rz}\end{bmatrix}&=\left(\prod_{1}^{k}\mathfrak{R}_{k,k-1}\right)\boldsymbol{C}'_{z,k}\\ \begin{bmatrix}\boldsymbol{C}_{rz}+\boldsymbol{C}'_{iz}\\ \boldsymbol{C}'_{rz}\end{bmatrix}&=\left(\prod_{1'}^{k'}\mathfrak{R}_{k,k-1}\right)\boldsymbol{C}_{z,k'}\end{aligned} \tag{3.55}$$

通过求解上述的两个迭代式,并应用双重傅里叶逆变换可以得到在区域 0 和区域 0′中磁感应强度在 z 方向上的解析表达式。由于本节的互感模型主要针对发射线圈与接收线圈平行的情况,即只有磁感应强度沿 z 方向的分量对于接收线圈包围的静磁通有贡献。因此,线圈组之间的互感

$$M=\frac{\oiint_S B_z\cdot \mathrm{d}s}{I_e} \tag{3.56}$$

(3) 多匝线圈组的互感计算方法

以上是对于单匝线圈在不同磁场约束条件下的空间磁场分布的理论模型。实际应用过程中，往往需要用到多匝的线圈在有限的空间范围内提高线圈之间的耦合系数，从而能够传递更大的功率。而直接对螺线绕制的平面多匝线圈进行理论建模往往难度较大，因此要对多匝线圈进行一定的简化，从而利用叠加原理可以得到多匝线圈在空气域中的空间磁场分布。

如图 3.11 所示的螺绕的平面多匝线圈可以简化为多个同心圆的线圈。两个多匝线圈之间的互感可以表示为每两匝线圈之间的互感的总和，即

$$M=\sum_{i=1}^{i=n_{\mathrm{p}}}\sum_{j=1}^{j=n_{\mathrm{s}}}M_{ij} \tag{3.57}$$

式中，n_{p}和 n_{s}分别是发射线圈与接收线圈的匝数；M_{ij} 是第 i 匝线圈与第 j 匝线圈之间的互感。

以上为在发射与接收线圈组对准情况下的磁能线圈组之间的互感求解方法。若需要求解位错情况下的磁能线圈组间互感思路与上述的类似，仅仅是线积分或面积分的区域有所改变，其具体求解过程不再赘述。此外对于线圈组的自感求解方法与互感类似，仅仅是将接收端的积分区域与发射线圈重合即可得到。详细的计算过程，有兴趣的读者可参考文献[12]。

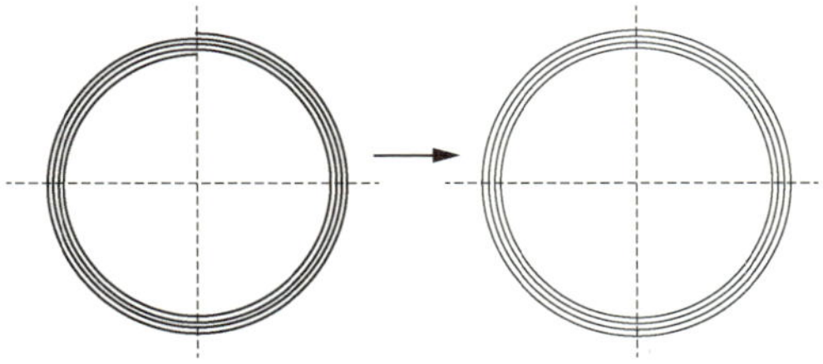

图 3.11　多匝线圈简化模型

3.4　典型线圈组结构传输特性分析

3.4.1　空气域中典型线圈结构传输特性

基于 3.2.1 和 3.2.2 节中得到的在空气域内圆形线圈与矩形线圈的空间磁场分布理论模型，本小节将对两种几何形状的线圈在存在不同情况下的位错时的互感变化情况进行分析。为了更好地与圆形线圈作对比分析，本小节分析中矩形线圈将简化为正方形线圈(下文简称为方形线圈)。

在实际应用过程中，汽车泊车往往存在一定的误差，因此对于电动汽车无线充电系统而言，仅仅考虑在两个线圈完全对准情况下的传输性能并不够，还需要对两线圈之间存在不同类型的位错

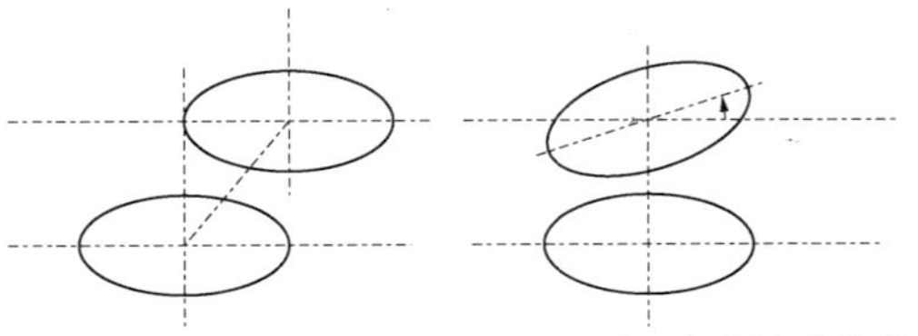
(a) 圆形线圈水平偏移位错 (b) 圆形线圈倾斜偏移位错

图 3.12 圆形线圈偏移位错

下的传输特性进行分析。如图 3.12 所示,圆形线圈在实际应用中大部分存在水平偏移位错以及倾斜偏移位错两种情况。其中水平偏移位错是发射与接收线圈仍然保持相互平行,仅仅是在水平位置上发生偏移。这是泊车过程中最常见的一种位错情况。倾斜偏移位错则是接收线圈以某一直径为轴心,绕此轴心倾斜使得发射与接收线圈两个平面存在一定的夹角。这是模拟停车位置路面的不平整,使得汽车局部被撑起或下陷。

而对于方形线圈而言,位错的情况会比圆形线圈稍复杂。如图 3.13 所示,方形线圈的位错情况主要可以分为四种:沿着接收线圈平面对角线平移的水平偏移位错 1;沿着接收线圈平面中心线平移的水平偏移位错 2;沿着与接收线圈平面垂直的中心线旋转的偏移位错;沿着接收线圈平面中某一轴线的倾斜偏移位错。

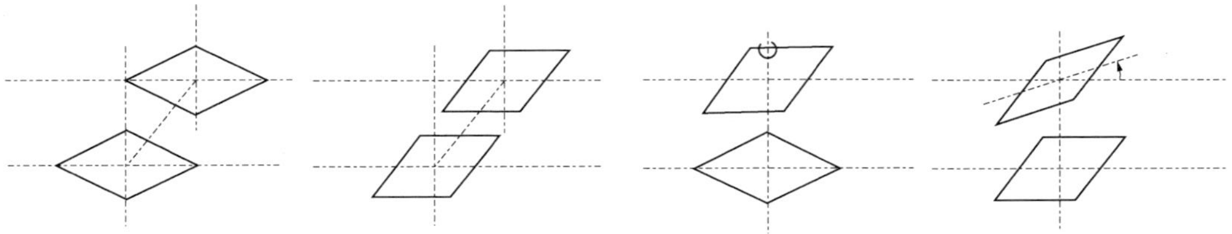
(a) 方形线圈水平偏移位错1 (b) 方形线圈水平偏移位错2 (c) 方形线圈旋转偏移位错 (d) 方形线圈倾斜偏移位错

图 3.13 方形线圈偏移位错

基于上述的几种圆形和方形线圈的位错类型,利用 3.2.1 和 3.2.2 节中提出的理论模型对不同位错类型下的线圈互感变化情况进行详细分析。同时,也会应用有限元仿真软件对理论模型所得结果进行验证。首先对本文中的位错传输特性分析作以下几点基本设定:①如图 3.12 和图 3.13 所示,发射线圈的中心均与直角坐标系的原点重合,发射线圈平面也与 xOy 面重合;②发射与接收线圈之间的垂直距离为 200 mm;③发射线圈的尺寸、匝数、匝距与接收线圈相同;④为了保持同样线圈欧姆阻值,方形线圈与圆形线圈的周长相同。表 3.1 是本节位错特性分析中方形线圈与圆形线圈的具体设计参数。

(1) 方形线圈的水平偏移位错

图 3.15(a), (b), (c)分别表示方形接收线圈沿着图 3.14(a)所示的 OA, OB, OC 三条路径[图 3.14(a)所示平面为 $z=200$ mm 接收线圈所在的平面]进行偏移后得到的互感变化情况,其中星号代表的是有限元仿真计算得到的数值。

表 3.1 平面螺绕线圈的设计参数

设计参数	圆形线圈	方形线圈
最大半径	300 mm	/
最大边长	/	471.24 mm
匝距	10.907 mm	8.617 mm
匝数	17	17

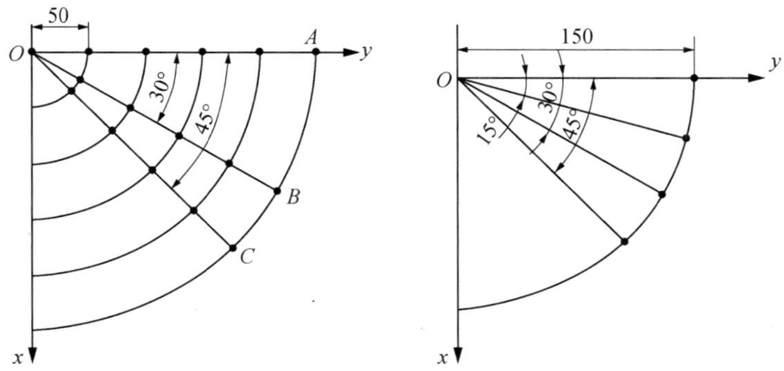

(a) 水平偏移位错接收线圈位置　　(b) 复合偏移位错接收线圈位置

图 3.14 接收线圈偏移位错位置示意

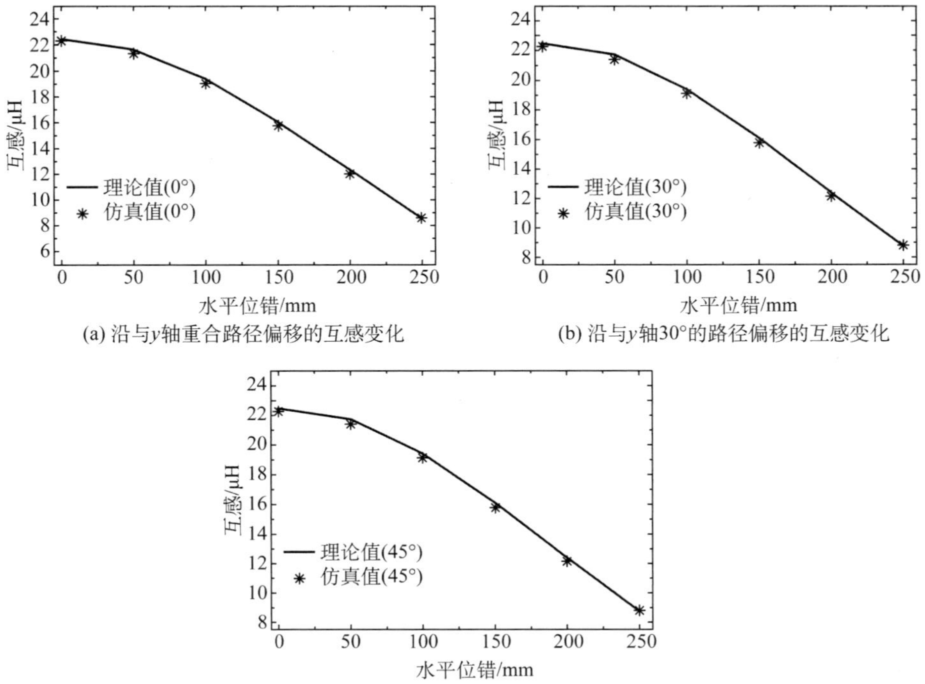

(a) 沿与y轴重合路径偏移的互感变化　　(b) 沿与y轴30°的路径偏移的互感变化

(c) 沿与y轴45°的路径偏移的互感变化

图 3.15 方形线圈在水平偏移位错下的互感变化

从图 3.15(a),(b),(c)可知,接收线圈的水平偏移范围为 0～250 mm。在 0～75 mm 的偏移情况下,线圈之间的互感变动不大,仍然能维持与对准情况下相当的水平。但是当水平偏移大于 75 mm 时,两线圈的互感将产生明显的下降,当偏移达到 250 mm 时,两线圈之间的互感值下降约 60%。而通过进一步对比图 3.15(a),(b),(c)可以发现,当接收线圈沿着不同路径进行水平偏移位错时,互感变化的趋势和数值基本一致,即线圈之间的互感对不同路径的水平偏移不敏感。由此可以推断方形线圈空间磁场分布的非柱面对称性对线圈之间的传输特性影响不大。

(2) 方形线圈的倾斜偏移位错

接下来将讨论方形线圈存在倾斜偏移位错情况下的互感变化情况。表 3.2 和表 3.3 分别是接收线圈沿着不同轴线产生倾斜偏移位错的互感变化结果。由于实际应用中,汽车泊车时由于路面不平整导致的倾斜角度一般不大,因此在表中考虑的倾斜角度范围为 5°～30°。根据表 3.2 和表 3.3的结果可以得知,当方形线圈存在倾斜偏移位错时,互感会略微地增大。倾斜角度在 5°～30°变化时,互感增加约 10%。当倾斜角度在 15°以内时(实际大概率出现的情况),互感基本保持不

表 3.2　沿着接收线圈平面中心线倾斜偏移位错下的互感变化

倾斜角度/°	理论计算结果/μH	仿真计算结果/μH	相对误差
5	22.573	21.8	3.55%
10	22.731	22.0	3.32%
15	22.993	22.2	3.57%
20	23.35	22.7	2.86%
25	23.808	23.2	2.62%
30	24.325	23.7	2.63%

表 3.3　沿着接收线圈平面对角线倾斜偏移位错下的互感变化

倾斜角度/°	理论计算结果/μH	仿真计算结果/μH	相对误差
5	22.573	21.8	3.75%
10	22.735	21.9	3.70%
15	23.016	22.2	3.62%
20	23.433	22.6	3.56%
25	24.016	23.2	3.60%
30	24.813	23.9	3.88%

变，只有不到2%的变动。因此可以推断线圈之间的互感在小角度倾斜偏移位错的情况下对互感的影响不大。

单独对比接收线圈在沿着不同轴线倾斜相同角度时的互感值可以发现，方形线圈在沿着不同轴线倾斜时，对互感产生的影响不大。进一步分析可知，方形线圈沿不同轴线倾斜的实质是接收线圈对不同轴向的磁感应强度进行面积分。假若最后得到的互感值相差无几，则可以进一步推断方形线圈的激励空间磁场的磁感应强度虽然在轴向不完全对称，但是差别并不大。

(3) 方形线圈的旋转及水平偏移组合位错

表3.4是考虑方形接收线圈同时存在旋转偏移位错和水平偏移位错情况下线圈的互感变化情况。方形接收线圈将在(150, 0°), (150, 30°), (150, 45°)三个不同的位置绕与自身平面垂直的中心轴线旋转45°。如图3.14(b)所示的是 $z=200$ mm 接收线圈所在平面的示意图，其中的三个黑点是代表接收线圈中心所在的三个位置，其极坐标分别为(150, 0°), (150, 30°), (150, 45°)。

表3.4　接收线圈复合偏移位错下的互感变化

旋转角度/°	理论计算/μH	仿真计算/μH	相对误差	理论计算/μH	仿真计算/μH	相对误差	理论计算/μH	仿真计算/μH	相对误差
	(150, 0°)			(150, 30°)			(150, 45°)		
0	16.13	15.80	2.02%	16.14	15.79	2.17%	16.15	15.81	2.12%
15	16.15	15.83	1.96%	16.16	15.81	2.13%	16.16	15.82	2.06%
30	16.17	15.87	1.87%	16.18	15.85	2.03%	16.17	15.85	1.98%
45	16.19	15.89	1.83%	16.19	15.86	2.00%	16.19	15.87	1.95%

对表3.4中同一坐标点下，接收线圈旋转偏移位错对线圈之间的互感进行比较，发现接收线圈从0°旋转到45°对线圈之间的互感影响不大，而在同一旋转位置下比较线圈在不同水平位置的互感也可以发现方形线圈之间的互感对不同的接收线圈水平位置不敏感。

(4) 圆形线圈的倾斜偏移位错

表3.5是圆形线圈在沿着自身水平面中任意轴线发生倾斜偏移位错时的互感变化结果。与方形线圈相似，随着倾斜的角度增大，线圈之间的互感也会随之增加，但是增加的幅度不大。尤其在倾斜15°以内，线圈之间的互感基本不变。由此可知，无论是圆形线圈还是方形线圈，线圈之间的互感对倾斜偏移位错产生的影响不敏感。

表 3.5　沿着接收线圈平面对角线倾斜偏移位错时的互感变化

倾斜角度/°	理论计算结果/μH	仿真计算结果/μH	相对误差
5	30.526	30.158	1.20%
10	30.749	30.407	1.11%
15	31.136	30.825	0.09%
20	31.693	31.417	0.08%
25	32.420	32.184	0.07%
30	33.301	33.111	0.05%

(5) 圆形线圈与方形线圈在水平偏移位错时互感变化比较

图 3.16 呈现了圆形和方形线圈在沿着 Y 轴方向进行 0～250 mm 水平偏移位错时的互感变化趋势。根据图中结果可以看出，圆形线圈的互感总体比方形线圈的大，主要原因在于在相同导线长度的情况之下，圆形线圈有着更大的耦合面积，导致两个圆形线圈之间的互感会更大。进一步分析发现，无论是圆形线圈还是方形线圈，当水平偏移位错大于 50 mm 后，线圈之间的互感值开始存在明显的下降。当方形线圈偏移了 165 mm(方形线圈最大半边长 235.62 mm 的 70%)时，其互感值下降了 32.9%；而对于圆形线圈，当接收线圈偏移了 210 mm(圆形线圈半径 300 mm的 70%)时，其互感值下降了 42.3%。由此可以推断，方形线圈与圆形线圈相比，具有更好的抗水平偏移能力。

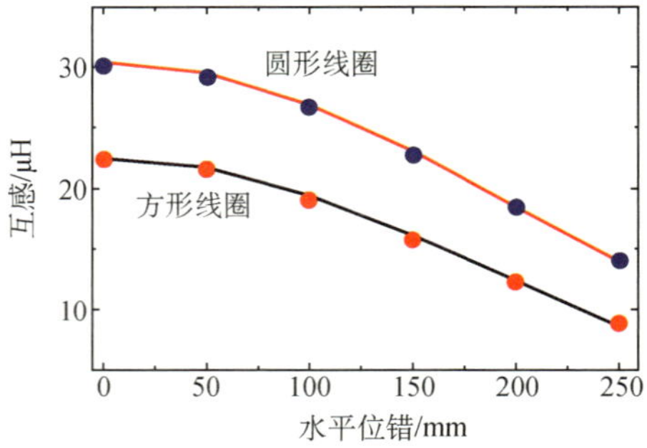

图 3.16　圆形与方形线圈在水平偏移位错时的互感变化

3.4.2　单磁屏蔽层下典型线圈组传输特性

基于 3.3.1 和 3.3.2 节中提出的单磁屏蔽层线圈的理论计算模型，对圆形和矩形线圈进行参数敏感性分析以及位错偏移情况下的传输性能分析。为了更好地对线圈传输特性进行阐述，此处定义的“线圈”指的是仅由铜导线绕制的平面线圈部分；而“线圈组”指的是由线圈和磁屏蔽层共同组成的整个线圈结构。为了更好地与圆形线圈作对比，本小节的分析中将把矩形线圈简化为方形线圈。同样，在以下结果分析中，假设接收线圈与发射线圈形状大小一致。参数敏感性分析中的圆形与方形线圈的主要设计参数见表 3.6。在参数敏感性分析中，应用 MATLAB 进行理论建模计算并用有限元仿真加以验证，而在偏移位错下的传输性能分析则是利用 MATLAB 进行理论计算，并且搭建实物台架进行验证。

表 3.6　圆形与方形线圈主要设计参数

参数类别	方形线圈组	圆形线圈组
最大半径	/	300 mm
最大边长	600 mm	/
匝距	待定	待定
发射线圈与磁屏蔽层的距离(s_1)	3 mm	3 mm
接收线圈与磁屏蔽层的距离($d-s_2$)	6 mm	6 mm
磁屏蔽层的厚度(t_2, t_5)	5 mm	5 mm
磁屏蔽层的电导率	0 S/m	0 S/m
发射与接收线圈之间的距离(s_2-s_1)	200 mm	200 mm
匝数	17	17

(1) 磁屏蔽层相对磁导率对线圈组自感、互感的影响

在相对磁导率对线圈自感、互感影响的分析中，方形和圆形线圈都采用 10.972 mm 作为每匝线圈之间的间距。并且考虑到在大多磁能线圈结构设计中，往往加入铁氧体软磁材料作为磁场的屏蔽材料，因此在模型中加入两个半无限大区域代表实际应用中的铁氧体磁屏蔽层。如图 3.17 和图 3.18 所示，相对磁导率作为因变量，从 1 到 10 000 进行变化，通过理论和仿真计算在不同相对磁导率下的线圈组自感、互感变化情况。磁能线圈组的自感直接影响了电路中谐振补偿拓扑结构选取和补偿元件的参数设计。如在 LC 串联谐振拓扑结构中，较低的磁能线圈组自感，可以减少与其串联电容的最高耐压值的要求，更加方便器件的选型。而磁能线圈组之间的互感决定了接收线圈组能够接收到由发射线圈组产生的磁场通量的多少，这将是对整个系统的整体输出功率和传输效率都有直接影响的重要设计参数。

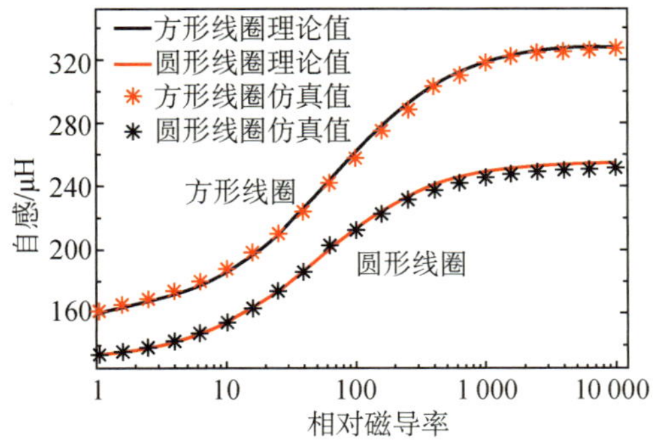

图 3.17　单磁屏蔽层相对磁导率对线圈组自感影响分析

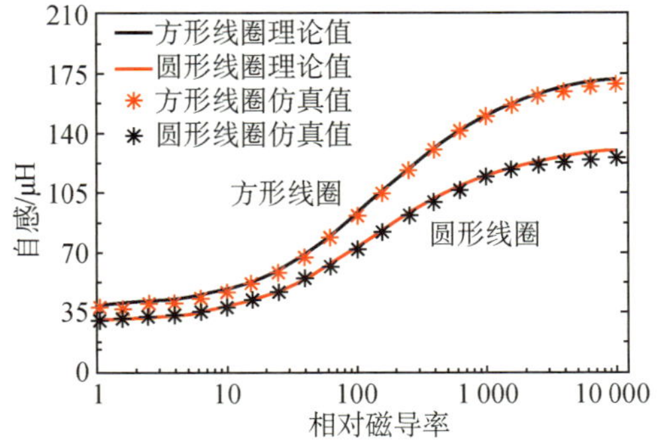

图 3.18　单磁屏蔽层相对磁导率对线圈组互感影响分析

从图 3.17 和图 3.18 可以看出，理论计算值与仿真计算值基本吻合，证明 3.3 节提出的理论模型的计算精度较高。随着磁屏蔽层相对磁导率的逐渐变大，线圈组的自感和互感值均呈 S 型变化，即相对磁导率在较低或较高范围内对自感和互感的影响都不大。对比方形线圈组和圆形线圈组的变化趋势可以发现，在相对磁导率超过 100 之后，方形线圈组的自感和互感值增加的速度比圆形线圈快，因此如果使用较高磁导率的磁屏蔽材料时，对于方形线圈的耦合提升效果会比圆形线圈要好。而且当磁屏蔽材料的相对磁导率较高时，方形线圈组的自感值增加的速度比其互感值增加的速度快，这会导致其耦合系数值产生一定的下降。

(2) 匝距对线圈组自感、互感的影响

匝距也是在磁能线圈设计中一个重要的设计参数。匝距过小可能会导致每匝线圈之间的邻近效应加剧，匝距过大会增加线圈每匝之间的漏磁。因此，此案例基于发射与接收线圈组相同的模型，探讨匝距对线圈组自感、互感及耦合系数的影响。线圈组中的磁屏蔽层的相对磁导率值设为 2 000，与普通铁氧体的相对磁导率值相近。线圈的匝距由 8 mm 逐渐递增至 12 mm。

理论计算及仿真结果如图 3.19 所示。为了能够更加全面地进行比较，空气域内的线圈模型也加入比较当中。从图 3.19 可以看出，随着匝距的增加，线圈组的自感和互感均呈现下降趋势。与

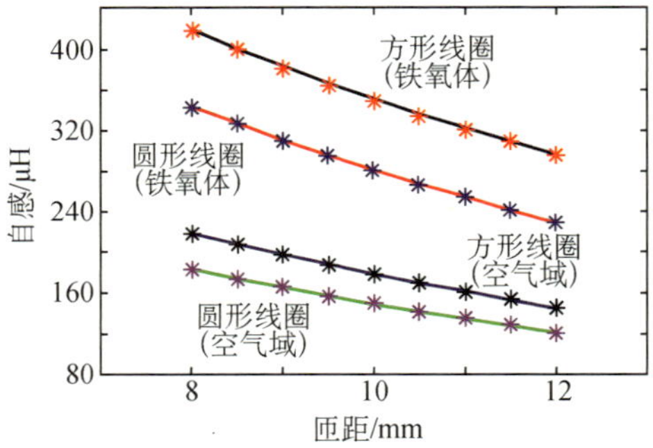

(a) 线圈自感随匝距的变化

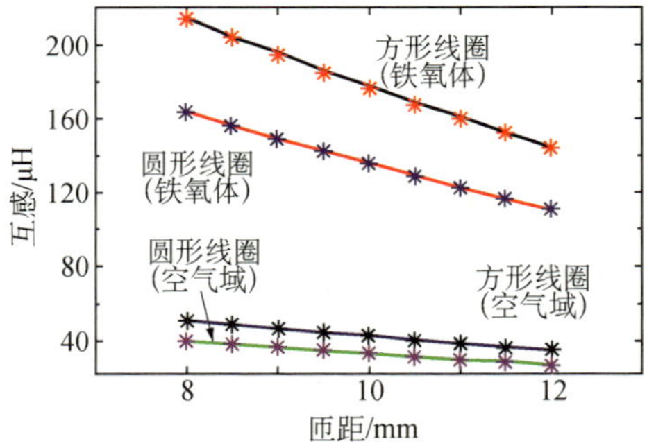

(b) 线圈互感随匝距的变化

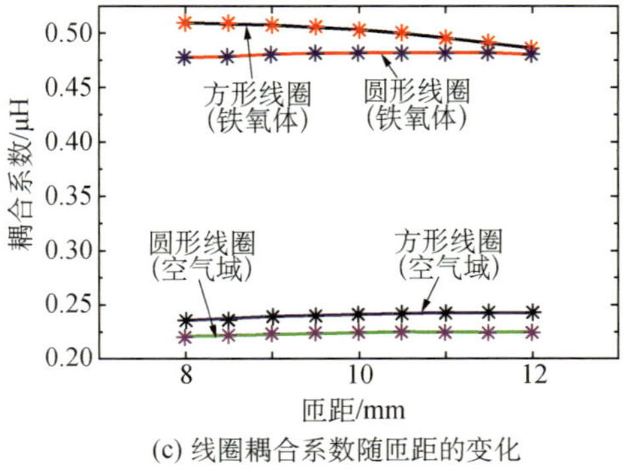

(c) 线圈耦合系数随匝距的变化

图 3.19 匝距对线圈组自感、互感及耦合系数影响分析

空气域中线圈自感、互感的变化趋势相比，加入铁氧体磁屏蔽层后，方形和圆形磁能线圈组的自感和互感值都呈现更快的下降趋势。这说明引入了磁屏蔽层后，线圈的自感、互感对匝距更为敏感。

在加入铁氧体磁屏蔽层后，圆形线圈组的耦合系数随匝距的增加基本维持不变。而对于方形线圈组，其耦合系数随匝距的增加呈现略微的下降趋势。由此可以推断，随着匝距的加大，方形线圈组所激励的磁场的磁感应强度在 z 方向上的分量比圆形线圈组的减少得更快。由于方形线圈最大半边长与圆形线圈的半径相等，即方形线圈可以多出四个边角的耦合面积，因此，虽然方形线圈的耦合系数呈现下降趋势，但是总体上耦合系数值比圆形线圈高。

(3) 方形线圈组沿不同水平偏移路径对互感的影响

为了更加接近现实应用情况，此案例以实际的条形铁氧体或块状铁氧体作为磁屏蔽层，并利用 3.2 节中的理论模型近似计算离散分布的铁氧体布置方案的磁能线圈组结构的互感值，从而分析采用离散分布铁氧体作为磁屏蔽层后的圆形和方形线圈组位错情况下的传输特性。

如图 3.20 所示为单磁屏蔽层方形和圆形线圈组样机。图中方形与圆形线圈均采用半径为 2.3 mm 的利兹线绕制，线圈中的匝距为 10.972 mm。在研究方形线圈组沿不同水平偏移路径对互感影响的案例中，发射与接收线圈组都采用条状的圆形阵列铁氧体屏蔽层，其布置结构如图 3.21(a)所示。其中的 I 型铁氧体采用室温中的相对磁导率为 3 300 的软磁铁氧体。

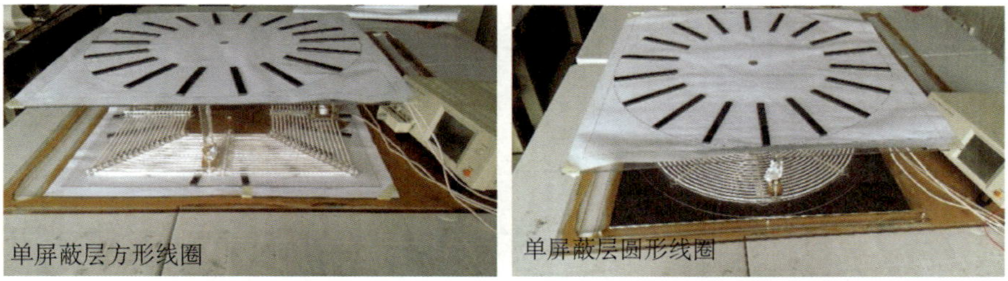

(a) 方形线圈组原型样机　　(b) 圆形线圈组原型样机

图 3.20　方形与圆形线圈组原型样机

由于在 3.3 节的模型中，磁屏蔽层是一个有限厚度，无限宽度的平板区域。而实际实验中是采用条形铁氧体的布置结构。因此，需要通过有限元仿真软件先得到圆形阵列结构下的线圈组的自感值，然后回代到单磁屏蔽层线圈组自感理论计算公式中[13]，得到离散铁氧体屏蔽层相对于半无限大平板磁屏蔽层的等效相对磁导率(表 3.7)。

为了研究方形线圈空间磁场的非柱面对称性对其互感的影响，如图 3.21(b)所示，方形接收线圈将沿着与 x 轴成 0°，15°，30°和 45°的路径水平位移。图中的黑色圆点是接收线圈组中心所在的位置，每两个相邻黑点的距离为 50 mm。平移过程中方形接收线圈的所有边长都平行或垂直于 x

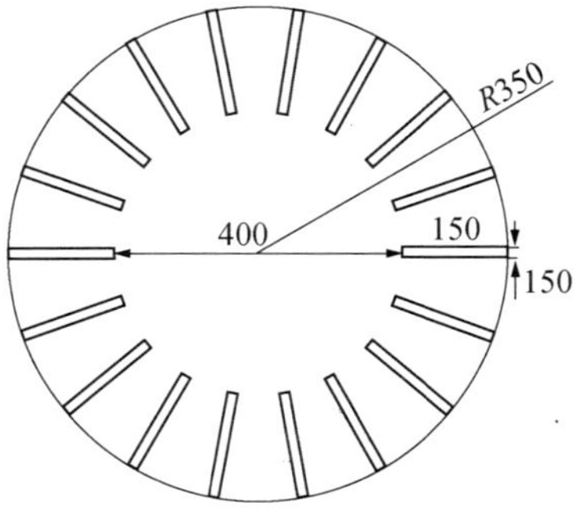

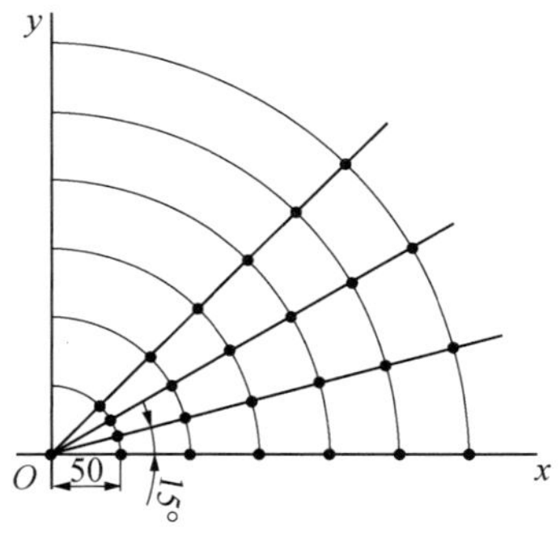

图 3.21 条形铁氧体布置图及方形接收线圈组偏移位置

轴。理论计算与实验结果对比见表 3.8。

表 3.7 圆形与方形线圈组磁屏蔽层等效相对磁导率

铁氧体布置方案	自感/μH	等效相对磁导率
铁氧体条结构(方形发射线圈组)	188.88	11.165
铁氧体块结构(方形发射线圈组)	276.76	147.887 3
铁氧体条结构(圆形发射线圈组)	152.54	7.815 7
铁氧体块结构(圆形发射线圈组)	232.41	209.584 2
铁氧体条结构(方形接收线圈组)	185.91	9.709 9
铁氧体条结构(圆形接收线圈组)	151.35	7.216 7

表 3.8 方形线圈组沿不同路径位错对互感影响分析结果

距离/mm	0°		15°	
	理论值/μH	实验值/μH	理论值/μH	实验值/μH
0	48.74	49.92	48.74	49.92
50	47.38	46.71	47.38	46.42
100	43.56	42.63	43.56	42.37
150	37.90	38.53	37.89	36.57
200	31.84	29.33	31.12	29.84

(续表)

距离/mm	0°		15°	
	理论值/μH	实验值/μH	理论值/μH	实验值/μH
250	23.98	22.60	24.00	22.33
300	16.98	16.02	17.08	16.36

距离/mm	30°		45°	
	理论值/μH	实验值/μH	理论值/μH	实验值/μH
0	48.74	49.92	48.74	49.92
50	47.38	46.39	47.38	46.76
100	43.55	42.12	43.55	42.11
150	37.87	36.18	37.86	37.29
200	31.11	29.68	31.11	29.96
250	24.06	22.47	24.09	23.17
300	17.32	16.55	17.45	16.76

由表 3.8 可知,当接收端方形线圈组沿不同路径水平位错时,发射与接收线圈组之间的互感值与变化趋势基本一致。只有当接收线圈沿着与 x 轴成 45°的路径偏移时,其在各个位置的互感值相对偏高。因此可以推断,在单磁屏蔽层下的方形线圈组所激励的磁场的非柱面对称性对线圈组之间的互感影响不大,可以忽略不计。

(4) 方形线圈组与圆形线圈组抗水平偏移性能对比

另外一个案例主要是为了进行方形线圈组与圆形线圈组抗水平偏移能力的比较。在这组实验中,除了使用与上组实验相同的铁氧体条结构作为磁屏蔽层以外,还使用了铁氧体块作为磁屏蔽层。其中铁氧体块的总体尺寸为 700 mm×700 mm×5 mm,由多个室温相对磁导率为 3 000 的 100 mm×100 mm×5 mm 的铁氧体块组成,其等效相对磁导率见表 3.7。

如图 3.22 所示的是圆形与方形线圈组互感值随水平位错的变化结果。图中的"(条状-条状)"表示发射线圈组采用铁氧体条结构,接收线圈组采用铁氧体条结构。而"(条状-块状)"则表示发射线圈组采用铁氧体条结构,接收线圈组采用铁氧体块结构。对于方形线圈,在发射线圈加入铁氧体条结构,接收线圈加入铁氧体块结构磁屏蔽层后,线圈组之间的互感相比于在空气域中(39.034 μH)提高了 76%;加入铁氧体条-铁氧体条磁屏蔽层结构后,线圈组之间的互感值相比于空气域中增加了 24.8%。而对于圆形线圈，加入铁氧体条-铁氧体块磁屏蔽结构后，线圈组之间的互感相比于空气域中(30.467 μH)提高了 71.5%；加入铁氧体条-铁氧体条结构后，线圈组之间的互感相比于空气域中提高了 14.66%。由此可知，加入铁氧体磁屏蔽层可以大大提高磁能线圈之间的互感值，并且铁氧体磁屏蔽层对方形线圈组互感值的提升效果比圆形线圈组好。

此外，无论圆形线圈组还是方形线圈，当水平位错大于 100 mm(接近三分之一线圈最大半径或线圈最大半边长)时，互感值都开始迅速下降。因此，对于实验中的磁能线圈结构，其最合适的工作区域应该是水平位错在 100 mm 的圆形范围以内。进一步分析，对于铁氧体条-铁氧体块磁屏蔽层结构，与对准时位置相比，当水平位错为 300 mm 时，方形线圈组的互感下降了 65.38%，圆形线圈组的互感下降了 64.50%。对于铁氧体条-铁氧体条磁屏蔽结构，与对准时位置相比，当水平位错为 300 mm 时，方形线圈的互感下降了 65.16%，圆形线圈的互感下降了 66.89%。因此，从互感在位错情况下产生的相对变化的角度看，方形线圈组与圆形线圈组的下降幅度相当。

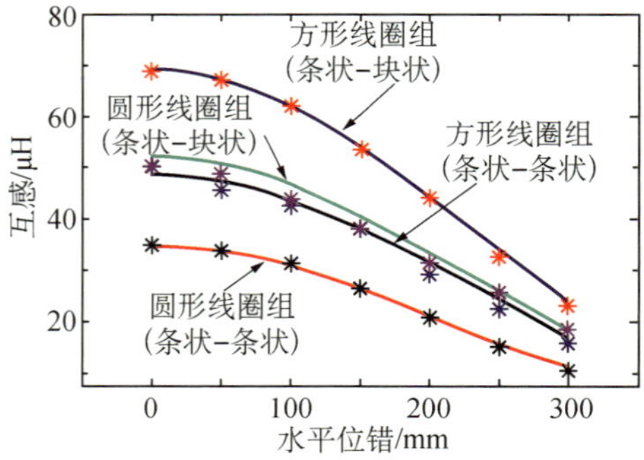

图 3.22　圆形与方形线圈组互感随水平位错变化结果("*"号表示实验结果)

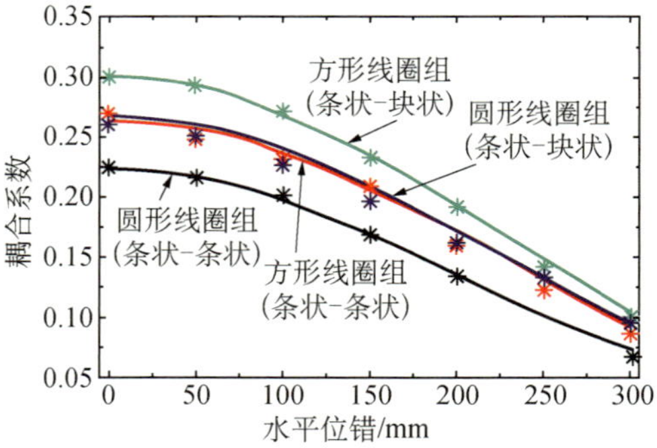

图 3.23　圆形与方形线圈组耦合系数随水平位错变化结果("*"号表示实验结果)

由图 3.23 可知，当方形线圈的边长等于圆形线圈的直径时，由于方形线圈组具有更大耦合面积，因此，总体上方形线圈组的耦合系数更高。值得注意的是，当存在水平偏移位错时，方形线圈组的耦合系数具有更快的下降趋势。总的来说，在单磁屏蔽层的线圈结构下，方形线圈激励的磁场的空间非柱面对称性对互感的影响并不大，而且在方形线圈的边长等于圆形线圈直径的情况下，方形线圈能够更多地利用四个边角进行耦合，使得其互感和耦合系数都比圆形线圈大。

3.4.3　多磁屏蔽层下典型线圈组传输特性

进一步从实际应用出发，磁能线圈组结构应如前文的图 3.2 所示。除了单独使用铁氧体作为磁场屏蔽层之外，往往还需要加入一层金属屏蔽层。其主要作用是将通过铁氧体磁屏蔽层的漏磁通全部转换为涡流在金属板中耗散，从而保证金属板以外的区域漏磁通接近于零。然而在金属板与铁氧体屏蔽层之间也会存在一定的空间间隙。此间隙一方面是为了减少在金属板上的涡流损失。因为一旦漏磁以涡流的方式耗损，则电磁能将全部转换为热能散发，假若在大功率场合应用(11 kW 以上)，会使金属板上的温度急剧上升。另一方面可以在间隙中加入塑料等有机材料做成的支架对铁氧体进行限位保护。从材料特性上看，有机塑料如亚克力玻璃等均为不导电、不导磁的材料，因此在模型中可以等效地视为空气区域。因此，本小节将以三层磁屏蔽层(铁氧体-空气-铝板)线圈组为例进行讨论。

(1) 空气层对磁能线圈组自感、互感的影响

此分析案例中，线圈组模型的基本参数见表 3.9。其中，铁氧体层的等效磁导率采用了两个值。30 是接近于使用铁氧体条作为磁屏蔽层的相对磁导率；而 150 则是接近于使用铁氧体块作为磁屏蔽层的相对磁导率。金属板层则是采用铝板的材料特性参数，即电导率为 3×10^{7} S/m，磁导率为 0。

表 3.9　圆形与方形线圈组主要设计参数

线圈组参数	圆形线圈组	方形线圈组
最大半径	300 mm	/
最大边长	/	600 mm
匝距	11 mm	11 mm
匝数	17	17
线圈与磁屏蔽层的距离(s_1 或 $d-s_2$)	3 mm	3 mm
铁氧体磁屏蔽层厚度(d_2-d_1 或 $d_{2'}-d_{1'}$)	5 mm	5 mm
金属板层厚度(d_4-d_3 或 $d_{4'}-d_{3'}$)	5 mm	5 mm

如图 3.24 所示的是圆形与方形线圈组自感、互感随空气层厚度增加的变化趋势结果。其中“ * ”代表的是仿真计算结果。由图中结果可知，当磁屏蔽层等效相对磁导率较高时(使用铁氧体块作为磁屏蔽结构)，空气层厚度对线圈组的自感、互感影响不大，可以忽略不计。其主要原因在于大部分的磁通量都已经被铁氧体屏蔽层所屏蔽，仅有小部分漏磁通到达金属板屏蔽层，这部分漏磁通产生的涡流场对原本的磁场分布影响不大。

根据图 3.24(a)和图 3.24(b)中的结果可得，当铁氧体磁屏蔽层的等效相对磁导率较低(采用

铁氧体条作为磁屏蔽结构)，空气层厚度从 2 mm 增加到 10 mm 时，圆形线圈组自感增加 2.02%，互感增加了 4.6%，方形线圈组自感增加 2.03%，互感增加 4.7%。因此，互感对空气层厚度改变比自感更加敏感，同时也可以推断在空气层厚度增加情况下，线圈组的耦合系数也增加。此外，无论线圈几何形状采用圆形还是方形，其自感、互感随空气层厚度增加的变化趋势基本一致。无论采用何种几何线圈结构，空气层的设计都需要进行合理的取舍。

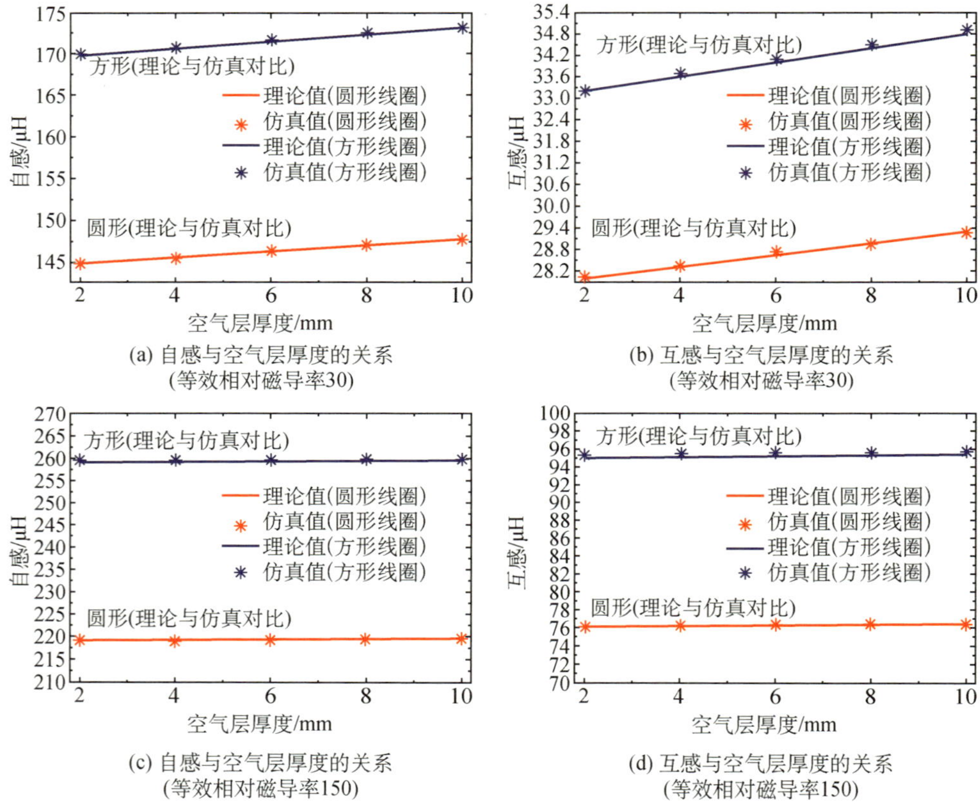

(a) 自感与空气层厚度的关系（等效相对磁导率30）

(b) 互感与空气层厚度的关系（等效相对磁导率30）

(c) 自感与空气层厚度的关系（等效相对磁导率150）

(d) 互感与空气层厚度的关系（等效相对磁导率150）

图 3.24　多磁屏蔽层方形圈组自感与互感随空气层厚度变化趋势

(2) 多磁屏蔽层方形与圆形磁能线圈组抗水平位错能力比较

为了探讨多磁屏蔽层的方形与圆形线圈组对水平偏移位错的容错能力，本案例从实际线圈组结构出发，以如图 3.25 所示的实物模型为基础，用 3.3 节中提出的模型进行多次屏蔽层下方形与圆形磁能线圈组位错下的传输特性研究。实物模型中，磁屏蔽层共包括三部分：①条形铁氧体磁屏蔽层；②用于对条形铁氧体限位的亚克力塑料支撑层；③铝板磁屏蔽层。发射与接收线圈均由半径为 2.3 mm 的利兹线绕制，具体的线圈设计参数见表 3.10，不同线圈组结构的等效相对磁导率见表 3.11。

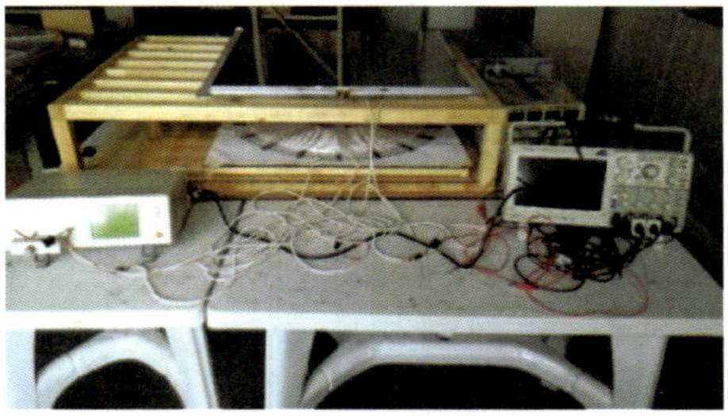

(a) 圆形线圈组实物模型

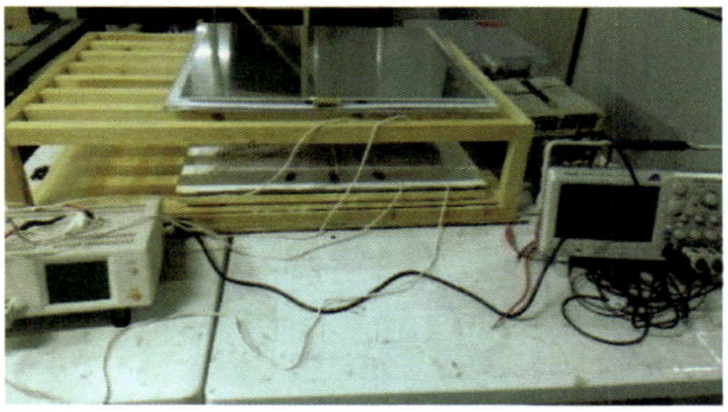

(b) 方形线圈组实物模型

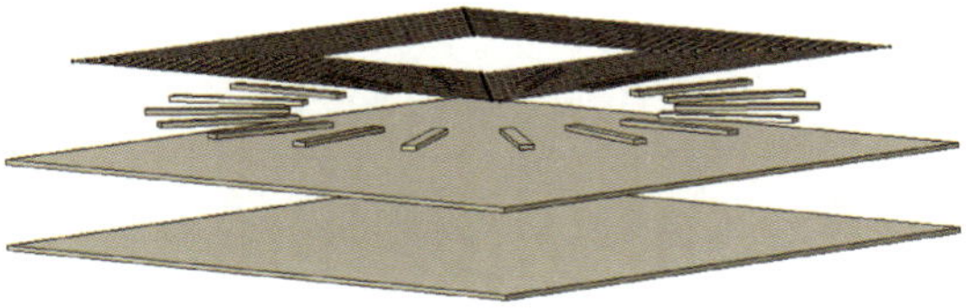

(c) 多磁屏蔽线圈组结构

图 3.25 多磁屏蔽线圈组实物模型及结构

表 3.10 方形线圈组与圆形线圈组样机设计参数

线圈组参数	圆形线圈组	方形线圈组
最大半径	300 mm	/
最大边长	/	600 mm
匝距	10.792 mm	10.792 mm
匝数	17	17
线圈与磁屏蔽层的距离(s_1 或 $d-s_2$)	3 mm	3 mm
铁氧体磁屏蔽层厚度(d_2-d_1 或 $d_{2'}-d_{1'}$)	5 mm	5 mm
金属板层厚度(d_4-d_3 或 $d_{4'}-d_{3'}$)	5 mm	5 mm
铁氧体支撑层厚度(d_3-d_2 或 $d_{3'}-d_{2'}$)	6 mm	6 mm

表 3.11 不同线圈组结构的等效相对磁导率

线圈结构	等效相对磁导率
单磁屏蔽层圆形线圈(铁氧体条-铁氧体条)	7.815 7
单磁屏蔽层方形线圈(铁氧体条-铁氧体条)	11.165
多磁屏蔽层圆形线圈(铁氧体条-铁氧体条)	9.936 6
多磁屏蔽层方形线圈(铁氧体条-铁氧体条)	8.751

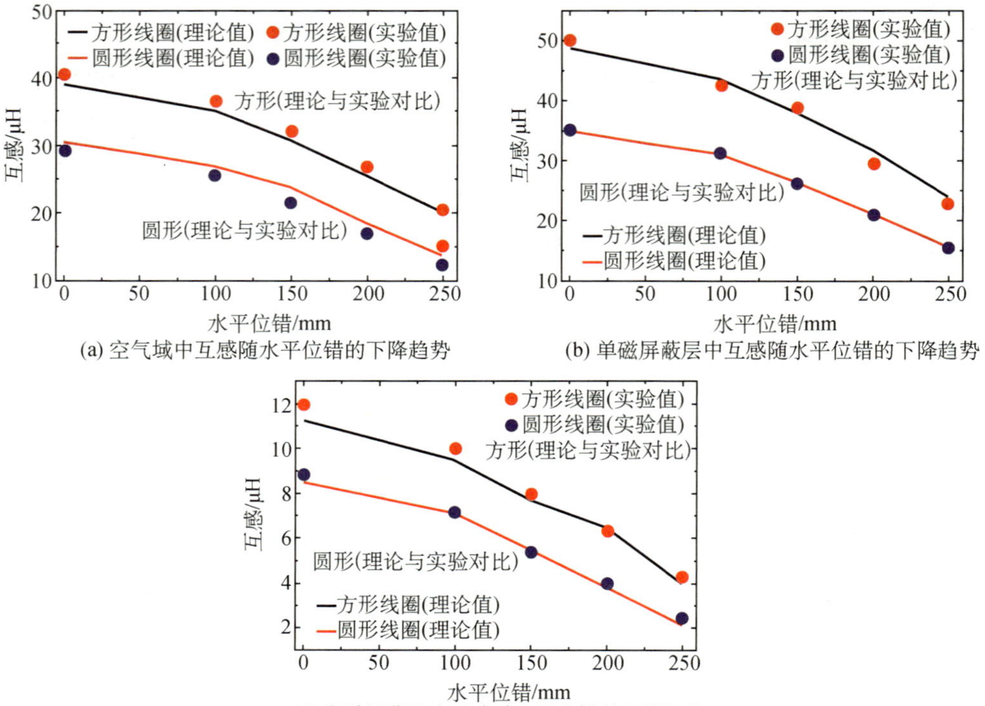

(a) 空气域中互感随水平位错的下降趋势

(b) 单磁屏蔽层中互感随水平位错的下降趋势

(c) 多磁屏蔽层中互感随水平位错的下降趋势

图 3.26　不同线圈组结构的互感随水平位错的下降趋势

实物模型中所采用的铁氧体是室温下相对磁导率为 3 300 的Ⅰ型磁芯。铁氧体条的布置方式如图 3.21(a)所示。而最外层的金属板层则采用电导率为3×10^7 S/m，相对磁导率为 1 的铝板。与单磁屏蔽层中的处理方式一样，要应用多磁屏蔽层理论模型预估铁氧体条圆形阵列式的空间磁场分布，需要先得到其等效的相对磁导率(表 3.11)。

从图 3.26 的结果可以看出，实验测试值与理论计算值基本吻合，其最大相对误差不大于 8%。实验中，分别对空气域，单磁屏蔽层以及多磁屏蔽层的线圈组之间的互感值随水平位错的变化进行测量。由图 3.26(a)，(b)，(c)可以看出，在水平位错达到 100 mm 之前，线圈组之间的互感值下降比较缓慢。因此，合适的接收线圈中心偏移区域(无线充电工作区域)应该是距离发射线圈中心 100 mm 的圆形区域内。

由表 3.12 可知，当接收线圈从对准位置偏移到 250 mm 位置处，单磁屏蔽层的线圈结构具有更好的容错能力，多磁屏蔽层的互感下降幅度最大。这是由于当线圈偏移时，漏磁通不断增多，在铝板上产生的涡流磁场也增大。而这部分涡流磁场的磁场方向与激励磁场的磁场方向相反，产生抵消作用，因此会使得互感下降的速度更快。从线圈几何形状角度看，方形线圈在偏移情况下互感下降的百分比比圆形线圈小，因此方形线圈具有更佳的水平偏移容错能力。值得注意的是，当铝板层加入后,线圈组之间的互感出现明显的下降,甚至出现低于空气域的情况。这是由于大量的漏磁通在铝板上产生反向磁场,抵消了原来的激励磁场,从而使线圈组的自感和互感明显下降。因此,对铁氧体磁屏蔽层的设计是整个线圈组设计至关重要的步骤。

表 3.12　不同线圈组结构互感变化情况汇总

线圈组结构		位置对准时互感值的实验值/理论值/μH	250 mm 位错时互感值的实验值/理论值/μH	相对下降百分比
方形线圈	空气域	40.36/39.034	20.477/20.134	62.78%
	单磁屏蔽层	49.92/48.74	22.6/23.98	54.72%
	多磁屏蔽层	11.96/ 11.196	4.22/3.989	78.36%
圆形线圈	空气域	29.59/30.47	12.73/13.71	73.08%
	单磁屏蔽层	35.03/34.94	15.1/315.77	56.80%
	多磁屏蔽层	8.88/8.47	2.46/2.13	86.83%

3.5 双 D 线圈组传输特性分析

3.5.1 双 D 线圈组基本原理

如图 3.27 所示的是三种典型线圈(方形线圈组、螺线管线圈组、双 D 线圈组)的空间磁场分布。图中三种不同的线圈结构都分别以 20 A 的正弦时变电流激励,而且三个圆形的求解域半径均相同。从图中可以看出,方形线圈组所激发的空间磁场是由线圈中心往四周放射状分布;螺线管线圈组的磁场分布则与磁铁类似,从右端的北极出发,最后聚拢到左端的南极。双 D 线圈组其结构主要包括两个并列放置的方形线圈以及在线圈底下沿双 D 线圈长边布置的铁氧体条磁屏蔽层。工作时,双 D 线圈中的两个方形线圈分别通以反向的电流,从而可以模拟传统磁铁的南北两极,为空间磁通量提供低磁阻磁回路。

如图 3.27(c)所示,双 D 线圈组的磁场分布则呈现单侧的磁铁型磁场分布,直观上可以看作下半部分的磁通由于铁氧体磁屏蔽层的作用,对称镜像到了上半部分,并与上半部分的磁通量叠加。

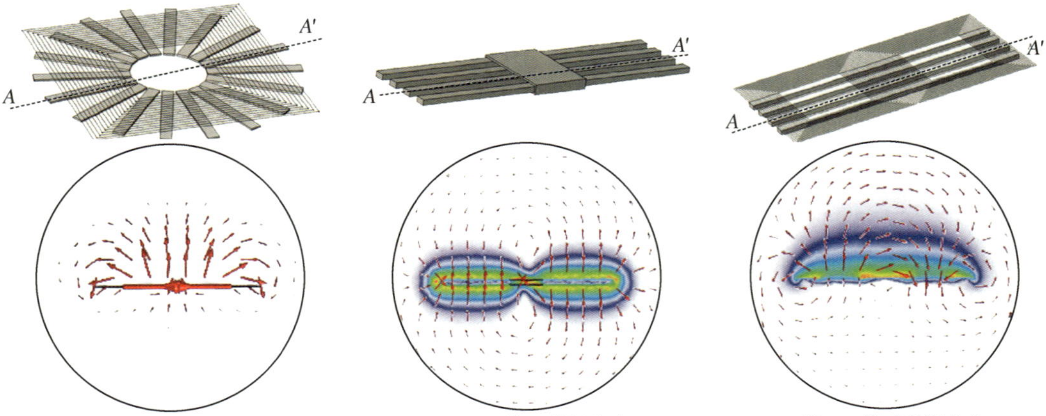

沿AA′截面磁场分布　(a) 方形线圈组中截面磁场分布

沿AA′截面磁场分布　(b) 螺线管线圈组中截面磁场分布

沿AA′截面磁场分布　(c) 双D线圈组中截面磁场分布

▲ 图 3.27　三种典型线圈结构磁场分布

因此,双 D 线圈组可以在单侧获得更大的磁场强度,同时尽量减少在另一侧的磁场泄漏,与螺线管线圈组相比,双 D 线圈组这种磁场分布特性更加适合电动汽车无线电能传输的应用场合。与方形线圈组相比,双 D 线圈组在单侧的磁场分布明显比方形线圈组强(在线圈上方双 D 线圈组的磁通量更密集),因此双 D 线圈组具有更好的抗位错能力。此外,双 D 线圈组也有较高的品质因数;可以进一步地提高传输效率。两个耦合双 D 线圈组之间磁场耦合分布区域如图 3.28 所示。其中中间部分为两个线圈组之间主要的互耦合区,对两个线圈组之间的耦合系数影响最大。而分布在发射线圈组边缘的自耦合区对线圈组之间的耦合系数贡献不大,但会影响线圈组附近空间漏磁场的约束问题。因此如何合理控制两个线圈组之间的互耦合区及自耦合区的大小是线圈设计的一个重点。

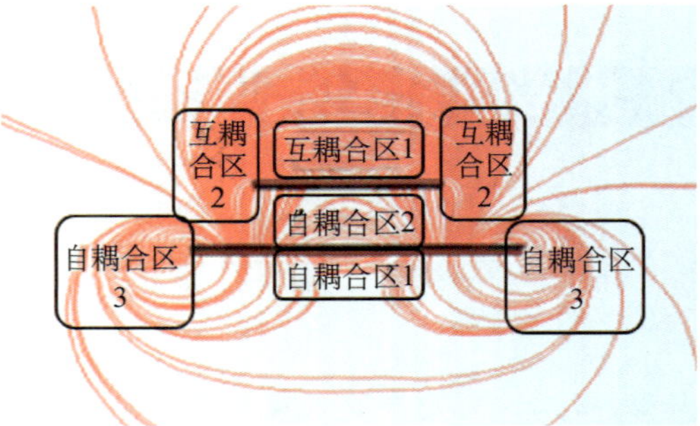

▲ 图 3.28　双 D 线圈组磁场耦合分布截面

3.5.2　双 D 线圈组传输特性

双 D 线圈组有一个特殊的传输特性,其对沿着双 D 线圈短边方向偏移的容错能力比其沿着长边方向偏移的容错能力要强。尤其当接收和发射线圈组尺寸大小相当时,接收线圈组沿长边方向水平偏移到一定距离会出现传输的死区(即线圈组之间的互感接近于 0)。如图 3.29 所示,当发射线圈组和接收线圈组正对时,发射线圈组产生的磁通由接收线圈的左半 D 线圈流进,右半 D 线圈流出,此时接收线圈的磁通净通量不为 0。当接收线圈组偏移一定位置时,发射线圈组产生的磁通基本从接收线圈的左半D线圈流进和流出，此时接收线圈上的净通量接近于0，因此产生的感应电压也很小。

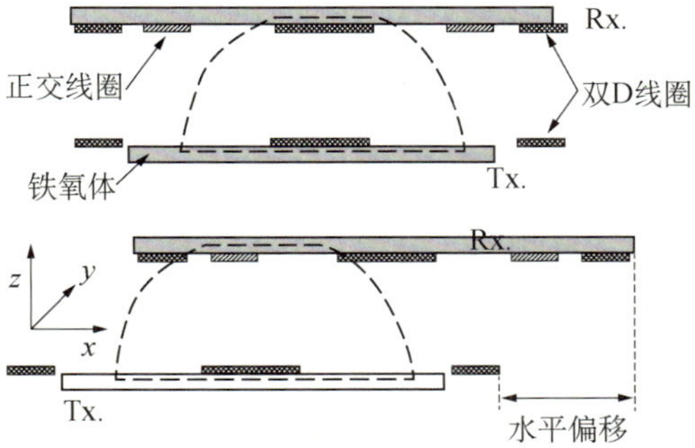

图 3.29 双D线圈组传输死区示意

为了改进上述缺点，需要在接收线圈每个D线圈中心位置对应的铁氧体区域加入螺线管线圈，也称为正交补偿线圈。文献[2]将这种线圈结构称之为DDQ线圈组，其结构如图3.30所示。从图3.31的比较可以看出，双D线圈组在水平偏移位错(沿铁氧体长边方向)到200 mm时，其互感值低于方形线圈组，但是加入了正交补偿线圈之后，DDQ线圈组在0～250 mm水平偏移情况下的整体互感值均在DD线圈组和方形线圈组之上。由此可得，DDQ线圈组能够有效地改善DD线圈组在沿其长边方向的水平位错下存在传输死区的缺点。

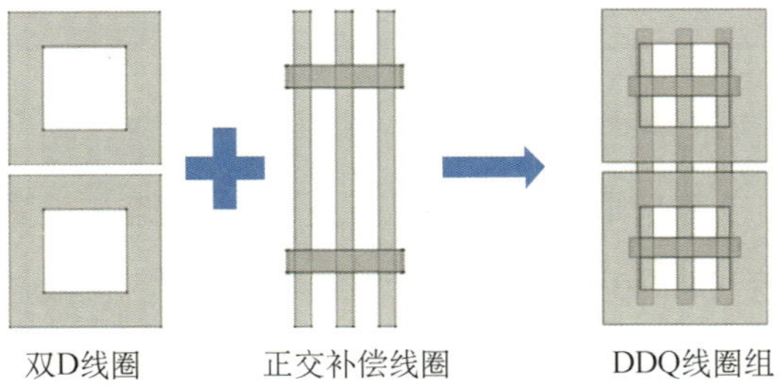

图 3.30 双D线圈组传输死区示意

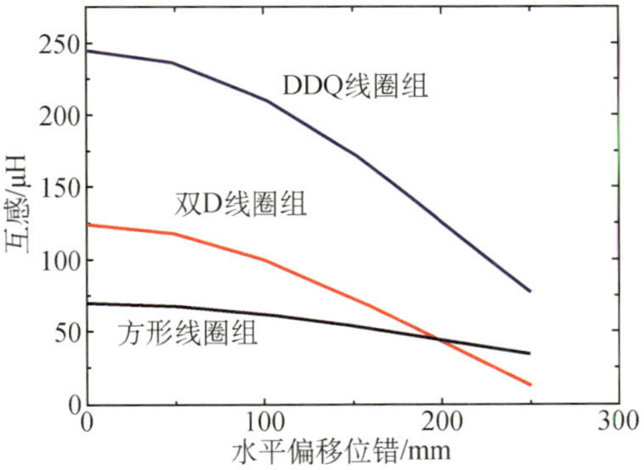

图 3.31 不同线圈结构抗偏移传输特性比较

3.6 磁能线圈组多目标优化

由上述分析可知，在磁能线圈组的设计过程中涉及许多的参数，同时也有许多的约束条件和性能衡量指标。因此磁能线圈组的优化是一个典型的多约束、多自由度、多目标的优化问题。如何能够在满足边界条件的前提下，得到性能均衡，达到实际应用需求的磁能线圈组，是本节讨论的重点。

3.6.1 群智能优化算法

群智能优化算法是一类以多个解(也称为个体)组成群体的方式,通过某些或全部个体的信息交互完成寻优的算法[18],其中遗传算法、粒子群算法、免疫算法和蚁群算法等均属于典型的群智能优化算法。这些算法本质上都属于随机搜索算法。由于这类算法的群体都是基于仿生学的研究,在某种程度上体现了生物系统的自组织、自适应行为,因此被称之为“智能”优化算法。下面将对几种比较成熟的经典群智能优化算法进行简要介绍。

(1) 遗传算法

遗传算法(Genetic Algorithm, GA)是一种模拟自然选择和遗传机制的寻优方法。该算法的理论依据为达尔文的生物进化论和孟德尔的遗传学说,其核心思想是自然选择法则,即适者生存。在核心思想的作用下,通过选择、交叉、变异等遗传操作的更替完成每一代种群的迭代优化,最终得到最优的结果。目前遗传算法的应用研究基本渗透到所有的科学和工程研究问题中。其涉及的领域包括复杂的非线性最优化问题、复杂的组合优化或管道优化设计、飞机外形设计、超大规模集成电路的布线以及社会科学的人类行为规范进化过程的模拟和人口迁移模型的建立等。

(2) 粒子群算法

粒子群优化(Particle Swarm Optimization, PSO)的主要思路来源于对鸟群觅食过程中的迁徙和群居的模拟。PSO 算法引入了“群”的概念,它是一种基于群体的优化工具,同时也是一种基于迭代的优化工具。首先,系统以一组随机解为出发点,粒子(潜在的解)通过若干次迭代搜寻,在解空间内追随最优的粒子的路径进行搜索,最后整个群体趋向于最优解。PSO 的信息共享机制有着可操作性强以及具有深刻的智能背景的特点。

3.6.2 多目标优化理论

实际应用中,对于磁能线圈的优化目标往往不仅仅只有一个,而是需要同时考虑多个目标在某种意义下的最优问题,而这就成为一种典型的多目标优化问题(Multi-objective Optimization Problem, MOP)。针对多目标优化问题的解决思路有很多,本部分将对比较成熟的多目标优化思路 Pareto 解集理论进行介绍。

多目标优化问题

$$(\mathrm{MOP})\ \min_{x\in X} f(x)=(f_1(x),\ f_2(x),\ \cdots,\ f_p(x))^{\mathrm{T}} \tag{3.58}$$

s.t.

$X=\{x\in\mathbb{R}^n \mid g(x)=(g_1(x),\ g_2(x),\ \cdots,\ g_m(x))^{\mathrm{T}}\leqslant 0,\ h(x)=(h_1(x),\ h_2(x),\ \cdots,\ h_m(x))^{\mathrm{T}}=0\}$

对于上述的多目标优化问题一般不存在 $x^*\in X$，使所有的 $f_i(x)(i=1,\ 2,\ \cdots,\ p)$ 同时达到最小。因此，传统的单目标问题的最优解概念并不适用，代替它的则是有效解，弱有效解等概念。

首先对绝对最优解进行定义：设 $x^*\in X$，如果对任意的 $x\in X$，均有 $f(x^*)\leqslant f(x)$，即对一切 $i=1,\ 2,\ \cdots,\ p$，均有 $f(x^*)\leqslant f(x)$，则说 x^* 是 MOP 的绝对最优解，其全体记作 R_{ab}[19]。

绝对最优解概念是单目标规划最优解概念的直接推广，它的几何解释如图 3.32(a)所示，绝对最优解是最理想的一种解，只是这种解一般很难存在。

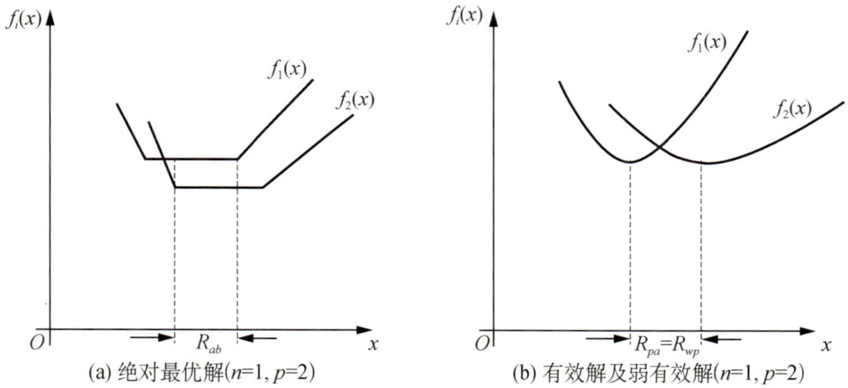

图 3.32 绝对最优解、有效解及弱有效解几何示意

例如，如图 3.32(b) 所示，为一个最简单的双目标规划问题，但是也不存在绝对最优解。因此有必要探讨其他意义下的最优解。

对于有效解或弱有效解的定义如下：设 $x^*\in X$，如果不存在 $x\in X$，使 $f(x)\leqslant f(x^*)$ (或 $f(x)<f(x^*)$)，则 x^* 是 MOP 的有效解或弱有效解，其全体分别记作 R_{pa} 及 R_{wp}[19]。

1951 年，T. C. 库普曼斯(T. C. Koopmans)提出了有效解的概念(Pareto 最优解)：若 $x^*\in R_{pa}$，则找不到这样的可行解 $x\in X$，使得 $f(x)$的每个目标值都不比 $f(x^*)$的相应目标值差，并且 $f(x)$至少有一个目标值比 $f(x^*)$的相应目标值好，即在"$\leqslant$"意义下，x^* 是最好的解。

而在 1959 年卡林(Karlin)提出弱有效解，其含义为：若 $x^*\in R_{wp}$，则找不到一个可行解 $x\in X$，使得 $f(x)$的每个目标值都比 $f(x^*)$的相应目标值严格得好。也就是说，在"$<$"意义下，再也找不到比 x^* 更好的可行解了。关于有效解和弱有效解的几何解释如图 3.32(b)所示。

3.6.3 遗传优化算法

遗传算法是一种基于自然选择和群体遗传机理的搜索算法，它模拟了自然选择和自然遗传过

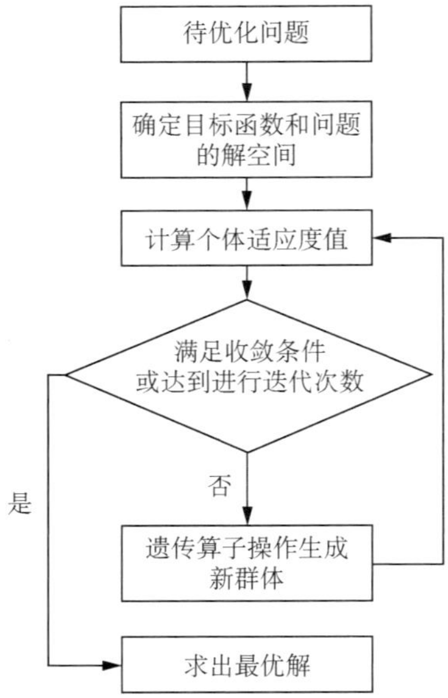

图 3.33 遗传算法流程

程中的繁殖、杂交和突变现象。遗传算法搜索最优解过程中，每个可能的最优解都被编码成一个“染色体”，即个体，而若干个个体便构成了群体，即所有可能最优解的集合。遗传算法第一步是对群体初始化，即随机地产生若干个体(初始解)，然后根据预设的目标函数给出每个个体的适应度值。基于此适应度值，选择群体中最优的个体用来产生下一代。接着，选择出来的个体经过交叉和变异算子进行再组合生成新的一代，这样逐步迭代，最后整个群体不断趋于最优解方向进化。因此，遗传算法可以看成是一个由可行解组成的群体逐步进化的过程。简单的遗传算法流程如图 3.33 所示。

下面简单介绍遗传算法中的几个重要的基本操作过程。

(1) 编码

由于在遗传算法过程中，问题的解是用数字串来表示的，而且遗传算子也是直接对数字串进行操作。因此应用遗传算法求最优解的第一步要先对每个输入变量进行编码。其中，编码的主要方式是二进制编码，将二进制编码转化为十进制数的解码公式[18]为

$$F(b_{i1},\ b_{i2},\ \cdots,\ b_{il})=R_i+\frac{T_i-R_i}{2^l-1}\sum_{j=1}^{l}b_{ij}2^{j-1} \tag{3.59}$$

式中，$(b_{i1},\ b_{i2},\ \cdots,\ b_{il})$为某个个体的第 i 段二进制编码数，每段的长度为 l，每个 b_{ij} 都是 0 或者 1 的二进制数，T_i 和 R_i 是第 i 端分量 X_i 的定义域的两个端点。

(2) 遗传操作

遗传操作具体包括以下三个基本遗传算子：

Ⅰ. 选择。选择是以个体适应度值为衡量标准，从群体中选择优良的个体并淘汰劣质个体的操作。目前常用的选择方法有轮赌盘方法、最佳个体保留法、期望值法、竞争法、线性标准法化方法等。

Ⅱ. 交叉。交叉指的是把父代的两个个体的部分结构加以替换重组而生成新个体的操作。遗传算法的搜索能力在引入交叉操作之后可以得到飞跃性的提高。交叉操作是按照一定的交叉概率 P_c 在配对库中随机地选取两个个体的随机位置之间进行的。交叉概率 P_c 的值一般取的比较大，为 0.6～0.9。

Ⅲ. 变异。变异是以很小的概率 P_m 随机地改变群体中个体的某些基因的值。变异操作的触发机制是先产生一个[0, 1]之间的随机数“rand”，如果 rand<P_m，则进行变异操作。与选择、交叉

操作结合在一起,变异作为一种局部随机搜索过程的变异操作,能够避免由于选择和交叉操作而引起的某些信息的永久性丢失,使遗传算法兼顾局部的随机搜索能力以及群体的多样性,以防止出现未成熟收敛。变异操作作为一种防止算法早熟的措施,其概率不能取值太大,如果 $P_m>0.5$,遗传算法就退化为随机搜索。

总的来说,选择和交叉基本上完成了遗传算法的大部分搜索功能,变异增加了遗传算法找到接近最优解的能力。

3.6.4 带精英策略的非支配排序遗传算法

传统的遗传算法主要是针对典型的单目标优化问题有较好的搜索收敛效果。而对于多目标优化算法,基于 3.6.2 节中提出的 Pareto 最优解原理对传统的遗传算法加以改进,可以得到非支配排序的遗传算法(Non-dominated Sorting Genetic Algorithm, NSGA)。而文献[20]中提出了带精英策略的非支配排序遗传算法(简称 NSGA-II)作为 NSGA 的改进版本。其基本的算法流程如图 3.34 所示。

NSGA-II 算法的基本思想为:首先随机生成规模为 N 的初始种群,经过非支配排序后,对种群中的个体进行选择、交叉和变异三个基本操作后得到第一代子代种群;然后,从第二代开始,将父代种群与子代种群合并,进行快速非支配排序,同时对每个非支配层的个体进行拥挤度计算,根据非支配关系以及个体的拥挤度选取合适的个体组成新的父代种群;最后,通过遗传算法的基本操作产生新的子代种群,以此类

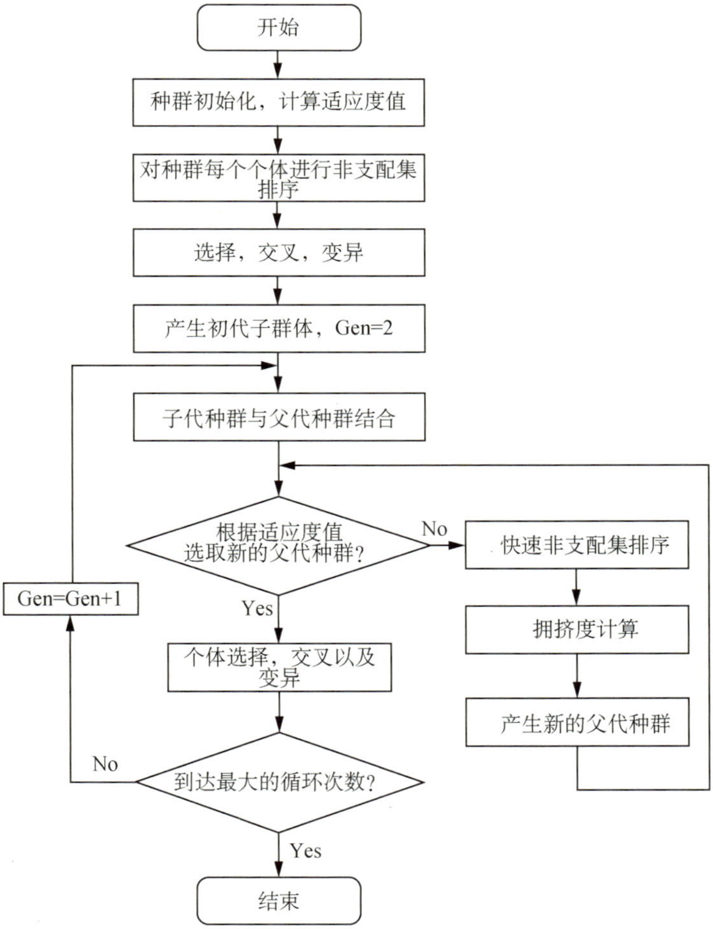

图 3.34 NSGA-II 流程

推直到满足程序结束条件。

NSGA-II 利用非支配分层的方法,其目的是使好的个体有更大的机会遗传到下一代。同时,准Pareto 边界上个体的均匀分布,即群体多样性,是通过采用适应度共享策略实现的。因此,该算法克服了超级个体的过度繁殖,防止早熟收敛。NSGA-II 与传统的遗传算法的最大区别在于该算法在选择操作执行之前根据个体之间的支配关系进行分层。其他的基本操作与普通的遗传算法无异。

下面将对 NSGA-II 中两个重要的概念展开阐述。

(1) 快速非支配排序算法

假设种群为 P,则快速非支配排序算法需要计算 P 中的每个个体 p 的两个参数 n_p 和 S_p,其中 n_p 为种群中支配个体 p 的个数,S_p 为种群中被个体 p 支配的个体集合。

算法主要有以下 4 个步骤:

Ⅰ. 找到种群中所有 $n_p=0$ 的个体,并保存在当前集合 $\boldsymbol{F}_1$ 中;

Ⅱ. 对于当前 $\boldsymbol{F}_1$ 中的每个个体 i,其所支配的个体集合为 $\boldsymbol{S}_i$, 遍历 $\boldsymbol{S}_i$ 中的每个个体 l,执行 $n_l=n_l-1$, 如果 $n_l=0$, 则将个体 l 保存在集合 $\boldsymbol{H}$ 中;

Ⅲ. 记 $\boldsymbol{F}_1$ 中得到的个体为第一个非支配层的个体,并以 $\boldsymbol{H}$ 作为当前集合;

Ⅳ. 重复上述操作,直到整个种群被分级。

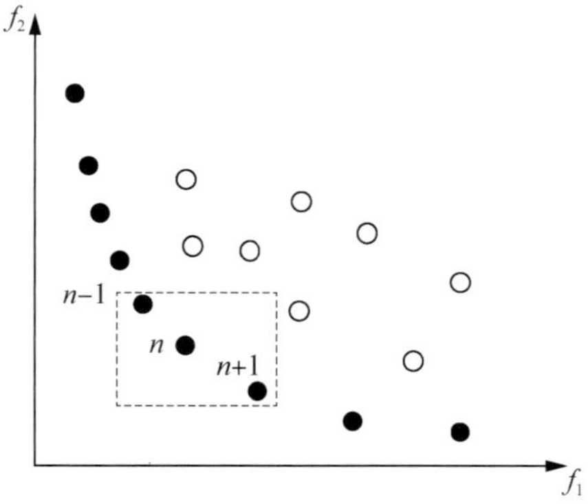

图 3.35 拥挤度计算示意

(2) 拥挤度和拥挤度比较算子

拥挤度是指种群中给定个体的周围个体的密度,直观上,如图 3.35 所示。可以表示为个体 n 与其相邻的个体 $n-1$ 和 $n+1$ 所构成的最大长方形的长,用 n_d 表示。

拥挤度的计算是 NSGA-II 算法中保证群体多样性的一个重要环节,其具体计算过程如下:

Ⅰ. 令 $n_d=0$, $n=1, 2, \cdots, N$。

Ⅱ. 对于每个目标函数,以目标函数值的大小为标准,对种群中的个体进行排序;对于边界的两个个体(其相邻的个体只有一个),定义其拥挤度为无穷,即 $1_d=N_d=\infty$; 计算其他个体的拥挤度 $n_d=n_d+[f_m(i+1)-f_m(i-1)]$, $n=2, 3, \cdots, N-1$。

种群中任意两个个体的支配和非支配关系,可以通过快速非支配排序以及拥挤度计算后,利用每个个体的两个特有的属性值非支配序 n_{rank} 和拥挤度 n_d 经过比较算子运算后得到。定义拥挤度比较算子为 $\geqslant_n$,则个体优劣的比较依据为:$i\geqslant_n j$,即个体 i 优于个体 j,当且仅当 $i_{rank}<j_{rank}$ 或 $i_{rank}=j_{rank}$ 且 $i_d>j_d$。

根据上述介绍，总的来说，NSGA-II 有以下三个优点：

(1) 提出了快速支配排序法，降低了算法的计算复杂度；

(2) 舍弃了 NSGA 中的指定共享半径的适应度共享策略，替之以拥挤度和拥挤度比较算子，并将拥挤度作为快速排序后的同级比较中的胜出标准，使整个 Pareto 域的个体均匀分布，保持了种群的多样性；

(3) 引入精英策略，扩大采样空间。通过父代种群与其子代种群组合，共同竞争产生下一代种群的机制，有效地保证了父代中的优良个体进入下一代。此外，对种群所有个体的分层存放，有利于确保最佳个体不会丢失，从而提高种群质量。

3.7 磁能线圈组多目标优化案例

在 2017 年最新版本的 SAE J2954[21] 中对电动汽车无线充电系统周围磁场泄漏的阈值定为 27 μT(RMS)。因此，在无线充电系统工作中，系统周围的泄漏磁场是否对人体安全造成影响一直是人们关注的重要问题。本节将围绕控制磁能线圈组周围漏磁场以及提高耦合系数两个目标对线圈组结构进行优化设计。

(1) 基本边界条件

考虑到在实际应用过程中，发射与接收线圈组的设计目标要求可能存在较大差异，其主要原因在于接收线圈组是安装在汽车上的部件，对其自身的尺寸，重量以及布置位置要求都非常严格，因此其优化的可变空间不大。而发射线圈组是整个系统的激励源，考虑磁泄漏问题，从源上进行优化会得到更大的改进空间。基于上述分析，本小节的优化重点将放在发射线圈组的优化设计上，对接收线圈组则采用文献[22]所设计的针对 6.6 kW 无线充电系统的标准接收线圈组。其线圈部分的设计参数如图 3.36 所示。而铁氧体层的尺寸为 300 mm×200 mm×10 mm，铝板层的尺寸为 340 mm×260 mm×4 mm。根据 SAE J2954 的限定，接收线圈组在 WPT2(输出功率小于 7.7 kW)下的最大水平偏移位错沿纵向为 75 mm，沿侧向为 100 mm。因此，本节是基于在最差位错情况下的磁能线圈组漏磁及耦合系数优化。

本节优化的磁能线圈组系统主要是针对 SAE J2954 中规定的 Z2 级别的车型的离地间隙，因此选取比 Z3 等级下限略大的 180 mm 作为线圈组系统的最大离地间隙。要注意的是，此处的离地间隙与设计过程中所定义的线圈到线圈的距离并不相等。需要减去发射线圈组突出地面的部分以及线圈外壳保护罩的厚度，在 SAE J2954 中对线圈到线圈的距离定义为磁极距离(Magnetic Gap)。因此本节中的磁能线圈组之间的最大磁极间距设为 140 mm，如图 3.36(b)所示。

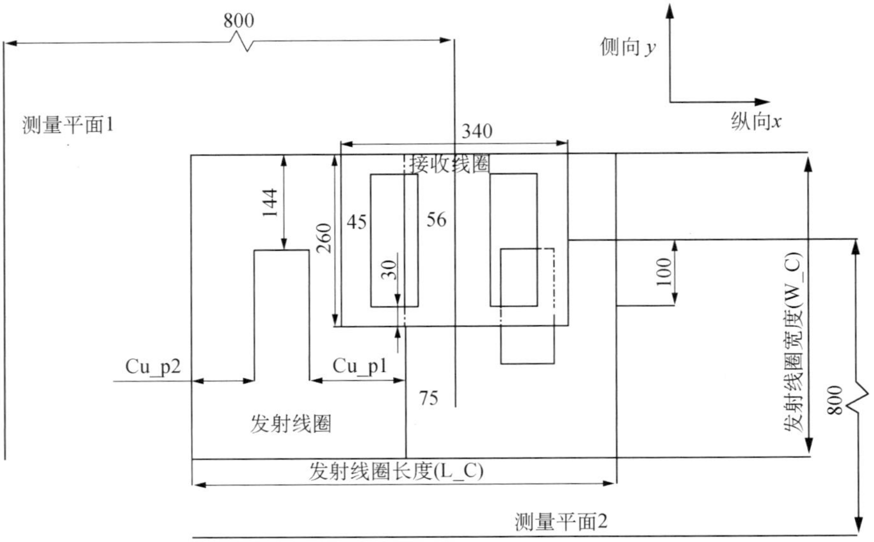

(a) 俯视

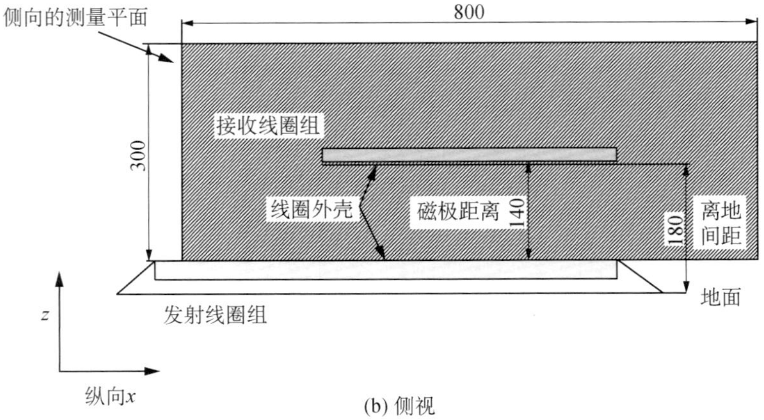

(b) 侧视

图 3.36　磁能线圈基本参数示意(省略铁氧体层及铝板层)

(2) 优化目标定义

如前文所述，本节考虑的优化目标有两个，分别是磁能线圈组之间的耦合系数，以及其周围的漏磁场。首先磁能线圈组之间的耦合系数是线圈设计过程中最重要的参数，它代表着发射与接收线圈之间的耦合程度。对于给定的空间间隙，耦合系数越大，在给定的发射端视载功率情况下传

输功率越大,其基本定义式如下:

$$k=\frac{M}{\sqrt{L_p \cdot L_s}} \tag{3.60}$$

式中,L_p为发射线圈组的自感;L_s为接收线圈组的自感;M 为两个线圈组之间的互感。

第二个优化目标是降低磁能线圈周围的漏磁场。根据 SAE J2954 的定义,针对线圈周围的漏磁测量平面应为距离接收线圈中心 800 mm 外的垂直于地面的平面,如图 3.36(a)所示。800 mm 主要是考虑到普通的轿车宽度一半为 1 500 mm,在此基础上增加 100 mm 的空间然后除以 2,作为测量平面的设置距离。其中在纵向的测量平面大小为 600 mm×300 mm,而在侧向的测量平面大小为 800 mm×300 mm,其下边缘与发射线圈上表面对齐,如图 3.36(b)所示。因此,严格意义上,第二个优化目标是两个测量平面内的漏磁场磁感应强度最大值,即

$$B_{obj}=\max\{B_{long\_max}, B_{lat\_max}\} \tag{3.61}$$

在典型的无线充电系统中,系统的输出功率是与接收端加入谐振补偿电路情况下的负载功率因数成正比[22],

$$P_{out}=S_U Q_2 \tag{3.62}$$

式中,P_{out}是系统的输出功率;S_U为无补偿电路下的系统输出视在功率;Q_2 为负载品质因数,其定义为

$$Q_2=\frac{\omega L_s}{R_L} \tag{3.63}$$

式中,L_s为接收线圈组的电感;R_L为负载的阻值。

在实际的设计过程中,为了保持电路的稳定性负载品质因数一般限制在 3～10。而本节的研究重点在于磁能线圈的设计优化,因此 Q_2 并不是研究的重点对象,此处可以视之为常数。基于上述假设前提,系统的输出功率 P_{out}正比于无补偿电路下的视在输出功率 S_U。S_U是系统的开路电压和短路电流的乘积,具体定义式[22]为

$$S_U=|V_{oc}||I_{sc}|=\omega(k^2 L_p) I_p^2 \tag{3.64}$$

根据式(3.64),在接收线圈组结构相同的前提下,不同的发射线圈组结构,在发射端激励电流 I_p一样的情况下,S_U会由于 k 以及 L_p的变化而不同。为了要使得不同发射线圈组结构在测量平面的漏磁场能够得到公平的比较,本节中的漏磁场都是基于 S_U为 1 kVA,接收线圈组短接的方式进行测量得到。由于漏磁场的磁感应强度大小与发射线圈中的激励电流呈线性关系[11],而激励电流与无补偿电路下的视在功率 S_U的均方根值成反比,因此可以得到[23]

$$B_\alpha = B_m \times \sqrt{\frac{S_{U_d}}{S_{U_m}}} \tag{3.65}$$

式中，S_{U_d}是人为预设的无补偿视在功率值；S_{U_m}是通过仿真或实际测量得到的无补偿视在功率值；B_α是调整后的在给定的无补偿视在功率 S_{U_d}下的漏磁场磁感应强度值；B_m是通过仿真或测试得到的漏磁场磁感应强度值。因此，通过式(3.65)可以容易从通过仿真或实验条件得到的漏磁场磁感应值换算到实际问题中需要考虑的在特定的 S_{U_d}下的漏磁场磁感应强度值。而在本节中，S_{U_m}和B_m都是在激励电流为 20 A RMS，接收线圈组短接的情况下得到的，因此将 S_{U_d}设为 1 kVA，就可得到不同的发射线圈组结构在相同的 1 kVA 无补偿输出视载功率下的漏磁场的磁感应强度大小，即式(3.61)中的 $B_{\text{long_max}}$和 $B_{\text{lat_max}}$均可通过式(3.65)换算得到。正是基于以上思路，本节的案例可以实现不同发射线圈组结构的漏磁场磁感应强度大小在同一输出功率条件下的比较。

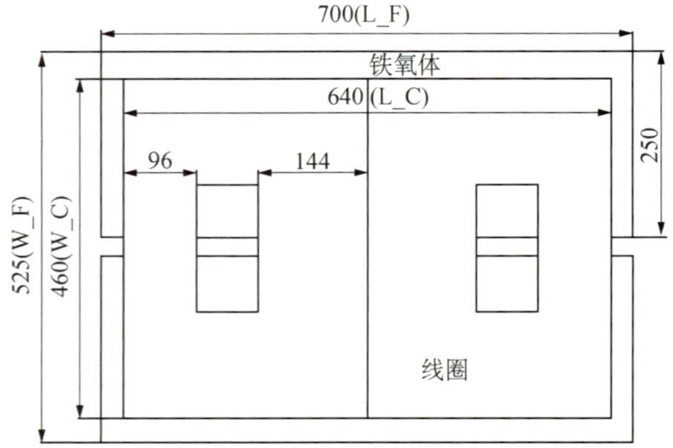

图 3.37　奥克兰大学参考线圈组结构示意(铝板层省略，其长宽与铁氧体层相同，厚度为 4 mm)

总之，本节优化算法的优化目标可以概括为在保证耦合系数 k 足够大的前提下，将 B_{obj}控制得尽量小。

(3) 多目标优化流程

为了更好地与优化后的线圈结构进行对比，本次优化过程中将以文献[22]中的线圈组作为参考线圈组和优化的起点进行优化。其结构示意如图 3.37 所示。

本次优化过程中的输入变量一共有三个，分别是线圈宽长比，铁氧体层宽长比以及磁通通道比例，见表 3.13。为了与参考线圈组公平比较，在优化过程中，线圈的面积(W_C 与 L_C 乘积)以及铁氧体层的面积(W_F 与 L_F 乘积)均保持恒定，且与参考线圈组一致。

表 3.13　双 D 线圈优化过程输入变量及其变化范围

输入变量	变量数值	
	最小值	最大值
线圈宽长比(W_C/L_C)	0.56	1.18
铁氧体层宽长比(W_F/L_F)	0.6	1.1
磁通通道比例(Cu_p1/Cu_p2)	1.3	2

注：优化过程中 Cu_p2 为定值 96 mm。

如3.6.4节中所述，本节案例中采用NSGA-II算法对磁能线圈组结构进行优化，其优化流程如图3.38所示。首先对优化算法关键参数进行设置，其中包括迭代次数30，种群个体数目30，交换

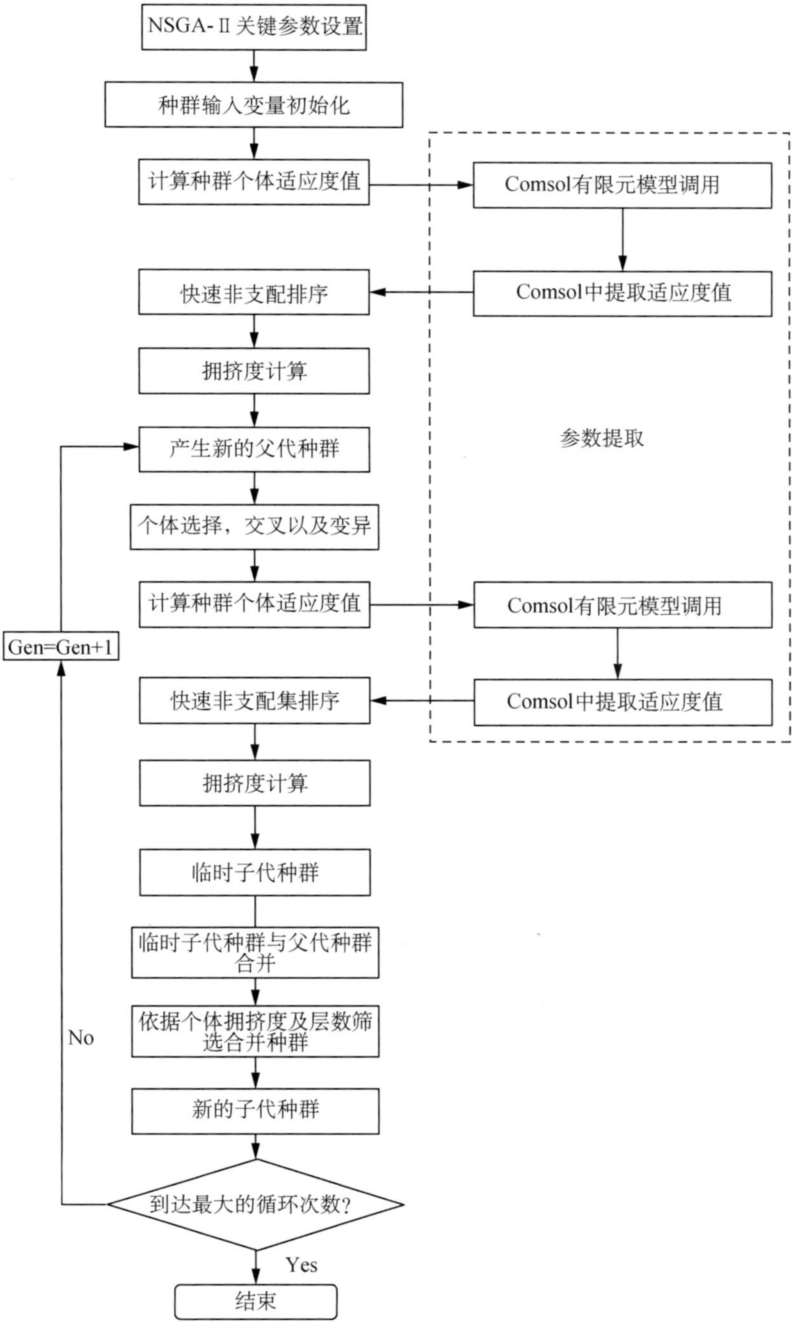

▲ 图3.38 NSGA-II优化流程

操作概率 0.9，变异操作概率 0.3。接下来对三个输入变量进行随机初始化，并且通过 Comsol 有限元模型计算每个随机个体的初始适应度值。然后对初始种群进行快速非支配排序以及拥挤度计算，通过精英选择策略选取种群总数目一半的个体作为父代种群，在此基础上对父代种群进行选择、交叉以及变异操作，产生临时子代种群。对临时子代种群进行适应度值计算，快速非支配排序和拥挤度计算后再与原来父代种群合并。最后在合并种群中根据每个个体的层数以及拥挤度选出30 个最优个体形成最终的子代种群。若没达到最大循环次数，则重复父代种群精英选取操作。

(4) 多目标优化结果分析

如图 3.39 所示，由优化得到的 Pareto 边界可知，在相同的线圈面积及铁氧体层面积情况下，不同的输入参数组合会导致较大的磁场泄漏以及耦合系数的差异。为了进一步比较优化结构的特性，除了参考线圈组以外，本节基于实验室现有的实际条件，选取了两个优化线圈组结构进行详细分析。图 3.40 中的优化结构 1 是具有较高的耦合系数但是存在较大的漏磁场；而优化结构 2 则是具有较低的漏磁场但是耦合系数也相对较低的磁能线圈组结构。优化结构 1 和优化结构 2 设计参数如图 3.40 所示。

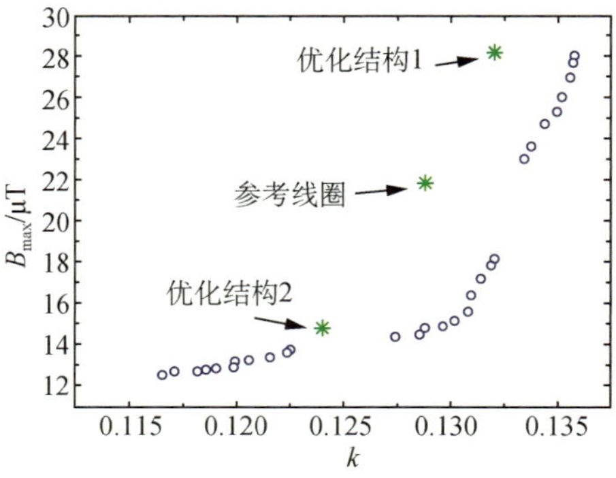

图 3.39 NSGA-II 优化结果

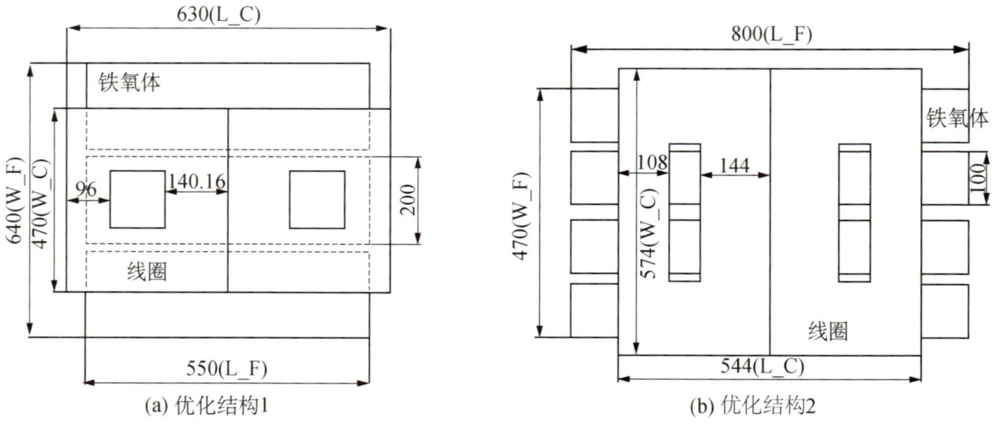

图 3.40 优化线圈组结构示意(铝板层省略，其长宽与铁氧体层相同，厚度为 4 mm)

首先对所有优化结果进行分析，如图 3.41 所示，着重研究线圈长度与铁氧体长度的比值和纵向漏磁场以及线圈宽度与铁氧体宽度比值和横向漏磁场之间的影响关系。由图 3.41(a) 可知，纵向的漏磁场与比值 L_C/L_F 基本成正比关系，即铁氧体条相对于线圈在纵向越长，其磁屏蔽结果越好。但是由于突出部分的铁氧体为磁场提供了额外的磁回路，而这部分磁回路对线圈组之间的耦合并无贡献，因此 L_C/L_F 的增大会使耦合系数下降。而对于侧向的漏磁场，由图 3.41(b) 可知，当 W_C/W_F 接近 0.85～0.95 时，其屏蔽效果最好。

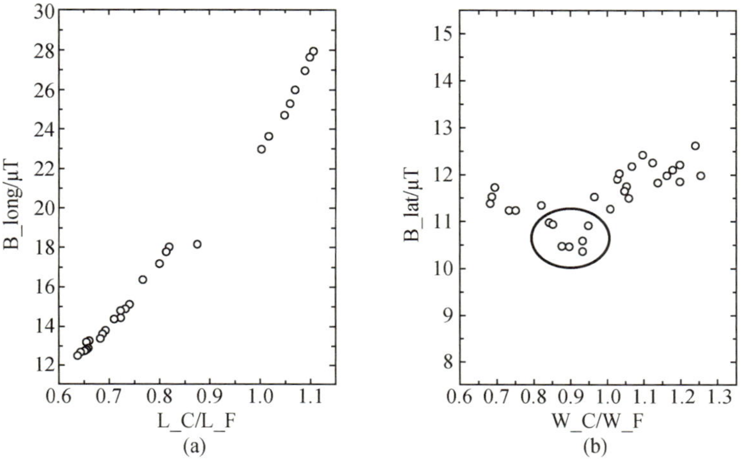

图 3.41　优化结果变化趋势分析

结合图 3.39 以及表 3.14 可知，两种优化结构以及参考线圈组具有相近的线圈面积以及铁氧体体积，但是他们的耦合系数和漏磁场在不同的输入变量组合下有着明显的差异。因此即使在使用相同的线圈面积以及铁氧体材料的情况下，磁能线圈组的耦合系数以及磁场泄漏仍然有较大的优化空间。为了进一步分析三种线圈组结构在不同位错情况下耦合系数以及漏磁场的变化情况，本节将基于 FEM 对三种结构进行位错扫描分析。

表 3.14　优化线圈组结构基本参数比较

	优化结构 1	参考线圈组	优化结构 2
线圈面积(黄色区域面积)	264 774 mm^2	266 880 mm^2	300 816 mm^2
铁氧体体积	3 300 000 mm^3	3 500 000 mm^3	3 200 000 mm^3
线圈组自感	71 μH	69.9 μH	69.6 μH

如图 3.42 所示为在接收线圈沿着纵向偏移 75 mm，横向偏移 100 mm 过程中，三种磁能线圈组结构的耦合系数以及漏磁场的变化情况。对比图 3.42(a)，(d)和(g)可得，当发射与接收线圈组对准时，优化结构 1 的耦合系数比其他两种结构要高，而且随着接收线圈组在纵向和横向发生偏移时，其耦合系数的波动范围也相对较小。因此采用优化结构 1 在线圈组存在位错情况下对谐振匹

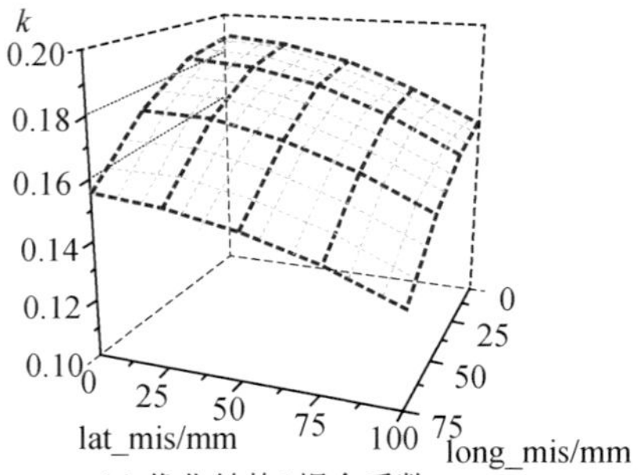

(a) 优化结构1耦合系数

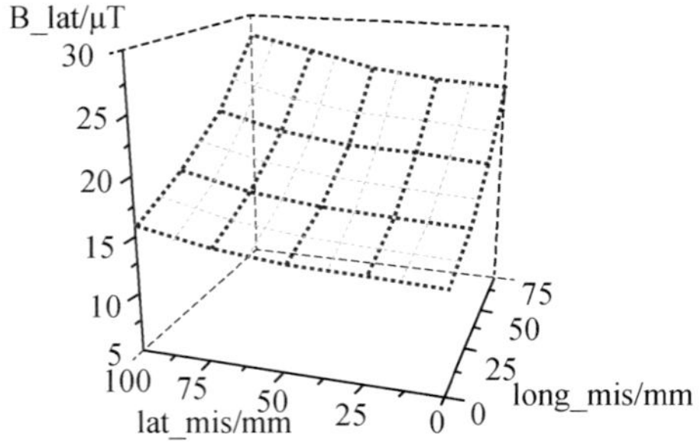

(b) 优化结构1纵向漏磁场

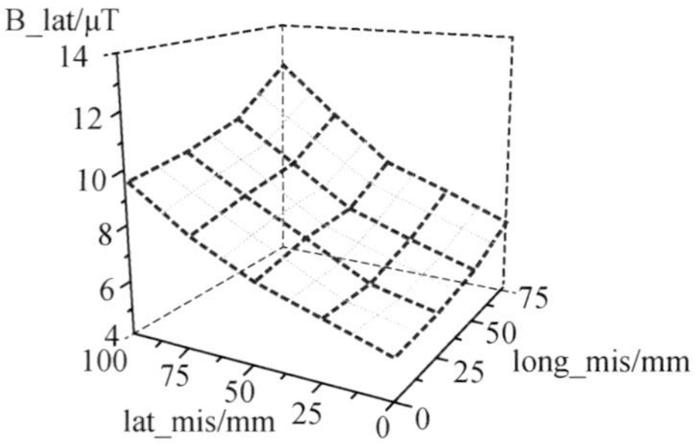

(c) 优化结构1侧向漏磁场

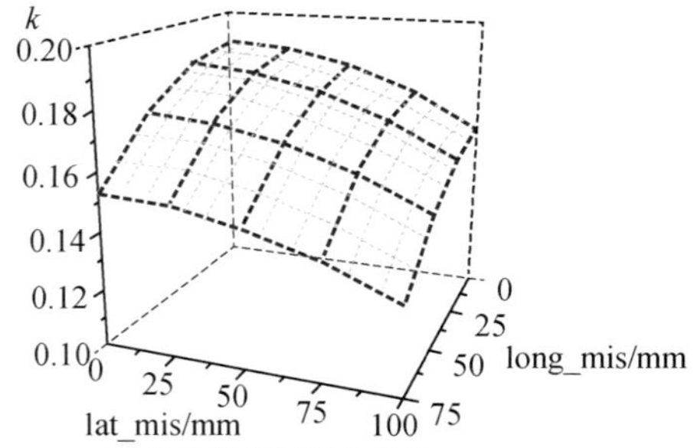

(d)参考线圈组耦合系数

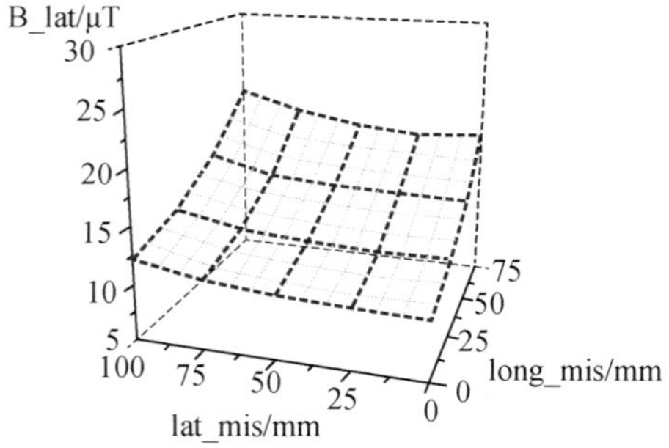

(e)参考线圈组纵向漏磁场

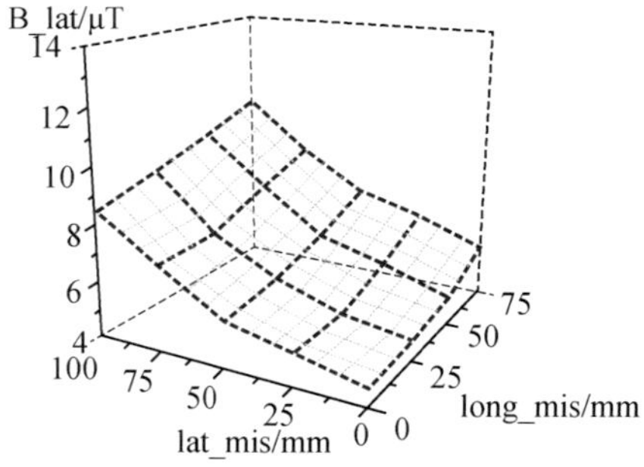

(f) 参考线圈组侧向漏磁场

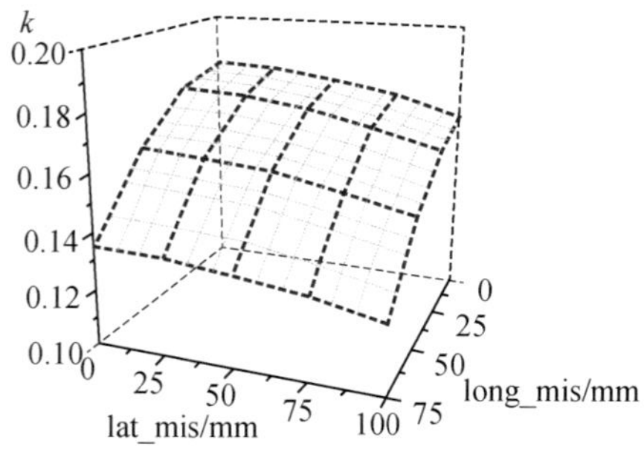

(g) 优化结构2耦合系数

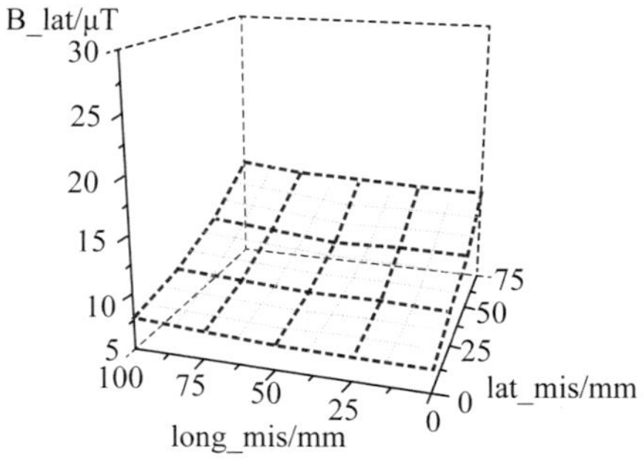

(h) 优化结构2纵向漏磁场

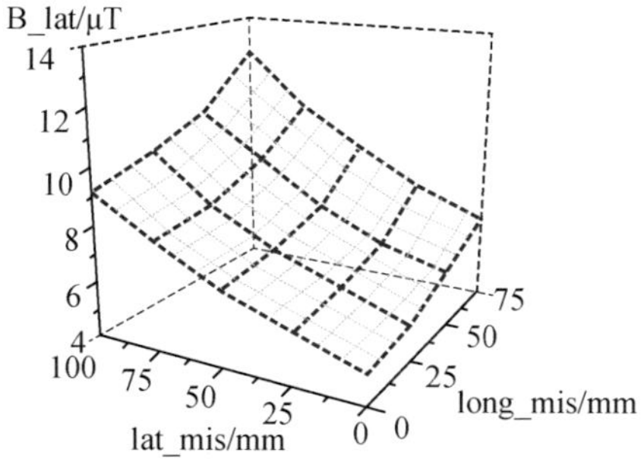

(i) 优化结构2侧向漏磁场

▲ 图 3.42 三种线圈组结构位错情况下耦合系数及漏磁场变化情况

配电路的要求可以相对减小。对比图 3.42(b), (e)和(h)可得,优化结构 1 的漏磁场明显比其他两种线圈结构大,其中在大部分偏移位置情况下,优化结构 1 的漏磁场均超过了 SAE J2954 规定 27 μT的安全阈值。然而优化结构 2 在整个线圈偏移研究范围内,其纵向漏磁场都能得到有效的控制。此外,在侧向的漏磁场比较上,由图 3.42(c), (f)和(i)可知,参考线圈组与两个优化结构相比,其在侧向的漏磁场约束上比其他两种结构好。这是由于参考线圈组的线圈宽度为 460 mm,铁氧体宽度为 525 mm,其比值为 0.88,即铁氧体层宽度略微比线圈宽,在这种布置情况下,线圈组在侧向漏磁场的约束能力上有一定的提升。

综上所述,优化结构 1 具有较好的耦合系数特性,但是其在纵向的漏磁场比较大,违反了 SAE J2954 的安全标准。而优化结构 2 虽然耦合系数随线圈组位错的波动较大,但是其在纵向的漏磁场上的约束作用比较明显。参考线圈组能够一定程度地均衡耦合系数及纵向漏磁场之间的权衡关系,且在侧向漏磁场约束能力上比其他两种结构更优异。

由本案例可以看出,利用 NSAG-II 算法对线圈组进行多目标优化不仅仅可以得到一个性能均衡的线圈组优化结构,同时还可以通过优化得到的 Pareto 边界对线圈组的传输特性进行分析,从而得出相关有助于线圈组设计的有效规律。

参考文献

[1] HUH J, LEE S W, LEE W Y, et al. Narrow-Width Inductive Power Transfer System for Online Electrical Vehicles[J]. IEEE Transactions on Power Electronics, 2011, 26(12): 3666-3679.

[2] BUDHIA M, BOYS J T, COVIC G A, et al. Development of a Single-Sided Flux Magnetic Coupler for Electric Vehicle IPT Charging Systems[J]. IEEE Transactions on Industrial Electronics, 2013, 60(1): 318-328.

[3] BUDHIA M. A New IPT Magnetic Coupler for Electric Vehicle Charging System[C]// IECON. 36th

Annual Conference on IEEE Industrial Electronics, 2010.

[4] BUDHIA M, COVIC G A, BOYS J T. Design and Optimization of Circular Magnetic Structures for Lumped Inductive Power Transfer Systems[J]. IEEE Transactions on Power Electronics, 2011, 26(11): 3096-3108.

[5] FUJITA I, YAMANAKA T, KANEKO Y, et al. A 10 kW Transformer with a Novel Cooling Structure of a Contactless Power Transfer System for Electric Vehicles[C]// IEEE. IEEE Energy Conversion Congress and Exposition, 2013.

[6] LUO Z, WEI X. Analysis of Square and Circular Planar Spiral Coils in Wireless Power Transfer System for Electric Vehicles[J]. IEEE Transactions on Industrial Electronics, 2018, 65(1): 331-341.

[7] QIU C, CHAU K T, LI C, et al. Modular Inductive Power Transmission System for High Misalignment Electric Vehicle Application[J]. Journal of Applied Physics, 2015, 117(17B528): 1-4.

[8] ZAHEER A, HAO H, COVIC G A, et al. Investigation of Multiple Decoupled Coil Primary Pad Topologies in Lumped IPT Systems for Interoperable Electric Vehicle Charging[J]. IEEE Transactions on Power Electronics, 2015, 30(4): 1937-1955.

[9] BOSSHARD R, IRURETAGOYENA U, KOLAR J W. Comprehensive Evaluation of Rectangular and Double-D Coil Geometry for 50 kW/85 kHz IPT System[J]. IEEE Journal of Emerging and Selected Topics in Power Electronics, 2017, 4(4): 1406-1415.

[10] KIM S, COVIC G A, BOYS J T. Tripolar Pad for Inductive Power Transfer Systems for EV Charging [J]. IEEE Transactions on Power Electronics, 2017, 32(7): 5045-5057.

[11] TEJEDA A, CARRETERO C, BOYS J T, et al. Ferrite-Less Circular Pad with Controlled Flux Cancelation for EV Wireless Charging[J]. IEEE Transactions on Power Electronics, 2017, 32(11): 8349-8359.

[12] 罗志超. 车载无线充电系统磁能线圈组设计优化及系统实现[D]. 上海:同济大学, 2019.

[13] LUO Z, WEI X. Mutual Inductance Analysis of Planar Coils with Misalignment for Wireless Power Transfer Systems in Electric Vehicle[C]// IEEE. IEEE Vehicle Power and Propulsion Conference (VPPC), 2016.

[14] WEBER E. Electromagnetic Theory — Static Fields and Their Mapping[J]. Dover Publications Inc New York, 1965, 59(3): 1019-1026.

[15] HURLEY W G, DUFFY M C. Calculation of Self- and Mutual Impedances in Planar Sandwich Inductors [J]. IEEE Transactions on Magnetics, 2002, 33(3): 2282-2290.

[16] MORSE P, FESHBACK H. Methods of Theoreical Physics[M]. New York: McGraw Hill, 1953.

[17] ZHANG S, TANG J, WU W. Calculation Model for the Induced Voltage of Pick-up Coil Excited by Rectangular Coil above Conductive Plate[C]// IEEE. International Conference on Mechatronics and Automation (ICMA), Electronics and Energetics, 2015, 30(1): 1805-1810.

[18] 梁艳春，吴春国，时小虎. 群智能优化算法理论与应用[M]. 北京:科学出版社, 2009.

[19] 贺莉，刘庆怀. 多目标优化理论与连续化方法[M]. 北京:科学出版社, 2015.

[20] DEB K, PRATAP A, AGARWAL S, et al. A Fast and Elitist Multiobjective Genetic Algorithm: NSGA-II[J]. IEEE Transactions on Evolutionary Computation, 2002, 6(2): 182-197.

[21] Society of Automotive Engineers. Wireless Power Transfer for Light-Duty Plug-in/Electric Vehicle and Alignment Methodology[R]. United States, 2019.

[22] PEARCE M G S, GAO H, RAMADUGU A, et al. Robust double D topology for roadway IPT applications[C]// IEEE. IEEE Energy Conversion Congress and Exposition (ECCE), 2017.

[23] PEARCE M G S, COVIC G A, BOYS J T. Leakage and Coupling of Square and Double D Magnetic Couplers[C]// IEEE. 2nd Annual Southern Power Electronics Conference (Spec), 2016.

04

磁芯非线性及其优化

上一章中，基于麦克斯韦电磁场理论对含铁氧体屏蔽层的磁能线圈空间磁场进行了建模，也对磁能线圈组的结构进行了优化设计，但由于传输功率等级较低，且对于磁芯小型化要求较低，铁氧体磁芯各个工作位置在磁能线圈中基本都处于低磁场强度的近似线性区域，因此其相对磁导率作了简化处理，即假设为恒定不变的常数。实际上，铁氧体材料具有饱和与磁滞特性，磁场强度和磁感应强度之间具有非线性的本构关系，即随着外部磁场强度的不同，铁氧体的相对磁导率也随之发生变化，同时，在不同的工作温度下，铁氧体的磁参数也会发生变动。

随着车载无线充电功率等级需求的不断提高，磁能线圈组的功率密度也逐渐提高，这给车载无线充电的铁氧体磁芯带来磁饱和等非线性问题，因此本章从磁性材料本身特性出发，分析铁氧体存在的非线性问题，介绍对应的优化解决方案并进行实例分析。

4.1 磁性材料简介

4.1.1 磁性材料的定义与分类

广义而言,磁性材料是一种能对磁场作出某种特殊反应的材料。实验表明,任何物质在外磁场中都能被磁化,只是磁化的程度不同。根据物质在外磁场中表现出的磁性强弱,磁性材料可分为五类:顺磁性材料、抗磁性材料、铁磁性材料、亚铁磁性材料和反磁性材料。自然界中大多数材料属于抗磁性或顺磁性材料,它们对外磁场反应较弱。而我们通常所说的磁性材料指的是具有铁磁性和亚铁磁性的强磁性材料。其中的铁磁性材料一般是含有 Fe, Co, Ni 元素及其合金的化合物,含有稀土元素及其合金的化合物,以及一些含 Mn 的化合物。

我国是世界上最先发现物质磁性现象和应用磁性材料的国家,早在战国时期就有关于天然磁性材料的记载(如磁铁矿)。11 世纪人们发明了制造人工永磁材料的方法。到了近代,电力工业的发展促进了金属磁性材料的研制(比如 Si-Fe 合金,也就是我们所说的硅钢片)。19 世纪有了永磁合金,从碳钢的发展到后来的稀土永磁合金,其性能提高了二百多倍。同时,伴随着通信技术的发展,软磁金属材料经历了从片状到丝状再到粉状的发展,但仍然无法满足频率扩展的要求。20 世纪 40 年代,荷兰的斯诺伊克发明了电阻率高、高频特性好的铁氧体软磁材料,接着又出现了价格低廉的永磁铁氧体。后来人们发现铁氧体具有独特的微波特性,将其制成了一系列微波铁氧体器件,也就是如今的旋磁材料。在第一次世界大战时,压磁材料被用于声呐技术,但由于压电陶瓷的出现,其使用有所减少,后来又出现了强压磁性的稀土合金。无定形的非晶态磁性材料是近代磁学研究的成果,在发明快速淬火技术后,1967 年人们解决了磁带材料的制带工艺,目前正向实用化过渡[1]。

现有的磁性材料主要可以分为以下几类,如图 4.1 所示。

4.1.2 磁性材料的磁化特性

磁性材料里面分成很多微小的区域,每一个微小区域称为一个磁畴,每一个磁畴具有自己的磁矩(即一个微小的磁场),两个相邻的磁畴之间存在着使自发磁化强度由一个畴的方向转变到另一个畴的方向的过渡层,这种相邻磁畴之间的过渡层称之为畴壁,畴壁具有畴壁能。按畴壁两侧磁畴之间自发磁化强度方向的关系,可将畴壁分为 180°畴壁和 90°畴壁。在非磁化状态下,各个磁畴的磁矩方向杂乱无章,磁场互相抵消,所以整个材料对外不显磁性,如图 4.2 所示。

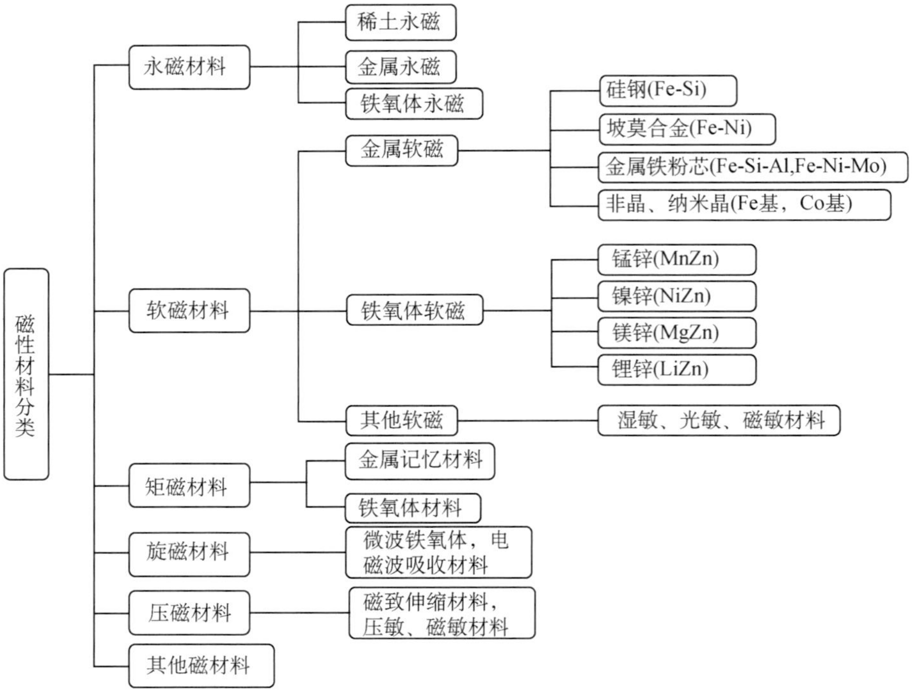

图 4.1 磁性材料分类

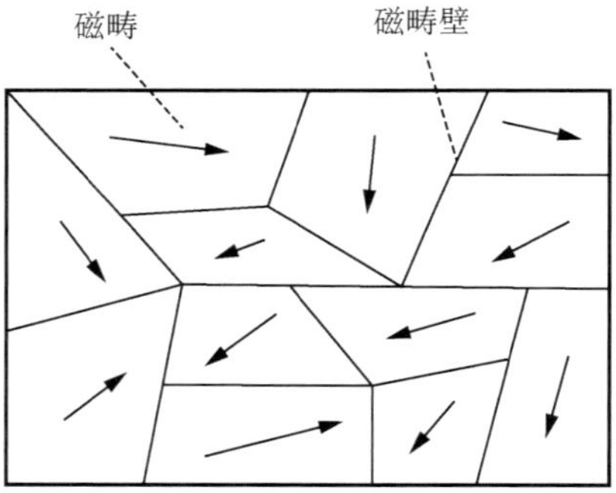

图 4.2 磁畴与磁畴壁的结构示意

若此时经过外加磁场的作用，内部各磁畴顺着磁场方向转动，加强了内部磁场或感应磁场。随着外磁场的增强，同外磁场方向一致的磁畴会逐渐增多，磁感应强度会逐渐增强，使磁性材料对外表现出磁性，这就是磁化的过程。磁性材料在磁化的过程中会出现磁饱和与磁滞现象。

(1) 磁饱和特性

当外部磁场增大到一定程度，铁磁材料中各个磁畴方向和外部磁场完全保持一致，所有磁畴随着外磁场的增加已经无法在转动中表现出多余的感生磁场，这就是极限磁化，通常在变压器或电感中称为磁饱和，饱和的含义即磁化达到极限。如铁氧体磁通极限或饱和密度 B_s 通常在 0.3 T 到 0.4 T 之间，这是由铁氧体材料特性决定的，磁饱和后电感量会迅速减小，导致磁材料失去产生感生磁场的能力。

(2) 磁滞特性

磁性材料的磁化存在着明显不可逆性，当其被磁化到饱和状态后，若将磁场强度由最大值逐渐减小，其磁感应强度不循原来的途径返回，而是沿着比原来途径稍高的一段曲线逐渐减小，且当外部磁化强度减小到 0 后，其磁感应强度并不为 0，即磁性材料磁感应强度的变化滞后于外部磁化强度的变化，这即为磁性材料的磁滞特性。磁滞产生的主要原因是磁性材料内部的局部不均匀性，如局部内应力或掺杂物的不均匀性，导致畴壁的不可逆位移过程。

总之，磁化就是要让磁性材料中磁畴的磁矩方向变得一致，但不是所有材料都能被磁化，只有少数金属及金属化合物能被磁化。按照它们磁化的难易程度，将这些金属及金属化合物分为软磁材料以及硬磁材料。如图 4.3 所示，其中磁滞回线宽者，为硬磁材料，适用于制造永磁体，其矫顽力大，剩磁强，如钕铁硼合金；磁滞回线如矩形者，矫顽力小，剩磁大，适于作记忆材料，如磁环、磁膜，广泛地应用于信息科技行业；磁滞回线细而窄者，为软磁材料，其矫顽力、剩磁和磁滞损耗均较小，是制造变压器、电机和交流电磁铁的主要材料。

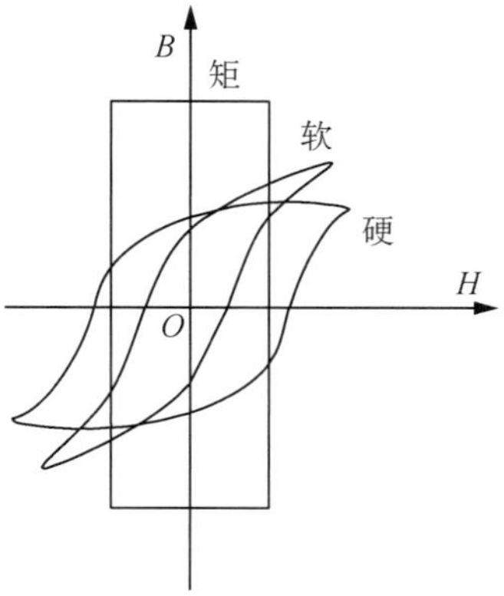

▲ 图 4.3　磁性材料基于磁化难易程度的分类

软磁铁氧体材料由于成本较低，具有较高的磁导率和较低的电导率，能够有效地增强磁能线圈间耦合，并对磁场进行屏蔽约束，因此在车载无线电能传输系统的磁能线圈中作为屏蔽层而广泛使用。以下主要以铁氧体磁芯所属的软磁材料为例进行详细分析。

4.2　软磁材料的非线性磁特性及损耗问题

基于 4.1 节提到的磁性材料磁化过程中的磁特性，本节将软磁材料的非线性磁滞特性分为准静态磁饱和特性与动态磁滞特性，并进行详细介绍。同时，基于上述磁滞回线的包围面积，引出软磁材料的磁损耗问题，并对如何计算无线电能传输中的磁损耗进行回答。

4.2.1　软磁材料的非线性磁特性

准静态磁饱和特性反映了软磁材料在外部磁场缓慢增强过程中其磁感应强度的变化情况。动态磁滞特性反映了在外部交变磁场的作用下，软磁材料的磁感应强度变化情况。

(1) 准静态磁饱和特性

当外部磁场持续缓慢增强时，可以测量得到磁场强度 H 和磁感应强度 B 之间的关系曲线，由于是在缓慢变化过程中测得，所以称为准静态磁滞回线。软磁材料的基本特性常用图 4.4 表示，在磁化过程 Oa 中，将完全无磁状态的软磁材料置于磁场中，磁场强度 H 从零逐渐增加，磁感强度 B 与磁场强度 H 之间的关系曲线，称为 B-H 曲线，该曲线可通过实验测得。B 与 H 之间存在着非线性关系。当 H 从 0 开始逐渐增大时，B 也增加且上升较慢。当 H 继续增大时，B 急骤增加，几乎成直线上升。当 H 进一步增大时，B 的增加又逐渐放缓，达到 a 点后，H 值即使再增加，B 却几乎不再增加，即软磁材料达到其饱和限值。不同的软磁材料有不同的磁化曲线，其饱和值也不同。即使同种材料，磁材料的饱和值也会随外界工况发生小幅变化。

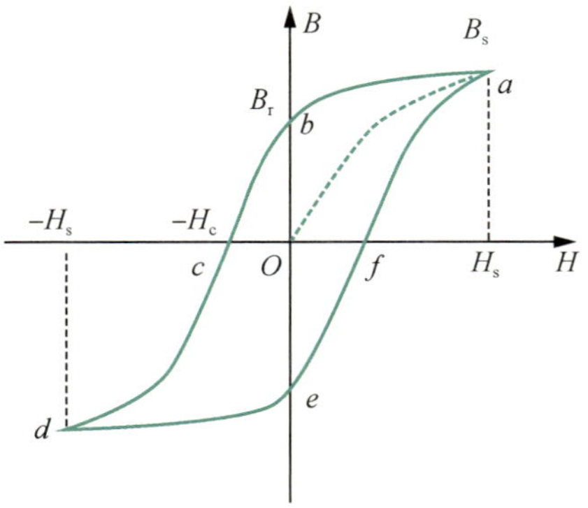

图 4.4　软磁材料的磁化曲线(Oa)与磁滞回线($abcdefa$)

若减小磁化场 H，磁化曲线从 B_s点开始并不沿原来的起始磁化曲线 Oa 返回，这表明磁感强度 B 的变化滞后于 H 的变化，这种现象称为磁滞。当 H 减小为零时，B 并不为零，而等于剩余磁感强度 B_r。要使 B 减小到零，必须加一反向磁化场，而当反向磁化场加强到 $-H_c$时，B 才为零，此时 H_c称为矫顽力。如果反向磁化场的大小继续增大到 $-H_s$，样品将沿反方向磁化到达饱和状态 d 点，相应的磁化强度饱和值为$-B_s$。a 点和 d 点相对于原点 O 对称。

若使反向磁化场减小到零，再沿正方向增加。样品磁化状态将沿曲线 $defa$ 回到正向饱和磁化状态 a 点。$defa$ 曲线与 $abcd$ 曲线也相对于原点 O 对称。由此看出，当磁化场由 H_s变到 $-H_s$，再从 $-H_s$变到 H_s时，样品的磁化状态变化经历着由 $abcdefa$ 闭合回线描述的循环过程。曲线 $abcdefa$ 即为磁滞回线。由于磁滞现象的存在，磁滞回线上任一给定的磁场强度 H 值，对应有两个磁感应强度 B 值，因此样品处于哪个磁状态，决定于样品的磁化历史。研究表明，B-H 磁滞回线所包围的面积正比于在一次循环磁化中的能量损耗[3]。

由于软磁材料的磁滞回线细长，矫顽力小，磁滞损耗低，容易磁化也容易去磁，这种材料被广泛应用于交变磁场中。软磁材料的磁滞回线反映了其基本特性，其涉及的基本电磁参数如下：

Ⅰ. 起始磁导率 μ_i：在基本磁化曲线上当磁场强度 H 趋于 0 时，磁感应强度 B 与磁场强度 H 的比值，该参数反映了软磁材料能被磁化的难易程度。

Ⅱ. 饱和磁感应强度 B_s：该参数的大小由软磁材料的组成成分决定，其所对应的物理状态是材料内部的磁矩整齐排列，因此一旦软磁材料达到饱和状态，其材料内部磁矩的排列方向将趋于一致。

Ⅲ. 剩余磁感应强度 B_r:励磁被撤销以后磁芯中仍能保持的被磁化的磁通,即磁场强度 H 降为 0 时的磁感应强度 B 值。

Ⅳ. 矫顽力 H_c:把剩余磁感应强度 B_r 退回零所需的磁场强度,反映的是磁化的阻力,其大小由材料的成分、杂质与应力等缺陷决定。

Ⅴ. 居里温度:该参数决定了软磁材料工作的温度上限,一旦超过居里温度,其磁导率会急剧下降。究其原理,软磁材料的磁化强度随温度升高而下降,当温度达到某一临界点时,自发磁化消失,软磁材料从原本的铁磁性或弱铁磁性转变为顺磁性,该临界点温度即为软磁材料的居里温度。按照软磁材料生产厂家的广泛定义,在到达厂家所定义的居里温度之前磁导率已经开始下降,即在到达居里温度后,软磁材料的电磁效应失效,将导致很严重的后果。因此实际应用中应避免软磁材料的工作温度过高。

(2) 动态磁滞特性

相较于准静态下的缓慢磁场激励,在很多实际应用中,软磁材料常受到高频交变磁场的作用,这种情况仍存在磁滞现象,其磁滞回线也是一闭合回线,称为动态磁滞回线,如图 4.5 所示。受交变磁场频率与涡流效应等影响,动态磁滞曲线的形状和面积大小等都与准静态磁滞回线不同。

在动态磁滞回线中,若在小于 H_s 的 $\pm H$ 间反复磁化,可得到如图 4.5 较小的磁滞回线,称为小磁滞回线或局部磁滞回线,$\pm H$ 不同,小回线就不同。上述 $abcdefa$ 由于面积最大,故称为极限磁滞回线。H 大于极限回线的最大磁场强度 H_s 时,磁化基本可逆;H 小于此值时,磁感应强度 B 为磁场强度 H 的多值函数。

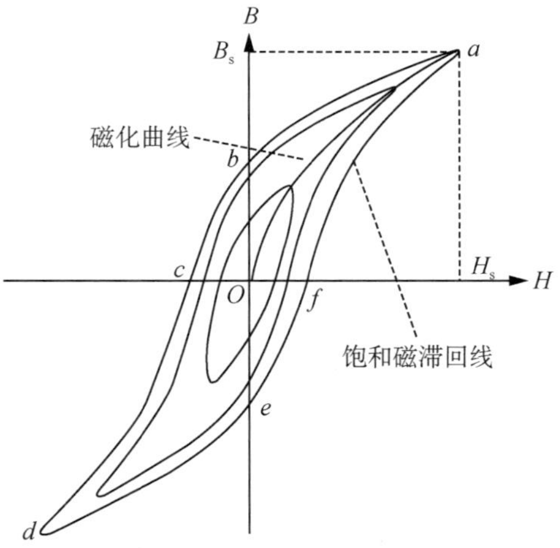

图 4.5 软磁材料的动态磁特性(磁滞回线簇)

4.2.2 软磁材料的磁损耗问题

由上述软磁材料的非线性磁特性可知,B-H 磁滞回线所包围的面积正比于在一次循环磁化中的能量损耗。对于准静态磁滞回线,此损耗仅为磁滞损耗,对于动态磁滞回线,此能量损耗包括磁滞损耗和涡流损耗等[4]。因此,软磁材料在产生磁滞现象的同时,也会产生磁损耗。以车载无线充电中普遍使用的 PC95 材质的 MnZn 铁氧体为例,MnZn 铁氧体属于功率铁氧体,其主要特征是矫顽力与剩磁都较小,在高频(几百千赫到几兆赫)和高磁感应强度的条件下,铁氧体磁芯仍能保持很低的损耗，并且在 85 ℃之前其磁芯损耗呈负温度特性，磁损耗随温度的升高而下降，并在 85 ℃左右达到最低点，因此 MnZn 功率铁氧体使磁芯能稳定地工作在较高温度。

1）磁损耗分类

在静态磁化状态下，MnZn 铁氧体所包围的磁滞回线面积代表的是磁滞损耗，因为静态磁化过程是在磁场恒定的情况下，样品从初始稳定的磁化状态转变到新的一种平衡状态，它不需要考虑建立新平衡过程的时间问题。但在实际应用中，MnZn 铁氧体多用于交流磁场，且随交流磁场频率的增大而增大，因此动态磁化造成的磁损耗不可忽略。实验中常通过测量计算交流励磁下动态磁滞回线的总面积，得到包含磁滞损耗、涡流损耗和剩余损耗的总损耗。磁芯厂家提供的磁芯产品规格书中的铁损，即是其动态磁化下的总损耗。MnZn 铁氧体总损耗的大小不仅与材料本身相关，且与材料在交变磁场中的工作频率和磁感应强度大小有关，因此在表示软磁材料总损耗的数值时，需注明其工作频率和磁感应强度大小。

磁滞损耗是指铁磁材料作为磁介质，在一定励磁磁场下产生的固有损耗，是电能转换为磁能的过程中所产生的有功损耗。经一次循环，每单位体积铁心中的磁滞损耗等于磁滞回线的面积，磁滞回线包围的面积越大，磁滞损耗越大。磁滞损耗会导致磁体发热，设备升温，效率降低。

涡流损耗是指在交变磁通下，铁芯产生感应电动势进而产生感应电流，感应电流呈漩涡状，称之为涡流。虽然感应产生的电流本身是无功的，但感应电流在铁芯电阻上产生的焦耳热是有功损耗，一个磁滞周期内材料的涡流损耗 P_e 可表示为

$$P_e = C_e f d^2 B_m^2 / \rho \tag{4.1}$$

式中，d 为样品的厚度；f 为频率；ρ 为电阻率；C_e 为涡流损耗系数。由式(4.1)可知，材料的涡流损耗与样品厚度成正比，与电阻率成反比，且励磁频率越高，磁密幅值越大，所产生的涡流损耗越大，提高材料的电阻率是降低涡流损耗最有效的办法。

软磁铁氧体的剩余损耗，广义上指除涡流损耗、磁滞损耗以外的一切损耗。剩余损耗主要来源于磁后效，包括磁化过程的畴壁位移和磁畴转动过程的时间效应，以及样品在一定条件下所表现出的尺寸共振和磁力共振。剩余损耗的大小主要取决于参与扩散的粒子浓度，环境温度及所施加的频率等参数。

2）磁损耗产生机理

烧结后的 MnZn 铁氧体由小的晶体组成，这种晶体的大小一般在 10～20 μm，在未受外磁场作用且在居里温度以下的温度范围内，这些晶体会自发地形成磁畴结构。从损耗机理上看，铁氧体将外界电磁能吸收用来克服磁畴转动及畴壁位移的阻力，即克服反复磁化的“摩擦”作用，产生焦

耳热并以热能的形式输出，这部分热能即为磁化过程中的损耗。如图4.6所示，左图阴影部分代表外界总电磁能的流入，右图阴影代表流出的能量部分，而流入与流出的差值即磁滞回线的面积则代表了能量的损耗，即磁滞回线所围成的面积。

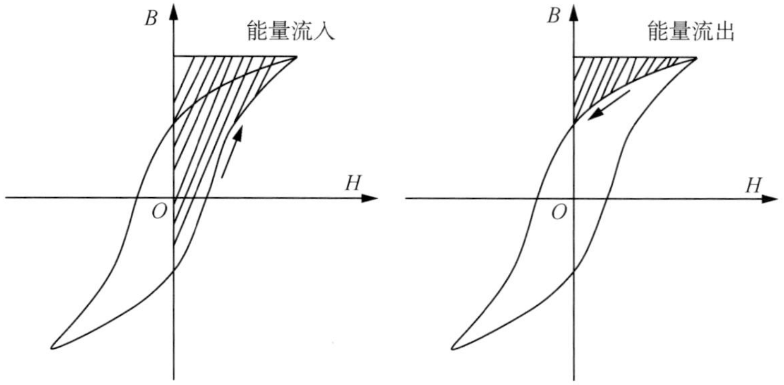

图4.6 外界电磁能的能量流入与能量流出

3）磁损耗模型

(1) Steinmetz 经验公式

磁芯损耗计算的研究主要是围绕正弦波激励而展开的，通过分析、计算以及试验，最先由斯坦梅茨(Steinmetz)提出经验公式[5]

$$P_v = C_m f^{\alpha} B_m^{\beta} \tag{4.2}$$

式中，P_v 为单位体积内的磁芯损耗，单位为 kW/m^3；f 为测试频率；B_m 为磁通密度的幅值；C_m，α，β 都是磁芯系数，与磁芯的材质和工作使用条件有关，部分厂家的产品手册提供此类系数，也可以通过测试数据拟合得到。Steinmetz 将磁芯损耗的三个部分合成一个整体，用一个公式完成损耗的计算，从而大大简化了方程。由式(4.2)可见损耗大小只与磁芯材料、工作频率、磁通密度有关。

需要注意的是，该公式只适用于正弦波激励的情况，从某种意义上讲 Steinmetz 经验公式是结果加权平均。

(2) 铁损分离模型

在正弦励磁信号下，根据 Bertotti 铁耗分离理论[6]，不考虑趋肤效应影响时，磁芯损耗可以将功耗进一步分离成三部分：磁滞损耗 P_h、涡流损耗 P_e 和剩余损耗 P_r，即

$$P_c = P_h + P_e + P_r = C_h B_m^{\alpha} + C_e B_m^2 f^2 + C_r B_m^{1.5} f^{1.5} \tag{4.3}$$

式中，P_c 为磁芯损耗；f 为工作频率；B_m 为磁通密度幅值；C_h，C_e，C_r，α 为磁芯系数。不同型号的

磁芯材料在不同的励磁条件下，三种不同的损耗类型所对应的磁芯系数不完全相同，但同一种材料在较低频率的磁场作用下，其值基本不变。在兆赫频率以下，剩余损耗很小，一般可忽略。

(3) Preisach 模型理论

Preisach 理论的基本思想是将整体磁芯看作许多磁偶极子的集合，每个磁偶极子都具有矩形磁滞特性，磁芯的宏观磁化强度被看作这些磁偶极子的磁化强度的总和。该理论于 1935 年由德国物理学家普赖扎特(Preisach)提出，并以其名字命名[7]。Preisach 磁滞模型将总体磁滞分解并看作大量具有不同反转场和局部矫顽力的单个磁畴磁滞回线的总和，该模型是目前理论研究中应用最为广泛的磁滞模型。

Preisach 模型通过数学表达式的方法表示磁滞回线，它忽略了磁化过程中磁滞、涡流及时间效应，只关注磁化作用的结果，是与损耗测量方法最为接近的一种模型。理论上说适用于任意激励波形，但它不能对磁滞的可逆性进行有效描述，因此不能较好地反映磁滞回线中出现的局部回环特性。简而言之，Preisach 磁损耗模型虽然精度较高，但只能应用于准静态磁滞状态，不适用于动态磁滞状态。后来有学者在其模型基础上加入一些动态参数进行改进，但由于动态参数难以确定，且模型复杂，尤其是在高频和复杂激励条件下，严重限制了其应用。

4.2.3 无线电能传输中磁损耗的计算

对于紧耦合变压器而言，其磁芯被线圈紧紧缠绕包围，几乎没有漏磁且线圈产生的磁通大小在磁芯中均匀分布，磁芯模型简单易处理，因此不管是在正弦磁场激励下还是方波等非正弦激励下都能精确计算其磁损耗。而无线电能传输由于其松耦合结构特性，使得磁能线圈组上磁芯的磁感应强度分布不均匀，不同位置的磁芯所处工况不同，从磁滞的角度看，由于外部激励磁场的幅值大小不同，因而具有不同的磁滞回线，不能通过上述的 Preisach 等磁滞理论模型获取磁能线圈组不同位置处的磁芯损耗。

(1) 采用有限元仿真计算磁损耗

近些年，COMSOL，ANSOFT，ANSYS 等大量有限元仿真软件的出现，使得复杂磁芯模型的磁损耗计算得以实现。有限元仿真计算基于电磁场理论，能够对磁芯内部所有位置的磁感应强度进行分析计算。考虑到磁能线圈受正弦电流的激励，在磁芯上产生交变的磁感应强度 B，因此对于磁损耗的仿真计算，可通过实验测量磁芯在给定交流激励下的 P-B 损耗曲线，将测量数据通过曲线拟合得到相应的 Steinmetz 经验公式。在已知磁芯每个位置处微元的磁感应强度 B 的前提下，利用经验公式可求得单个微元的磁损耗，最后利用式(4.4)对磁芯整体进行体积分，即可求得磁芯总损耗为

$$P_{all}=\iiint P_v dV \tag{4.4}$$

有限元仿真计算的磁损耗相对精确，但计算复杂，工作量大，而 Steinmetz 经验公式参数较少，结构简单，把磁芯的三部分损耗拟合在一个公式中，大大简化了磁损的有限元仿真计算过程。

(2) 通过实验间接计算磁损耗

在现有无线电能传输的研究中，仍没有直接通过实验手段测得松耦合磁能线圈中磁芯损耗大小的方法。由于不能直接通过实验测得磁芯不同位置的磁场大小，若需获得磁能线圈中的磁芯损耗，只能通过式(4.5)间接求解。

$$P_{ac}=P_{Cu}+P_{Fe} \tag{4.5}$$

若加入二次屏蔽层铝板，则还需考虑铝板涡流损耗的计算，而铝板的涡流损耗由于空间漏磁场的不均匀也很难直接通过实验测量计算得到。因此，在不引入二次屏蔽层的铝板损耗的前提下，可将线圈间交流损耗中的铜损与铁损剥离开来。该实验方法只能间接求得磁耦合结构的总磁损耗，而不能进一步将发射端磁芯与接收端磁芯的磁损耗进行剥离。因此下文只考虑不加入铝板情况下，磁能线圈组的铁损与铜损分离。

要通过间接实验计算将铁损从铜损分离出来，需要精确测量线圈间的交流损耗 P_{ac} 与线圈铜损 P_{Cu}。线圈间损耗 P_{ac} 可通过测量发射线圈的交流输入功率与接收线圈的交流输出功率得到，

$$P_{ac}=P_{in}-P_{out} \tag{4.6}$$

但由于通过磁能线圈的是 85 kHz 高频电流，且传输效率高达 98%，线圈间的损耗占比较小，往往小小的测量误差将导致较大的交流损耗误差，因此需要对线圈中的电压电流与交流功率进行高精度测量与计算，这对电压电流的测量传感器与功率分析仪的有功计算提出了较高的要求。

线圈的铜损 P_{Cu} 与通过线圈的电流 I_{ac} 及其交流电阻 R_{ac} 有关。交流电阻 R_{ac} 大小与线圈趋肤效应及邻近效应大小有关。前者表现为高频电流只在导线的表面通过，而导线中心的电流密度很小；后者表现为导线内的电流受外部磁场的影响而呈不均匀分布。相应的电阻分别称为导通电阻和感生电阻。

对于单根的圆导线，通常使用贝塞尔函数来表达其高频条件下的电流密度，进而计算高频电阻[15]。导通电阻与导线的直径和频率有关；而感生电阻除与导线的直径和频率有关外，还与所处磁场强度的平方呈正比[16]。因此，感生电阻的计算需转换为对导线所处位置磁场强度的计算。文献[17]以图 4.7 矩形线圈为例，根据 Litz 线圈单位长度的感生电阻与线圈不同位置处的磁场强度 H 关系，转换为利用毕奥萨伐定律计算每股线圈在空间不同位置处的磁场强度，通过求解线圈某

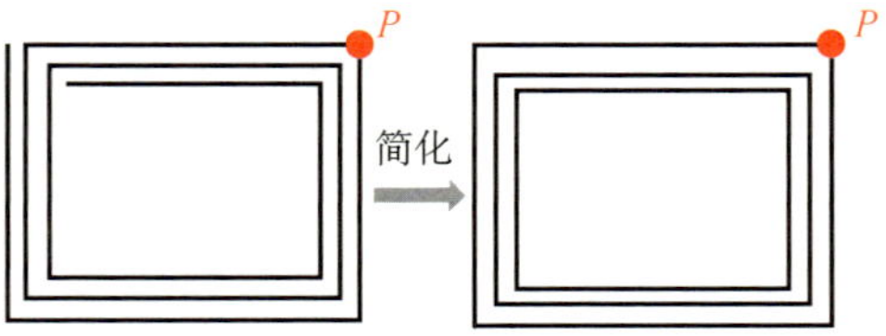

图 4.7　矩形线圈的模型简化

点 P 在不同线圈电流叠加下的 X，Y，Z 方向磁场强度的分量，得到最终 P 点的感性电阻大小。由于计算篇幅较大，不作详细展开。该方法十分复杂，需要建立磁能线圈对应的磁场空间模型进行求解，不能作为实验的测量精确解。

除此之外，线圈交流电阻可通过高精度 LCR 阻抗测量仪测量得到，但由于市面上的高精度 LCR 仪都是在小电流激励下测得线圈的高频电阻，没有考虑实际加载过程中线圈的高频大电流对磁芯工况的改变，而磁芯工况会直接影响线圈不同位置的磁场强度分布，导致临近效应发生变化，感生电阻出现误差，因此也不能完全精确地得到大功率无线传能下磁能线圈的交流电阻。

总的来说，受线圈材质规格、线圈形状大小、线圈电流、激励频率、磁芯工况等多种因素影响，目前仍未有较好的办法对线圈高频电阻进行精确的测量计算，只能用有限元仿真来计算磁芯损耗，通过实验间接精确求解无线电能传输中的磁芯损耗仍存在较大难度。

4.3　考虑磁芯非线性特性的磁芯优化问题

从材料层面，基于 4.2 节中软磁材料的非线性磁特性可知，软磁材料存在滞回问题，也就是在相同磁场强度下，励磁与退磁过程对应不同的磁芯磁感应强度。由于车载无线充电中磁芯不同位置处最大磁场强度各不相同，即磁芯不同位置具有不同的磁滞回线，因此直接采用磁滞回线来分析磁芯的非线性问题十分复杂。

考虑到软磁材料的矫顽力 H_c 与剩磁 B_r 远小于最大饱和点上的值，可忽略不计，且软磁材料的磁化曲线在相同磁场强度下，反映在 BH 曲线上的斜率(磁芯相对磁导率)与磁滞回线近似相等。因此，在研究无线充电系统的磁芯工况时，通常不考虑软磁材料的滞回问题而只考虑其饱和问题，该处理方式在分析电机磁芯工况的研究中也常见到。

本节将基于上述的简化方法来对磁芯进行分析。通过近似处理，可以得到如图 4.8 所示的软磁铁氧体 BH 曲线。

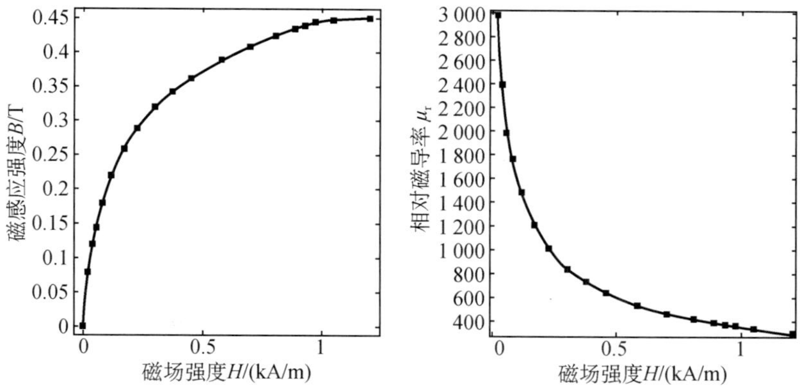

▲ 图 4.8 软磁铁氧体的 BH 曲线(左)与 μH 曲线(右)

由公式

$$B=\mu_0\mu' H \tag{4.7}$$

知铁氧体 BH 曲线上任一点的切线斜率即为该磁场强度下磁芯对应位置处的磁导率。如图 4.8 的 μH 曲线所示,随着外部磁场强度 H 的增大,磁导率逐渐减小,直到深度饱和时磁导率接近真空磁导率,即饱和区域导致磁芯失效,不再具有导磁作用。铁氧体在车载应用中,不同磁芯位置处的磁感应强度有大有小,因此磁饱和问题是磁芯参数设计过程中需考虑的一个重要问题。

另一个就是磁芯低利用率问题。当车载无线充电用磁芯某处位置在低磁感应强度区域的时候,该处对应的相对磁导率很大,接近其初始磁导率。而以非对称 DD 耦合线圈结构为例,根据图 4.9 其相对磁导率与线圈间耦合系数 k 的关系知,当只将接收端线圈的相对磁导率从 3 000 减小到 400 的时候,耦合系数 k 只减小了 0.015,这意味着 3 000 磁导率与 400 磁导率的磁芯耦合效果差别较小,因此,低磁感应强度区域的磁芯没有得到充分利用,存在磁芯利用率低的问题。

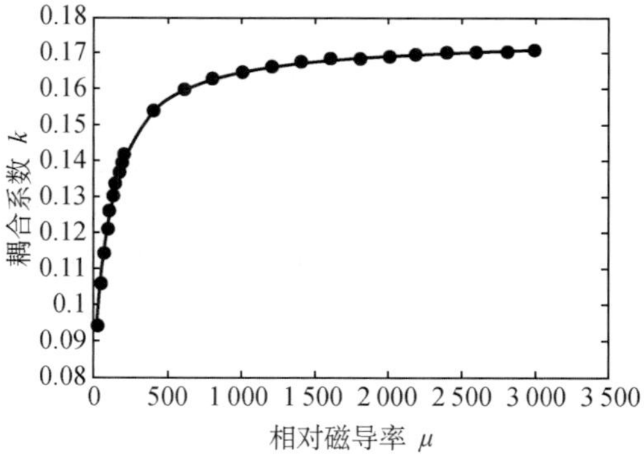

▲ 图 4.9 磁能线圈间耦合系数 k 随磁芯相对磁导率 μ 变化关系

软磁材料非线性特性给车载无线充电的磁芯应用带来了新的问题,本节将结合车载无线充电功率等级的发展趋势,对常用铁氧体磁芯的上述两个系统层面问题进行详细分析,并针对上述问题给出相应的优化方案。

4.3.1 磁芯非线性在无线充电应用中的问题

虽然将磁芯磁滞特性简化为了 BH 曲线，但并不影响对磁芯工况的分析，因此本小节基于简化的 BH 曲线，重点对上述两个由磁芯非线性引起的问题进行介绍。

(1) 磁饱和问题

随着电动汽车的电池容量与能量密度的提升，电动汽车市场对于充电功率等级的需求也在不断提高，虽然 3.7 kW(WPT1)与 7.7 kW(WPT2)功率等级在技术上已较为成熟，但其充电速度已不能满足市场需求，11 kW(WPT3)及以上的更大功率传输成为了研究与关注的热点，更大功率的无线传输意味着更快的充电速度与更少的充电时间，这会给车主带来更好的用户体验。

但更大的功率等级意味着磁能线圈将承载更大的电流，在空间激发更强的交变磁场，而目前车载大功率无线充电用的磁芯普遍为 MnZn 软磁铁氧体，其饱和限值如 BH 曲线所示只有 0.45 T左右，因此 MnZn 软磁铁氧体在大功率下将很容易出现局部饱和。如图 4.10 所示，当 MnZn 软磁铁氧体趋于磁饱和后磁导率下降，线圈耦合效果明显减弱，甚至深度饱和，导致局部磁导率急剧降低接近空气磁导率，最终导致磁芯耦合失效，车载无线充电的传输效率和传输功率下降。

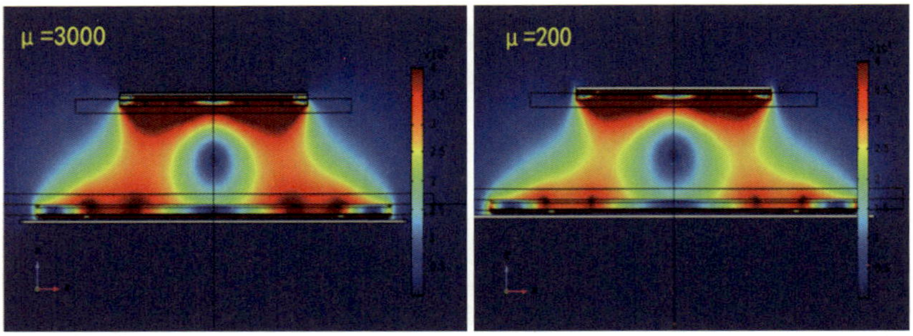

图 4.10 磁饱和导致磁导率下降，线圈间耦合效果减弱

另外，如图 4.11 所示，磁芯在交变磁场下的磁损耗与磁感应强度呈正相关，当铁氧体磁芯的磁感应强度到达 450 mT 的时候，此时磁芯基本饱和，P-B 曲线在该处斜率急剧增大，所以磁芯上的损耗在磁饱和时会急剧增加，导致磁芯发热严重。如图 4.12 所示为线圈在 WPT3 功率的线圈电流激励下磁芯饱和后的温度分布，可以看到饱和点的温度明显比周围高。

(2) 磁利用率问题

目前国内外对于磁芯结构设计的优化研究较少，多是以平板磁芯与条形磁芯为主流的磁芯结构。但这样的磁芯往往存在利用率较低的问题，即在弱场区域磁芯上的磁感应强度值较低。

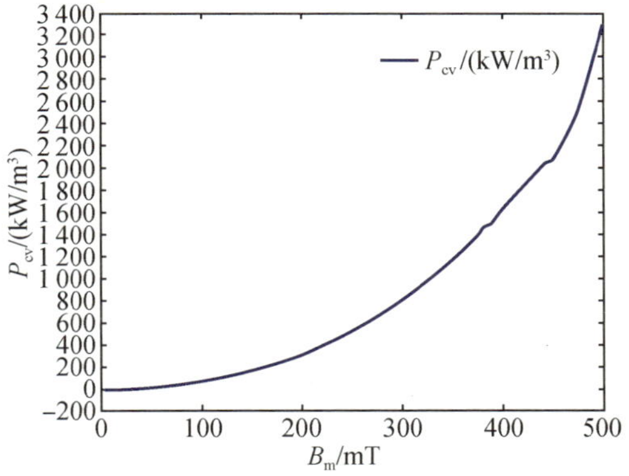

▲ 图 4.11 磁芯在交变磁场下的 $P-B$ 损耗曲线

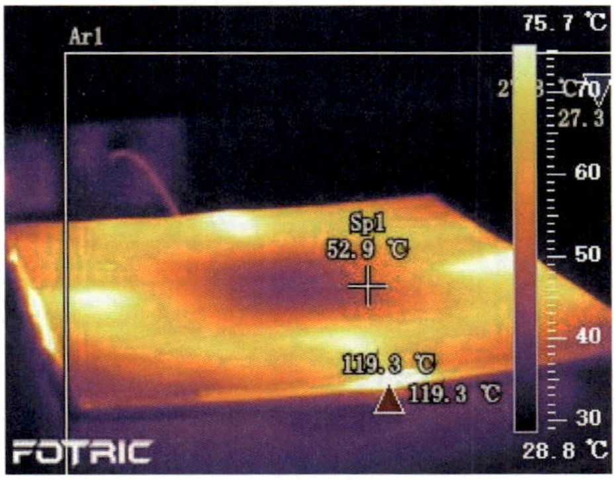

▲ 图 4.12 线圈在 WPT3 功率下的磁芯饱和后温度分布

以非对称 DD 磁能线圈耦合结构为例，图 4.13 为其在 11 kW 功率等级下 3 mm 条形磁芯的磁感应强度分布情况。可以看到，中间红色区域的磁芯大部分磁感应强度已经大于 400 mT，趋于饱和的状态。但有 $\frac{2}{5}$ 体积的磁芯都处在 150 mT 以下的低磁感应强度区域，说明即使削减这部分区域的磁芯厚度，磁芯也能较好地工作，因此存在体积浪费的问题。

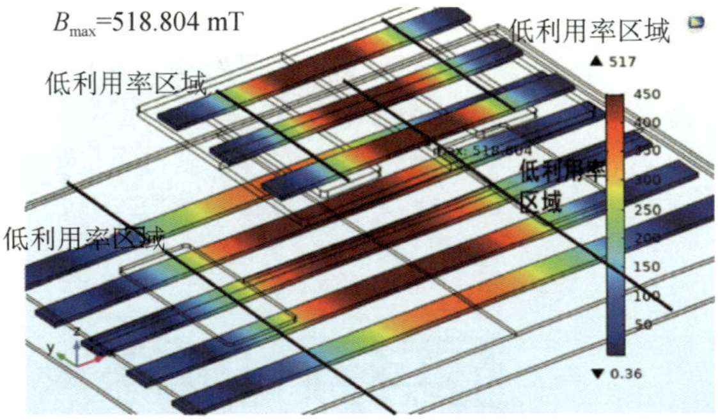

▲ 图 4.13 非对称 DD 线圈基于条形磁芯的低利用率区域分布

总之，主流的 MnZn 软磁铁氧体虽然在车载无线充电中起着重要作用，但因为材料本身的特性，其在大功率应用中仍然存在诸多问题：饱和限值太低，容易出现磁饱和失效问题，导致磁芯发热损耗严重，传输效率与传输功率降低；国内外关于磁芯结构设计优化的研究较少，主流的磁芯结构存在磁利用率较低的问题，部分磁芯区域未得到充分使用，使得体积和重量浪费。

4.3.2 考虑非线性的磁芯结构优化

正是因为考虑磁芯非线性的条件，目前的 MnZn 软磁铁氧体存在大功率下的磁饱和问题与磁利用率问题，因此如何通过科学合理地优化设计来避免上述问题显得尤为重要。本文接下来将对磁芯的结构选型与参数优化流程进行介绍。

在磁芯参数优化之前，最为重要的一步是确定磁芯的结构，不同的磁芯结构有着不同的特征参数，并且磁芯的结构对于空间磁场的分布起到决定性作用。

由于在车载大功率无线充电中所用的线圈类型不同,而不同线圈类型在三维空间的耦合磁路分布不同,因此磁芯的结构选型一般是基于线圈的类型来考虑。目前主流的几种线圈类型的磁芯结构排布如图 4.14 所示。图 4.14(a)是最简单常见的板状磁芯,这种磁芯基本没有考虑不同线圈结构的耦合特性与空间磁场分布,磁芯投入体积较大,因此磁芯利用率较小;图 4.14(b)是阵列片状磁芯,目前该磁芯排布应用于高通 Halo 公司的产品实物上,该种磁芯在考虑用量的前提下,在垂直 z 方向的表面积较大,所以主要考虑的是在空间垂直 z 方向对于传输距离的提升改善;图 4.14(c)辐射状的磁芯能在线圈平面沿着磁条长度方向对磁场进行引导,效果较好的同时磁芯的用量体积较少;图 4.14(d)条状并排的磁芯主要用于 DD 线圈,特别是在对称 DD 耦合线圈上,能够搭配螺线管线圈对位错产生的死区进行补偿。

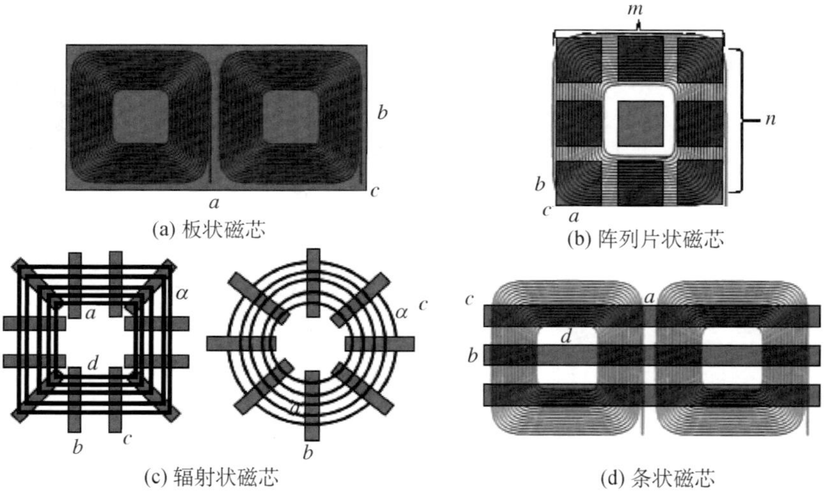

图 4.14　几种典型线圈类型的磁芯结构排布

上述的磁芯结构排布在功率等级较小或不考虑成本体积的条件下对系统传输效果有较好的改善,但结构简单,厚度均匀,同时缺乏一定的理论指导依据,存在磁通密度分布不均,以及部分磁芯体积浪费等不足。所以,本书提出磁芯选型的两种思路。

(1) 基于线圈空间耦合的磁芯选型

在无线传输系统中,发射线圈自身交变电流产生的空间磁场一部分被接收线圈耦合利用,另一部分发散泄漏在空气中,但磁力线属于闭合曲线,所以最终泄漏在空气中的磁力线又回到发射线圈。从空间磁耦合的角度看,与接收线圈耦合的这部分磁通可看做线圈间互感,其占总磁通的比值即是耦合系数 k。因此在实际的选型设计中,为了提升系统传输效果,可以考虑对不同线圈类型在三维空间的磁场分布进行仿真,根据不同区域的磁路走向与耦合特性,将线圈间的耦合磁路划分为自耦合区与互耦合区，图 4.15 为非对称圆形线圈与非对称 DD 线圈的耦合区域划分。

通过耦合区的不同功能设置，可对空间不同位置的磁阻进行调控。因为空间磁阻的大小与该空间位置的等效磁导率成倒数关系，可以在空间特定位置通过添加或减少磁芯来改变该区域的磁阻大小。

互耦合区域的磁通从发射线圈出来之后，最终被接收线圈所耦合，成为激励接收线圈产生感应电压的磁通部分，因此在磁芯的排布上，尽可能将更多的磁芯排布在该区域附近，来减小这部分的等效磁阻，从而增加其磁通占比。但在追求更多磁通耦合效果的同时，我们需要关注空间磁泄漏的影响，对于空间中部分容易泄漏磁场的区域也需要排布磁芯来起到磁屏蔽的作用，以达到 SAE J2954 标准所要求的磁泄漏限值。

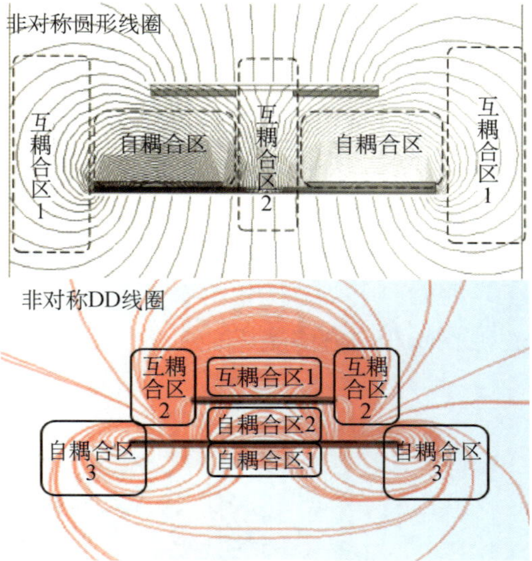

▲ 图 4.15 非对称圆形线圈与非对称 DD 线圈的耦合区域划分

自耦合区域内的磁通从发射线圈出来之后泄漏到空间中，最终又回到发射线圈，该部分磁通不能被接收线圈所耦合，因此要求其占据的比重尽可能少，可通过在该区域排布较少的磁芯来增大该区域的等效磁阻。

基于给定的线圈类型，根据线圈间耦合区的分布对其空间磁阻调控，最终提出新的磁芯结构。

(2) 基于主流磁芯磁通密度分布的磁芯选型

上述空间耦合区域的划分对于磁能线圈间的磁通分配与磁芯选型提供了调控的依据与方向，但该方法未考虑到磁芯的非线性特性与磁芯工况，即磁芯的磁感应强度分布情况。因此，本章接下来介绍一种基于主流磁芯磁通密度分布的磁芯选型设计。

首先该方法也需确定磁能线圈的类型，选择 DD 线圈还是圆形线圈将产生不同的磁场空间分布。其次，发射线圈和接收线圈由于应用场景的不同，对于磁芯的体积成本、磁泄漏等有着不同的要求。发射线圈产生的磁场对于侧面磁泄漏影响较大，因此需要在线圈侧面边缘位置做磁屏蔽。而接收线圈耦合的磁通会在线圈背面有更多的磁泄漏，因此接收线圈的背面往往需要多层屏蔽板。

一旦确定磁能线圈的类型与应用场景之后，即可以在该基础上选择主流的磁芯。比如基于圆形线圈选择圆形平板磁芯或条形米字型磁芯，基于 DD 线圈选择方形平板磁芯或条形并排磁芯，再根据需要的功率等级给定磁能线圈不同的电流激励大小。

通过仿真可以得到基于主流磁芯选定线圈的磁通密度分布情况，以图 4.16 的 DD 线圈为例，不管是采用平板磁芯还是条形磁芯，DD线圈上磁芯的磁通都主要集中在中间区域，因为从本质上说DD线圈等效于中部螺线管线圈与圆形线圈的叠加组合，线圈中部区域是主要的耦合磁通路径，即磁芯磁感应强度最大的区域。因此，可以基于主流磁芯磁通密度分布情况来做进一步的改进，在其基础上做磁场调控，对磁密较大的区域增加磁芯横截面积来防止磁饱和。一方面可考虑在保持均匀厚度的前提下，在平面上增加磁芯表面积；另一方面可在非均匀厚度前提下，在磁密较大地方增加磁芯厚度来缓和磁饱和。同理，可对磁密较小的两侧区域减小磁芯横截面积来降低磁芯的低利用率，但该方法受基础磁芯的结构限制，不适用于离散分布的磁芯结构。

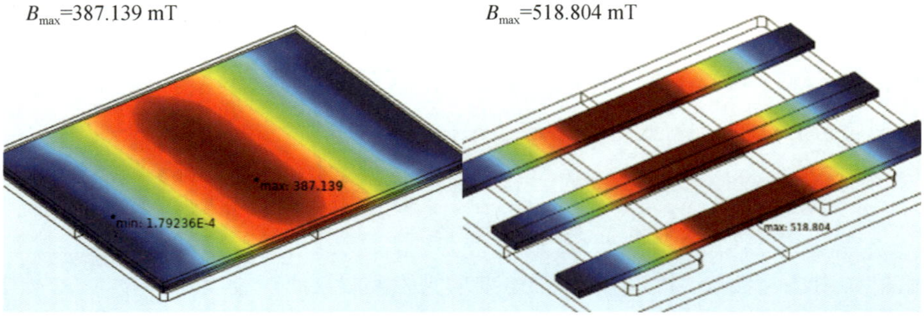

(a) 平板磁芯　　(b) 条形磁芯

▲ 图 4.16　基于DD线圈的两种主流磁芯的磁密分布

总之，主流的磁芯结构并非最优的解决方案。基于磁芯非线性与选定的线圈类型，考虑线圈间耦合区域的分布及磁芯磁通密度的分布，才能更好地从磁芯选型设计与结构排布上改善无线充电系统的传输效果。

4.3.3　考虑非线性的磁芯参数优化

确定磁芯的结构之后，还需对磁芯结构的具体参数进行优化，不同的磁芯结构会有不同的优化参数，不同的优化参数有不同取值。根据优化参数的数量，其优化复杂程度也不相同，比如辐射排布的条状磁芯涉及的优化参数有辐射夹角 α，单个条状磁芯有长度 a、宽度 b 与厚度 c，条形磁芯有内边与辐射圆心的距离 d 等。相比之下，基于圆形线圈且辐射排布的凹型磁芯则在此基础上额外多出一倍的参数，因此该种新型磁芯结构的参数优化将变得更为复杂。下面将对磁芯参数优化的两个关键流程进行详细介绍。

(1) 磁芯参数敏感性分析

由于新型磁芯结构参数较多，在优化前需对不同的磁芯参数进行参数敏感性分析。确定了优化目标，可根据不同磁芯参数对线圈感值，耦合系数以及磁芯体积等的影响大小不同，对磁芯参数进行归类，选定主要优化参数与辅助优化参数，主要优化参数对优化目标的影响较为敏感，需优先优化，而辅助优化参数则对优化目标影响较小，优化的优先级较低。

研究发现，磁芯的厚度对线圈间耦合系数影响较小，适当地减小磁芯厚度，耦合系数 k 不会有明显下降，但如图 4.17 基于 DD 线圈的条形磁芯在长边 x 方向与短边 y 方向的磁通密度随磁芯厚度变化结果所示，从下往上依次为当磁芯厚度从 10 mm 减小到 1 mm 时候的磁芯磁感应强度分布，可以看到厚度对磁芯磁感应强度分布较为敏感，厚度越小磁芯越容易出现饱和问题，因此对于磁芯局部磁感应强度较高的位置，可适当增加磁芯厚度来防止磁芯出现局部饱和，尤其是在大功率传输情况下。相反，对于局部磁感应强度较小的位置，则可通过适当减小磁芯厚度来提高这部分的磁芯利用率，通过对磁芯不同空间位置处的厚度调控，可以将磁芯整体控制在 BH 曲线上较合适的工作区域。而耦合系数 k 的大小作为无线传输系统的重要指标，也常被当作磁芯结构优化的目标之一。因此，根据 4.3.1 中提到的磁芯利用率较低与磁饱和问题，可以将其考虑到优化之中，以磁芯不同位置的厚度作为重要的优化调控参数。

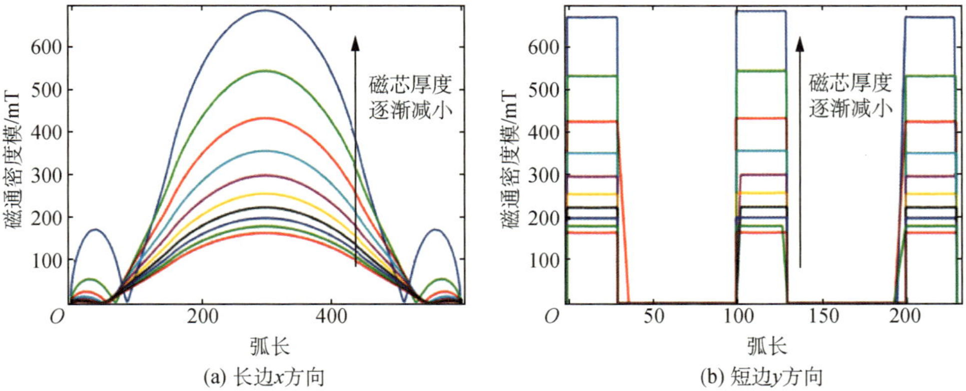

▲ 图 4.17 条形磁芯在不同厚度下(1～10 mm)沿着 x 和 y 方向的磁感应强度分布

(2) 磁饱和与磁利用率的边界条件确定与参数优化

本质上，磁饱和与磁利用率的优化属于同一问题，即考虑磁芯非线性特性下磁芯相对磁导率的变化对系统的影响，进而确定磁芯工况的上下边界。

磁芯在车载无线充电中的上下边界具体应该如何来确定呢？如图 4.18 所示，可先将铁氧体的 BH 曲线划分出合适的工作区间。考虑磁饱和问题可以确定工作区间的上限值，根据 4.3.1 节中非线性问题可知，一方面需要考虑磁芯的极限最小磁导率对系统的耦合系数与互感的影响，另一方面 BH 曲线上限边界的确定需要结合磁芯 P-B 损耗曲线进行评估，不能产生发热等严重问题。而下限边界的确定则比较灵活，理论上可以通过不断削减低利用区的磁芯厚度而使磁芯工作的下

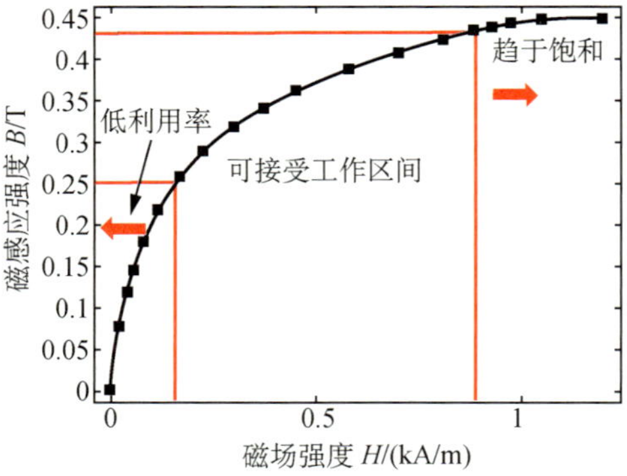

▲ 图 4.18 铁氧体 *BH* 曲线工作边界分析

限边界尽可能接近上限边界，但通过削减厚度提高磁密的方式可能会使磁芯在该处机械强度减弱或者加工工艺困难，同时给有限元建模的网格划分与网格分析也增加了难度。另一方面，减小磁芯厚度会增加空间磁泄漏。综上所述，需进行综合考量。

除此之外，磁芯大量参数优化往往需要花费大量时间来完成，因而优化智能算法的选取尤为重要。根据优化目标与应用场景，选取适当的算法能节省大量的时间，并提高优化算法的收敛性与鲁棒性。目前主流的智能优化算法有粒子群算法(PSO)，遗传算法(GA)，蚁群算法(ACO)等，在前文第 3 章已作详细介绍，这里不再详细展开。

总的来说，考虑磁芯非线性带来的磁芯利用率与磁饱和问题，可归结为考虑磁芯工况的磁通密度调控问题，包括磁芯结构选型和参数优化两个步骤，其参数优化可以归纳为图 4.19 所示的流程。

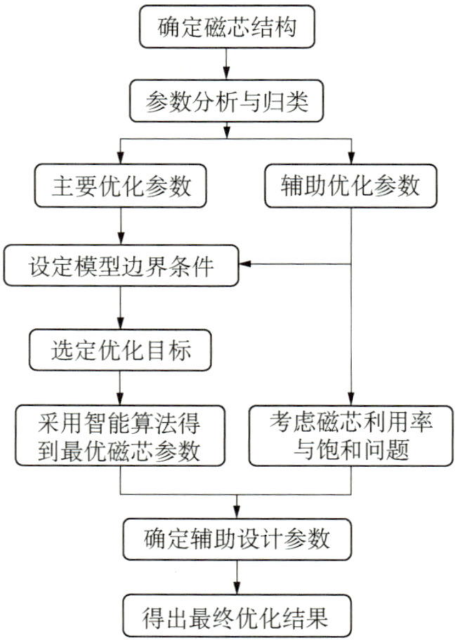

▲ 图 4.19 磁芯结构的参数优化流程

4.3.4 国内外磁芯优化研究的案例

目前，国内外关于车载无线充电应用的磁芯优化研究，很少从材料与应用场景层面去考虑可替代铁氧体的新型磁芯，主要针对普遍使用的铁氧体磁芯进行结构与参数的优化。

按照优化目标与优化复杂程度的由浅入深，可归纳为三类：

(1) 基础磁芯的参数优化

不考虑磁芯非线性与特殊的磁芯结构，即在条形、平板等主流磁芯结构的基础上，以磁芯体积、线圈间耦合系数 k、磁芯损耗等为优化目标，对磁芯尺寸参数进行优化，且不考虑磁芯非线性饱和问题等。这类磁芯研究在早期时候较多，侧重于提升系统传输性能，适用于对磁芯体积与功率等级要求较低的无线充电应用场景。

卢德维克 · 斯特劳克(Ludvik Strauch)等人[12]基于圆形线圈下的辐射条状磁芯进行优化，分析了磁芯条数，单条磁芯的长度宽度以及厚度等参数，对耦合系数与磁芯体积的影响。在固定单

条磁芯长度 $b_t=18$ mm，磁芯厚度 $c_t=2$ 下，对不同磁芯条数 n 的磁芯宽度 a_t 与耦合系数 k 的关系进行了分析，如图 4.20 为不同条数的磁芯能在不同的磁芯宽度 a_t 下达到相同的耦合系数 0.75。通过将耦合系数控制在 0.75，对不同磁芯条数 n 下的磁芯体积进行比较，发现 $n=9$ 时磁芯体积只有 972 mm^3，相比 $n=3$ 对应参数下的 1 728 mm^3，磁芯体积明显改善。除此之外，该文献进一步对参数 b_t 与 c_t 影响下的耦合系数 k 进行了解耦分析，结果表明 $n=9$ 对应参数下的磁芯不管是耦合系数、成本体积，还是漏磁方面都表现良好。

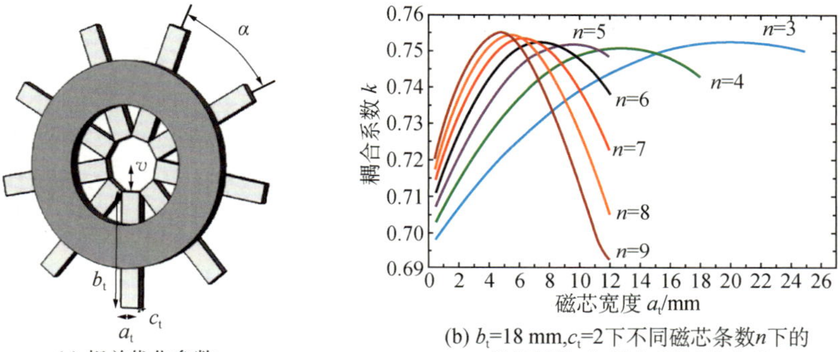

(a) 相关优化参数

(b) b_t=18 mm,c_t=2下不同磁芯条数n下的磁芯宽度a_t与耦合系数k的关系

▲ 图 4.20　基于圆形线圈辐射条状磁芯的线圈优化

关于基础磁芯的参数优化，由于优化的参数相对较少，优化较为简单，因此基本不需要采用智能算法，只需如上述文献一样通过对不同优化参数下的优化目标固定，即可实现不同参数之间的解耦，进而将不同优化参数对优化目标的影响进行敏感性分析。虽然基本磁芯结构的优化较为简单，但由于其结构单一，优化参数较少，因此优化空间较小。

(2) 基于特殊结构的磁芯参数优化(不考虑磁芯非线性)

这类研究在选定磁能线圈的前提下，根据磁芯上激励的磁感应强度分布，在主流磁芯结构的基础上提出特殊结构的磁芯，并针对特殊磁芯结构的参数进行优化。由于特殊结构磁芯的参数繁多复杂，因此需要先对参数作敏感性分析，根据不同参数对系统的影响大小实现参数间解耦。这类磁芯研究多见于近两年，在保证系统传输性能较大的前提下，实现了对磁芯体积的合理调控，但都是基于磁芯相对磁导率恒定的情况，未考虑磁芯非线性。

相比形状单一的磁芯结构，新型结构的磁芯提升了优化空间，对磁场的调控更为科学。德扎(F. C. Dezza)等人[8]对圆形线圈在基于辐射条状磁芯的基础上，提出了一种如图 4.21 的新型 T 形磁芯，该磁芯通过在图 4.15 所示的非对称圆形线圈的互耦合区 1 增添磁芯来减小该区域的磁阻，从而提高了线圈间耦合系数 k，有效地改善了系统传输效果。

基于非对称 DD 线圈这种类型，刘志珍、曾浩等[9]通过在 DD 发射线圈与 DD 接收线圈的平面线圈空心部分增添磁芯，提出了一种如图 4.22 所示的凸型磁芯结构，有效提高了二者耦合后互耦合区 1 和互耦合区 2 的磁通量，与传统的平面磁芯结构相比有较明显的效果提升。

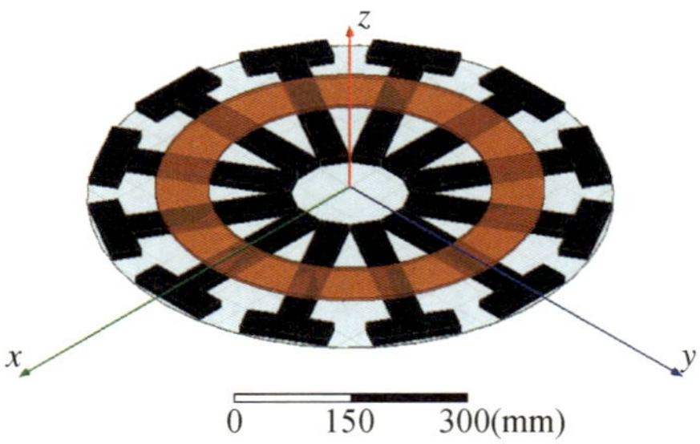

▲ 图 4.21 一种基于圆形线圈的 T 形辐射排布磁芯结构

▲ 图 4.22 一种基于 DD 线圈的凸型磁芯结构

上述新型磁芯结构的优化问题更多的是从漏磁与耦合系数的角度去调控磁芯排布，优化磁芯参数，而未考虑磁芯的非线性问题对系统带来的影响，比如上述基于 DD 线圈的凸型磁芯结构存在薄弱区域，即 DD 线圈中部区域的磁芯较薄，而这部分刚好又是 DD 线圈磁通最为集中的区域，因此这样的优化往往在大功率应用下会出现磁饱和等问题。

(3) 基于特殊结构的磁芯参数优化(考虑磁芯非线性)

这类优化研究在新型结构的磁芯基础上，给出了更多的磁芯优化边界，对磁芯的磁饱和、磁损耗、磁利用率等非线性问题提出了要求。因此，随着快充功率等级的提升与产业化的推进，这类磁芯优化研究将会逐渐增多，其不仅保证了系统传输性能，而且最大程度平衡了磁芯体积与大功率快充需求之间的矛盾。

重庆大学自动化学院孙跃课题组[10]在米字形磁芯的基础上，基于圆形线圈提出了一种凹凸型磁芯结构，如图 4.23 所示。

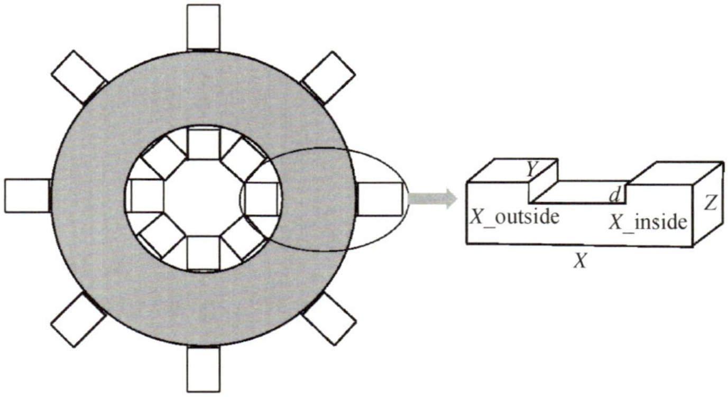

▲ 图 4.23 一种基于圆形线圈的凹凸型辐射排布磁芯结构

文中重点介绍了考虑磁饱和问题的凹凸型磁芯结构的优化设计思路。从工程应用角度，发射机构与接收机构越轻越好，即磁芯越薄越好，而磁芯过薄又会导致磁饱和。因此，需要确定 Z 的磁饱和门限值 $Z_min = f(B_{max})$unsaturated。文中采用的铁氧体在 25 ℃下的 B_{max} 饱和磁感应强度值为 510 mT，考虑该磁饱和值，文献确定凹处磁芯的上表面不能超过上限值 $(2/3) * f(B_{max}) \mid$ saturated = 340 mT，又根据磁芯磁感应强度与磁损耗的关系，找到了磁损耗激增的拐点磁感应强度，将其定义为下表面能超过的上限值 $(1/2) * f(B_{max}) \mid$ saturated = 250 mT。通过有限元仿真，得到了凹处不同厚度下的磁芯磁感应强度分布，根据设定的上下表面限值，确定了最终凹处磁芯的厚度为 9 mm。优化后的凹凸型结构比未优化前的结构体积减小了 22%，互感与耦合系数也有明显提升，理论系统输出功率和效率分别提高了 37%和 10%。

该研究虽然考虑了磁饱和问题，并基于磁饱和导致的损耗激增问题来设置磁芯的工作限值，但并未考虑磁饱和后磁芯 BH 工作区间的变化，即磁感应强度对磁芯相对磁导率以及系统耦合系数 k 的影响。

M. 默罕默德(Mostak Mohammad)[11]等基于圆形线圈，提出了类梯形磁芯结构。对于磁通密度给出了要求，需要低于磁饱和限值并尽可能一致，以达到更低的磁芯损耗与更好的磁芯利用率。优化中副边电流大小设置在 20 A 且同相激励，相比于有相位差的原副边电流，同相激励将产生最大的磁感应强度，能适用于恒定功率输出条件下，不同线圈电流特性的各种电路拓扑结构。根据上述的设定条件，磁芯损耗可以通过磁芯设计使得磁芯上的磁通密度均匀分布而减少，而磁通密度的大小跟磁芯的横截面积成正比，因此提出通过厚度调控实现磁芯不同位置处磁通密度的均匀分布。对于磁通密度较大的区域增加其磁芯厚度，而磁通密度较小的区域削减磁芯厚度，从而达到更好的磁芯利用效果。

最终该研究提出了图 4.24 的磁芯结构，采用非线性规划算法，对其中涉及的所有长度 L 和厚度 t 进行优化，设定优化目标中的均匀磁通密度大小为 150 mT，最终优化前后的结果如图 4.25 所示。

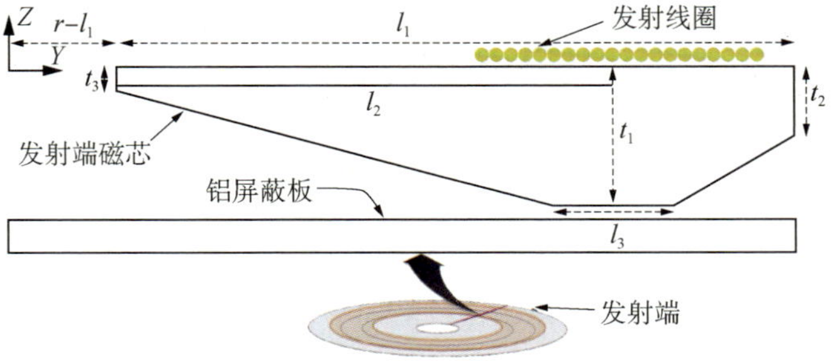

图 4.24 基于圆形线圈的非均匀厚度磁芯截面结构

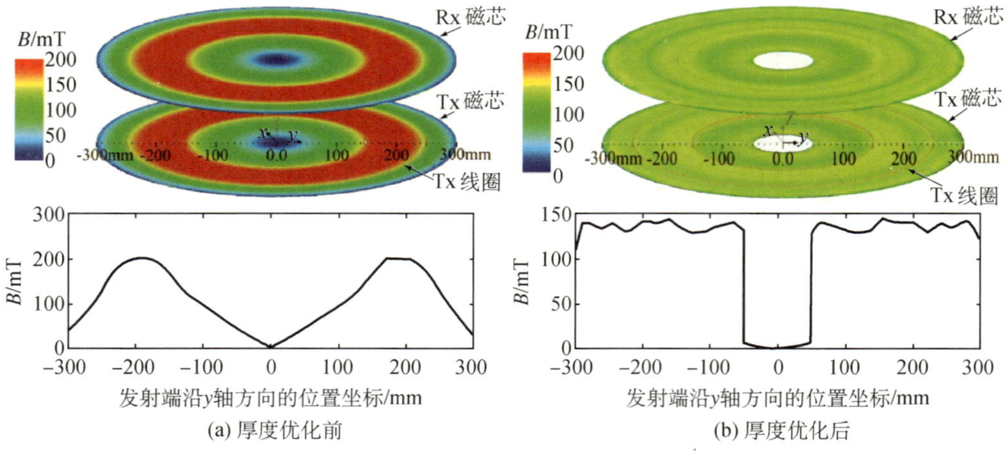

▲ 图 4.25　磁芯整体磁通密度分布与沿圆形磁芯径向分布情况

优化前，磁芯中心和外缘附近区域的磁通密度很低，磁芯利用率低，而 Tx 和 Rx 线圈周围的红色区域磁通密度较高，磁芯损耗较大。沿磁芯径向的磁通密度分布精确地表示了优化前均匀厚度磁芯中磁通密度的非均匀性，磁芯在线圈中心位置处的磁通密度沿径向向外对称增大，直至在线圈中心匝附近达到最大磁通密度。最后，磁芯磁通密度继续沿边缘减小。

结果表明，在优化前的均匀厚度磁芯中，有很大一部分磁芯的磁通密度较低，未得到充分利用。相比之下，如图 4.25(b)所示，优化后的磁芯其主要磁通密度都分布在 130～150 mT，相比优化前的磁芯，优化后磁芯在避免磁饱和的同时，显著提高了原本低磁通密度区域的磁利用率。

该方法考虑了磁芯低利用率的优化问题，通过改变磁芯厚度来调控磁阻分布，以磁通密度均匀一致性为目标，提高了磁芯利用率，降低了损耗。但文中并未给出 150 mT 磁感应强度的边界条件的确定依据，关于涉及的具体优化参数也未给具体的优先级分析等。

4.4　新型纳米晶磁性材料改良及应用

虽然低饱和的铁氧体磁芯能够通过结构与参数优化，缓解磁芯在车载大功率无线充电下的饱和失效问题，但磁芯优化设计的结果往往是异形的磁芯结构，而 MnZn 铁氧体材料具有如图 4.26 脆性易碎裂的特性，使得这样的异形磁芯加工工艺复杂，难以实现商业化批量生产与应用，尤其受到车载接收端受体积大小与行驶颠簸的场景限制。因此，要从根本上解决铁氧体脆性易碎裂以及大功率下易磁饱和的问题，需寻找一种具有更高磁饱和限值且具有抗破坏性能的新磁芯材料。

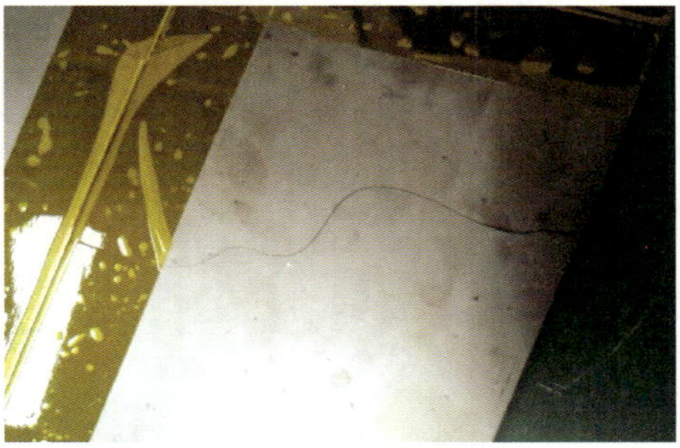

▲ 图 4.26 MnZn 软磁铁氧体脆性易碎裂的材料特性

纳米晶材料具有更高的磁饱和限值，更高的磁导率，不需要用磁芯结构优化的办法去避免磁饱和问题，有望从根本上解决无线充电十千瓦级功率下铁氧体的磁饱和问题，但纳米晶的致命问题是其电阻率远低于软磁铁氧体，这将在高频下带来大量的磁芯涡流损耗。因此，如何将其电阻率与发热损耗降到可接受的范围内，成为纳米晶磁性材料在车载无线充电中应用的关键问题。国内的安洁无线科技有限公司，万安亿创电子科技有限公司等电动汽车无线充电方案供应商都在努力开发新型纳米晶磁芯材料。下面将对纳米晶磁芯的主要参数特性，及其车载无线充电应用的发展进行介绍。

4.4.1 纳米晶磁芯特性简介

纳米晶以铁元素为主，加入少量 Nb，Cu，Si，B 元素所构成，通过快速凝固工艺形成一种非晶态，再经过热处理后获得直径 10～20 nm 的微晶，均匀分布在非晶态的基体上，形成纳米晶材料。其中的铁基纳米晶磁芯具有高饱和的磁感应强度，高初始磁导率，高出软磁铁氧体 5 倍以上的磁导率(85 kHz 下其相对磁导率大于 15 000)，2 倍的饱和磁感应强度(1.1 T 以上)，这意味着使用远低于原有铁氧体体积的纳米晶材料，依然能达到相同的甚至更好的无线传输效果。另外，纳米晶磁芯的居里温度高达 560 ℃，远高于传统铁氧体磁芯的 200 ℃，高居里温度使得纳米晶磁芯具有极高的热稳定性，可以连续在 120 ℃环境中工作[13]。

但纳米晶磁芯的电阻率远低于铁氧体，在低频(30 kHz)以下其损耗跟铁氧体相当，但当频率逐渐增高，纳米晶磁芯的涡流损耗显著增加，在车载大功率无线充电的 85 kHz 频段下，纳米晶磁芯将会产生巨大的高频涡流损耗，因此纳米晶磁芯不能直接用于车载大功率无线充电[14]。

4.4.2 纳米晶磁芯在无线充电中的应用研究

(1) 叠层纳米晶磁芯的特性与理论研究

国外的高纳(D. E. Gaona)等[17,18]对纳米晶带材层压形成的纳米晶磁芯在电动汽车无线充电中的应用做了一定的可行性理论研究。

考虑到纳米晶电阻率较小，因此研究中对主要磁通分量产生的感应涡流沿 y，z 方向进行叠层阻隔。首先对不同层叠方向的纳米晶磁芯对线圈参数的影响进行研究，如图 4.27(a)，(b)所示。通过与 N87 铁氧体对比分析可以看到，如图 4.27(c)，(d)的叠层纳米晶的自感与互感明显下降，尤其是沿 z 方向叠层的自感与互感下降较为明显，互感的降低使得线圈间耦合减弱，叠层纳米晶的耦合系数 k 减小，视在功率 P_{su}降低。

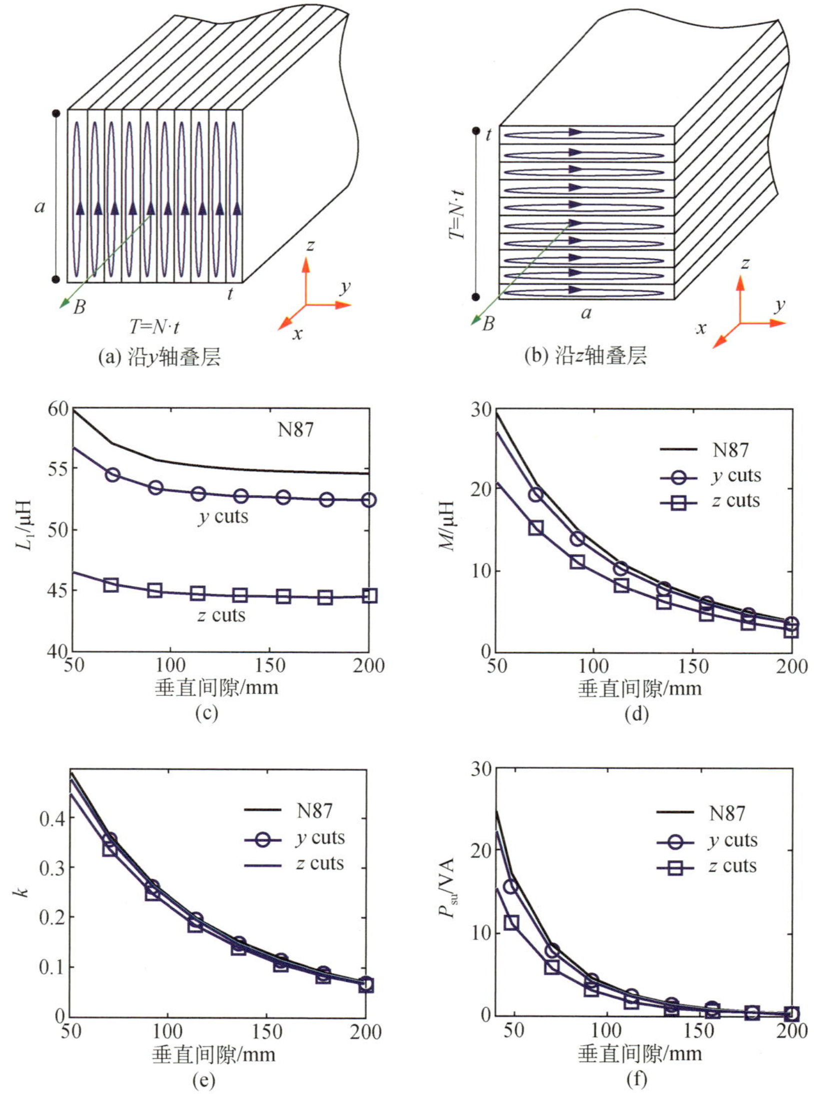

图 4.27 (a)沿 y 方向的纳米晶层叠结构；(b)沿 z 方向的纳米晶层叠结构；垂直间隙对层叠纳米晶与铁氧体 N87：(c)自感的影响；(d)互感的影响；(e)耦合系数 k 的影响；(f)视在功率 P_{su}的影响

更大磁导率的叠层纳米晶磁芯产生了更小的自感与互感，研究中解释为感应涡流对整个线圈耦合结构的磁路影响。在垂直间隙较小时，感应涡流对空间磁阻的影响占据主导作用；当垂直间隙较大时，漏感增大，线圈间气隙对空间磁阻的影响增加。

同时，由于采用叠层工艺，纳米晶磁芯在宏观上具有了结构各向异性，且对于松耦合无线充电而言，磁通密度具有 x，y，z 三个方向的分量，每个分量在有无叠层的方向对于磁芯感应涡流的贡献不同，因此研究者根据变压器中的叠层硅钢片原理，推导了叠层纳米晶磁芯在不同分量上的等效电导率与等效磁导率理论计算公式，即

$$\sigma_{\mathrm{eq},z}=\sigma_{\mathrm{eq},x}=F\sigma,\quad \sigma_{\mathrm{eq},y}=\frac{\sigma}{F}\left[\frac{T-2\delta}{N(a+t-2\delta)-a}\right]^{2} \tag{4.8}$$

$$\mu_{\mathrm{eq},z}=\mu_{\mathrm{eq},x}=\frac{\mu\mu_{0}}{F\mu_{0}+(1-F)\mu},\quad \mu_{\mathrm{eq},y}=F\mu+(1-F)\mu_{0} \tag{4.9}$$

式中，δ 为纳米晶带材的趋肤深度；F 为叠层系数，当纳米晶带材层叠间隙为 0 时，$F=1$。

基于上述理论，研究进一步对 N87 铁氧体与叠层纳米晶在 DD 线圈中进行了有限元建模，并分析了其磁通分布。如图 4.28 所示，左侧 N87 铁氧体的磁通密度沿着 x 长度方向先增大后减小，在

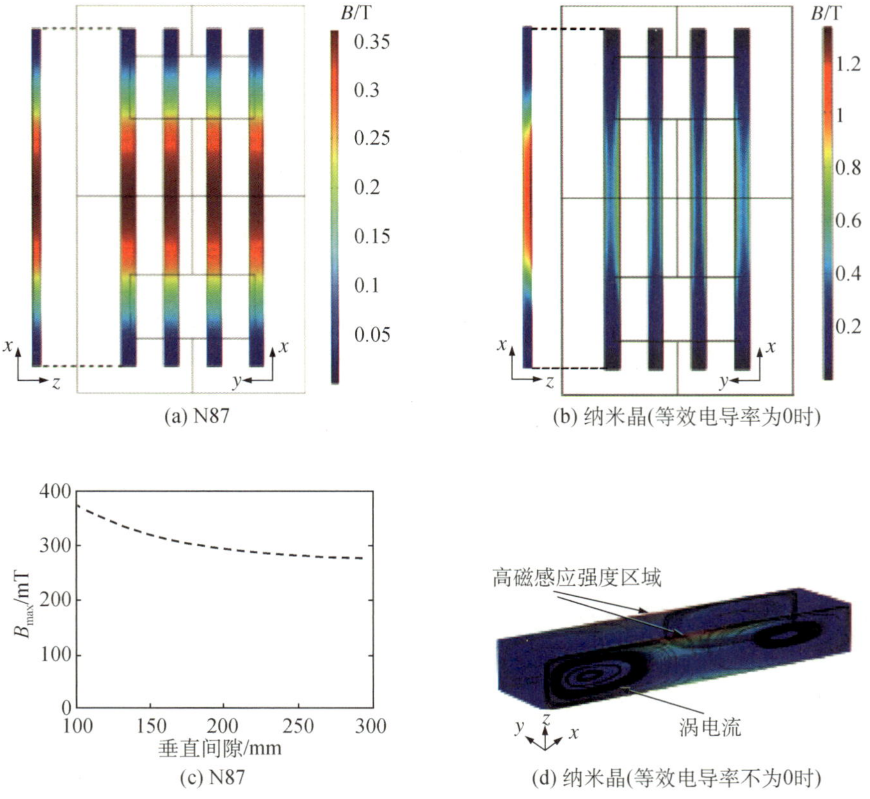

图 4.28　(a)，(b)气隙 100 mm 时 N87 与纳米晶磁芯的磁通分布；(c)铁氧体磁芯的中部磁通密度随气隙增加的变化；(d)纳米晶中感应涡流分布

中部区域达到磁通最大值且基本已饱和，而沿着厚度 z 方向，磁通分布较为均匀。相比之下，纳米晶大部分磁通低于磁饱和值 1.2 T，但在 z 厚度方向靠近线圈侧部分饱和，随着远离线圈而逐渐衰减，且在电导率不等于 0 的时候，纳米晶 B 场较大处涡流较大。

进一步地，实验基于不同厚度（$t_{c1}=16$ mm，$t_{c2}=8$ mm）的纳米晶磁芯对 DD 线圈静态参数的影响进行分析，通过与 t_{c1} 厚度的铁氧体以及 t_{c1} 厚度的纳米晶仿真对比，得到图 4.29 的测量结果，仿真与实测基本一致。随着位错的增大以及磁芯厚度的减小，磁芯的自感互感以及交流电阻 R 逐渐减小（在 y 方向位错时，由于 DD 线圈死区影响，互感 M 减小到 0），但由于纳米晶的磁导率远高于铁氧体，因此其感值仍大于铁氧体。但磁导率过大使得线圈的临近效应与趋肤效应增强，线圈交流电阻 R 过大，图 4.29(d)，(e)，(f)纳米晶的线圈电阻 R 是铁氧体的十几倍，导致纳米晶的品质因数远低于铁氧体。

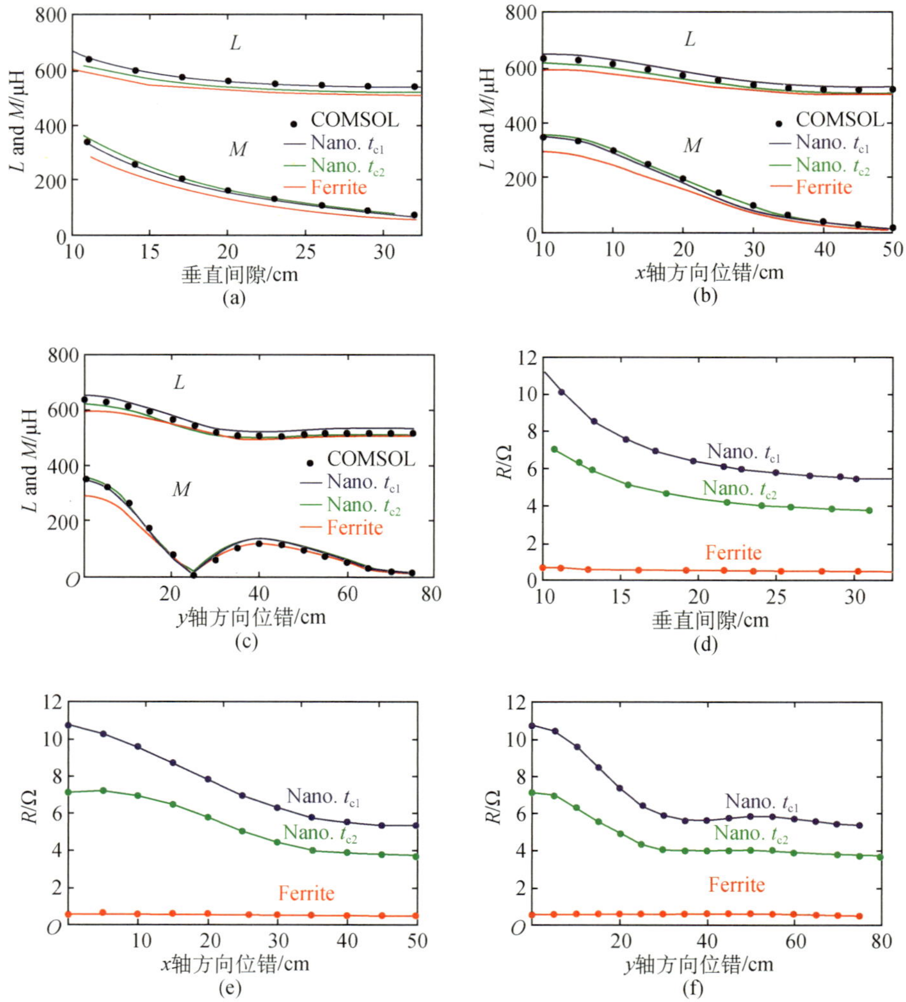

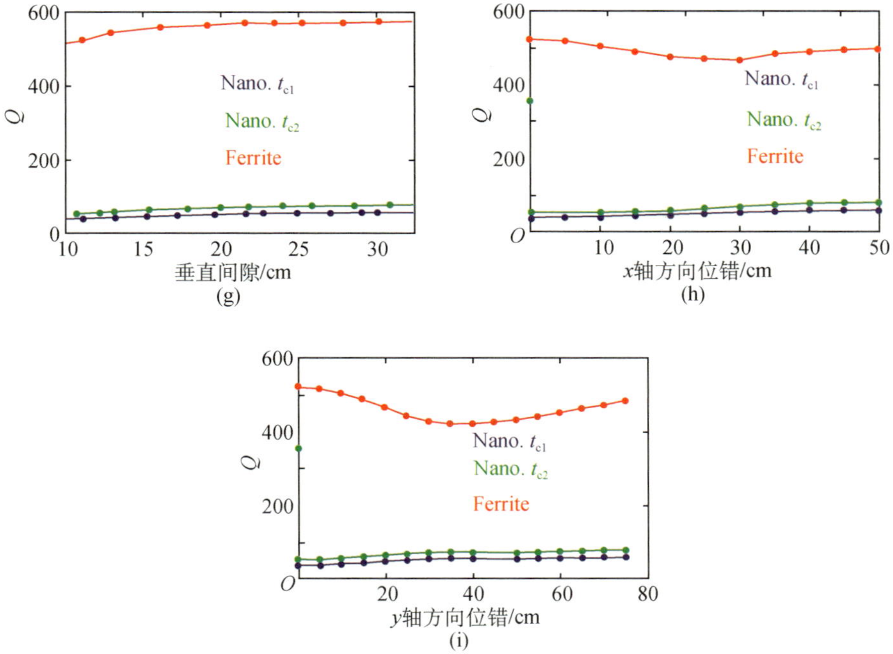

▲ 图 4.29　(a)，(b)，(c) 纳米晶与铁氧体磁芯的线圈自感互感随 xyz 位错的变化；(d)，(e)，(f) 纳米晶与铁氧体磁芯的线圈 85 kHz 交流电阻随 xyz 位错的变化；(g)，(h)，(i) 纳米晶与铁氧体磁芯的线圈品质因数随 xyz 位错的变化

在功率加载传输实验中，如图 4.30 所示，在相同输入功率下，纳米晶的输出功率低于铁氧体。从图 4.30(b)，(d)的线圈交流损耗与交流效率测量结果分析，由于纳米晶的电阻率远小于铁氧体，同时纳米晶较大的磁导率在磁芯上感应出更大的 B 场，使得纳米晶的磁滞损耗和涡流损耗都远大于铁氧体，导致线圈间损耗较大，线圈间交流 AC-AC 效率变小，系统直流 DC-DC 效率降低。

(2) 高饱和柔性纳米晶磁芯的可行性研究

国外研究对纳米晶的叠层进行了更为细致的理论分析与有限元仿真，但所采用的纳米晶带材实验效果并不理想，原因在于纳米晶电阻率过小，未对其涡流损耗有较大改善，且当磁芯磁导率过大时对线圈间耦合的提升效果不再显著。相反，权衡磁导率过大带来的 B 过大，与线圈损耗增加相比，过大的磁导率收益较差。

基于此，安洁无线科技有限公司与同济大学合作成立的新磁芯研发团队根据纳米晶磁芯在车载应用下的主要涡流分布，对纳米晶带材进行特殊的晶粒碎化热处理，产生的晶粒间气隙有效阻隔了纳米晶磁芯上的感应涡流，增大了纳米晶的电阻率，使得纳米晶的涡流损耗在 85 kHz 高频下明显减小，并利用特殊的交错层叠式薄片拼接工艺，使纳米晶磁芯具有了高柔性的特点，能承受高强度大幅度的弯曲扭压，如图 4.31 所示。

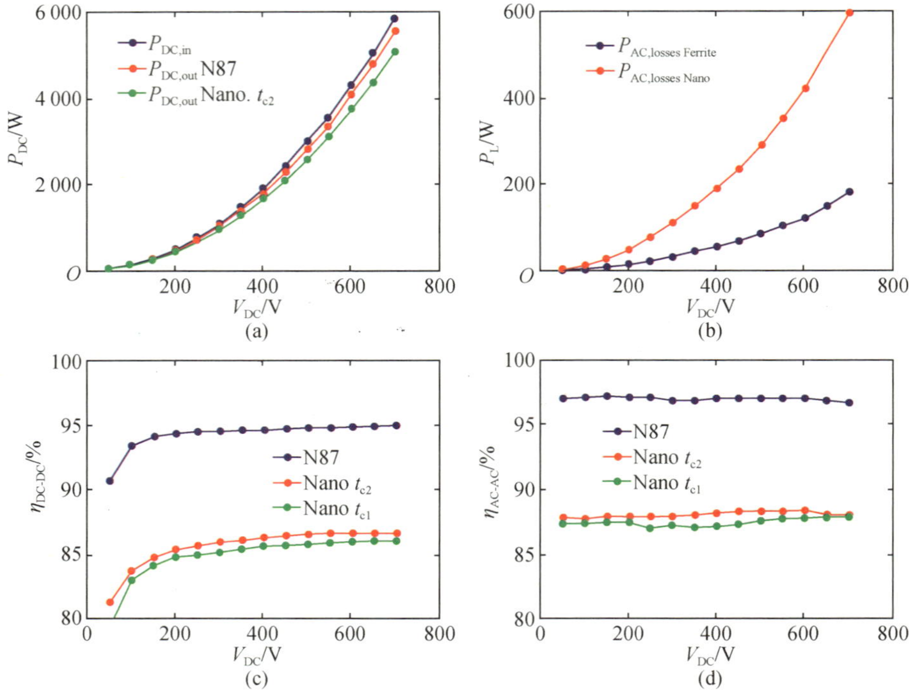

图 4.30　纳米晶与铁氧体磁芯对系统传输功率、线圈损耗与传输效率的影响

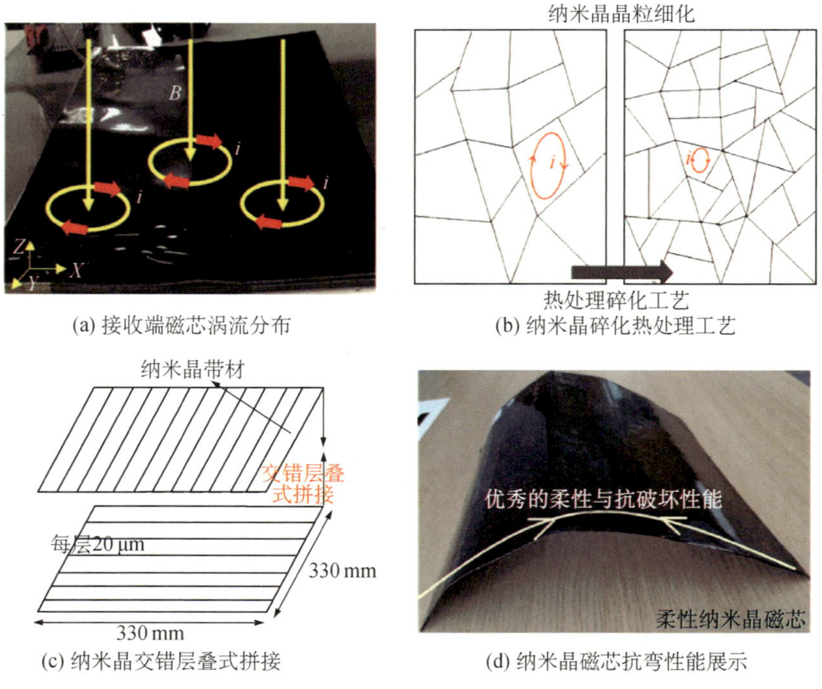

图 4.31　(a)新型纳米晶磁芯的主要涡流分布；(b)减小纳米晶带材粉芯粒度的碎化处理；(c)特殊的交错层叠式带材拼接工艺；(d)柔性纳米晶磁芯的抗弯性能表现

虽然该工艺有效降低了纳米晶损耗，但增加的气隙也导致纳米晶材料内部磁畴的磁化阻力增大，使得纳米晶的磁导率明显下降，而磁芯的磁导率对于无线传输起着增强耦合的重要作用，磁芯的磁导率减小，线圈间磁耦合作用也会减弱，因此，科学地找到磁导率下降的边界值十分重要。如图 4.32 所示，根据非对称方形接收线圈的有限元仿真分析结果可知，相对磁导率从 3 000 减小到 400 的时候，耦合系数 k 的变化较小，但当磁导率小于 400 时，k 开始急剧下降，因此，理论上纳米晶的相对磁导率不能过低(小于 400)，否则会显著影响整个无线充电系统的传输效率。

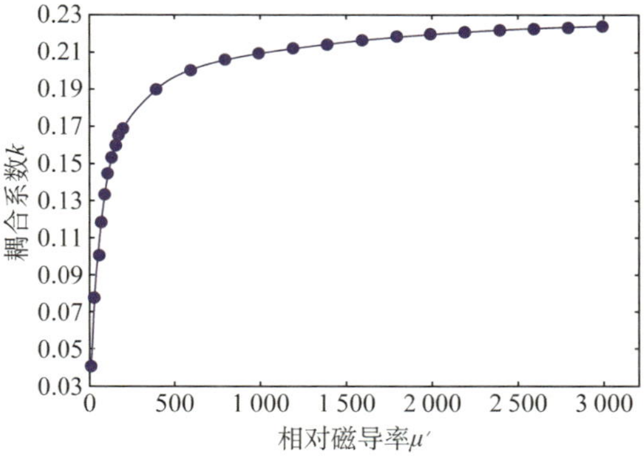

图 4.32 磁芯的相对磁导率对耦合系数 k 的影响

根据上述理论分析，对纳米晶进行了不同程度的磁芯碎化处理，得到了四种不同磁导率的纳米晶磁芯 Nano1, Nano2, Nano3, Nano4，相对磁导率分别为 3 000, 1 500, 700, 400，按照涡流阻隔的工艺，四种纳米晶的磁芯损耗也逐渐减小。从图 4.33 中也可以看出，在相同的 7.7 kW 功率的无线充电传输系统激励下，将四种 5 mm 厚的纳米晶磁芯放置在线圈接收端，稳定工作直至温度稳定后，测得四种磁芯表面的最高温度随磁导率减小而减小，有效地验证了通过牺牲磁导率来阻隔涡流损耗的可行性。

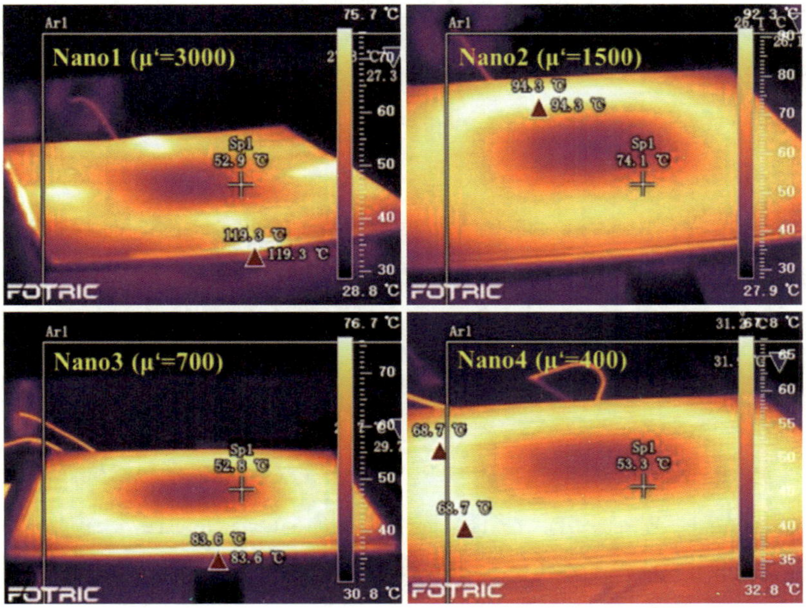

图 4.33 7.7 kW 下不同磁导率的 5 mm 纳米晶磁芯在线圈接收端的温度分布

在进一步的 11 kW 抗饱和测试中,接收端的纳米晶厚度减小到 2 mm,系统仍然具有较好的传输效果,DC-DC 效率在 93.54%以上,发热稳定在 80.3 ℃。而相比较而言,铁氧体材料由于抗饱和效果较差,在 3 mm 厚度下由于交变强磁场的应力作用,材料发生崩裂并出现裂缝。因此,铁氧体不适于小体积大功率的应用,特殊工艺改良后的新型纳米晶磁芯从发热损耗和传输效率上证明了其取代 MnZn 铁氧体的可行性,高柔性高饱和纳米晶磁芯将是未来车端无线充电更好的解决方案。

参考文献

[1] 周益新. 重要磁性材料的应用浅谈[J]. 硅谷,2013, 6(17): 127.

[2] 宛德福, 马兴隆. 磁性物理学(修订本)[M]. 北京:电子工业出版社,1999.

[3] 潘谷平, 潘明虎. 有序 Ni 纳米线阵列的制备及共磁滞回线[J]. 化学物理学报, 1999, 12(6): 675-680.

[4] 马玉利, 戴心锐. 铁磁材料动态磁滞回线测绘方法的优化设计[J].物理与工程,2012, 22(5): 32-34.

[5] STEINMETZ C P. On the Law of Hysteresis[J]. Proceedings of the IEEE, 1984, 72(1): 197-221.

[6] BERTOTTI, G. General Properties of Power Losses in Soft Ferromagnetic Materials[J]. IEEE Transactions on Magnetics, 2002, 24(1): 621-630.

[7] 张新刚, 王泽忠, 徐春丽. Preisach 理论及其在铁心磁化过程建模中的应用[J].高电压技术,2006, 31(9): 14-17.

[8] CASTELLI-DEZZA F, MAURI M, DOLARA A, et al. Power Pad Design and Optimization for Contactless Electric Vehicle Battery Charging System[C]// IEEE. IEEE International Conference on Environment and Electrical Engineering and IEEE Industrial and Commercial Power Systems Europe, 2017.

[9] 刘志珍, 曾浩, 陈红星, 等. 电动汽车无线充电系统磁芯结构的设计及优化 [J]. 电机与控制学报,2018, 22(1): 8-15.

[10] 孙跃, 谭若兮, 唐春森, 等. 一种应用于电动汽车的新型耦合机构优化设计[J]. 西南交通大学学报, 2018, 53(5): 1078-1086.

[11] MOHAMMAD M, CHOI S, ISLAM M Z, et al. Core Design and Optimization for Better Misalignment Tolerance and Higher Range of Wireless Charging of PHEV[J]. IEEE Transactions on Transportation Electrification, 2017, 3(2): 445-453.

[12] STRAUCH L, PAVLIN M, BREGAR V B. Optimization, Design, and Modeling of Ferrite Core Geometry for Inductive Wireless Power Transfer[J]. International Journal of Applied Electromagnetics and Mechanics, 2015, 49(1): 145-155.

[13] 郑立宝, 杨元政, 谢致薇, 等. 环境温度对铁基纳米晶磁芯磁导率的影响[J].热加工工艺,2017,

46(12): 120-122.

[14] 赵波，张宁，李琳，等. 大容量高频变压器磁芯损耗特性分析及结构选择[J].磁性材料及器件，2016，47(1): 39-43.

[15] ACERO J, ALONSO R, BURDIO J M, et al. Frequency-Dependent Resistance in Litz-Wire Planar Windings for Domestic Induction Heating Appliances[J]. IEEE Transactions on Power Electronics, 2017, 21(4): 856-866.

[16] MURTHY-BELLUR D, KONDRATH N, KAZIMIERCZUK M K. Transformer Winding Loss Caused by Skin and Proximity Effects Including Harmonics in Pulse-Width Modulated DC - DC Flyback Converters for the Continuous Conduction Mode[J]. IET Power Electronics, 2011, 4(4): 363-373.

[17] GAONA-ERAZO D E, GHOSH S S, LONG T. Feasibility Study of Nanocrystalline-Ribbon Cores for Polarized Inductive Power Transfer Pads[J]. IEEE Transactions on Power Electronics, 2020, 35(7): 6799-6809.

[18] GAONA D E, LONG T. Feasibility Analysis of Nanocrystalline Cores for Polarize and Non-Polarized IPT Charging Pads [C]// IEEE. IEEE Applied Power Electronics Conference and Exposition (APEC), 2019.

05

车载无线充电系统电路及其控制策略

电动汽车无线充电系统需要在较大的空气气隙中传输千瓦级别的功率，系统的工作电流频率为85 kHz左右。而目前的市电仅仅为50 Hz的低频交流电，因此需要功率因数校正单元先将市电转变为功率因数接近1的直流电，然后经过高频逆变电路将直流电转化为特定频率(85 kHz左右)的激励电流。输出负载端连接的是电动汽车的动力电池，因此在接收端还需要加入整流电路。本章介绍功率因数校正电路，H桥逆变电路以及整流电路的基本原理及设计思路。

在实现基本功能的电路基础上，研究电动汽车无线充电系统的功率控制方法。首先，作为车用充电机，无线电能传输系统根据电池管理系统的需求对充电电流和电压进行实时闭环控制是基本的要求；其次，为了匹配动力电池的不同电压，以及不同的充电工况，如恒流充电、恒压充电过程，一个能大范围调节输出功率的功率控制方法是必需的；再次，电动汽车无线充电系统的工作状态多变，工况复杂，最受关注的是系统的抗偏移能力，即无线充电系统在发射与接收线圈产生位错时能否继续保持额定输出功率高效运行。

为了保证电动汽车无线充电系统的输出功率和传输效率稳定性，需要加入若干闭环控制系统对无线充电系统进行实时控制。电动汽车无线充电系统的功率控制方法根据控制器所处的位置可以分为发射端控制、接收端控制和双边控制。对于无线电能传输系统，由于发射端和接收端分别在地面和车载端，系统被分割开来，控制信号或反馈信号可能需要无线通信，因此功率控制是独特的问题，需要特别的解决思路。

5.1 功率因数校正单元

5.1.1 功率因数校正技术原理

功率因数校正(Power Factor Correction, PFC)技术是用于车载充电系统的非常重要的一部分,是满足电力电子产品相关绿色环保要求的必需装置,是未来车载充电机发展中的关键技术。

车载充电机使用交流电源作为输入源,在没有接功率因数校正电路而只进行单纯的整流时,输入电流会因为整流电路的非线性而产生严重畸变,如图 5.1 所示。对畸变电流进行傅里叶分析,在与工频同频的基波电流基础上,有大量高于工频的电流分量,称为谐波。畸变电流与输入电压不能保持同一相位,高次谐波不做功,有功功率为零,功率因数下降且有功功率降低。大量高次谐波会对整个系统和交流电源产生严重干扰,车载充电机系统必须加装功率因数校正电路的另一个主要原因是为了满足国际规范对电源谐波含量及功率因数制定的要求,使得电磁环境更加干净。一些国家强制推行了国际电工委员会(IEC)标准 IEC 555—2(1982),美国 IEEE 标准 IEEE 519(1992)等,我国颁布的标准有《GB/T 14549—1993 电能质量公用电网谐波》。其中 IEC 555—2 标准自 1994 年起已在欧盟国家全面实施,所有在欧盟市场销售的用电装置都必须符合这一标准[1]。

因此,在大功率等级的车载充电机系统内,需要加装功率因数校正电路。一是可以增大系统功率因数,提高有功功率;二是可以有效抑制谐波电流,减小谐波电流对系统的干扰和对输入源的干扰,降低对电网的污染[2,3]。

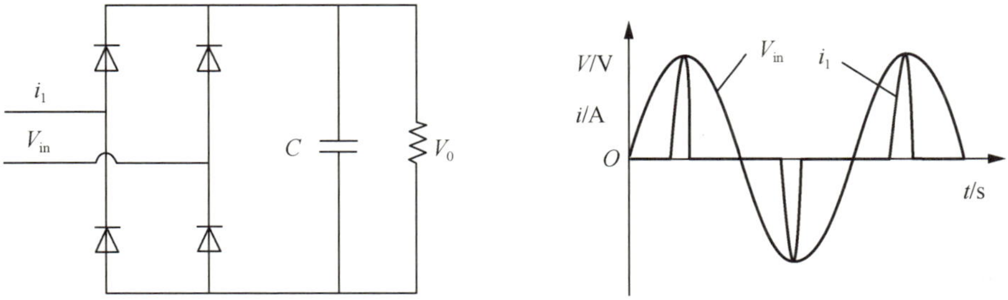

图 5.1 整流变换器结构及其波形

1) 功率因数定义

在线性电路里,电流流过非阻性负载时,会和电压发生相位差 φ。一般来说,把有效功率 $VI\cos\varphi$ 与视在功率 VI 的比值称为功率因数(Power Factor, PF)。功率因数公式为

$$PF=\frac{VI\cos\varphi}{VI}=\cos\varphi \tag{5.1}$$

式中,V 为输入电压有效值;I 为输入电流有效值;φ 为输入电压与输入电流相位差;$VI\cos\varphi$ 为有效功率;VI 为视在功率。

在非线性电路里,电流不仅会和电压发生相位差 φ,也会产生电流畸变。对式(5.1)进行变换,功率为

$$P=\frac{1}{T}\int_0^T V_{\mathrm{in}}(t)I_{\mathrm{in}}(t)\mathrm{d}t \tag{5.2}$$

式中,$V_{\mathrm{in}}(t)$为输入电压;$I_{\mathrm{in}}(t)$为输入电流;T 为周期。

视在功率 S 为

$$S=\sqrt{\frac{1}{T}\int_0^T V_{\mathrm{in}}(t)^2\mathrm{d}t}\cdot\sqrt{\frac{1}{T}\int_0^T I_{\mathrm{in}}(t)^2\mathrm{d}t} \tag{5.3}$$

功率因数 PF 表达式为

$$PF=\frac{P}{S}=\frac{\frac{1}{T}\int_0^T V_{\mathrm{in}}(t)I_{\mathrm{in}}(t)\mathrm{d}t}{\sqrt{\frac{1}{T}\int_0^T V_{\mathrm{in}}(t)^2\mathrm{d}t}\cdot\sqrt{\frac{1}{T}\int_0^T I_{\mathrm{in}}(t)^2\mathrm{d}t}} \tag{5.4}$$

对输入电流进行傅里叶变换,研究谐波的影响。其中,输入电压为 $V_{\mathrm{in}}(t)=V_{\mathrm{i}}\sin\left(\frac{2\pi}{T}\cdot t\right)$,$I_n$ 为谐波有效值,φ_n 为各频率下谐波与输入电压相位差。输入电流表达式为

$$I_{\mathrm{in}}(t)=\sum_{n=1}^{\infty}\sqrt{2}I_n\cdot\sin\left(\frac{2\pi}{T}n\cdot t+\varphi_n\right) \tag{5.5}$$

有功功率表达式为

$$P=V_1I_1\cos\varphi \tag{5.6}$$

功率因数表达式为

$$PF=\frac{P}{S}=\frac{I_1}{\sqrt{I_1^2+I_2^2+\cdots+I_n^2+\cdots}}=\frac{I_1}{\sqrt{\sum_{n=1}^{\infty}I_n^2}}\cdot\cos\varphi_1=k_{\mathrm{d}}\cdot k_{\varphi} \tag{5.7}$$

$$k_{\mathrm{d}}=\frac{I_1}{\sqrt{I_1^2+I_2^2+\cdots+I_n^2+\cdots}}=\frac{I_1}{\sqrt{\sum_{n=1}^{\infty}I_n^2}} \tag{5.8}$$

$$k_{\varphi}=\cos\varphi_1 \tag{5.9}$$

式中,k_d 为畸变因数,它表示基波电流有效值(即一次谐波电流有效值)在总的输入电流有效值中所占的比例;k_{φ} 称为位移因数。

谐波含量的丰富程度用总谐波畸变(Total Harmonic Distortion, THD)来表示。总谐波畸变的定义为

$$THD=\frac{\sqrt{I_2^2+I_3^2+\cdots+I_n^2+\cdots}}{I_1}=\frac{\sqrt{\sum_{n=2}^{\infty}I_n^2}}{I_1} \tag{5.10}$$

式中,$\sqrt{I_2^2+I_3^2+\cdots+I_n^2+\cdots}$ 为所有谐波电流分量的总有效值。

畸变因数的表达式为

$$k_d=\frac{I_1}{\sqrt{\sum_{n=1}^{\infty}I_n^2}}=\frac{1}{\sqrt{1+THD^2}} \tag{5.11}$$

功率因数的表达式为

$$PF=\frac{P}{S}=\frac{I_1}{\sqrt{\sum_{n=1}^{\infty}I_n^2}}\cdot\cos\varphi_1=\frac{1}{\sqrt{1+THD^2}}\cdot\cos\varphi_1 \tag{5.12}$$

由式(5.12)可知,影响 PF 的因素有:输入电流基波分量与电流有效值的比值 $\frac{I_1}{\sum_{n=1}^{\infty}I_n^2}$,可用 THD 来衡量,其值越小,功率因数越高,对电网的污染越小;基波电流与输入电压之间的相位差 φ_1,相位差 φ_1 越大,$\cos\varphi_1$ 越小。因此,要提高功率因数,必须降低输入电流的谐波分量,同时使输入电流波形跟输入电压保持同相。

在实际功率为定值的前提下,PF 值越高,所需视在功率就越小,从而能够提高能源的利用率、降低电力成本、提高经济效益,充分发挥设备的功能,也可以减小无功功率带来的损耗,进而减少线路压降、改善电网质量。

一般而言,谐波往往具有双重作用,既可能会对系统产生危害,也可能带来特殊的作用。但在电动汽车无线充电电路中,谐波会对外部供电系统和电子设备造成干扰,增加功率损耗,需要尽可能减少电路谐波,功率因数校正技术在无线充电技术领域也是必要的。

2) 提高功率因数的方法

功率因数校正技术需要实现输入参数和输出参数的共同控制。其中,输入参数需要实现输入

电流严格跟随输入电压，即电感电流跟随输入正弦交流电压，输出参数需要实现在不同负载下输出电压保持稳定，为一固定值。在变换器控制电路正常工作时，输入电流会跟随输入电压，保持正弦波形且同相位。

通过补偿网络的输入阻抗，使得输入电流接近正弦波，进而提高功率因数。具体实现的方法一般有：无源滤波法、有源滤波法和有源功率因数法等。功率因数校正的方法可以用等效电路进行分析和优化，PFC 变换器需要实现输入参数和输出参数的共同控制。在 PFC 变换器控制电路正常工作时，输入电流会严格跟随输入电压变化，这时整个电路的输入阻抗表现为纯阻性。

具体到电路实现上，功率因数校正电路的基本拓扑结构有三种类型：降压式、升降压式和升压式。降压式 PFC 变换器电路只能实现降压功能，输入电流不连续，限制了变换器的转换功率，且输入电流纹波较大，滤波困难。在变换器工作时，开关管上的应力比较大，因此很少用于功率因数校正电路。升降压式 PFC 变换器电路需用两个功率开关管，其中一个开关管的驱动控制信号浮动，电路比较复杂，因此采用的比较少。升压式 PFC 变换器电路输出电压高于输入电压，简单电流型控制，输入纹波电流小，在较大输入电压范围内可保持很高的 PF，总谐波失真小，效率高。

3）功率因数校正基本原理

如图 5.2 所示为功率因数校正电路的基本工作原理，主电路由单相桥式整流器、升压型 DC/DC 转换器组成；控制电路包括电压误差放大器 VA 及基准电压 U_r、电流误差放大器 CA、乘法器 M 脉宽调制器和驱动器等。

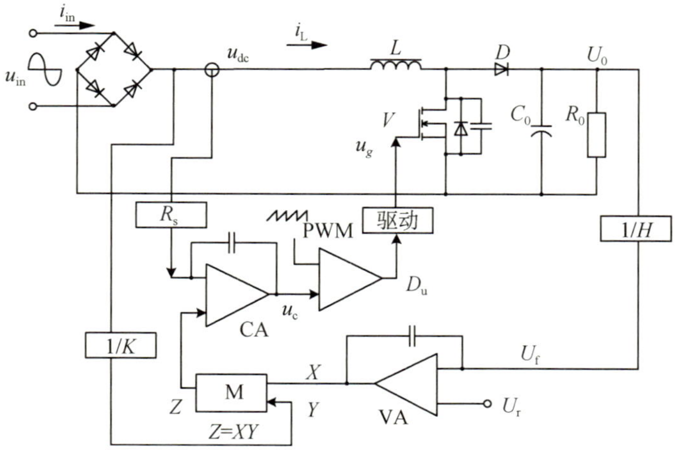

▲ 图 5.2　Boost 有源功率因数校正器工作原理

PFC 的工作原理：输入电流及电感电流 i_L 由电流采样电阻 R_s 检测，将检测到的信号送入电流误差放大器 CA 中。乘法器 M 有两个输入，即 X 和 Y。转换的输出采样电压 U_f（图中 H 为分压系数)和基准电压 U_r 进行比较,其差值通过电压误差放大器 VA, VA 的输出信号为 X;整流后的输入电压 u_{dc}(一个工频周期内为双半波正弦)的检测值即为 Y。乘法器的输出 $Z(Z=XY)$ 作为电流反馈控制的基准信号与电感电流 i_L 的检测信号比较,经电流误差放大器 CA 放大后,输出控制信号 u_c, u_c 被锯齿波调制成 PWM 信号,再由驱动电路控制开关管 V 的通或断,从而使整流输入电流(即电感电流) i_L 跟踪整流电压 u_{dc} 的波形,使电流谐波大为减少,输入端的功率因数提高。

如图 5.3 所示为输入电压 u_{dc}, u_i 波形和经过校正后的输入电流 i_L, i_i 波形。输入电流 i_L 经 PWM,使原来呈脉冲状的波形,被调制成接近工频正弦(含有高频纹波)的波形。在一个开关周期内,当开关管 V 导通时, $i_D=0$, $i_L=i_V$;当开关管 V 关断时, $i_V=0$, $i_L=i_D$; i_D 为二极管 D 的电流, i_V 为开关管 V 的电流。输入电流有高频纹波,但每一个高频开关周期内的电流平均值或峰值为正弦波(电流纹波很小时,高频电流平均值包络线与峰值包络线很接近)。

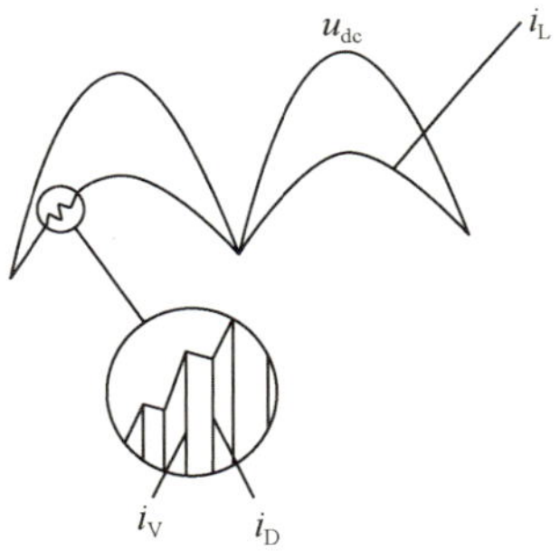

(a) 整流后电压和电流

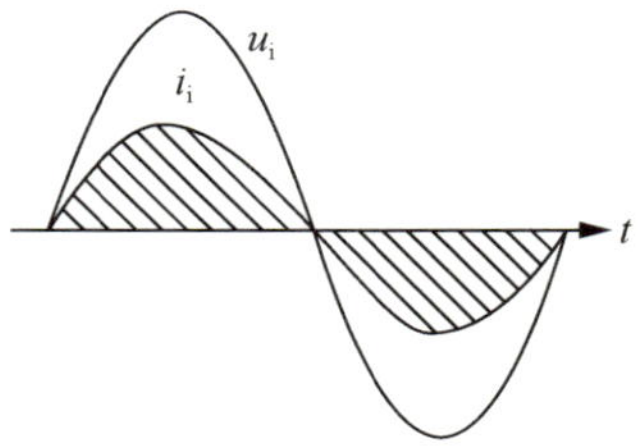

(b) 交流输入

图 5.3 经过校正后的输入电流 i_L, i_i 波形和输入电压波形 u_{dc}, u_i

该电路应用于 PFC 的优点:峰值开关电流近似等于输入电流;输入电路中的储能器件 L 较适用于电流型控制;电容器 C 体积小;输入电流连续,且在输入开关瞬间峰值电流较小,易于 EMI 滤波;功率因数高。通常作为开关电源或其他电力电子设备的预调节器。

4) 功率因数校正控制方法

功率因数校正电路可以根据其电路结构特点和控制方法进行分类[2]。一般来说,电路的结构特点主要取决于储能电感的连接方式,即储能电感连接到输入端、输出端和公共地。

功率因数校正电路的控制方法可以按照储能电感中的电流是否连续分为连续导电模式和不连续导电模式,也可以分为电流控制型和电压控制型模式。这里介绍几种常见的控制方法。

(1) 平均电流型控制

如图 5.4(a)所示为平均电流型控制的电流波形。储能电感的电流为连续导通模式,开关频率恒定。开关管电流有效值小,EMI 滤波器体积小;输入电流波形失真小;能抑制开关噪声;电路稳定性好，电压输入范围宽，无需斜坡补偿，测量精度高和适用功率范围宽。但控制电路复杂，需要用乘法器和除法器，需检测电感电流，有电压、电流控制环路。一般应用于中大功率和 PF 值要求高的场合。

(2) 滞环电流型控制

如图 5.4(b)所示为滞环电流型控制电流波形。开关频率变化，电流在滞环带内发生功率管开通或关断操作，使输入电流上升、下降。电流波形平均值取决于电感输入电流。不需要进行斜坡补偿，因此稳定性好。缺点是需要对储能电感电流进行周期检测和控制。

(3) 峰值电流型控制

如图 5.4(c)所示为峰值电流型控制电流波形。储能电感的电流为不连续导通模式，开关频率变化。不连续导通模式采用跟踪器，方法简单，控制电路容易搭建，动态特性好。但有如下缺点：容易发生谐波振荡，需要进行斜坡补偿；*PF* 值和输入电压与输出电压的比例有关；开关管的峰值电流大，导致开关管损耗增加；对噪声敏感，抗干扰能力差。故在大功率 PFC 电路中，常采用 CCM 方式。一般适用于小功率的家用电器、电池充电器等场合。

(4) 电压控制型

如图 5.4(d)所示为电压型控制波形。工作频率固定，电流不连续，采用固定占空比的方法，电流自动跟踪电压。一般用在输出功率比较小的场合，且在单级功率因数校正技术中多采用该方法。

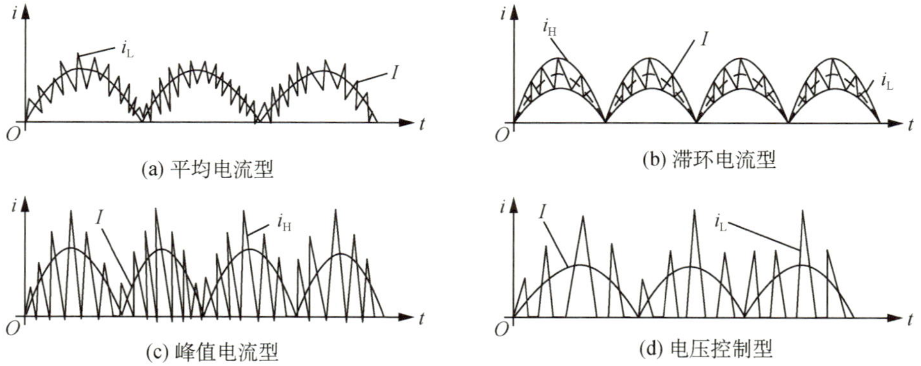

图 5.4　四种控制方法波形

接下来本书将通过几种典型的 PFC 拓扑结构进行简单的原理性介绍。

5.1.2　无桥 PFC 电路

图 5.5 为四种典型的无桥 PFC 电路拓扑结构。图 5.5(a)为基本型无桥 PFC 电路，该电路与图 5.1 的有桥 PFC 变换器电路结构相比省去了整流桥，电路结构简单，但仍具有 Boost 功能，即相

当于双 Boost 电路(Dual Boost PFC, DB PFC)。它的基本电路由两个快恢复二极管 D_1 和 D_2,两个开关管 S_1 和 S_2 和一个升压电感 L 组成。S_1 和 S_2 由同一控制信号进行控制,同时导通和关断。交流源接入 PFC 时,无桥 PFC 变换器电路可以等效为正周期 Boost 和负周期 Boost 的传统 PFC 变换器叠加。

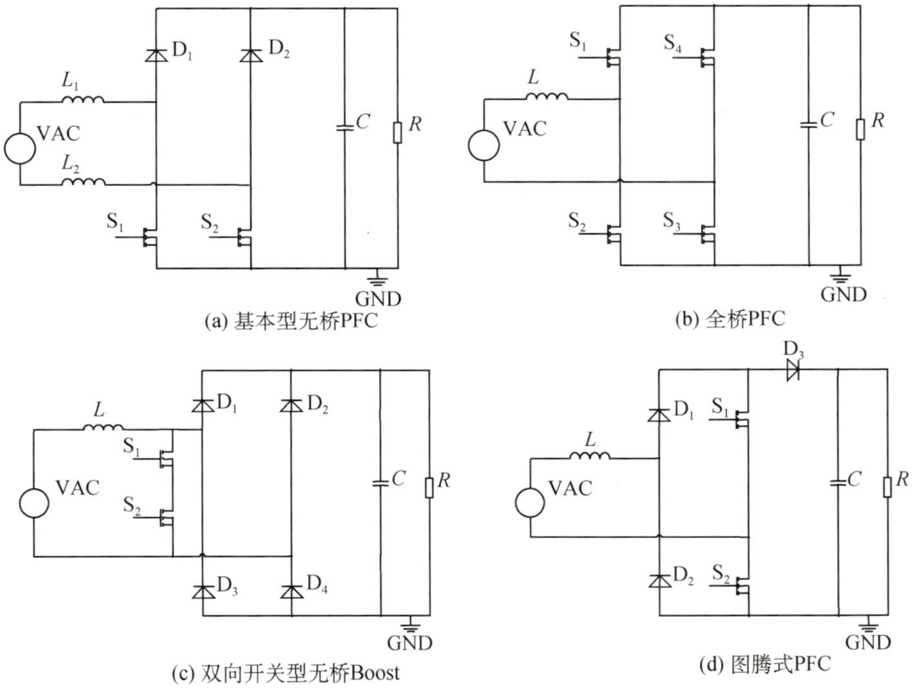

图 5.5　四种典型的无桥 PFC 电路拓扑结构

图 5.5(b)为全桥 PFC 变换器拓扑结构。它是将传统 PFC 变换器的整流桥部分由 4 个开关管来替换,同时升压电感放在整流桥之前,交流源后。在全桥 PFC 变换器工作时,上管 S_1 和 S_4 会发生电流通过体二极管流动,即反相流动。其工作状态和基本无桥 PFC 变换器基本一致,优点是省去整流桥的部分,减少导通损耗,提高效率。缺点是开关管数量多,成本较高,同时控制较为复杂。

图 5.5(c)为双向开关型无桥 PFC 变换器拓扑结构。它是在升压电感和 4 个二极管之间加入两个反接的开关管构成的。在交流源输入端为正半周期时,开关管 S_1 导通,电流流过 S_2 的体二极管,此时升压电感储存能量。当 S_1 关断时,电流通过 D_1 和 D_4 流动,交流源和升压电感同时为负载提供能量。同理,交流源输入端为负半周期时的工作模式和正半周期相似。优点是省去整流桥的部分,可以减少导通损耗,提高效率。缺点是两个开关管的驱动较为复杂,需要设计隔离驱动电路。

图 5.5(d)为图腾式 PFC 变换器拓扑结构。它是由两个二极管 D_1，D_2 和开关管 S_1，S_2 组成。当交流源输入在正半周期,开关管 S_1 导通时,电流通过 D_1 和 S_1,此刻升压电感进行储能。当开关管 S_1 断开时,电流通过 D_1 和 D_3 的体二极管形成回路。同理,交流源输入端为负半周期时的工作模式与正半周期相似。优点是省去整流桥的部分,可以减少导通损耗,提高效率。缺点和双向开关型无桥 PFC 变换器类似,两个开关管的驱动较为复杂,需要单独设计隔离驱动电路。

图 5.6 为改进型无桥 PFC 变换器拓扑结构,是对基本型无桥 PFC 变换器的一种演变。其中,在交流源输入端和负载功率之间增加了两个二极管。同时交流源输入端增加了一个升压电感。此结构的优点是可以方便电流采样,开关管驱动电路简单,同时可以有效减少电磁干扰。

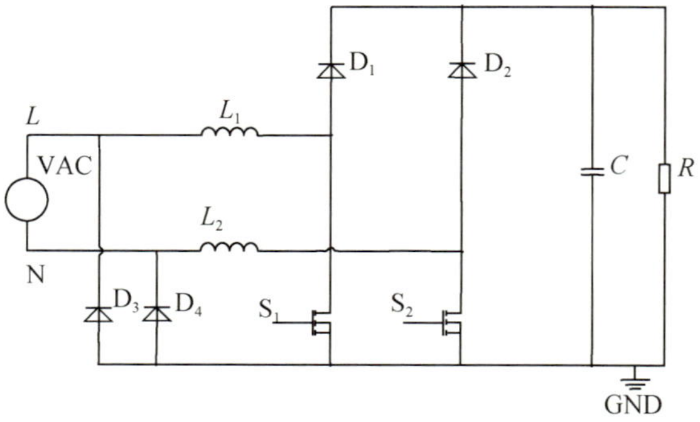

图 5.6 改进型无桥 PFC 变换器拓扑结构

其工作模态有两种:

工作模态 1:当交流源输入端 $V_L > V_N$ 时,开关管 S_1 导通时,电流通过升压电感 L_1、开关管 S_1 和快恢复二极管 D_4,为升压电感储能阶段;当开关管 S_1 断开时,电流通过升压电感 L_1、二极管 D_1、负载和快恢复二极管 D_4,为交流源和升压电感共同为负载提供能量(图 5.7(a))。

工作模态 2:当交流源输入端 $V_N > V_L$ 时,开关管 S_2 导通时,电流通过升压电感 L_2、开关管 S_2 和快恢复二极管 D_3,为升压电感储能阶段;当开关管 S_2 断开时,电流通过升压电感 L_2、二极管 D_2、

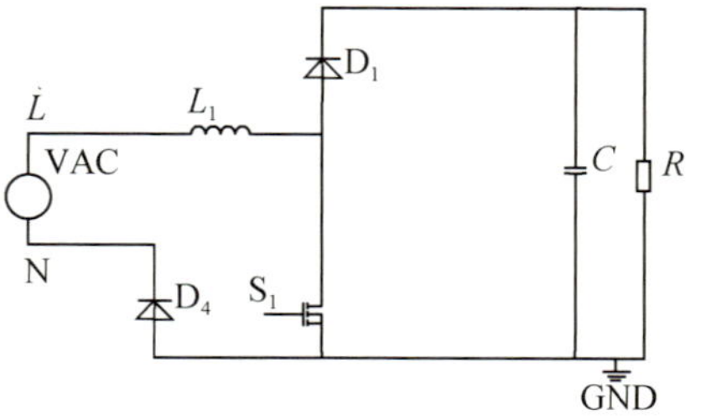

(a) 正半周

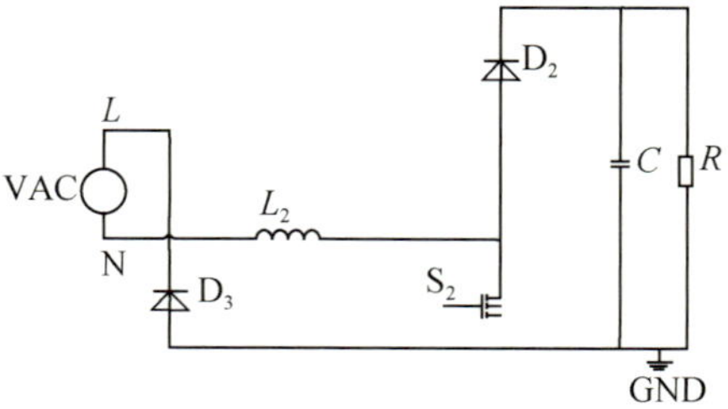

(b) 负半周

图 5.7 正、负半周等效电路

负载和快恢复二极管 D_3，为交流源和升压电感共同为负载提供能量(图 5.7(b))。

5.1.3 交错并联 Boost PFC 电路

由多个传统的 PFC 电路并联运行，且每个 PFC 单元的功率开关管依次错开 1/N 个开关周期导通时，称之为交错并联 PFC 变换器[7]。目前出现的交错并联 PFC 变换器有多种拓扑结构，这些结构通常由 Boost、Buck、Buck-Boost、Cuk 等 PFC 变换器组合得到，其中交错并联 Boost PFC 是应用最广的一种电路结构。

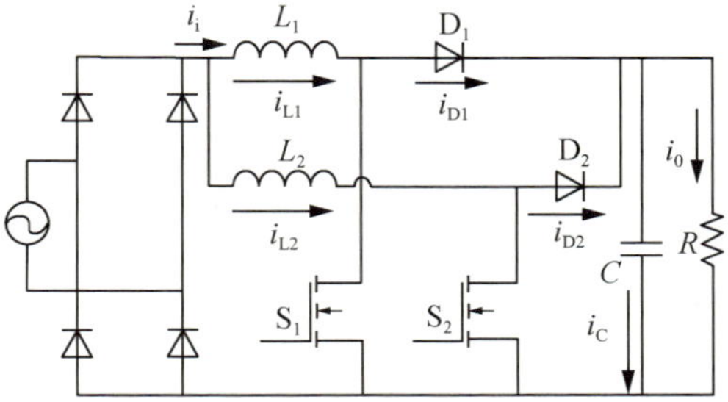

▲ 图 5.8 两相交错并联 Boost PFC 电路

图 5.8 所示为两相交错并联 Boost PFC 电路，两个元器件参数一致的传统升压型功率因数校正单元电路并联起来组合成总的主电路，电路中的两个开关管 PWM 驱动信号的起始时刻相隔 1/2 个开关周期，两个 PFC 分支电路运行于交错状态[8]。

当电感电流处于临界导通模式且占空比为 0.5 时，两相交错并联 Boost PFC 的主要电量波形如图 5.9 所示。从图中可以看出，由于并联运行的两个 MOSFET 的通断情况正好互补，流过两个升压电感和续流二极管电流的上升和下降趋势也是互补的，所对应的总输入电流和总输出电流的纹波成分将在大程度上得到降低[9-10]。从滤波器的设计上来看，与传统的 PFC 电路相比，采用并联交错式结构可以降低输入侧 EMI 滤波器的设计难度和输出电容的容量；从开关器件承受的电流应力来考虑，相同功率等级下，采用并联交错式结构后每个分支电路的电流变为传统单相功率因数校正电路的一半，这样就可以选用参数较小的元器件，节省成本。虽然采用交错并联式结构时，主电路中的元器件要多一些，外围的控制电路相对来说要复杂一些，但是这样能够减少 EMI 问题，且在功率等级和设计合理的情况下成本也能大幅减少，同时还可以使变换器的功率密度得到进一步提升[11-13]。

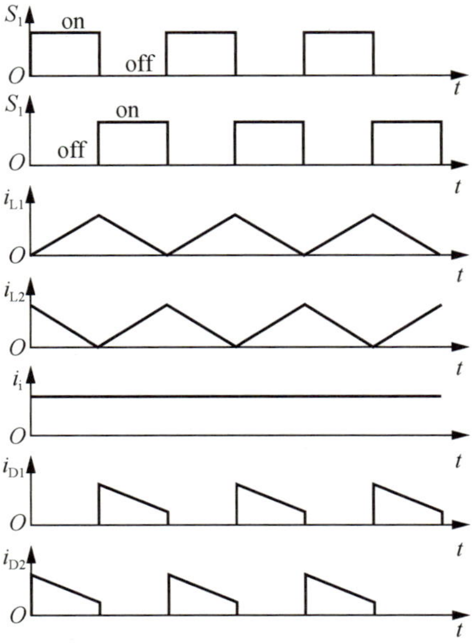

▲ 图 5.9 两相交错并联 Boost PFC 的主要电量波形

如图 5.9 所示为两相交错并联 PFC 在 BCM 状态且占空比为 0.5 条件下获得的理想波形，在实际过程中，根据输入电流是否连续以及占空比的不同，总的输入输出电流纹

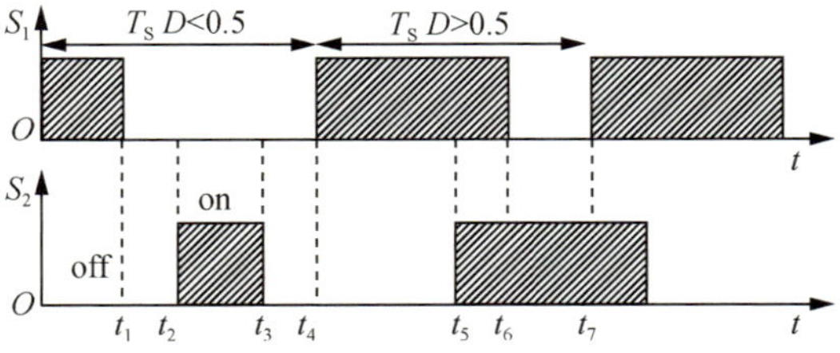

▲ 图 5.10　不同驱动信号占空比下开关管开通和关断示意

波减小程度会有所差异。根据系统功率等级、设计和冗余度要求不同，交错并联 Boost PFC 的并联 PFC 单元电路不仅仅局限于两相，可以采用多相电路结构。当采用多相并联时，电路中总的输入输出电流纹波也会发生相应变化，而出现最小纹波的占空比数值也不再是 0.5。

由两相交错并联升压型功率因数校正电路拓扑结构可知，运行于交错状态的两个 Boost 单元电路各有一个 MOSFET，每个开关管在一个开关周期内又有导通和断开两种情况[14]，因此与两个开关管的通断情况相联系，系统共有四种运行状态。如图 5.10 所示为两相交错并联 Boost PFC 系统中在不同驱动信号占空比下 MOSFET 导通和关断示意，其中开关信号的起始时刻相差半个开关周期[15]。实际中，升压型功率因数校正变换器的 PWM 驱动信号为固定频率，而占空比实时变化的脉冲信号，在图中将占空比大于 0.5 和小于 0.5 的情况同时给出。

图 5.11 中给出了在每种工作状态下电流的流向以及各个元器件的工作状态，下面对变换器的工作状态进行简要分析。

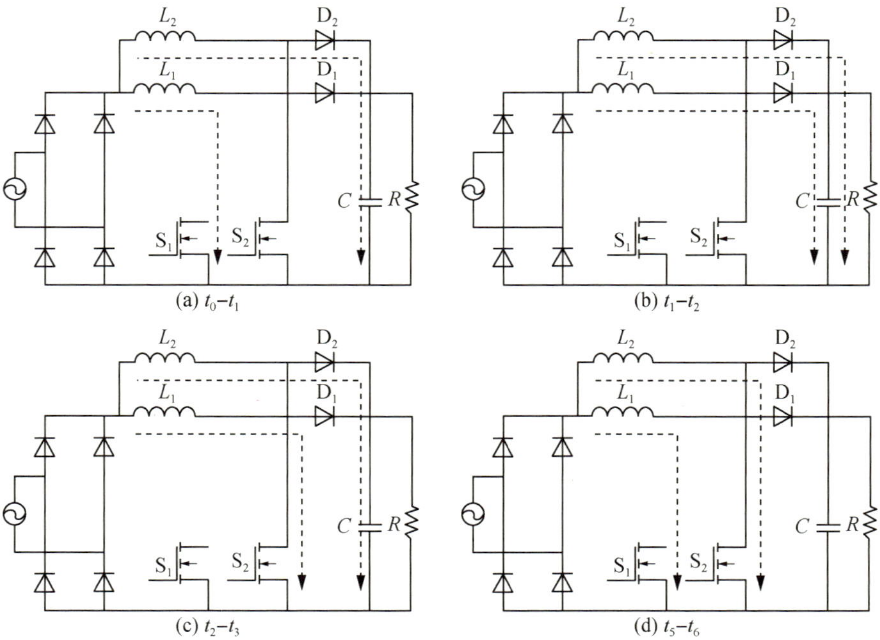

▲ 图 5.11　交错并联 Boost PFC 的四种工作状态

工作状态 1：t_0—t_1 时间段，此时开关管 S_1 导通，S_2 关断，升压二极管 D_2 导通，D_1 关断；电感

L_1 的电流线性上升,从电网吸收能量,其电压等于输入电压 V_{in};电感 L_2 向负载和输出电容释放能量,电流线性下降,其电压等于输出电压减去输入电压。此时总的输入电流增大。

工作状态 2:t_1—t_2 时间段,此时开关管 S_1, S_2 均关断,升压二极管 D_1, D_2 均导通,电感 L_1, L_2 同时向负载和输出电容提供能量,流过两个电感的电流均线性下降,总电流也相应减小。

工作状态 3:t_2—t_3 时间段,此时开关管 S_2 导通,S_1 关断,升压二极管 D_1 导通,D_2 关断;电感 L_2 的电流线性上升,从电网吸收能量,其电压等于输入电压 V_{in};电感 L_1 向负载和输出电容释放能量,电流线性下降,其电压等于输出电压减去输入电压。此时,总的输入电流增大。

工作状态 4:t_5—t_6 时间段,此时开关管 S_1, S_2 均导通,升压二极管 D_1, D_2 均关断,此时电感 L_1, L_2 同时从电网吸收能量,流过两个电感的电流均线性上升,总的电流也相应增大。

5.2 高频逆变电路

要在较大距离的空气气隙中传递大功率能量,通常需要较高频率的激励电流在发射线圈组中激发出高频的电磁场。为了能够产生特定频率的激励电流,需要在功率因数校正单元后端加入高频逆变电路。

5.2.1 逆变电路基本工作原理

用于电动汽车充电的无线电能传输系统中的逆变器的作用是将 PFC 变换器输出的直流信号逆变为交流信号输送给发射谐振器,PFC 变换器输出可以等效成恒压源,故无线充电系统中选用的逆变器种类是单相电压型高频逆变器。

常用的单相逆变器按照主电路结构可分为推挽式、半桥式、全桥式逆变器。它们有各自的优点和缺点,其性能对比和应用情况见表 5.1。

表 5.1 中,U_d表示输入直流源的电压。由表 5.1 可知,在这三种逆变器的主电路结构中,推挽式逆变器开关管的端电压是直流源电压的 2 倍,这就限制了其无法在高输入电压时进行工作,或者对开关管的耐压要求很高;而半桥式逆变器其输出电压幅值为 0.5 倍的直流源电压,故半桥式逆变器不适用于高功率场合。

表 5.1　单相逆变器的性能对比和应用情况[16]

主电路结构	类型		
	推挽式	半桥式	全桥式
开关管端电压	$2U_d$	U_d	U_d
逆变器输出电压幅值	U_d	$0.5U_d$	U_d
开关管的数量	2	2	4
栅极驱动功率	小	中等	大
适用的功率容量	中等	中等	大

在相同的传输功率下，推挽式逆变器需要开关管的耐压是全桥式逆变器的 2 倍，而半桥式逆变器的输入直流源的电压是全桥式的 2 倍。在用于电动汽车充电的无线电能传输系统中，系统传输功率至少是几千瓦以上，实际应用对元器件和输入电压的要求越低越好。综上所述，电动汽车无线充电应选用能够适用于高功率场合的全桥式逆变器。

适用于大功率场合的电动汽车无线充电系统的全桥式逆变器的主要特点：①输入用恒压源，且由于并联大电容，故电压基本无脉动；②逆变器输出电压波形为矩形波，由于谐振器的拓扑结构具有 LC 滤波的作用，交流侧输出电流为正弦波，且系统的等效输入阻抗为纯负载，故逆变器输出电压与电流同相位；③由于逆变器输出侧的等效阻抗为纯电阻，故逆变器中各桥臂的开关管均需要并联续流二极管使输出侧的无功能量能反馈回输入侧的大电容中。

由于设计的逆变器是进行高频的直流—交流变换，故一般可选用开关速度较快、频率较高的功率 MOSFET。全桥式逆变器的基本电路如图 5.12 所示。

在图 5.12 中，U_d 为输入直流源，4 个功率 MOSFET 由 4 路信号驱动。全桥式逆变器共有 4 个桥臂，当逆变器输出电压波形无死区时，桥臂 1 和桥臂 2 组成一对，桥臂 3 和桥臂 4 组成一对，成对的两个桥臂同时导通而且两对交替各导通半个周期，使得逆变器输出电压呈现幅值为 $\pm U_d$ 交替的方波。全桥式逆变器输出电压无死区的时序如图 5.13 所示。

由于高频逆变电路中采用的开关管均为大功率的 MOSFET，需要额外设计驱动电路对其进行驱动。而驱动电路设计的合理性将直接影响到逆变器工作的稳定性。

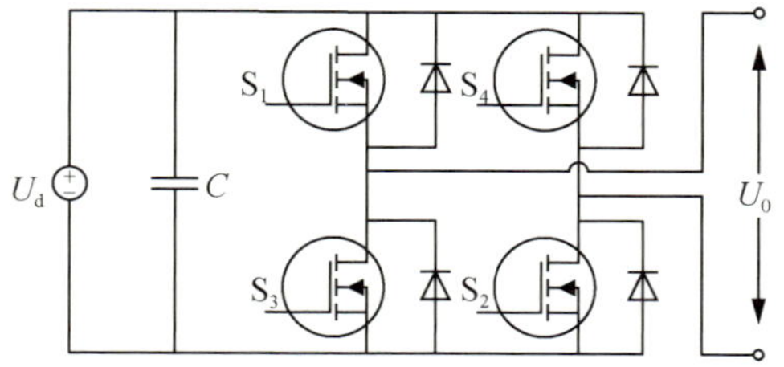

▲ 图 5.12　全桥式逆变器的基本电路

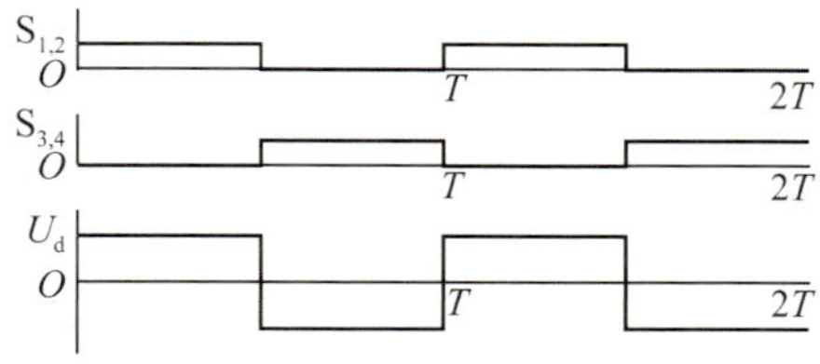

▲ 图 5.13　全桥式逆变器输出电压无死区的时序

5.2.2　全桥式逆变电路驱动电路设计

MOSFET 属于压控元件，通常可以用一定频率的方波信号使 MOSFET 导通或者关断。目前，产生方波信号最常用的就是借助于微控制器 MCU 的脉宽调制模块(PWM 模块)。但是由于 MCU 输出的 PWM 信号不具备驱动 MOSFET 的能力，所以通常会使用光耦或者半桥驱动芯片来驱动 MOSFET。

在实际应用中，MOSFET 的寄生参数会对其外围驱动电路元器件的取值产生影响，其等效电路如图 5.14 所示。其中，C_{GS}，C_{GD} 和 C_{DS} 为 MOSFET 的寄生电容，其对 MOSFET 的工作状态有很大的影响。R_d 为栅极驱动电阻，通常为几欧姆至几十欧姆，通过改变 R_d 的大小影响门极驱动电流的大小，进而影响 MOSFET 的导通和关断速度。L_p 为 PCB 布线、MOSFET 的引脚长度等引入的等效电感。因此，等效电感和 MOSFET 寄生电容 C_{GS} 的存在使得 MOSFET 的驱动信号，即 GS 间驱动电压表现为一个二阶系统特性。当 R_d 过小时，会出现欠阻尼状态，即驱动电压会有尖峰和振荡现象，即产生所谓的“振铃”现象。驱动信号的电压尖峰的出现一方面能够产生一个电流尖峰给寄生电容 C_{GS} 快速充电从而使开关管快速达到开启电压，另一方面电压的尖峰突变导致高频的开关噪声。所以，栅极电压尖峰引起的导通速度变快和开关噪声是一对矛盾，在实际设计中，应进行权衡以决定是抑制还是保留电压尖峰。

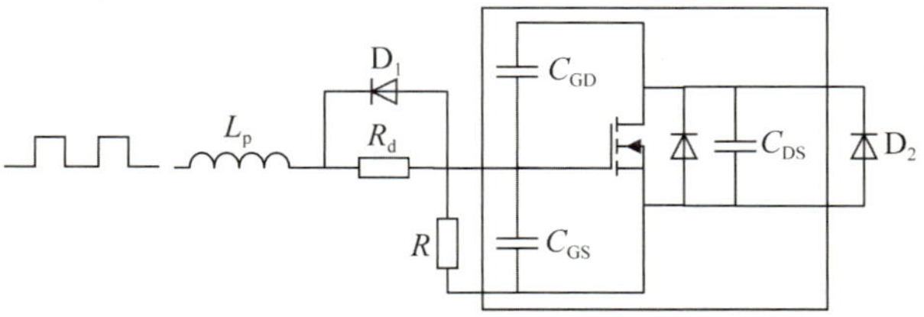

图 5.14　MOSFET 的等效电路

在驱动信号为低电平，即希望控制 MOSFET 关断时，由于 MOSFET 的栅源间寄生电容 C_{GS} 的存在使得驱动电压并不能立刻下降为零，使得 MOSFET 关断速度减慢。但是在高频逆变器中，如果关断速度过慢，会导致上下桥臂的两个 MOSFET 发生直通的现象，即两个 MOSFET 均处于导通状态，使得输入电源短路，轻则使系统无法正常工作，重则会损坏设备仪器以及元器件。所以，在实际应用中应设计寄生电容电荷的泄放电路。如图 5.14 所示，在栅极驱动电阻处并联一个二极管 D_1。在需要关断 MOSFET 时，寄生电容 C_{GS} 的电荷直接从二极管流过而不经过栅极驱动电阻，这样便可以大大缩短栅极电容的放电时间，提高关断速度。

MOSFET 在高阻态时，为了不被微小电压击穿或意外导通 MOSFET，在 MOSFET 的栅极会有下拉电阻，如图 5.14 中的电阻 R。下拉电阻的数量级一般为千欧以避免与栅极驱动电阻形成分压电路而影响栅极驱动电压。

当全桥式逆变器的负载为感性或纯阻性负载时，逆变器输出电流通过 MOSFET 的体二极管流回至输入侧的大电容中，即当 DS 极有反向电流产生时，MOSFET 的体二极管可以起到反向通路的作用，但此时在体二极管上是有功耗的，尤其在高频以及对效率要求较高的场合，体二极管的恢复速度和压降都达不到设计的要求。因此，可以在 MOSFET 的 DS 间并联一个快恢复二极管以减小功耗，提高系统的效率，即如图 5.14 的快恢复二极管 D_2。

5.2.3 全桥式逆变电路控制方式

全桥式逆变器可以通过改变 4 个 MOSFET 的占空比和导通延时来设置输出方波的死区时间，从而可以对输出功率进行调节。由于典型的车载无线充电系统的逆变器输出侧均接入谐振补偿电路，其输出端方波电压与正弦波电流同相位，且拓扑中均存在 LC 谐振电路和耗能元件 R，因此本节在分析全桥式逆变器的控制方式时，逆变器负载为 RLC 串联谐振电路，如图 5.15 所示。

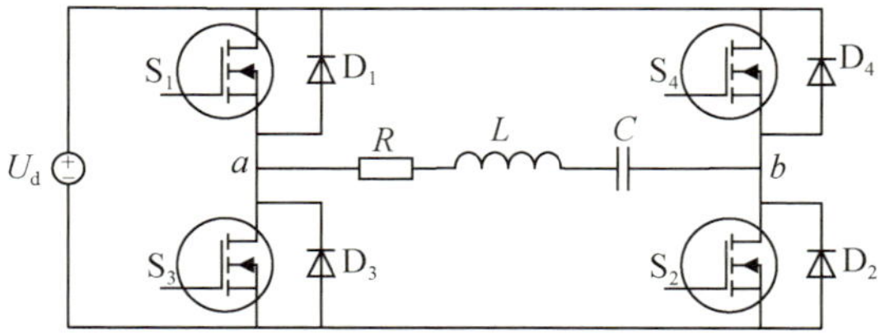

▲ 图 5.15 负载为 RLC 串联谐振电路的全桥式逆变器

图 5.15 中，LC 的谐振频率等于 MOSFET 的开关频率，这样能保证逆变器输出端等效阻抗为纯电阻，即功率因数为 1，本文的 MOSFET 都是用 PWM 控制。常用的全桥式逆变器控制方式有双极性控制、有限双极性控制和移相控制[17]。

双极性控制方式要求前半周期 S_1 和 S_2 同时开启和关断，后半周期 S_3 和 S_4 同时开启和关断，4 个 MOSFET 的占空比均相等。当占空比小于 0.5 时，对于不同的负载情况，逆变器输出电压和电流的波形是不同的，负载为电阻负载和 RLC 串联谐振负载的波形如图 5.16 所示。

图 5.16 中，当负载为电阻负载时，逆变器输出电压波形和输出电流波形均为有死区的正负方波。当负载为 RLC 串联谐振负载时，逆变器输出电流是正弦波，而输出电压却没有死区或者死区失真，呈现与电阻负载时完全不同的情况，这是因为当采用双极性控制时，S_1 和 S_2 与 S_3 和 S_4 都是同时开启和关断的，下面分析逆变器在半个周期内输出电压的变化。

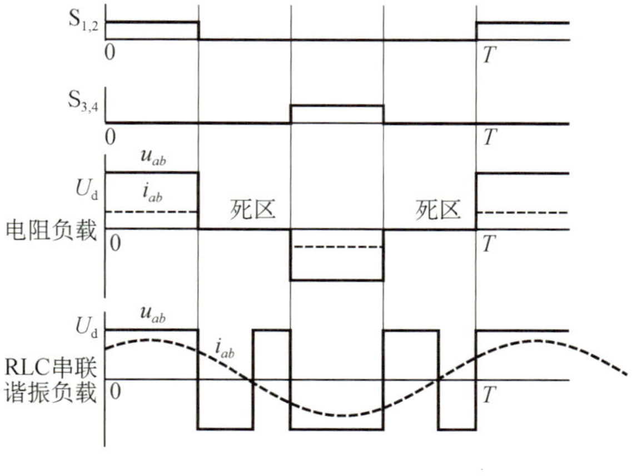

▲ 图 5.16 基于双极性控制的电阻负载和 RLC 串联谐振负载的逆变器工作波形

当 S_1 和 S_2 同时开启时，电流方向是 $U_d \to S_1 \to a \to b \to S_2 \to U_d$，故 $u_{ab}=+U_d$。当 S_1

和 S_2 同时关断时，由于流过 RLC 串联谐振负载中电感 L 的电流不能发生突变，必须仍然按照原来的电流方向 $a\rightarrow b$ 流动，那么二极管 D_3 和 D_4 必须导通，使电感续流，此时电流方向是 $U_d\rightarrow D_3\rightarrow a\rightarrow b\rightarrow D_4\rightarrow U_d$，故 $u_{ab}=-U_d$。由于 RLC 串联谐振负载，其输出电流是正弦波，当电感中的电流减少至零后，流过电感中的电流方向开始反向，即电流方向为 $b\rightarrow a$，那么二极管 D_2 和 D_1 必须导通，使电感续流，此时电流方向是 $U_d\rightarrow D_2\rightarrow b\rightarrow a\rightarrow D_1\rightarrow U_d$，故 $u_{ab}=+U_d$。接着，当 S_3 和 S_4 同时开启时，电流方向是 $U_d\rightarrow S_4\rightarrow b\rightarrow a\rightarrow S_3\rightarrow U_d$，故此时 $u_{ab}=-U_d$。所以，当负载为 RLC 串联谐振负载时，逆变器输出电压会没有死区或者死区失真，而是在应有死区的地方出现上冲或者下冲的波形，这是由于负载中的感性元件需要续流导致的。综上，双极性控制方式不适用于电动汽车无线充电场合。

从上述分析可知，RLC 串联谐振负载逆变器输出波形在死区失真主要是因为 S_1 和 S_2 或者 S_3 和 S_4 是同时关断的，导致电感中的电流只能通过二极管来形成电流回路。所以，在控制 MOSFET 时，S_1 和 S_2 或者 S_3 和 S_4 不能同时关断，使得电感中的电流能够通过延时关断的 MOSFET 形成电流回路。有限双极性控制和移相控制均能满足 S_1 和 S_2 或者 S_3 和 S_4 中有一个 MOSFET 延时关断，使得逆变器输出电压有死区而且死区不失真。

有限双极性控制需要 S_1 和 S_3 或者 S_2 和 S_4 中的一对上下桥臂的 MOSFET 轮流导通半个周期，死区由另外一对上下桥臂的 MOSFET 的占空比控制，这样导通半个周期的那对上下桥臂自然能晚于另一对桥臂关断，能使逆变器输出电压死区不失真。移相控制是需要 S_1 和 S_3 或者 S_2 和 S_4 中的一对上下桥臂的 MOSFET 延时，另外一对上下桥臂的 MOSFET 导通，而 4 个 MOSFET 的占空比相等。延时导通的那对上下桥臂自然也会延时关断，能使得逆变器输出电压死区不失真。而有限双极性控制与移相控制方式相比，由于有限双极性控制需要一对上下桥臂的 MOSFET 轮流导通半个周期，这就加大了全桥式逆变器上下桥臂同时导通的风险。

用移相控制方式控制全桥式逆变器的 MOSFET 时，假设如图 5.17 所示的逆变器中 S_2 比 S_1 延时导通，S_4 比 S_2 延时导通，那么称 S_1 和 S_3 组成的桥臂为超前臂，S_2 和 S_4 组成的桥臂为滞后臂。移相时间是滞后臂上的 MOSFET 比超前臂上的 MOSFET 延时导通的时间。移相控制方式下逆变器的输出电压的死区时间由移相时间和 MOSFET 的占空比决定，即

$$t_{dead}=t_{PS}+(0.5-D)T \tag{5.13}$$

式中，t_{dead} 为逆变器输出电压的死区时间，在一个开关周期内有两个 t_{dead}；t_{PS} 为移相时间；D 为 MOSFET 的占空比；T 是 MOSFET 的开关频率。

在 RLC 串联谐振负载的全桥式逆变器中，逆变器输出电流为正弦波，所以，为了使逆变器输出

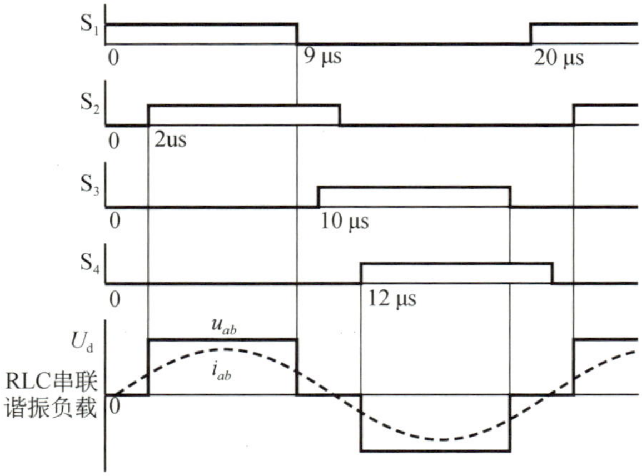

▲ 图 5.17　基于移相控制的全桥式逆变器的工作波形

电压不出现图 5.16 的死区失真，滞后臂 MOSFET 的关断时刻必须在电感中的电流过零点后，故滞后臂的 MOSFET 移相时间需满足

$$t_{PS} > (0.5 - D)T \tag{5.14}$$

以死区时间为 3 μs，移相时间为 2 μs，占空比为 0.45 的系统为例说明移相控制的原理，其工作波形如图 5.17 所示。

在图 5.17 所示的全桥式逆变器中，当使用移相控制时逆变器有死区且死区不失真，下面分析该控制方式下逆变器半个周期的工作情况。当 S_1 在 9 μs 时刻关断时，S_2 仍然处于导通状态，电感中的电流需要续流，电流方向是 $D_3 \to a \to b \to S_2 \to D_3$，故此时 $u_{ab}=0$ 且 S_3 满足零电压导通的条件。当 10 μs 时，S_3 零电压导通，电流方向为 $S_3 \to a \to b \to S_2 \to S_3$，$u_{ab}=0$。当 11 μs 时，$S_2$ 关断且流过电感的电流已经反向，此时电流方向为 $D_2 \to b \to a \to S_3 \to D_2$，故 $u_{ab}=0$。当 12 μs 时，S_4 导通，此时电流方向为 $U_d \to S_4 \to b \to a \to S_3 \to U_d$，故 $u_{ab}=-U_d$。逆变器另外半个周期的情况与上述类似，此处将不再赘述。

综上，基于移相控制的全桥式逆变器不仅能够保证输出电压死区不失真，而且由于超前臂的 MOSFET 都是零电压导通，实现了超前臂 MOSFET 的软开关，因此超前臂比滞后臂的损耗要小很多。

5.3　整流电路

在用于电动汽车充电的无线电能传输系统中，整流器的作用是将接收谐振器接收到的高频交流信号通过整流后给动力电池充电。根据整流器中选用的元器件不同，整流器可分为不可控整流电路、相控整流电路和全控整流电路[18]。比如整流器中元器件均为二极管组成的为不可控整流电路，元器件由通态电阻小的 MOSFET 组成的为全控整流电路。全控整流电路典型的应用就是同步整流器，同步整流器通常应用于输出电压较小的场合，因为在输出电压较小时，二极管由于压降较大使其通态损耗大于 MOSFET 的通态损耗，因此二极管整流器在低压时效率较低。同步整流技术的缺点是需要对 MOSFET 进行导通与关断的控制，需要设计驱动电路和控制算法，系统将变得复杂。所以，当输出电压较高时，通常不使用同步整流器，而是应用电路结构简单、无须驱动和控制且成本较低的不可控整流器，如二极管整流器，因为在高压输出时，二极管的压降可忽略不计，对效率影响较小。

在用于电动汽车充电的无线电能传输系统中，动力电池包的电压通常会在 300～400 V，此时，二极管的压降相比于电池包的电压可忽略不计，故一般选用单相整流器。

常用单相整流器的主电路结构主要有全波整流电路、倍流整流电路和全桥整流电路。

全波整流电路如图 5.18(a)所示，是一种对交流进行整流的电路。在这种整流电路中，在半个周期内，电流流过一个整流器件(比如晶体二极管)，而在另一个半周内，电流流经第二个整流器件，并且两个整流器件的连接能使流经它们的电流以同一方向流过负载。全波整流前后的波形与半波整流所不同的是在全波整流中利用了交流的两个半波，这就提高了整流器的效率，并使已整电流易于平滑。因此，在整流器中广泛地应用着全波整流。在应用全波整流器时其电源变压器必须有中心抽头。无论正半周或负半周，通过负载电阻 R 的电流方向总是相同的。

常用的倍流整流电路如图 5.18 (b)所示，与传统的变压器副边带中心抽头的全波整流电路相比，倍流整流电路有以下优点：减小了变压器副边绕组的电流有效值；变压器利用率较高，无需中心抽头，结构简单；输出电感纹波电流抵消可以减小输出电压纹波；双电感也更适合于分布式功率耗散的要求。与全波整流电路相比，倍流整流器的高频变压器的副边绕组仅需一个单一绕组，不用中心抽头；与全桥整流电路相比，倍流整流电路使用的二极管数量少一半。因此，倍流整流电路结合了全波整流电路和全桥整流电路二者的优点。当然，倍流整流电路要多使用一个输出滤波电感，结构略显复杂。但此电感的工作频率及输送电流均为全波整流电路所用电感的一半，因此可做得较小[19]。

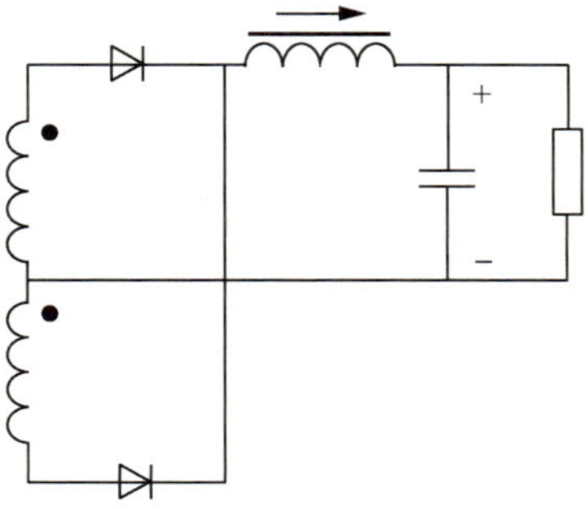

(a) 全波整流电路

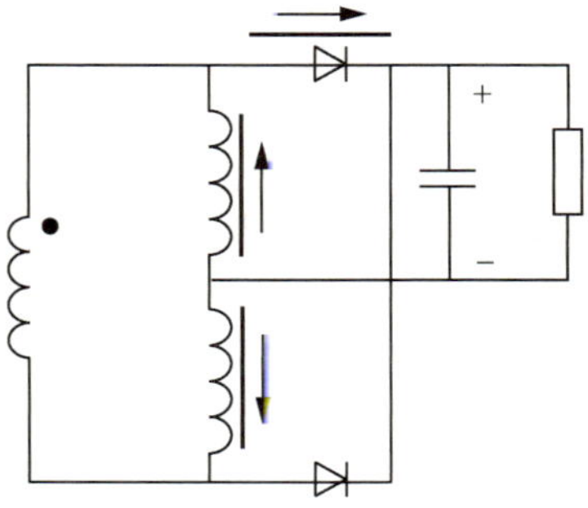

(b) 倍流整流电路

图 5.18 变压器副边整流电路

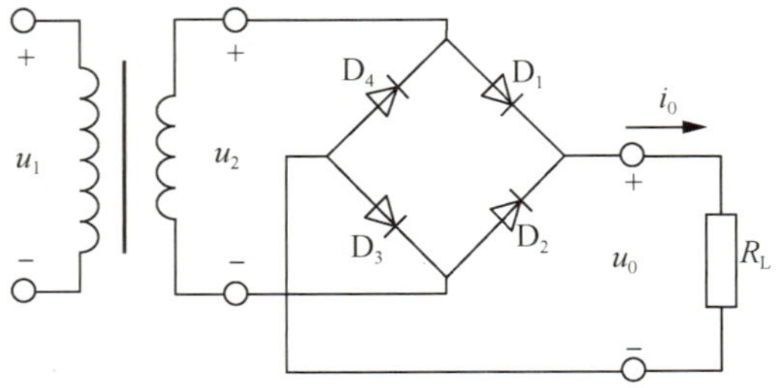

▲ 图 5.19　全桥整流电路

如图 5.19 所示，全桥整流电路中采用四个二极管，互相接成桥式结构。利用二极管的电流导向作用，在交流输入电压 U_2 的正半周内，二极管 D_1，D_3 导通，D_2，D_4 截止，在负载 R_L 上得到上正下负的输出电压；在负半周内，正好相反，D_1，D_3 截止，D_2，D_4 导通，流过负载 R_L 的电流方向与正半周一致。因此，交变的电压经过整流电路后，可以在负载上得到方向不变的脉动直流电压和电流。

表 5.2 中，U 为整流桥输入电压的有效值，I_L 为负载电流，V_D 为二极管的压降。由表 5.2 可知，相比于全波和倍流整流电路，全桥整流电路其二极管承受的最大反向电压较低，而且适用于输出电压较高的场合。所以，全桥整流电路更适用于电动汽车无线充电系统。

表 5.2　单相整流器的性能对比和应用情况

主电路结构	全桥整流	全波整流	倍流整流
平均输出电压	$0.9U$	$0.9U$	$0.45U$
流过二极管的平均电流	$0.5I_L$	$0.5I_L$	$0.5I_L$
二极管最大反向电压	$\sqrt{2}U$	$2\sqrt{2}U$	$2\sqrt{2}U$
二极管个数	4	2	2
二极管总通态损耗	$2V_DI_L$	V_DI_L	V_DI_L
应用领域	输出电压＞100 V	输出电压 5～100 V	输出电压＜5 V

5.4　发射端控制方法

H 桥逆变电路输出正负电压波形决定了车载无线充电系统传输特性，其典型波形如图 5.20 所示，输出波形幅值 A、脉宽 W 及周期 T 决定了无线充电系统充电电流大小，因此可称之为三个功率调节自由度。对于自由度 1 即幅值 A 的在线调节可以通过在 H 桥逆变电路前端加入准 Z 源电路实现。对于方波脉宽的调节可以采用前文 2.3 节中介绍的移相控制方法实现。而对于方波周期的调节，目前存在较大的分歧。由于对系统的谐振频率进行改变有可能导致系统的不稳定以及需要谐振元器件的参数进行重新匹配，所以当系统输出功率上升时，系统的零相角角频率(Zero Phase Angle)不止一个，存在频率劈裂现象[1, 2]。此时，变频控制器无法在多个零相角角频率中得到最佳的相角，会使系统偏移额定的工作点，从而导致传输功率明显下降。

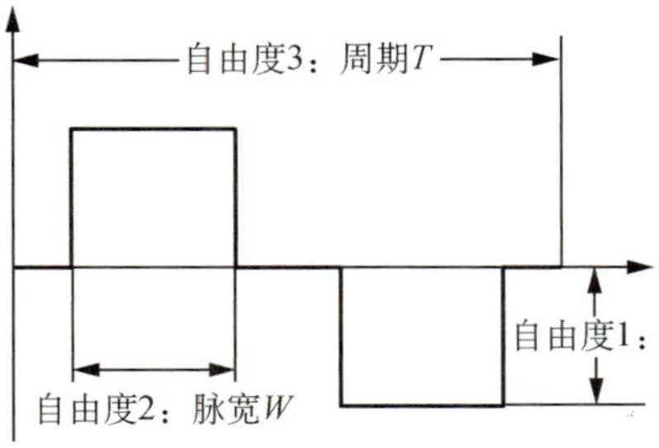

图 5.20 无线充电系统功率调节自由度定义

基于上述分析，本书中关于发射端控制方法将主要基于准 Z 源的方波幅值控制方法展开讨论。

5.4.1 Z 源、准 Z 源原理及二者比较

Z 源逆变器或称阻抗源逆变器是彭方正教授于 2003 年提出的[3]，Z 源逆变器最初是用于稳定电压特性较软的燃料电池堆输出电压[4]，但一经提出，便得到了广泛的应用[5-7]。Z 源逆变器可以分为电压型和电流型，本书除非作特殊标注外，所使用的都是电压型 Z 源逆变器。图 5.21(a)给出了 Z 源的典型电路，其是由两个电感和两个电容呈 X 型连接组成，当 L_1 和 L_2 电感逐渐变小，Z 源将简化为一个电容，即变为传统的电压源，而当 C_1 和 C_2 电容逐渐变小，Z 源将简化为一个电感，即变为传统的电流源。当 Z 源的输出端被短路时，即处于直通状态时，图 5.21(a)将简化为图 5.21(b)，此时电容 C_1 给电感 L_1 充电，电容 C_2 给电感 L_2 充电。当 Z 源从直通状态进入非直通状态时，图 5.21(a)简化为图 5.21(c)，此时电压源 V_s、电感 L_1 和电感 L_2，电容 C_1 和电感 L_1，电容 C_2 和电感 L_2 一同对外供电。

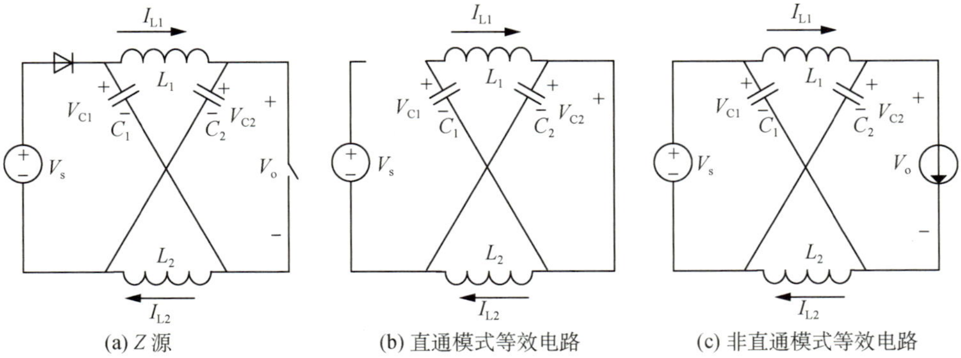

图 5.21 Z 源电路及其两种不同工作模式下的等效电路

对于电感 L_1 来说，稳态情况下其伏秒数需相同，可得

$$V_{C1} \cdot T_{\text{shoot-through}} = (V_{C2} - V_s) \cdot T_{\text{non-shoot-through}} \tag{5.15}$$

式中，$T_{\text{shoot-through}}$ 为直通时间；$T_{\text{non-shoot-through}}$ 为非直通时间，二者之和为 Z 源的一个工作周期 T。根据图 5.21(b)和图 5.21(c)可得

$$V_{C1} = V_{L1}, \quad V_s = V_o + V_{L1} + V_{L2} \tag{5.16}$$

当 Z 源中的 L_1 和 L_2 电感取值相同，C_1 和 C_2 电容取值相同，则 Z 源变为一个对称结构，因此

$$V_{C1} = V_{C2} = V_C,\ V_{L1} = V_{L2} = V_L \tag{5.17}$$

将式(5.16)和式(5.17)代入式(5.15)中，可得

$$V_o = \frac{T}{T_{\text{non-shoot-through}} - T_{\text{shoot-through}}} \cdot V_s = BF \cdot V_s \tag{5.18}$$

式中，BF 为直通控制所产生的升压因子，一般大于或等于 1。将式(5.18)重新整理可得 V_s，V_o和 V_C之间的关系为

$$V_C = \frac{T_{\text{non-shoot-through}}}{T_{\text{non-shoot-through}} - T_{\text{shoot-through}}} \cdot V_s = \frac{T_{\text{non-shoot-through}}}{T} \cdot V_o \tag{5.19}$$

定义占空比 $D_Z = T_{\text{shoot-through}}/T$，将其代入式(5.19)中，可得

$$V_C = \frac{1-D}{1-2D} \cdot V_s = (1-D) \cdot V_o \tag{5.20}$$

Z 源升压电路内部的电流电压关系，如图 5.22 所示。直通状态下，由于电容电压高于输入电压 $V_C > V_s$，二极管 D 处于截止状态，直流源不向电路提供能量，输入电流 I_{in} 为 0。此时电容端电压直接连接在电感两端向电感充电，电容电压 V_C 下降；电感电流 I_L 上升，电容电流 I_C 为负值。

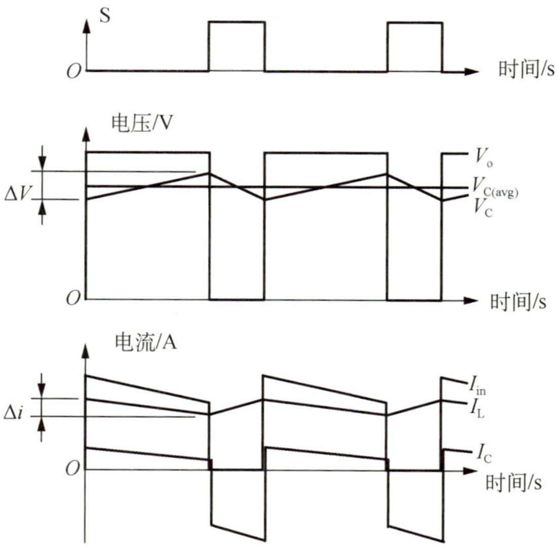

图 5.22　不同状态下的 Z 源内部电流与电压

非直通状态下，二极管 D 导通。电感 L 续流，与直流源一起为负载提供能量，导致输出电压高于输入电压 $V_o > V_s$。此时电感电流 I_L 下

降,直流源给负载供能的同时向电容充电,输入电流为电感电流和电容电流的和 $i_{in}=i_L+i_C$;处于充电状态的电容端电压 V_C 上升。

Z 源通过开关 S 的导通与关断,使电路在直通状态与非直通状态之间切换,实现了输出升压功能。

准 Z 源是 Z 源的一种变形,其有两种典型结构[8,9],如图 5.23 所示。

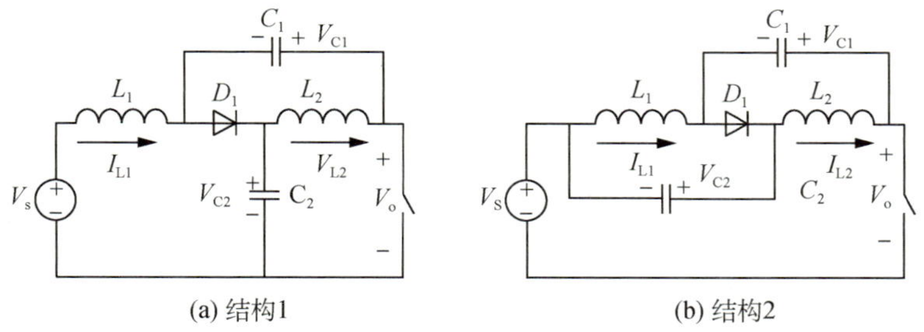

▲ 图 5.23 两种典型的准 Z 源拓扑结构

对结构 1 和结构 2 分别运用类似式(5.15)至式(5.20)的推导过程,可得该两种准 Z 源结构的升压因子相同,并且与 Z 源升压因子也相同,但电容上的电压有差异,结构 1 中电容 C_1 和电容 C_2 上的电压分别为

$$V_{C1}=\frac{V_o-V_s}{2}=\frac{T_{\text{shoot-through}}}{T_{\text{non-shoot-through}}-T_{\text{shoot-through}}}\cdot V_s=\frac{D}{1-2D}\cdot V_s \tag{5.21}$$

$$V_{C2}=\frac{V_o+V_s}{2}=\frac{T_{\text{non-shoot-through}}}{T_{\text{non-shoot-through}}-T_{\text{shoot-through}}}\cdot V_s=\frac{1-D}{1-2D}\cdot V_s \tag{5.22}$$

结构 2 中电容 C_1 和电容 C_2 上电压为

$$V_{C1}=V_{C2}=\frac{V_o-V_s}{2}=\frac{T_{\text{shoot-through}}}{T_{\text{non-shoot-through}}-T_{\text{shoot-through}}}\cdot V_s=\frac{D}{1-2D}\cdot V_s \tag{5.23}$$

对比图 5.21 中的 Z 源和图 5.23 中的两种准 Z 源结构,若仅仅从电容器件耐压的角度考虑,准 Z 源结构 2 是最好的选择,因为其两个电容的耐压值都较小,但是准 Z 源结构 2 输入电流不连续。同样,Z 源的输入电流也不连续,这将导致瞬态峰值损耗增加,降低系统效率,因此准 Z 源结构 1 是最实用的结构,不仅降低了一个电容器件的耐压值,而且保证了输入电流的连续性。

准 Z 源结构 1 在两种典型工作状态下的等效电路,如图 5.24 所示。当处于直通状态时,电压源 V_s 和电容 C_1 给电感 L_1 充电,电容 C_2 给电感 L_2 充电,当处于非直通状态时,电压源 V_s、电容 C_1 和电感 L_1 一同对外供电,电容 C_2 和电感 L_2 一同对外供电。

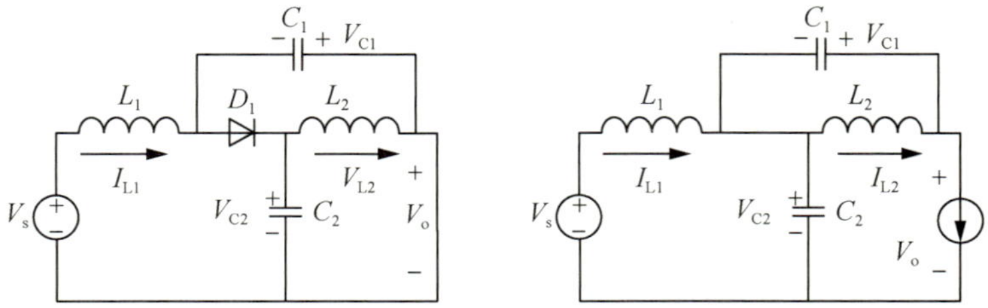

(a) 直通状态　　(b) 非直通状态

▲ 图 5.24　准 Z 源结构 1 直通状态和非直通状态下的等效电路

与 Z 源相比，准 Z 源升压电路在相同的直通占空比 D 具有相同的升压比例系数，故 Z 源的控制策略在准 Z 源电路上同样适用。而准 Z 源具有如下两项优势：①在直通状态下，电感 L_1 的充电由电容 C_1 和直流源同时完成，由式(5.21)可见电容 C_1 的电压更低，可以选用低耐压值的电容器，降低成本。②尽管在直通状态下 D 处于截止状态，但是直流源仍提供电流 i_{L1}，电源输出电流连续，不会形成电流中断。

5.4.2　基于准 Z 源的系统功率调节拓扑及其相应控制方法研究

一种基于准 Z 源的车载无线充电系统功率调节方法，系统主拓扑结构如图 5.25 所示，主要包括输入电压源 V_s、准 Z 源、H 桥、发射端和接收端谐振腔、整流滤波器及电池包。准 Z 源是第一次被引入无线充电系统，并通过其将输入电压源和 H 桥逆变电路耦合在一起，通过控制 H 桥逆变电路中任一桥臂直通，即可控制准 Z 源的输出电压幅值，进而控制 H 桥输出正负方波幅值大小。又因为 LC-LC 串联拓扑或者 LCL-LCL 拓扑都具有恒流特性，可通过调节二者的输入电压来控制充电电流大小，最终实现充电功率的控制。

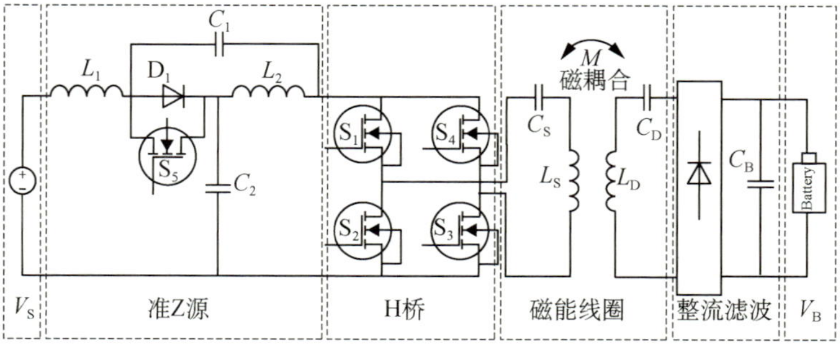

▲ 图 5.25　车载无线充电系统主拓扑结构

与传统的功率调节主拓扑相比[10-12]，本节所提主拓扑结构具有以下优点：第一，传统拓扑中 H 桥逆变电路是不允许出现直通现象的，因为这会引起短路并烧毁器件，但在图 5.25 所示拓扑中，正是因为直通现象的存在才可能实现功率在线调节。当 H 桥处于传统工作模式下时，准 Z 源对输入输出没有影响，只作为一个二阶滤波器存在。当周围环境有 EMI 干扰导致同桥臂的 MOS 管误开启时，准 Z 源还可以保护 H 桥逆变电路，防止其烧毁，间接地提高了系统工作稳定性。第二，该拓扑功率调节部分位于发射端，而接收端只有整流滤波器件，实际应用中车载无线充电系统的发射端一般埋在地下，对其体积及重量并无特殊要求，但是接收端一般位于车底盘下，要求其体积重量尽量小，图 5.25 所示主拓扑的结构恰好满足实际要求。第三，传统功率调节部件一般都位于接收端，因此必须有相应的控制器，在图 5.25 所示主拓扑结构中，接收端的控制器可以省略，而充电电流及电池包电压可由电池组管理系统测量，这种结构降低了系统成本。

图 5.25 所示主拓扑结构存在一种非正常工作状态，是由准 Z 源的一种工作特性决定的，当准 Z 源处于图 5.24(b)所示的非直通状态时，

$$\begin{cases} V_o = V_s + V_{L1} + V_{L2} \\ V_{L1} = V_o - V_s - V_{C1} \\ V_{L2} = V_o - V_{C2} \end{cases} \tag{5.24}$$

整理式(5.24)可得

$$V_o = V_{C1} + V_{C2} \tag{5.25}$$

此时流入 H 桥的电流为

$$i_o = i_{L1} + i_{V_{C2}} = i_{L2} + i_{V_{C1}} \tag{5.26}$$

由式(5.25)和式(5.26)知，此时准 Z 源的输出电压是固定不变的，因为电容 C_1 和电容 C_2 上的电压在短时间内不会突变，并且该输出电压与电感中电流无关。当准 Z 源处于图 5.26(a)所示的非正常工作状态时，即流过二极管电流减小至零，则此时的输出电压和输出电流为

$$V_o = \frac{V_{C1} + V_{C2} + V_{L1} + V_{L2} + V_s}{2} \tag{5.27}$$

$$i_o = i_{L1} + i_{L2} \tag{5.28}$$

在这种情况下，输出电压值随着电感电压和电流变化，严重影响准 Z 源输出电压波形质量，如图 5.26(b)中圆圈部分所示。这种非正常工作状态本质上是由二极管的单向导通性引起的，如果采用可控 MOS 管(即 S_5)代替二极管，并进行主动控制，可以避免该非正常工作状态出现。值得注意的是，该非正常工作状态仅在系统传输功率非常小的情况下才会发生，而且可以通过优化设计电感 L_1 和 L_2 来避免该状态出现。

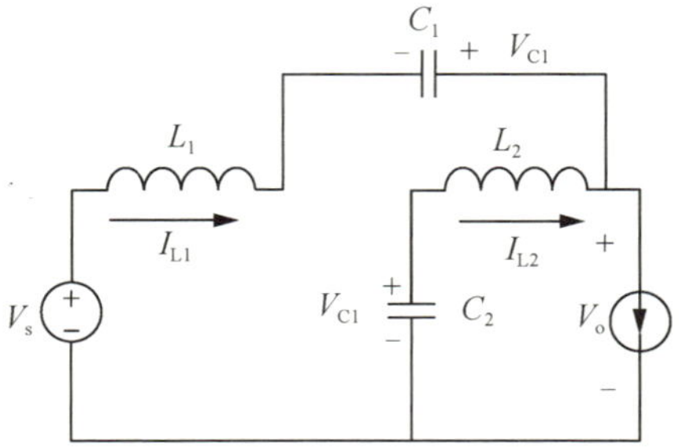

(a) 非正常工作状态等效电路

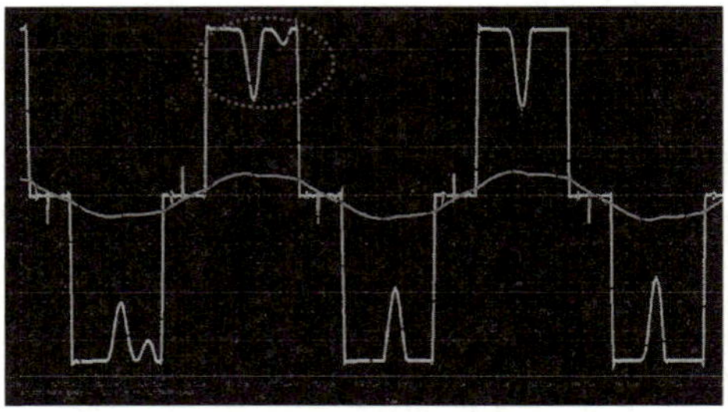

(b) 输出电压跌落现象

图 5.26　准 Z 源非正常工作模式

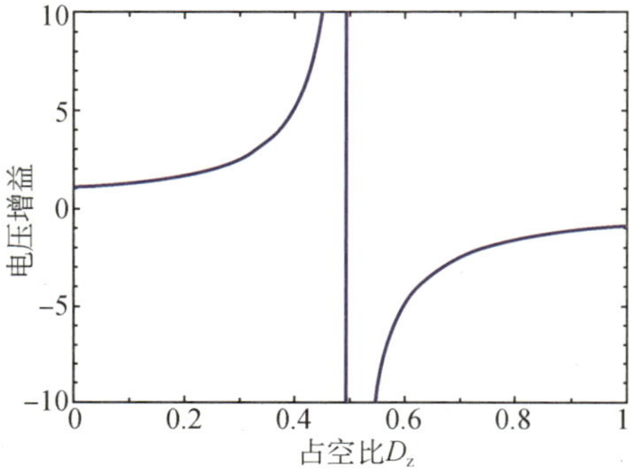

图 5.27　准 Z 源电压增益曲线

根据式(5.21)可得准 Z 源的电压增益曲线，如图 5.27 所示，和传统 Buck 或 Boost 变换器不同，准 Z 源的占空比 D_Z不能为 50%。当占空比 D_Z小于 50%时，电压增益大于 0，而当占空比 D_Z大于 50%时，系统进入负增益区，即准 Z 源输出电压为负值，这种工作状态在实际应用中几乎用不到，因此本文将准 Z 源的最大工作增益设为 50%。

所有传统的 H 桥逆变电路控制策略都适用于本文所提主拓扑电路，而且它们相应的输入输出关系仍然成立，但唯一不同的是需要在控制中加入直通时间。本文所提主电路拓扑有两种典型的控制模式，第一种是传统的移相控制模式，H 桥逆变电路具体控制时序如图 5.28 所示，此时的准 Z 源对 H 桥输入电压波形不产生影响，只作为一个二阶滤波器存在，由于该种控制方法已被广泛应用[13]，本文就不再赘述了。

当系统传输功率需要增加时，H 桥逆变电路将进入一种新的工作模式，即升压控制模式，具体控制时序如图 5.29 所示。与图 5.28 不同，在图 5.29 的控制时序中，增加了直通控制时间 $T_{\text{shoot-through}}$，直通时间 $T_{\text{shoot-through}}$、移相时间 T_{shifting}和死区时间 T_{dead}，共同影响着 H 桥输出电压波形。系统一个谐振工作周期为 T，准 Z 源的一个工作周期为 $T/2$，其一个工作周期由直通时间 $T_{\text{shoot-through}}$和非直通时间 $T_{\text{non-shoot-through}}$组成。图 5.29 中直通时间由滞后桥臂的 MOS 管 S_3 和 S_4 同时导通实现，或者可由超前桥臂的 MOS 管 S_1 和 S_2 同时导通实现，直通状态的实现方式完全由实际应用情况决定。图 5.29 中时间 t_0 到时间 t_7 为一个完整的时序控制周期，由于 $t_0 \sim t_3$ 和 $t_4 \sim t_7$ 时间段的工作模态是相同的，故只阐述 $t_0 \sim t_3$ 时间段的系统工作模态。在时刻 t_0 处，MOS 管 S_1 关断，而此时的电流 I_H仍然是正的，因此电流 I_H将会迫使 MOS 管 S_2 的并联二极管导通，在 I_H变为负值之前，MOS管 S_2 应在时刻 t_2 处导通，实现零电压导通。在MOS管 S_3 关断之前，MOS管 S_4 将在时刻 t_2 处导通，该开关动作在传统控制模式中是严格禁止的，但正是由于该开关动作，为准Z源提供了直通状态并实现了功率调节。通过调节时刻 t_2 和时刻 t_3 之间间隔长短，可以得到不同的升压因子。从图5.29可以看出，准Z源的工作频率是系统工作频率的2倍，这有利于减小准Z源中电感电容的体积，但由于直通状态迫使滞后桥臂的两个MOS管丢失了软开关条件，将会降低系统传输效率。

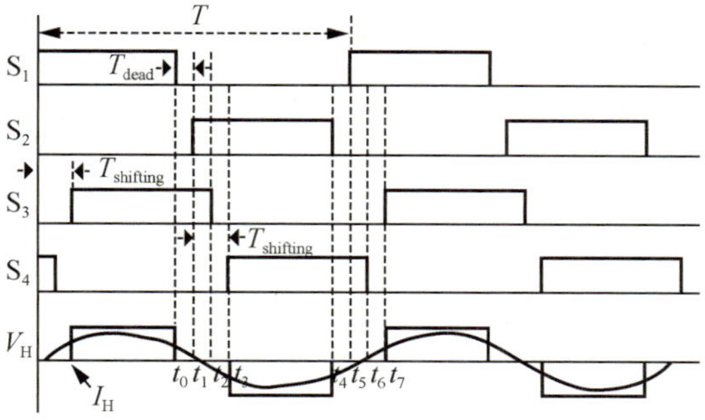

▲ 图5.28　传统移相控制时序

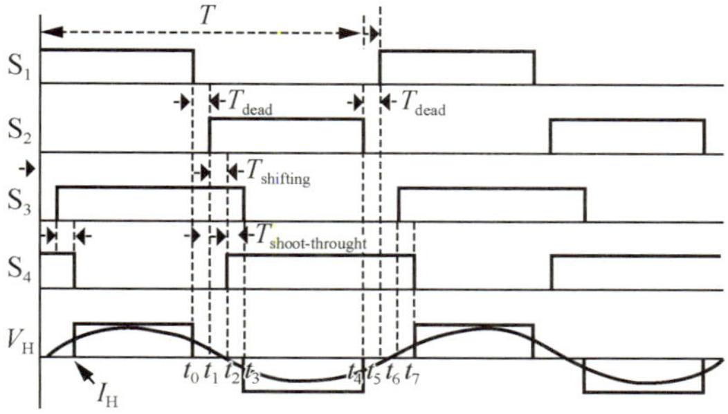

▲ 图5.29　升压控制时序

车载无线充电系统的谐振拓扑结构可近似为高阶谐振滤波器，因此只有H桥输出波形的基波分量才能传输到接收端，而其余部分又能在发射端环流，造成额外的损耗，故应分析H桥输出波形的谐波分量大小。THD是用来衡量谐波失真大小的评价指标，THD越小，则谐波损失越小，其具体计算公式为

$$THD = \frac{\sqrt{\sum_{n=2}^{\infty} V_n^2}}{V_1} \tag{5.29}$$

式中，V_1 代表基波分量；而 V_n 代表各阶谐波分量；n 代表谐波次数。

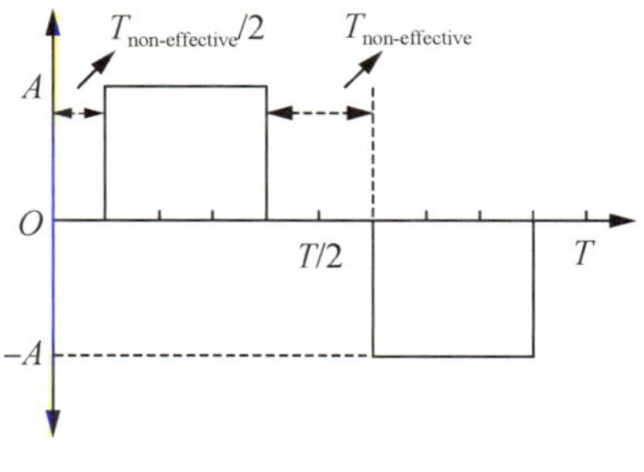

▲ 图5.30　H桥输出电压典型波形

H桥输出电压典型波形如图5.30所示，其中 $T_{non\text{-}effective}$ 为非有效时间，即H桥输出电压等于0的时间段，该时间段受直通时间 $T_{shoot\text{-}through}$、移相时间 $T_{shifting}$ 和死区时间 T_{dead} 共同影响。图5.30中正负方波电压波形的傅里叶级数为

$$V = \sum_{n=1}^{\infty} \frac{2A}{n\pi}\left[\cos\frac{n\pi T_{non-effective}}{T} - \cos n\pi\left(1 - \frac{T_{non-effecitve}}{T}\right)\right]\sin n\omega_r t \tag{5.30}$$

式中，A，n，$T_{non\text{-}effective}$ 和 T 分别为正负方波电压幅值、谐波次数、非有效时间和系统谐振周期；$\omega_r =$

$2\pi/T$ 为系统工作角频率。

将式(5.30)计算出的各次谐波分量值代入式(5.29)中可得不同频率下的正负方波电压谐波失真情况,如图5.31所示。当系统工作频率在50 kHz时,最小THD值对应着2~3 μs的非有效时间,当系统工作频率在80 kHz时,最小THD值对应着1~2 μs的非有效时间,而且随着系统工作频率的提升,最小THD值对应的非有效时间也逐渐减小。

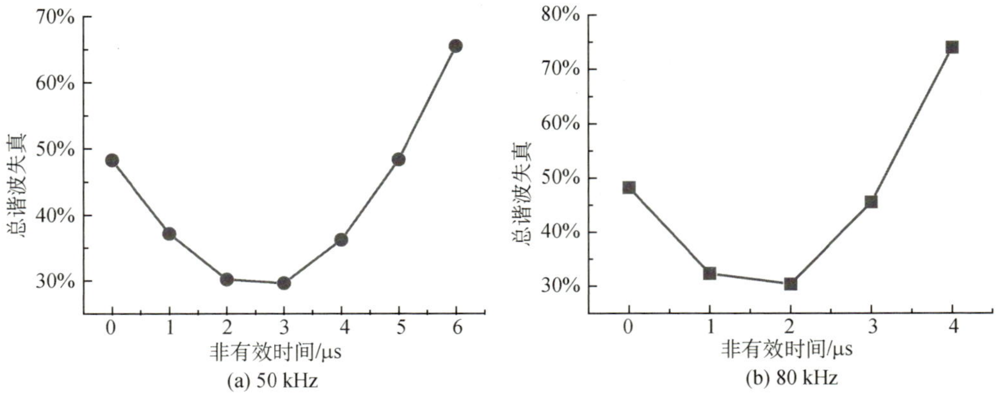

图5.31　不同频率下正负方波的电压谐波失真情况

除此之外,从准Z源电路拓扑结构可以看出,其具有一个输入电感 L_1,若通过控制手段将其中电流调制为半波正弦,则可实现功率因数校正功能(PFC),因此基于准Z源的功率传递拓扑不仅适用于直流至直流的应用场合,也适用于交流至直流的应用场合,仅需要在输入端加入全桥整流电路。基于准Z源的PFC及DC/DC一体化功率传输拓扑如图5.32所示,其包含交流源/直流源模

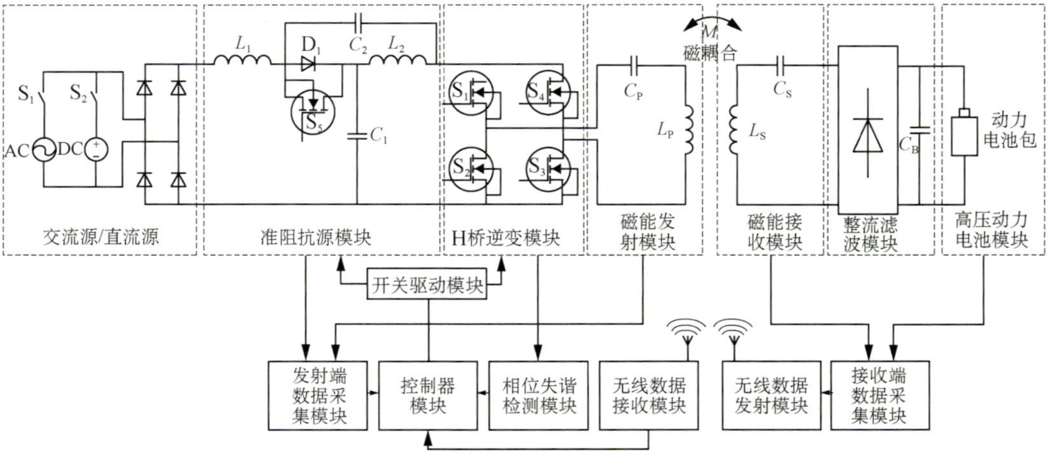

图5.32　车载无线充电系统PFC及DC/DC一体化功率传输拓扑

块、准阻抗源模块、H桥逆变模块、磁能发射/接收模块、整流滤波模块、高压动力电池模块及一些数据通信模块等。

为了使准Z源模块实现类似于Boost电路的功率因数校正功能，需将电感L_1中流过电流控制为图5.33所示波形，电感L_1中电流包络线要与输入正弦半波电压同相位，以使交流输入源等效负载为纯阻性。图5.33表明电感L_1中电流是一种典型的三角波，其上升部分由直通时间控制，下降部分由非直通时间控制，因此，通过控制直通时间和非直通时间的比例，即可控制系统输入电流幅值大小，进而控制给电池包进行无线充电的电流大小。

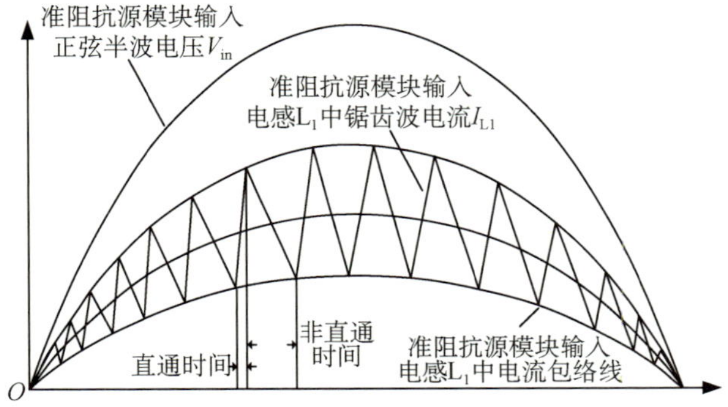

▲ 图5.33 准Z源输入电流波形曲线

为了实现如图5.33所示的准Z源输入电流波形，有两种控制方法，一种是单系统周期控制，即在每半个无线充电系统周期内都实现一次直通控制和非直通控制，即如图5.29所示控制时序。另一种控制方式为多系统周期控制，如图5.34所示，其中系统工作频率设为50 kHz，若系统工作频率为85 kHz甚至更高，只需更改相应的周期时间即可。在图5.34中，除了移相控制和直通控制外，插入了自由谐振控制，移相控制时间、直通控制时间及自由谐振控制时间组成了一个完整控制周期，并且上述三种控制时间可自由组合，增加了系统控制自由度。移相控制中死区时间为1 μs，移相时间为2 μs，开关S_1，S_2，S_3及S_4的脉宽时间为9 μs，因此H桥逆变电路输出电压波形为脉宽时间为7 μs、半周期为10 μs的一个正负方波功率信号，在此移相控制中，无直通时间插入。直通控制由滞后桥臂的开关管S_3和S_4同时导通实现，持续20 μs，该时间在一个完整周期所占的比例决定了H桥逆变电路输出正负方波幅值大小，图5.34中升压比为120/(120－20)＝1.2。自由谐振控制由开关管S_2与S_3同时导通实现，也可以是S_1与S_4同时导通实现，持续20 μs，该时间的长短同样影响着准阻抗源模块的升压比大小，在该控制时间内，H桥逆变电路不向外输出方波功率信号，无线充电系统发射端谐振腔通过开关管S_2与S_3进行自由谐振，直到下一个移相控制过程开始。

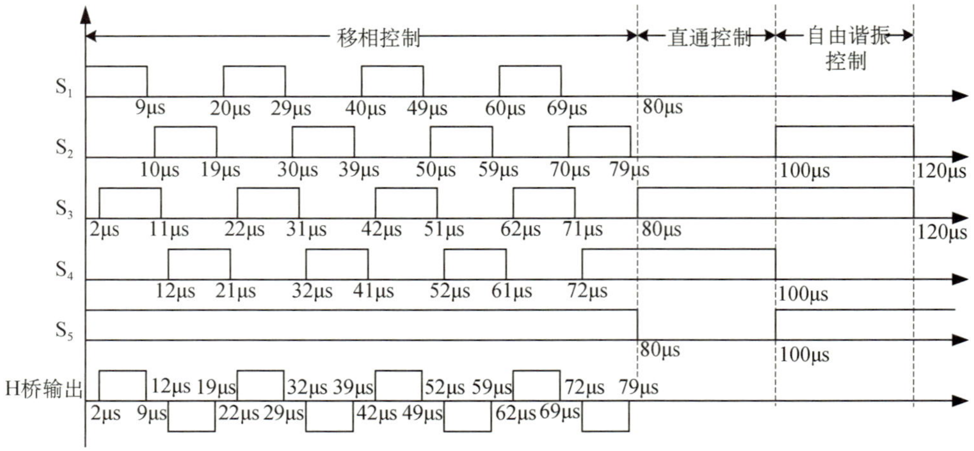

图 5.34　基于准 Z 源的 PFC 功能控制时序

5.4.3　在线功率调节效果仿真验证

为了验证基于准 Z 源的在线功率调节方法，在 Pspice 中进行了仿真验证，图 5.35 给出了仿真过程中系统的典型波形。图 5.35 所示实测波形分别采用了 1 μs 直通时间和 1.5 μs 直通时间进行对比分析。尽管图 5.35(a)和图 5.35(b)中的输入电压都为 200 V，但由于直通时间的不同，二者的升压因子不同，前者升压因子为 1.5，故 H 桥输出电压幅值在 300 V，而后者升压因子为 2，故 H 桥输出电压幅值为 400 V。因为 H 桥输出电压决定了系统充电电流大小，所以 200 V 输入电压、1 μs 直通时间、1.5 倍升压因子、300 V H 桥输出电压情况对应着 8.26 A 系统充电电流，而 200 V 输入电压、1.5 μs 直通时间、2 倍升压因子、400 V H 桥输出电压情况对应着 10.2 A 系统充电电流。这证明了可以通过控制直通时间长短调节系统充电电流及充电功率。在图 5.35(c)和图 5.35(d)中，准 Z 源输出电压是脉动的，与传统 Boost 或 Buck 电路不同，正是这个特点决定准 Z 源输出端可省掉一个大的 DC-Link 电容，该输出电压为 0 时对应着直通状态，此时电感中电流线性上升，该输出电压为非 0 时对应着非直通状态，此时电感中电流线性下降。尽管图 5.35(c)和图 5.35(d)中的输入电压都为 200 V，但由于直通时间的不同，准 Z 源输出电压也不同，该电压幅值决定了 H 桥输出电压的幅值大小。在图 5.35(e)和图 5.35(f)中，不同直通时间的两种情况下，系统都处于准谐振状态，但因直通时间不同，准 Z 源电容电压与 H 桥输出电压不同。

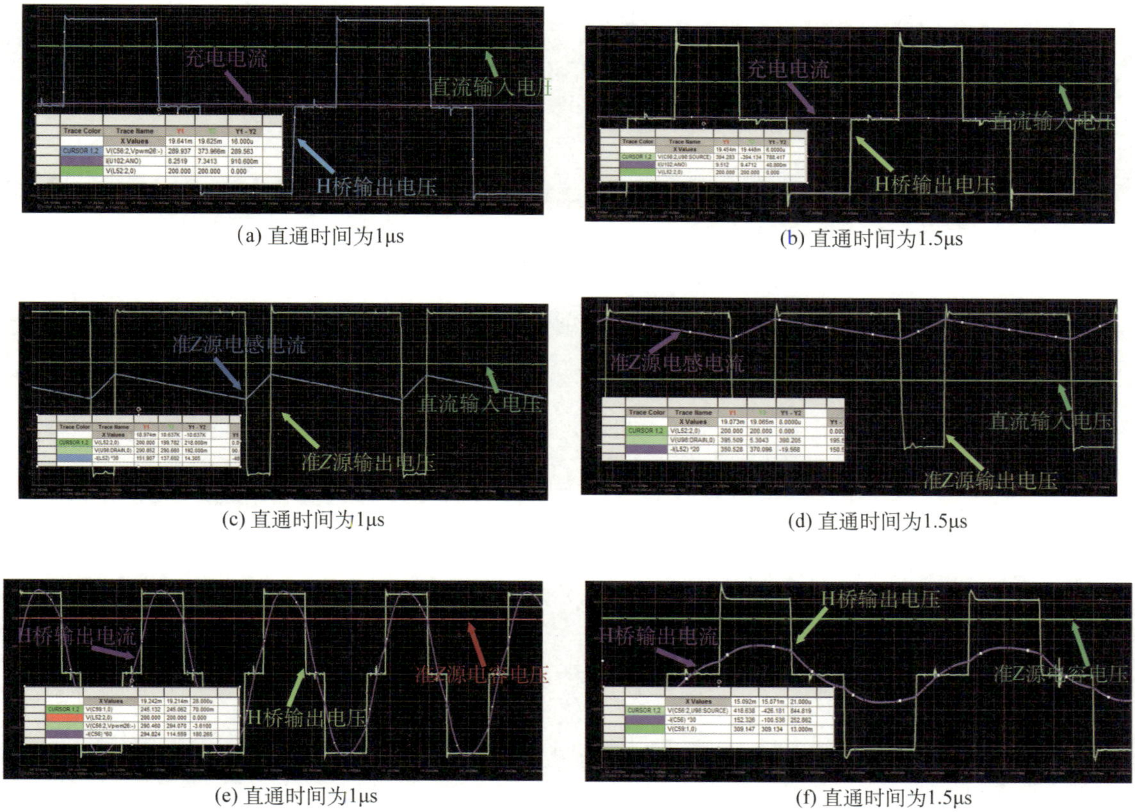

(a) 直通时间为1μs　(b) 直通时间为1.5μs

(c) 直通时间为1μs　(d) 直通时间为1.5μs

(e) 直通时间为1μs　(f) 直通时间为1.5μs

图 5.35　基于准 Z 源的功率传输拓扑仿真波形

5.5　接收端控制方法

无线电能传输的接收端的功率控制方法是指功率控制电路布置在车载接收端，常见的方法有在整流桥后加入一级 DC/DC 变换器，将被动整流替换为可控整流的等。

接收端功率控制的方法，因被控量的反馈在同一端，不需要通过无线通信进行，使得输出的充电电压和电流能快速响应电池管理系统的需求。并且在系统出现短路等故障时，能迅速切断系统的输出。

接收端控制的方法是无线电能传输发射端和接收端解耦的前提之一，例如 LCC 拓扑可以在线圈上输出一个恒定的电流，这样原副边只要阻抗可以匹配就能工作。将功率控制模块布置在车载端还有能简化发射端的优点，这样能大幅降低基础设施的成本，利于无线电能传输系统大范围的安装。

5.5.1 基于双向串联开关管的接收端功率控制方法

如图 5.36 所示为北京理工大学邓钧君所带领的团队提出的基于两个双向串联开关管的接收端功率控制电路[14]。该系统中采用谐振拓扑结构为双边 LCC 谐振补偿网络。其中 L_1，L_2 为发射线圈组与接收线圈组的自感。S_1 至 S_4 是 H 桥逆变电路的四个开关管。L_{f1}，C_{f1} 和 C_1 是发射端的补偿电感和补偿电容；L_{f2}，C_{f2}，C_2 是接收端的补偿电感和补偿电容。Q_1 和 Q_2 是在接收端补偿电路和整流电路之间加入的两个双向串联的开关管，正是通过两个开关管的通断实现对输出功率的在线调节。D_1 至 D_4 为被动整流桥的四个二极管。V_{in} 和 V_{out} 分别为输入电压以及负载电池电压。

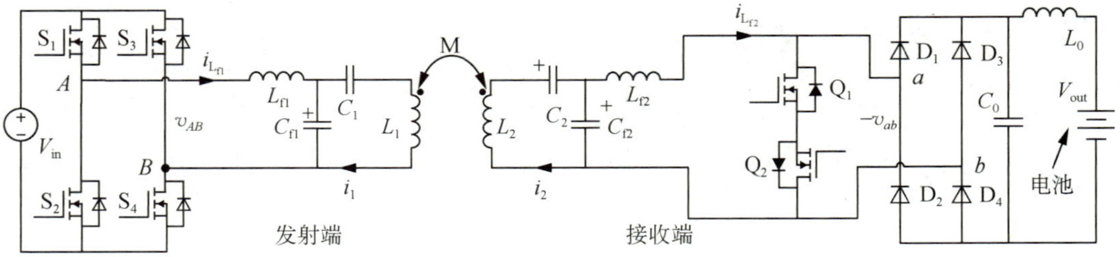

图 5.36 基于两个双向串联开关管的接收端功率控制电路

(1) 电路基本工作原理

该输出功率控制方法主要可以分为四个工作阶段，系统稳态工作时 v_{AB}，v_{ab} 以及 Q_1，Q_2 的导通信号波形如图 5.37 所示。其中 Q_1 和 Q_2 在每个周期的导通角为 α，其周期时间为系统工作周期时间的 1/2。

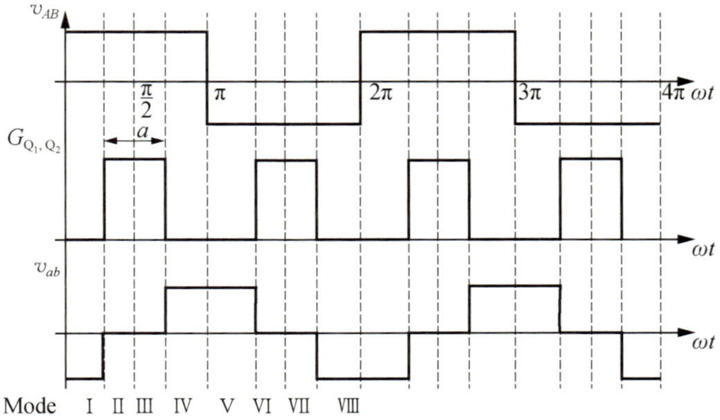

图 5.37 系统稳态工作关键信号波形

• 阶段 1 $\left(\omega t = 0 \sim \frac{\pi - \alpha}{2}\right)$

在阶段 1 中，如图 5.38(a)所示，两个双向开关管 Q_1 和 Q_2 处于关断状态。接收端谐振补偿网络的输出电流 $i_{L_{f2}}$ 经过二极管 D_2 和 D_3 给电池充电。此时 $v_{ab} = -V_{out}$。

• 阶段 2 $\left(\omega t = \frac{\pi - \alpha}{2} \sim \frac{\pi}{2}\right)$

在阶段 2 中，如图 5.38(b)所示，两个开关管 Q_1 和 Q_2 同时导通。动力电池输出端被两个开关管的通路短路。此时电池不处于充电状态，$v_{ab} = 0$。

• 阶段 3 $\left(\omega t = \frac{\pi}{2} \sim \omega t = \frac{\pi + \alpha}{2}\right)$

在阶段 3 中，如图 5.38(c)所示，两个开关管 Q_1 和 Q_2 继续处于导通状态。动力电池输出端被两个开关管的通路短路，$v_{ab} = 0$。 此时电池不处于充电状态，且接收端输出电流 $i_{L_{f2}}$ 方向改变。

• 阶段 4 $\left(\omega t = \frac{\pi + \alpha}{2} \sim \pi\right)$

在阶段 4 中，如图 5.38(d)所示，两个开关管 Q_1 和 Q_2 处于关断状态。谐振网络输出电流 $i_{L_{f2}}$ 通过二极管 D_1 和 D_4 给电池充电，此时 $v_{ab} = V_{out}$。

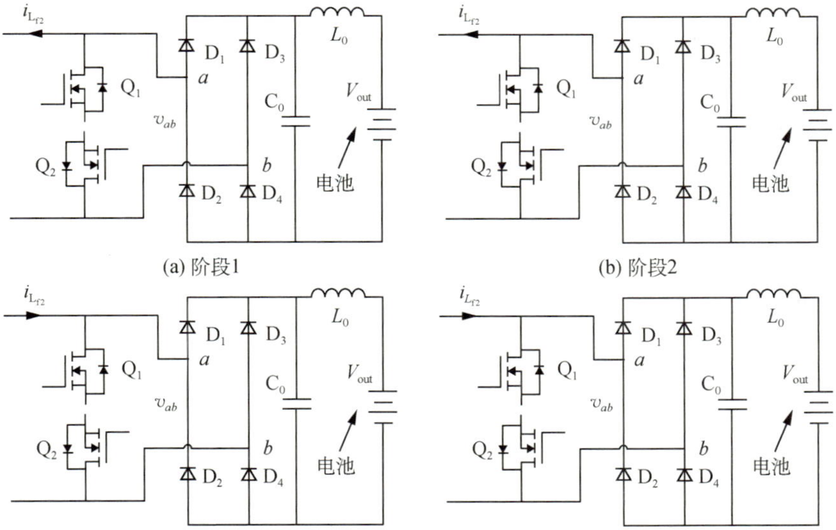

图 5.38 不同阶段下系统电路工作状态

(2) 电路稳态分析

基于图 5.36 的电路，采用基波分析法对电路进行稳态分析，可得到如图 5.39 所示的简化等效电路。

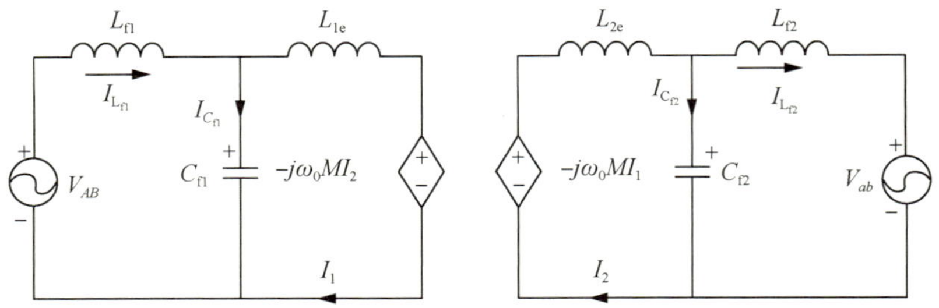

图 5.39　稳态下简化等效电路

由第 3 章的谐振电路分析中可知，双边 LCC 谐振补偿电路的谐振条件为

$$L_{1e}=L_1-1/(\omega_0^2 C_1)=L_{f1} \tag{5.31}$$

$$L_{2e}=L_2-1/(\omega_0^2 C_2)=L_{f2} \tag{5.32}$$

式中，ω_0 为系统谐振频率。

由图 5.39 简化电路可得发射端输入电流 $I_{L_{f1}}$ 和接收端输出电流 $I_{L_{f2}}$ 如下式所示：

$$I_{L_{f1}}=j\frac{M}{\omega_0 L_{f1} L_{f2}}V_{ab} \tag{5.33}$$

$$I_{L_{f2}}=-j\frac{M}{\omega_0 L_{f1} L_{f2}}V_{AB} \tag{5.34}$$

在单向传输的无线电能传输系统中，当开关管处于连续导通模式(CCM)时，谐振网络输出电流 $I_{L_{f2}}$ 与输出电压 V_{ab} 同相。以 V_{AB} 作为参考电压，根据式(5.34)可知，$I_{L_{f2}}$ 的相角为$-90°$。因此 V_{ab} 的相角同样为$-90°$。

因此，系统稳态下的输出功率 P_{out} 可用下式表示：

$$P_{out}=\frac{M}{\omega_0 L_{f1} L_{f2}}V_{AB}V_{ab} \tag{5.35}$$

由图 5.37 所示的波形图，电压 v_{AB} 和 v_{ab} 作傅里叶级数展开可表示为

$$v_{AB}=\sum_{k=1}^{\infty}\frac{4}{(2k+1)\pi}v_{AB}\sin[(2k+1)\omega_0 t] \tag{5.36}$$

$$v_{ab}=\sum_{k=1}^{\infty}\frac{4}{(2k+1)\pi}v_{ab}\sin\left[(\pi-\alpha)\frac{2k+1}{2}\right]\cos[(2k+1)\omega_0 t] \tag{5.37}$$

将式(5.36)和式(5.37)代入式(5.35)可得

$$P_{out}=\frac{8MV_{AB}V_{ab}}{\pi^2\omega_0L_{f1}L_{f2}}\sum_{k=0}^{\infty}\frac{\sin\left[\frac{2k+1}{2}\pi(1-D)\right]}{(2k+1)^3} \tag{5.38}$$

(3) 电路仿真分析

为了验证上述电路分析的正确性，邓钧君研究团队在 Matlab/Simulink 中搭建了如图 5.36 的电路模型。其中 $L_1=L_2=300\ \mu H$，$L_{f1}=L_{f2}=60\ \mu H$，$M=100\ \mu H$，$U_{AB}=U_{ab}=400\ V$，$f=85\ kHz$。输出功率 P_{out} 随 Q_1，Q_2 占空比 D 变化的趋势如图 5.40 所示。当 $D=0$ 时，系统输出被短路，输出功率为 0。整体上看，系统输出功率随着占空比的增大呈单调递减趋势。当占空比 D 小于 0.5 时，占空比的变化对输出功率的影响程度减小，这有利于在大功率应用场合下对输出功率进行精确调节。

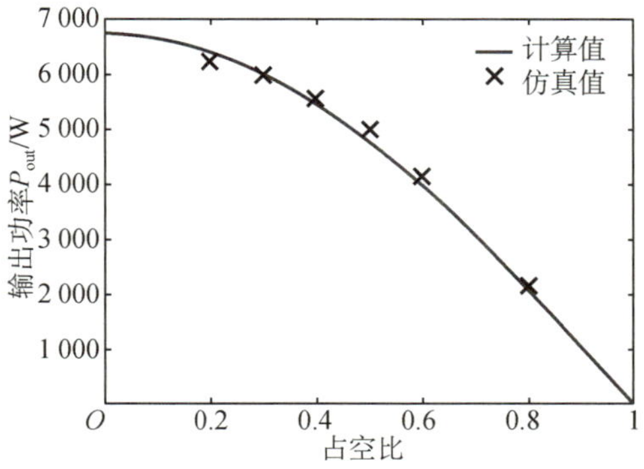

▲ 图 5.40　系统输出功率随开关管 Q_1，Q_2 占空比变化趋势

如图 5.41 所示的分别为当 $D=0$ 和 $D=0.3$ 时，v_{ab} 和 $i_{L_{f2}}$ 的波形图。当 $D=0$ 时，Q_1 和 Q_2 并不起作用，此时系统输出功率最大。当 $D=0.3$ 时，v_{ab} 波形存在一小段死区，系统输出功率下降。其波形图基本与图 5.37 的理论分析一致。

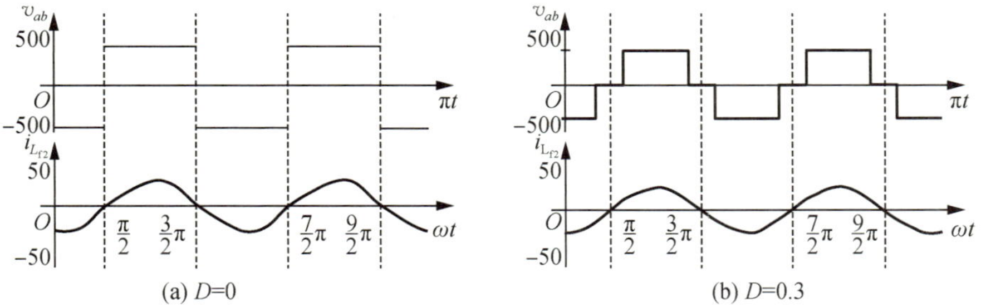

▲ 图 5.41　不同占空比条件下系统关键参数波形

5.5.2　接收端可控整流功率控制方法

为了进一步简化接收端的电路，使其布局更加紧凑，可以用两个开关管取代整流桥中的两个二极管，将被动整流电路变为可控整流电路。尤其对于输出特性为电流源的补偿拓扑，例如 SS 拓扑和双边 LCC 拓扑，采用接收端可控整流的方法是一种更合适的功率控制方案。

如图 5.42 所示为接收端可控整流电路[15]。与第 2 章中开环的双边 LCC 谐振补偿电路相比，

图 5.42 的电路只是将整流桥中低边的两个二极管替换成了 MOSFET 开关管。Q_5 以及 Q_6 的引入,可以通过控制其占空比,从而控制整流桥的输出电流 i_r。

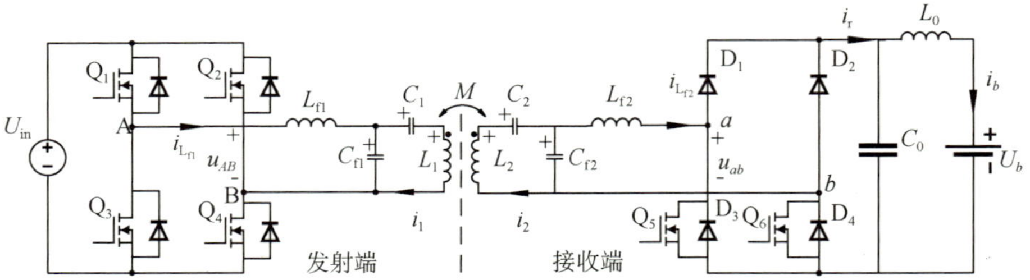

▲ 图 5.42 双边 LCC 接收端可控整流电路

由第 2 章的电路理论分析可知,双边 LCC 补偿拓扑谐振腔的输出电流为

$$i_{L_{f2}}=\frac{u_{AB}M}{j\omega_0 L_{f2}L_{f1}} \tag{5.39}$$

从公式中可以看出,谐振电路的输出电流与负载无关。当谐振腔输入电压 U_{AB} 保持不变时,谐振腔输出可以看成一个恒压源。

如果不考虑后级电路的损耗,输出功率

$$P_{out}=I_{L_{f2}}U_{ab} \tag{5.40}$$

那么如果需要进行输出功率的调节,在接收端调整电压 U_{ab} 的大小是可行的方法。例如在输出串联一个 DC/DC 变换器,例如 Buck 或 Boost 电路,可以根据需要调整 U_{ab},实现调节功率目的。此方法将在下一小节内容进行讨论。而加入可控整流电路,则可以通过控制 Q_5 和 Q_6 的导通时序,控制 $I_{L_{f2}}$ 输出到负载的百分比。比如当 Q_5 和 Q_6 同时导通,此时 $I_{L_{f2}}$ 被短路,谐振电路不对外输出能量。

而与在输出端加入一级 DC/DC 相比,接收端可控整流的方法没有加入额外的磁性元件,因此整个车载端可以做得更紧凑,这样在提高了效率的同时,减小了无线电能传输系统的体积,并且也节约了昂贵的磁性元件成本。

(1) 可控整流控制工作原理

可控整流可以有多种控制时序,文献[16]介绍了一种谐振腔输出电压 u_{ab} 和 $i_{L_{f2}}$ 同相位的控制方法。图 5.43(a)给出了该模态下,控制信号的时序和相关电压电流的变化情况。

模态 1 在 $t_a\sim t_b$时间段,Q_5 的 GS 间电压为 0, Q_5 关断,此时电流通过 D_1, D_4 给电池进行充电, u_{ab} 之间的电压为电池电压。在 $t_b\sim t_c$时间段,Q_5 的 GS 间电压为 0, Q_6 关断,此时电流通过

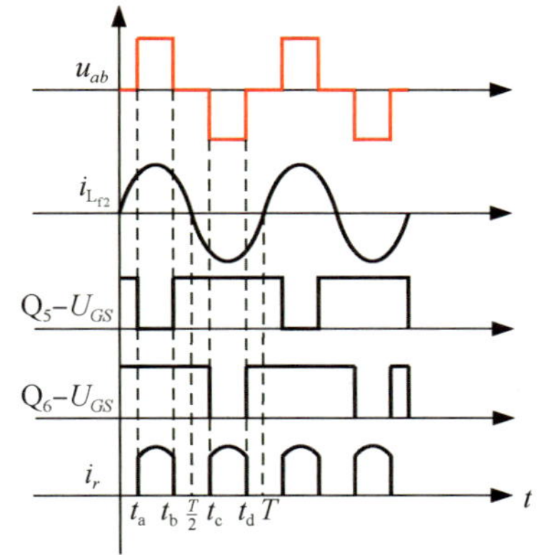

(a) 可控整流模态1时序

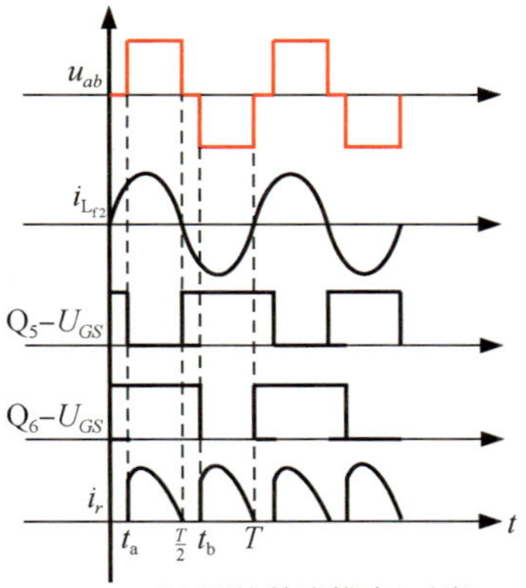

(b) 可控整流模态2时序

▲ 图 5.43 可控整流不同模态时序

D_2，D_3 给电池进行充电，u_{ab} 之间的电压为负的电池电压。在其余时间，Q_5 和 Q_6 均导通，u_{ab} 之间电压为 0。从图中可见，调整控制信号的占空比，能控制 u_{ab} 的占空比，因此其有效值 U_{ab} 大小能得到控制，也就能调整输出功率。

对于模态 1，由于控制信号的相位被设定为与电流 $i_{L_{f2}}$ 同相位，u_{ab} 也会和 $i_{L_{f2}}$ 的相位相同。因此对于谐振拓扑来说，从整流桥往后可以等效为一个电阻负载。纯阻性负载能让系统工作在单位功率因数附近，减少系统的无功功率，使系统保持较高的效率。但是该方法的一个缺点是，MOSFET 不能实现零电压开通。例如，在 t_b 时刻，Q_5 开通时，其 DS 极两端电压为电池电压，在 t_d 时刻，Q_6 开通时，其 DS 极两端电压也是电池电压。这样的硬开关，会导致 MOSFET 的 DS 极和 GS 极发生剧烈的振荡，可能会损耗开关管。然后也导致了开关损耗大幅上升，降低了效率。最后，高频振荡也导致了系统的 EMI 特性较差。

模态 2 的控制时序如图 5.43(b)所示[11]，在该控制时序下，u_{ab} 滞后于电流 $i_{L_{f2}}$。但是却有一个重要的优点，Q_5 和 Q_6 都能实现零电压导通(Zero Voltage Switch, ZVS)。这对无线电能传输系统的效率和 EMI 特性都有显著的提升。

当 u_{ab} 的占空比为 D 时，其相位滞后于 $i_{L_{f2}}$，滞后的角度为

$$\theta=\frac{\pi(1-D)}{2} \tag{5.41}$$

下文将详细分析模态 2 各个阶段开关管的动作和电流的流向。

由图 5.44 可以得知，模态 2 的控制逻辑分为四个阶段，分别是 $0\sim t_a$，$t_a\sim\frac{T}{2}$，$\frac{T}{2}\sim t_b$ 和 $t_b\sim T$。

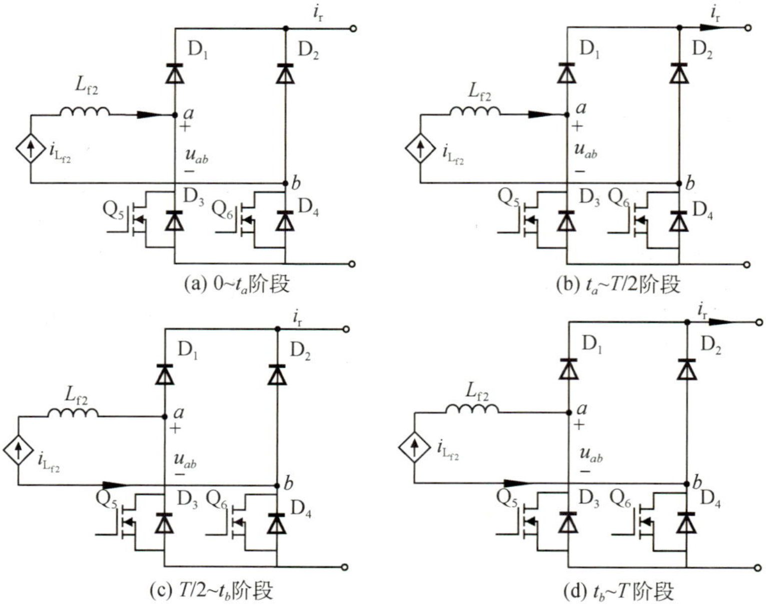

图 5.44　不同时刻可控整流电流流向

- $0 \sim t_a$ 阶段

如图 5.44(a)的这个阶段，$i_{L_{f2}} > 0$，由于 Q_5 导通，电流通过 Q_5 和 D_4 返回谐振腔，此时谐振腔输出短路，$u_{ab} = 0$。此时整流桥的输出电流 i_r 为 0，谐振腔不往外输出能量。

- $t_a \sim \dfrac{T}{2}$ 阶段

如图 5.44(b)所示，在 t_a 时刻，将 Q_5 关断，$t_a = (1-D) \cdot T/2$。$i_{L_{f2}}$ 经过 D_1 和 D_4 输出电流给负载进行充电，输出电流 $i_r = i_{L_{f2}}$。忽略 D_2 和 D_4 上的压降，此时 $u_{ab} = U_b$。

由于电流经过 D_4，二极管正偏，Q_6 两端电压 $U_{DS\text{-}Q6}$ 约 1.5 V。在 $T/2$ 时刻以后开通 Q_6，则实现了零电压导通(ZVS)。

- $\dfrac{T}{2} \sim t_b$ 阶段

如图 5.44(c)的这个阶段，$i_{L_{f2}} < 0$，由于 Q_6 导通，电流通过 Q_6 和 D_3 返回谐振腔，此时谐振腔输出短路，$u_{ab} = 0$。此时整流桥的输出电流 i_r 为 0，谐振腔不往外输出能量。

- $t_b \sim T$ 阶段

如图 5.44(d)所示，在 t_b 时刻，将 Q_6 关断，$t_b = (2-D) \cdot T/2$。$i_{L_{f2}}$ 经过 D_1 和 D_4 输出电流给负载进行充电，输出电流 $i_r = -i_{L_{f2}}$。忽略 D_1 和 D_4 上的压降，此时 $u_{ab} = -U_b$。

由于电流经过 D_3，二极管正偏，Q_5 两端电压 $U_{DS\text{-}Q5}$ 约 1.5 V。在 T 时刻以后开通 Q_5，则实现

了零电压导通(ZVS)。

(2) 可控整流控制输出功率及功率因数分析

为了分析可控整流功率控制方法的输出功率及功率因数，采用基波分析法，忽略系统的高频谐波。这是因为无线电能传输的补偿拓扑及线圈相当于高阶的滤波器，激励中的高频成分几乎不会传输到接收端。

下文将以模态 2 为例，分析其输出功率及功率因数。因为该模态能实现软开关，但是功率因数将偏离单位功率因数，因此有一定分析的价值。用大写字母来表示该物理量基波的有效值。

首先对 u_{ab} 作傅里叶级数展开，得到起基波有效值

$$U_{ab}=\frac{1}{\sqrt{2}}\cdot\frac{4U_b}{\pi}\cos\theta \tag{5.42}$$

θ 与占空比 D 的关系由式(5.41)给出，同理能求得

$$U_{AB}=\frac{1}{\sqrt{2}}\cdot\frac{4U_{\mathrm{in}}}{\pi} \tag{5.43}$$

根据第 3 章双边 LCC 谐振拓扑电路的分析以及 U_{ab} 和 $I_{L_{f2}}$ 的夹角 θ，得到输出功率[17]

$$\begin{aligned}P_{\mathrm{out}}&\approx|U_{ab}I_{L_{f2}}|=\frac{1}{\sqrt{2}}\cdot\frac{4U_b}{\pi}\cos\theta\cdot\frac{MU_{AB}}{\omega_0 L_{f1}L_{f2}}\cos\theta\\&=\frac{8}{\pi^2}\frac{MU_{\mathrm{in}}U_b}{\omega_0 L_{f1}L_{f2}}\cos^2(\theta)\end{aligned} \tag{5.44}$$

通过对 MOSFET 导通延时角 θ 的控制，系统的输出功率能得到调整。例如需要输出满载功率时，控制 $\theta=0$，则输出功率为最大值。当动力电池完成充电时，控制 $\theta=\frac{\pi}{2}$，此时可控整流控制电路将完全短路负载，输出功率为 0。因此对于双边 LCC 补偿拓扑，可控整流功率调节方法能实现零到额定功率范围的调节。

如图 5.45 所示，对于模态 2 的控制方法会导致电压 u_{ab} 滞后于电流 $i_{L_{f2}}$，因此对于补偿电路来说，相当于引入了容性负载，功率因数会相应地降低。此外，当系统工作在轻载情况下，u_{ab} 的占空比比较小，高次谐波的分量比较大，因此在分析系统的功率因数时，要考虑其谐波成分。

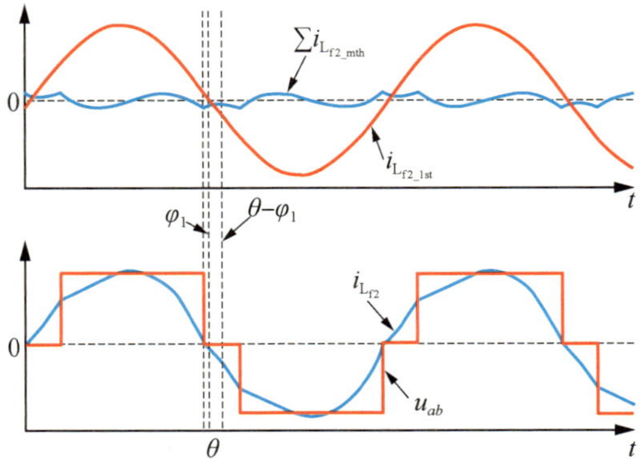

图 5.45 $i_{L_{f2}}$ 中高频谐波导致的相位滞后

文献[18]采用了谐波分析方法，并且运用了叠加原理，考虑 u_{ab} 和 u_{AB} 单独作用时 $i_{L_{f2}}$ 响应的叠加。参考这种方法，算得系统的功率因数

$$PF = \cos(\theta - \varphi_1) \approx \cos\theta + \sin\theta \sin\varphi_1 \tag{5.45}$$

其中，φ_1 是 u_{ab} 中高次谐波导致 $i_{L_{f2}}$ 波形畸变产生的相位超前，其计算公式为

$$\sin\varphi_1 = \frac{U_b L_{f1}}{U_{in} M}\left[\frac{\pi}{4}\left(\frac{\pi}{2} - \theta\right) - \cos\theta\right] \tag{5.46}$$

由式(5.44)可知，当希望系统降低输出功率，需增大 θ，此时系统的功率因数会不断降低。因此，模态 2 在轻载时，功率因数较低，系统工作效率低。

经过分析可知，可控整流功率调节方法，谐振腔的输出电流 $i_{L_{f2}}$ 在降低输出功率时，保持不变，功率的调节是通过减小 U_{ab} 完成的。这导致了补偿电感 L_{f2} 上的损耗一直保持着最大值。所以以上两个原因决定了轻载时，单纯的采样可控整流进行功率调节效率会比较低。

一般来说，设计需要保证系统的最低效率在 80%以上，这就意味着可控整流功率调节方法的调节范围不会非常宽。因此可控整流比较适合在双边控制的情况下，作为接收端的调节方法。这时可以通过调节 U_{AB} 的大小，完成功率的调节，使得接收端的电流 $i_{L_{f2}}$ 随着输出功率减小而降低。这样能保证系统一直工作在高效率的工作点上，并且接收端可控整流也不会为无线电能传输系统带来成本的大幅上升。

5.5.3 接收端 Buck 功率调节方法

由第 3 章分析得出 LCC-S 补偿拓扑的无线电能传输系统的输出特性是恒压源的结论。因为无线电能传输的系统负载动力电池可以看做一个电压源，相对于双边 LCC 拓扑和 SS 拓扑的恒流源输出特性，LCC-S 的恒压输出更容易实现大范围的功率调节，并能在更大的负载电压范围输出额定的功率。

LCC-S 拓扑的接收端是串联型补偿电路，不需要额外的补偿电感。在设计的过程中发现，该电感上需要通过高频大电流，其体积和损耗都比较大。因此串联型的补偿电路，能增大车载端的功率密度，降低成本。

为了能进行闭环功率的调整，一个 DC/DC 变换器加到了无线电能传输接收端的整流桥后[15]。考虑接收线圈组的输出电压往往比较高，因此使用一个 Buck 电路对其进行降压后再给电池充电。

(1) 基于 Buck 电路的接收端功率调节电路原理

图 5.46 为接收端 Buck 功率调节的 LCC-S 无线电能传输系统原理。在接收端采取串联补偿，

简化了车载端的电路结构，在加入功率调整电路后，不会显著增大电路的体积。接收端的 Buck 变换器，能让无线电能传输系统实现输出闭环调节的同时，增大输出电压范围，使系统能匹配不同电压等级的动力电池。

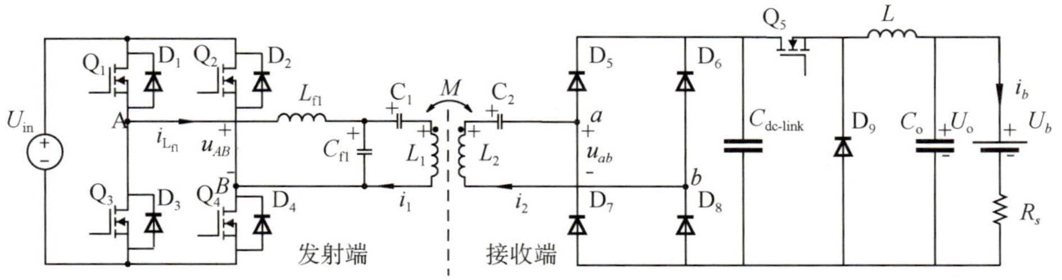

▲ 图 5.46　接收端 Buck 功率调节的 LCC-S 补偿拓扑原理

现在动力电池的充电过程往往分为恒流和恒压两个阶段，LCC-S 拓扑的恒压输出能轻易实现恒压的充电阶段。然而在恒流充电阶段，系统的阻尼由线圈串联电阻、补偿电感串联电阻和电池内阻等组成，其值相对比较小。因此，恒流充电阶段，需要对系统的稳定性进行充分的考量。

当不考虑 Buck 中二极管的压降、输出电容的等效串联电阻，且整流桥工作在 CCM 模式下时，充电电流为

$$I_b = \frac{DU_{dc-link} - U_b}{r_L + D \cdot r_{ds}} \tag{5.47}$$

式中，D 是开关管占空比。由于 $r_L + D \cdot r_{ds}$ 非常小，因此只要 $U_b < U_{dc-link}$，系统就能输出满载电流，因此系统有较宽的输出低压范围。

(2) 基于 Buck 电路的接收端功率调节控制器设计思路

根据图 5.46 所示的电路拓扑结构，Buck 变换器的输入为 LCC-S 无线电能传输拓扑的输出，并经过 DC-Link 电容进行解耦的直流电压。通过 Buck 变换器，将该直流电压降压后给动力电池进行充电。考虑 Buck 变换器的输入电压可能因为负载的变化和无线电能传输系统参数的变化而产生突变。因此，将 Buck 变换器的输入电压看做扰动，控制器需要考虑在扰动输入的情况下，如何保持输出电流的恒定。

如图 5.47 所示，控制器设定一个电流参考 i_{ref}，与反馈的输出电流 i_o 相减得到偏差。将偏差送入系统的控制器 G_C，进行校正后得到 MOSFET 的控制信号占空比 d，通过对开关管占空比的控制，控制系统的输出电流 i_o。Buck 变换器中占空比和输出电流的传递函数由 G_{d-o} 描述。

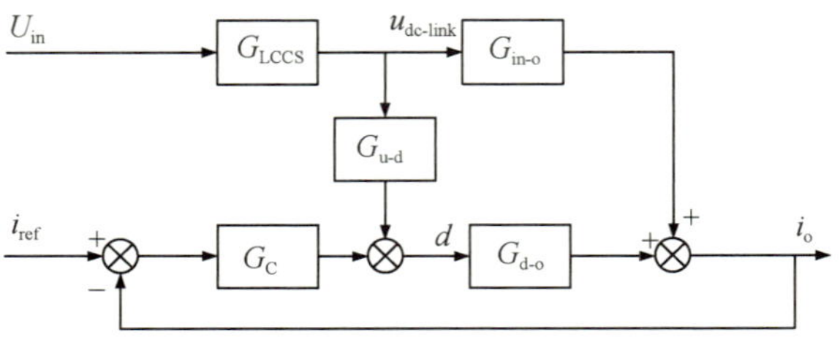

▲ 图 5.47　接收端 Buck 控制的 LCC-S 补偿拓扑控制

另外，Buck 变换器需要保证在输入电压 $u_{dc-link}$ 产生波动时，输出电流 i_o 不会产生剧烈的跳动，以免损坏被充电设备。而 LCC-S 无线电能传输的输出电压会因为多种因素而产生波动。首先，发射端逆变电路的输入电压 U_{in} 是 PFC 的输出，本身就可能含有扰动，会导致 $u_{dc-link}$ 的波动，通过 LCC-S 拓扑输入电压 U_{in} 与输出电压 U_o 的传递函数 G_{LCCS} 可描述这一关系[15]（关于传递函数 G_{LCCS} 的具体推导过程有兴趣的读者可参看文献）。其次，由于线圈位错的产生，以及为了实现发射端逆变器的软开关使系统工作在感性区间，都会使系统工作在非谐振区域，导致无线电能传输的接收端无法保持单位功率因数，其输出等效为一个恒压源串联一个电抗。随着负载谐振腔输出电流的变化，系统输出电压也会产生变化，不能当作一个理想的恒压源。

Buck 变换器的输入电压波动毫无疑问地会让输出电流 i_o 产生跳动，输出电流扰动与输入电压扰动的比值由 G_{in-o} 描述。因为系统是对电流进行反馈，只有电流变化时，才会主动地调节占空比。当输入电压扰动产生时，控制的滞后毫无疑问地会让 i_o 产生较大的尖峰。因此，在设计控制器时，输入电压 $u_{dc-link}$ 作为一个前馈量，通过前馈控制器使扰动 $u_{dc-link}$ 直接影响占空比。

(3) 基于 Buck 电路的接收端功率调节电路仿真分析

为了验证 LCC-S 补偿拓扑的无线电能传输系统的输出特性，以及其接收端 Buck 变换器功率调节的能力。本书基于 Simulink 建立了 LCC-S 补偿拓扑及接收端 Buck 变换器的仿真模型。

模型中，逆变器的输入电压为 $U_{in}=400$ V，电池电压 U_b 也是 400 V。$L_1=305$ μH，$L_2=265$ μH，$L_{f1}=49.8$ μH，$f=85$ kHz，耦合系数为 0.277。其仿真结果如图 5.48 所示。

由于接收端有大电容，所以如果输入电压骤升将会造成系统中出现尖峰电流，击穿补偿电容等元器件。因此应该让系统软启动，一个可行的方法是缓慢增加 PFC 的输出电压参考，让其输出缓慢增加，或者在启动阶段通过逆变器进行移相控制来达到软启动目的。为了简化控制，可通过对直流源进行编程来模拟 PFC 的软启动，输入电压在 250 ms 内从 300 V 增加到 400 V。

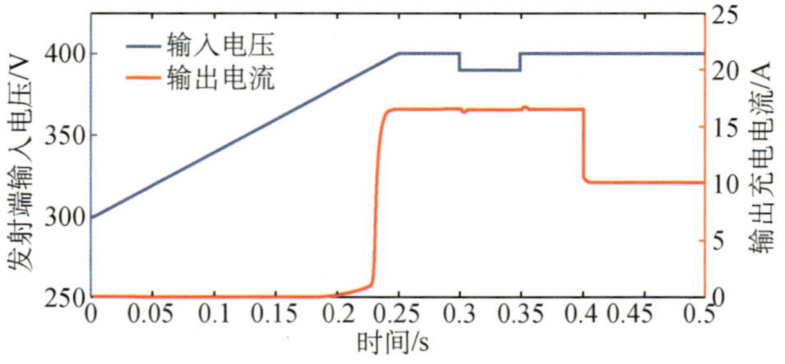

▲ 图 5.48　电流阶跃响应与输入电压扰动的仿真结果

启动时，当输入电压上升至 370 V 左右时，输出电流上升至设定的参考值 16.5 A，且没有超调。在 0.3 s 和 0.35 s 时，输入电压分别有一个 10 V 的阶跃，输出电流产生了 0.2 A 的小幅波动并且在 5 ms 内迅速回到参考值。在 0.4 s 时，将输出电流的参考值更改为 10 A，输出电流迅速响应，调整时间在 10 ms 左右，且没有超调。可见 Buck 变换器对无线电能传输系统的输入扰动有良好的抑制能力，且能迅速响应负载的要求，有良好的稳定性。

5.5.4 接收端倍流整流功率控制方法

当无线电能传输系统使用 LCC-SP 型补偿拓扑时，其输出特性为一恒流源。为对其进行输出功率的调节，常使用在谐振电路副边回路后增加 Boost 电路的方法[26]。在此基础上，衍生出一种结合倍流整流电路的接收端功率控制方法，在相同的输出功率条件下，该方法较单一回路 Boost 电路效率更高，控制器输出纹波更小[27]；而相比较于传统的全桥整流电路加 DC/DC 变换电路的组合，该方法可有效减少流经副边线圈的电流大小，有利于系统车载端结构工作条件的改善，更适用于高功率级系统。图 5.49 为接收端倍流整流的 LCC-SP 补偿拓扑电路原理。

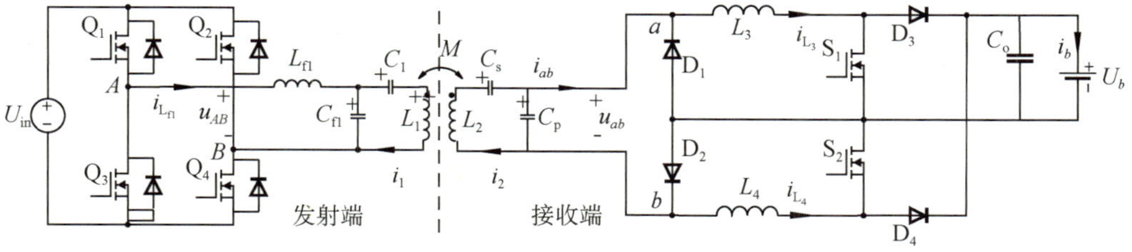

▲ 图 5.49 接收端倍流整流的 LCC-SP 补偿拓扑电路原理

(1) 倍流整流功率控制电路的工作原理

控制电路主要由基础倍流整流电路(二极管 D_1，D_2；滤波电感 L_3，L_4)和控制功率 MOSFET (S_1，S_2)组成。基本工作原理：通过控制 S_1，S_2 驱动信号的占空比，即控制 S_1，S_2 在各自的功率传输周期内导通的时间比例，进而控制输出到负载的功率大小。

由于控制电路的输入电压 u_{ab} 为近似正弦波，根据其正负周期以及 S_1，S_2 的工作状态不同，整个控制电路将存在 6 种不同的工作模态。为了使输出信号的纹波更小，滤波电感 L_3，L_4 一般会被设定为感值相等，所以在 u_{ab} 的正负半周期内控制电路的工作模态完全对称。同时，当 S_1，S_2 都断开时，控制电路的工作模态就与基础的倍流整流电路完全相同，所以此处只对两种典型的控制电路工作模态进行介绍。

图 5.50 与图 5.51 为控制电路在输入电压 u_{ab} 正半周期内的两个典型工作模态：

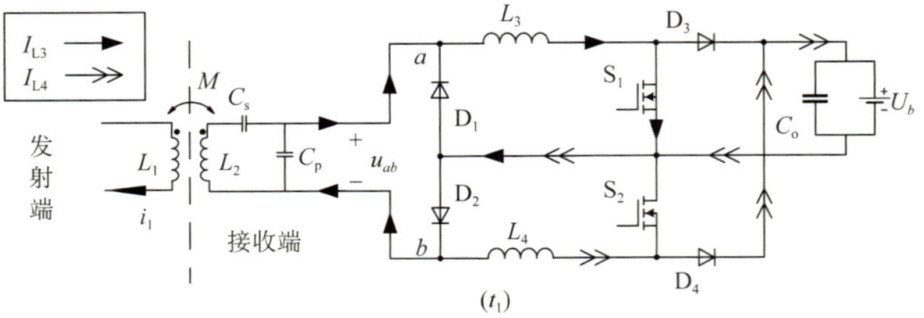

▲ 图 5.50 倍流整流电路的典型工作模态(t_1 时段)

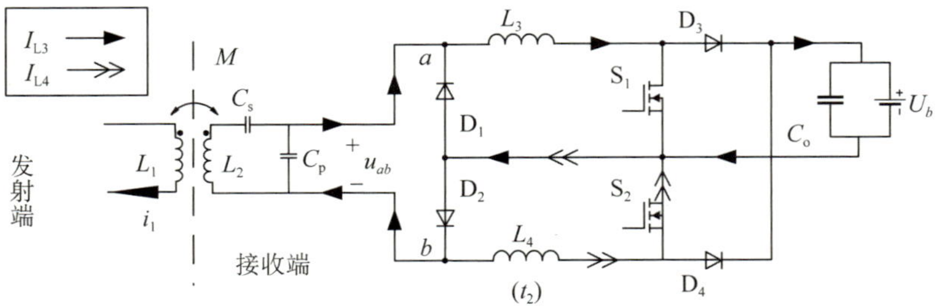

▲ 图 5.51 倍流整流电路的典型工作模态(t_2 时段)

Ⅰ. 在 t_1 时段内,S_1 导通,S_2 断开。通过电感 L_3 输出给负载的电流回路 I_{L_3} 被短路,谐振电路的输出电流,即控制电路的输入电流 i_{ab} 通过电感 L_3,流经 MOSFET S_1 和二极管 D_2 回到谐振电路;电流 I_{L_4} 依靠电感 L_4 的续流作用,继续通过负载、L_4 和 D_2 形成的回路为负载提供功率输出。

Ⅱ. 在 t_2 时段内,S_2 导通, S_1 断开。通过电感 L_4 输出给负载的电流回路 I_{L_4} 被短路,考虑 S_2 的导通电阻和 D_2 的导通压降均较小,电流 I_{L_4} 的大小在此阶段几乎保持不变;谐振电路的输出电流,即控制电路的输入电流 i_{ab} 通过电感 L_3、负载和二极管 D_2 构成的回路为负载提供功率输出。

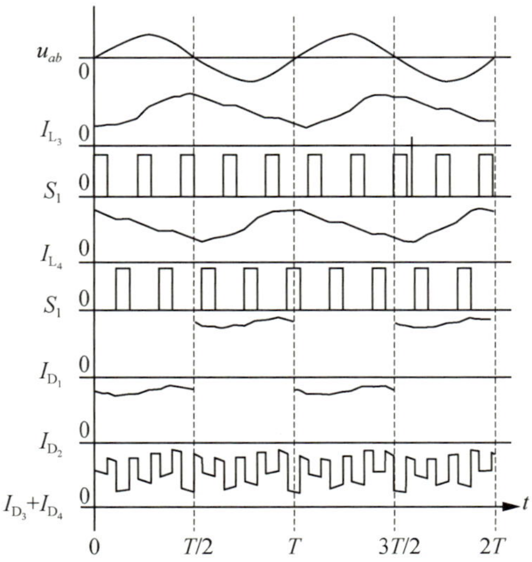

▲ 图 5.52 倍流整流电路的开关控制时序

控制电路中主要电流量随输入电压 u_{ab} 及控制 MOSFET 通断状态的变化如图 5.52 所示。

利用电路理论对系统进行时域分析,即可以得到稳态状态下系统输出与 S_1, S_2 占空比的关系,即

$$P_o=(1-D)\frac{\pi}{\sqrt{2}}I_{ab}U_b$$

$$=(1-D)\frac{\pi M U_{AB}U_b}{j\omega\sqrt{2}\,(L_{1re}L_{2re}-M^2)} \tag{5.48}$$

式中，D 为 S_1，S_2 的驱动信号占空比；U_{AB} 为谐振电路的输入电压；U_b 为电池负载充电电压；L_{1re} 和 L_{2re} 为原副边谐振电路的等效谐振电感值；M 为线圈组互感。当其中任意一个物理量由于外界环境变化、系统工作时长以及负载充电需求改变等原因发生改变时，都可以通过调节占空比 D 使得系统输出保持恒定。原则上，借助数字信号处理器 D 可以在 0～1 间自由取值，但是当 D 取 0.5 以上时，会出现 S_1，S_2 均被导通的时刻，此时系统的副边处于完全短路状态，不利于系统的稳定工作，所以一般 D 的取值范围为 0～0.5。

(2) 倍流整流功率控制器的设计思路

由图 5.49 可看出，L_3 和 S_1，L_4 和 S_2 分别构成了两个类 Boost 的回路，并且根据 S_1，S_2 的通断状态不同，系统电路被分为多个不同的工作模态。具备上述特点的电路结构，适合使用状态空间平均方法(State-space Averaging Method)对系统进行建模。

在忽略开关器件的导通电阻、无功器件的串联电阻和二极管的导通压降的条件下，取控制电路的输入电流 i_{ab} 和输出电流(即负载端充电电流) I_b 为状态变量，控制电路输入电压 U_{ab} 为输入量，建立状态空间方程，亦称大信号模型[28](此处直接给出结论，详细推导过程有兴趣的读者可参考文献)，即

$$\begin{bmatrix} \dot{I}_{ab} \\ \dot{I}_b \end{bmatrix} = \begin{bmatrix} 0 & -\dfrac{D'}{L} \\ \dfrac{2D'}{C_o R_o} & -\dfrac{1}{C_o {R_o}^2} \end{bmatrix} \begin{bmatrix} I_{in} \\ I_b \end{bmatrix} + \begin{bmatrix} \dfrac{1}{2L} \\ 0 \end{bmatrix} U_{ab} \tag{5.49}$$

式中，$D' = 1 - D$。

为了实现输出功率的闭环控制，还需要建立系统的小信号模型，令

$$\begin{cases} i_{ab} = I_{ab} + \hat{i}_{ab} \\ i_b = I_b + \hat{i}_b \\ d' = D' + \hat{d}' \end{cases} \tag{5.50}$$

式中，小写字母表示瞬时量，如 d'；大写字母表示稳态量，如 D'；带上标字母表示扰动，如 $\hat{d}'$。

将式(5.50)代入式(5.49)中可得系统小信号模型为

$$\begin{pmatrix} \dot{\hat{i}}_{ab} \\ \dot{\hat{i}}_b \end{pmatrix} = \begin{bmatrix} 0 & -\dfrac{}{L} \\ \dfrac{2D'}{C_o R_o} & -\dfrac{1}{C_o R_o^2} \end{bmatrix} \begin{pmatrix} \hat{i}_{ab} \\ \hat{i}_b \end{pmatrix} + \begin{bmatrix} \dfrac{1}{2L} & -\dfrac{U_o}{L} \\ 0 & \dfrac{U_o}{D' C_o R_o^2} \end{bmatrix} \begin{pmatrix} \hat{u}_{ab} \\ \hat{d}' \end{pmatrix} \tag{5.51}$$

可得到由占空比扰动到负载充电电流的传递函数如下：

$$G_{d'-O} = \frac{2U_b D' - \dfrac{L U_b}{R_o D'} s}{C_o L R_o s^2 + Ls + 2D' R_o} \tag{5.52}$$

在此基础上，针对传递函数 $G_{d'-O}$ 进行适当的控制器 G_C 配置，如传统 PI 控制器、双零点双极点控制器等即可实现控制闭环，如图 5.53 所示。

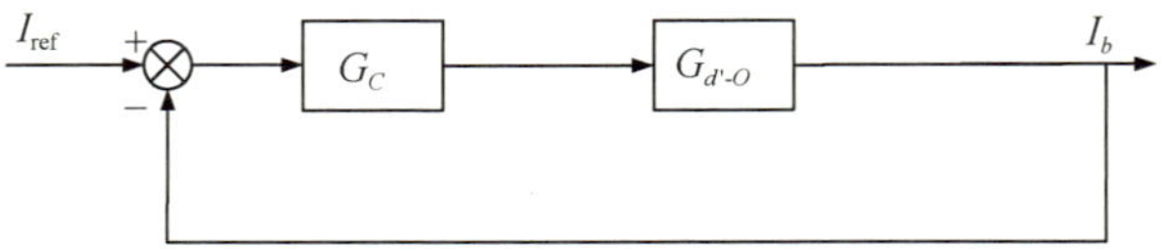

图 5.53　倍流整流电路的控制

(3) 倍流整流功率控制电路的仿真分析

针对静态无线充电系统，系统在工作过程中接收端和发射端并不会发生相对运动，各元器件随工作时间的变化也比较有限，动力电池充电也以恒流阶段为主。在恒定功率充电的条件下，结合以上特点，相较于系统持续工作过程中可能的功率输出波动，我们更应该关注系统在启动阶段能否快速稳定地达到额定的输出功率，为此使用上述设计方法进行了仿真实验。

仿真模型的参数见表 5.2。

表 5.2　LCC-SP 系统拓扑的补偿参数

类型	参数及值			
	参数	值	参数	值
原边	L_1	33 μH	C_1	179 nF
	L_{f1}	41.24 μH	C_{f1}	85.1 nF
副边	L_2	21 μH	C_p	118.15 nF
	C_s	148.7 nF	/	/
倍流整流控制器	$L_3=L_4$	250 μH	C_o	40 μF

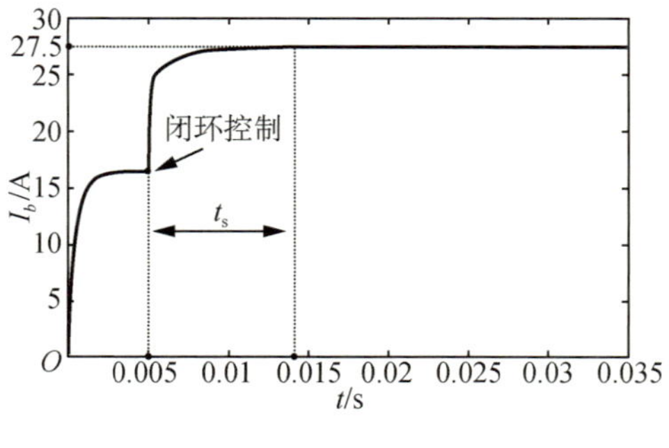

图 5.54　随闭环控制变化的负载电流变化

仿真结果如图 5.54 所示。从图 5.54 中可以看出，在系统启动阶段，先为控制器 MOSFET 的驱动信号设定了一个较小的 D 值，然后闭环控制器于 0.005 s 时介入，系统输出电流由约 17 A 迅速上升至设定值 27.5 A，调节过程中没有产生超调，调节时间小于 10 ms。这一仿真结果证明了基于接收端倍流整流电路的控制方法可以有效地实现对系统输出功率的闭环控制，并具有良好的快速性和稳定性。

5.6 双边控制方法

对于电动汽车无线充电系统，由于其工作环境和工作条件复杂多变，需要加入闭环控制系统对其输出功率和传输效率进行在线控制。而双边控制，顾名思义就是要同时在发射端和接收端加入闭环控制器，通过两个控制器之间的协调工作，使整个系统在不同的工作条件下仍然保持稳定高效的功率输出。

双边控制与单独的发射或接收端控制相比，其控制的范围更广，可调节的自由度也更多，能够使系统工作在更合理、更高效的工作点。

同时，双边控制方法的缺点也很明显。首先，会显著增加系统的成本和体积，然后系统软件和硬件的复杂度会上升；其次，还需要发射端和接收端进行匹配才能取得良好的效果；最后，因为电能变换环节的增加，双边控制方法可能导致系统的整体效率降低。

5.6.1 基于移相控制和可控整流的双边控制方法

如图 5.55 所示为比利时学者里克·唐克(Rik Doncker)提出的基于移相控制和可控整流的双边控制电路[16]。其中电路的谐振拓扑结构采用的是 SS 串联谐振拓扑。SS 串联谐振拓扑比较突出的优点是其接收端表现为恒流源特性，比较适合后端直接接入恒压源的电源负载。由图 5.55 得知，发射端采用全桥逆变电路，通过移相控制的方法可以控制其输出电压的死区时间。而在接收端，将整流桥的两个二极管换成了开关管 S_5，S_6，从而能够对输出电压进行控制。

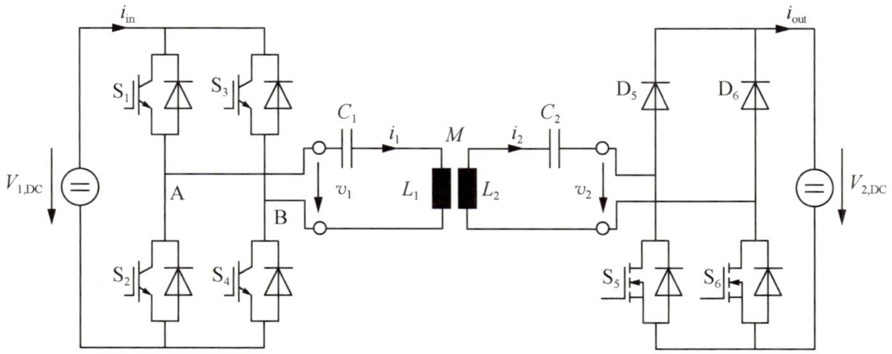

图 5.55 基于移相控制和可控整流的双边控制电路

1) 基本电路拓扑介绍

为了方便分析，可以将图 5.55 电路简化为图 5.56 的变压器等效电路。

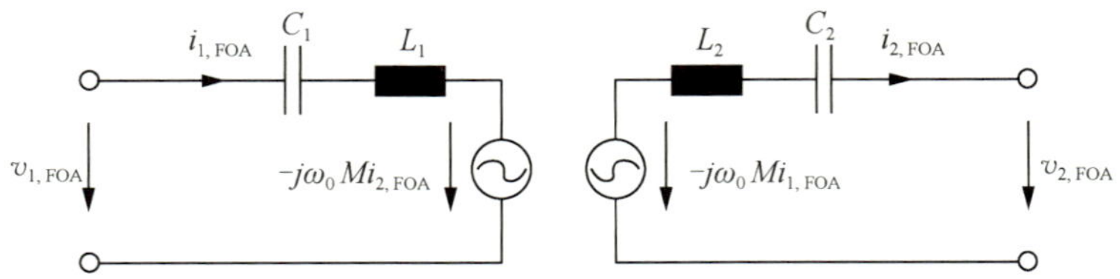

图 5.56 变压器模型等效电路

根据第 2 章和第 3 章电路理论的介绍,采用基波分析法可以得到发射端的输入电压和接收端的输出电压的表达式(此处忽略了电感和电容的寄生电阻)为

$$v_{1,\text{FOA}}=-j\omega_0 Mi_{2,\text{FOA}} \tag{5.53}$$

$$v_{2,\text{FOA}}=j\omega_0 Mi_{1,\text{FOA}} \tag{5.54}$$

式中,ω_0 为系统的谐振角频率。

发射端 H 桥逆变电路采用移相控制方法,通过傅里叶变换可以得到其输入电压的基波幅值为

$$v_{1,\text{FOA}}=\frac{2\sqrt{2}}{\pi}V_{1,\text{DC}}\sin\left(\frac{\alpha}{2}\right) \tag{5.55}$$

式中,α 为移相角。

同样对于接收端,加入两个开关管后的输出电压基波幅值可表示为

$$v_{2,\text{FOA}}=j\,\frac{2\sqrt{2}}{\pi}V_{2,\text{DC}}\sin\left(\frac{\beta}{2}\right) \tag{5.56}$$

式中,β 为开关管 S_5, S_6 的导通角。

通过式(5.55)和式(5.56)可得发射端和接收端电流的基频幅值为

$$i_{1,\text{FOA}}=\frac{2\sqrt{2}}{\pi}\,\frac{V_{2,\text{DC}}}{\omega_0 M}\sin\left(\frac{\beta}{2}\right) \tag{5.57}$$

$$i_{2,\text{FOA}}=j\,\frac{2\sqrt{2}}{\pi}\,\frac{V_{1,\text{DC}}}{\omega_0 M}\sin\left(\frac{\alpha}{2}\right) \tag{5.58}$$

由于 SS 串联谐振拓扑相当于高频滤波器,发射端与接收端的电流近似于基波成分的正弦波。因此,可以忽略高频成分对输出功率的影响。则接收端的输出功率可表示为

$$P_{\text{out},\text{FOA}}=\Re\{v_{2,\text{FOA}}\cdot i^*_{2,\text{FOA}}\}=\frac{8}{\pi^2}\,\frac{V_{1,\text{DC}}V_{2,\text{DC}}}{\omega_0 M}\sin\left(\frac{\alpha}{2}\right)\sin\left(\frac{\beta}{2}\right) \tag{5.59}$$

2）基本控制思路

由式(5.59)可以看出，接收端输出功率可通过移相角 α 和导通角 β 两个自由度进行调节。其基本控制思路为保持发射端与接收端电流基频幅值的比值恒定，即

$$\frac{|i_{1,\mathrm{FOA}}|}{|i_{2,\mathrm{FOA}}|}=\frac{V_{2,\mathrm{DC},\mathrm{N}}}{V_{1,\mathrm{DC},\mathrm{N}}} \tag{5.60}$$

$$\Rightarrow \frac{V_{1,\mathrm{DC}}}{V_{1,\mathrm{DC},\mathrm{N}}}\sin\left(\frac{\alpha}{2}\right)=\frac{V_{2,\mathrm{DC}}}{V_{2,\mathrm{DC},\mathrm{N}}}\sin\left(\frac{\beta}{2}\right) \tag{5.61}$$

式中，$V_{2,\mathrm{DC},\mathrm{N}}$和 $V_{1,\mathrm{DC},\mathrm{N}}$分别是接收端输出的额定电压和发射端的输入额定电压。

下面用三个例子说明该控制思路的作用：

(1) 当发射与接收线圈组之间存在位错时，会导致线圈组之间的互感下降。假设线圈组之间的互感下降了 50%，为了保持相同的功率输出，若接收端采用被动整流的方法，发射端电流必须增大到原来的两倍。这样会大大地增加发射端在寄生电阻上的功率损失。若采用上述的控制思路，则发射端和接收端的电流同时增大为原来的 $\sqrt{2}$ 倍，从而减少整个系统在寄生电阻上的功率损失。

(2) 当系统的输出功率需求降低为额定功率输出的 1/4 时，若采用被动整流的方法，根据式(5.60)可知，$V_{2,\mathrm{DC}}$恒定时，发射端的电流并不会因为输出功率的下降而下降。此时发射端的功率损失并未改变，而输出功率下降为原来的 1/4，这必将导致系统的整体输出效率下降。若采用上述的控制思路，将发射端和接收端的电流同时下降为原来的 1/2，则可以有效地减少发射端在寄生电阻上的功率损失。

(3) 实际应用中，由于不同充电阶段的动力电池两端的电压会有改变，若采用被动整流的电路拓扑，其发射端与接收端的电流将会偏离额定工作点。若采用上述的控制思路，可以通过调整 α 和 β 角使 $i_{1,\mathrm{FOA}}$和 $i_{2,\mathrm{FOA}}$始终保持在额定工作点。

系统的整体控制如图 5.57 所示，主要包括接收端的内环闭环控制以及发射端的外环闭环控制。对于接收端的内环闭环控制无须与发射端进行无线信息传递，就可以控制系统处于恒流或恒压的充电模式。

对于外环闭环控制，根据图 5.57 调整系统工作点，其中接收端直流输出电压为 $V_{2,\mathrm{DC},\mathrm{meas}}$ 以及接收端的开关管导通角为 β_{ref}。由于要通过无线通信模块将上述的两个信号从接收端传输到发射端，因此外环闭环控制的速度会比内环控制慢。

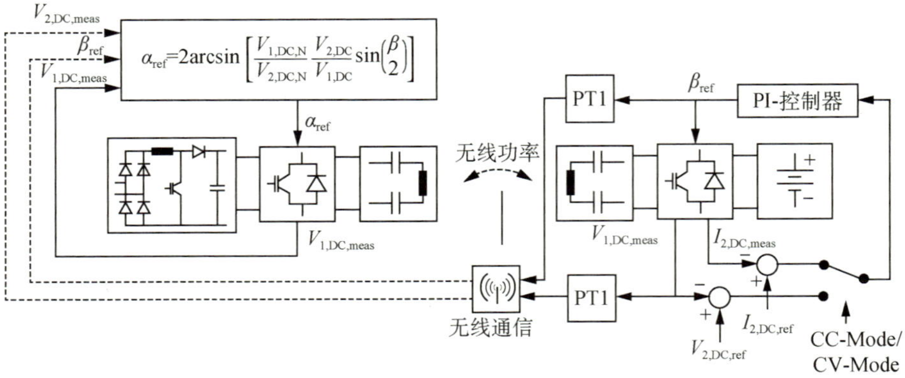

图 5.57　系统控制

5.6.2　基于最优效率点跟踪的双边控制方法

重庆大学戴欣团队提出了一种基于最优效率点跟踪的双边控制方法[19]。该方法从 SS 串联谐振系统入手,通过在发射端和接收端分别加入 DC/DC 变换器对输出电压和输出阻抗进行在线调节,使系统在不同工作条件下均以最优效率输出功率。

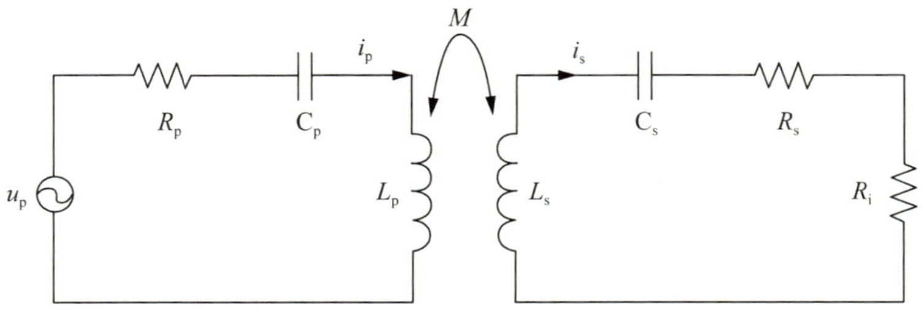

图 5.58　SS 串联谐振补偿拓扑电路

如图 5.58 所示的 SS 串联谐振补偿拓扑电路中,其输入功率以及输出功率为

$$P_{in}=\frac{U_s^2(R_i+R_s)}{\omega_0^2M^2+R_p(R_s+R_i)} \tag{5.62}$$

$$P_{out}=\frac{\omega_0^2M^2U_s^2R_i}{[\omega_0^2M^2+R_p(R_s+R_i)]^2} \tag{5.63}$$

式中,ω_0 为系统的谐振角频率。

由式(5.62)和式(5.63)可得系统的传输效率为

$$\eta=\frac{P_{out}}{P_{in}}=\frac{\omega_0^2M^2R_i}{(R_s+R_i)[\omega_0^2M^2+R_p(R_s+R_i)]} \tag{5.64}$$

将上式对 R_i 求导可以得到使输出效率最高的条件[20, 21]为

$$\begin{cases}\dfrac{\mathrm{d}\eta}{\mathrm{d}R_i}=0\\[2ex]\dfrac{\mathrm{d}^2\eta}{\mathrm{d}R_i^2}<0\end{cases}\rightarrow R_{i-\eta_{\max}}=R_s\sqrt{1+(kQ)^2} \tag{5.65}$$

式中，k 为线圈组之间的耦合系数；$Q=\sqrt{Q_pQ_s}$，$Q_p=\omega_0L_p/R_p$，$Q_s=\omega_0L_s/R_s$。

将式(5.65)代入式(5.64)可得系统最优效率表达式。

如图 5.59 所示，当实际负载 R_l 变动时，可以通过调节 Buck-Boost 变换器的占空比使得系统在接收端谐振网络输出端的等效电阻 R_i 始终等于如式(5.65)中的最优效率点的电阻值 $R_{i\eta\max}$。

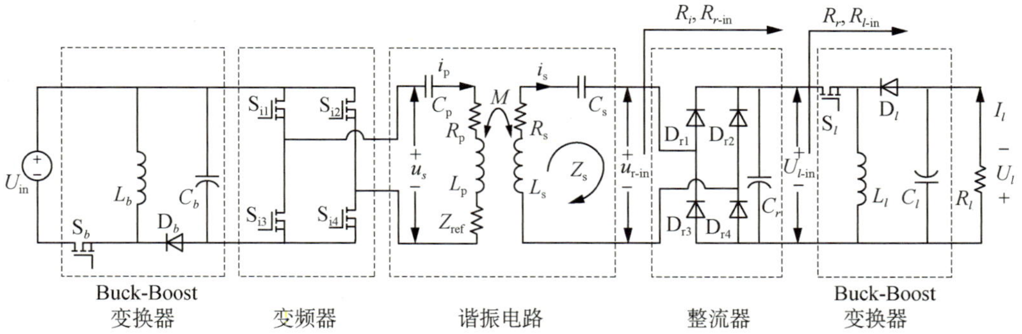

▲ 图 5.59　基于最优效率点追踪的双边控制电路

要保持输出端的 Buck-Boost 变换器处于连续导通模式(CCM)，其占空比必须满足以下条件：

$$d_2\geqslant 1-\frac{\sqrt{2L_lR_lf_2}}{R_l} \tag{5.66}$$

式中，d_2 和 f_2 分别是接收端 Buck-Boost 变换器的占空比和开关频率。

当 Buck-Boost 变换器处于 CCM 模式时，其升/降压比为

$$U_l=\frac{-d_2}{1-d_2}U_{l\text{-in}} \tag{5.67}$$

假设在 Buck-Boost 变换器中无功率损失，则变换器输出端的等效电阻可以表示为

$$R_{l\text{-in}}=\left(\frac{1-d_2}{d_2}\right)^2R_l \tag{5.68}$$

同样对于整流桥，其等效输入电阻可以表示为

$$R_i = R_{r\text{-in}} = \frac{8}{\pi^2} R_{l\text{-in}} \tag{5.69}$$

将式(5.68)和式(5.69)代入到式(5.65)中可以得到接收端 Buck-Boost 变换器的占空比与最优效率点输出电阻之间的关系,即

$$d_2 = \frac{2(\sqrt{2}\pi\sqrt{R_l R_{i\eta_{\max}}} - 4R_l)}{\pi^2 R_{i\eta_{\max}} - 8R_l} \tag{5.70}$$

因此,在实际应用中,当负载 R_l 发生变化时,可以通过调节 d_2 使谐振网络始终工作在最高效率点。

此外,一个稳定可靠的无线充电系统需要在负载和线圈组耦合条件发生变化时,其输出电压依然保持稳定[22, 23]。为了达到以上要求,如图 5.60 所示,在发射端 H 桥逆变电路前同样加入了一个 Buck-Boost 变换器。

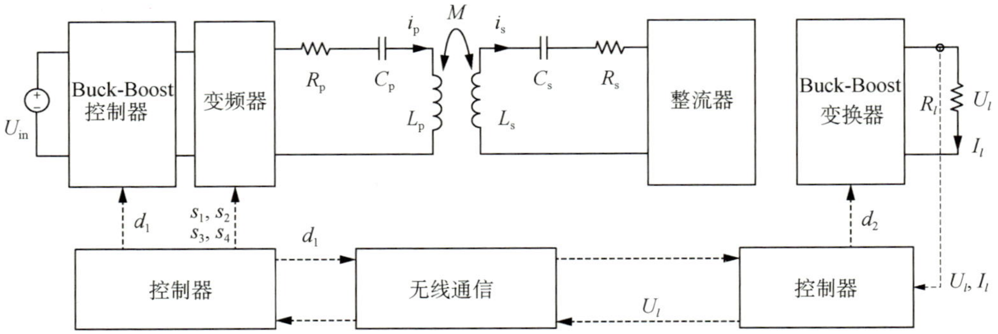

▲ 图 5.60　基于最优效率点追踪的双边控制

如图 5.60 所示,输出电压 U_l 的信号将通过无线通信传输到发射端,发射端的 Buck-Boost 电路会根据 U_l 实际的大小改变其占空比 d_1,从而保证 U_l 一直处于额定值允许变动范围之内。而接收端的 Buck-Boost 电路则是通过改变 d_2 调整谐振腔输出阻抗,使得系统跟随最优效率点工作。

总之,通过对 U_l 和 I_l 实时监测,当系统的负载 R_l 发生变化时,改变 d_2 从而使谐振腔等效输出电阻为跟踪效率最优阻值。通过对 U_l 的实时监测,可以实时估算出线圈组当前的耦合系数 k[19],当线圈组的耦合情况发生变化时,将更新的 k 值代入式(5.65)得到最新的效率最优阻值,然后再改变 d_2 跟踪更新后的效率最优阻值。发射端的 Buck-Boost 电路的主要作用为保持系统的输出电压 U_l 在额定允许变动范围之内。

5.7 基于 Buck 变换电路的接收端输出功率控制系统设计案例

为了让读者对无线充电系统控制器设计有一个更直观的认识，本节将对基于 Buck 变换电路的接收端输出功率控制器的设计流程作进一步的介绍。希望读者通过此案例能够大致了解无线充电系统输出功率控制器的设计思路以及一些细节上的注意事项。

5.7.1 LCC-S 谐振补偿拓扑设计

相对于双边 LCC 补偿拓扑的恒流输出，LCC-S 补偿拓扑的恒压源输出具有良好的效率和功率稳定性，特别是在作为电压源的动力给电池充电时。例如在需要减小输出功率时，双边 LCC 补偿拓扑的实质是减小了接收端谐振腔的输出电压，其输出电流并没有减小，因此电流产生的损耗依然很高，这必定导致效率的下降。而 LCC-S 在需要减小输出功率时，实质是上保持了接收端谐振腔输出电压不变，减小输出电流，这样效率不会出现严重下降。

在原副边线圈产生位错的情况下，线圈的互感下降，双边 LCC 拓扑的输出电流必然减小，因此输出功率一定会出现严重下降。而 LCC-S 在这种情况下虽然会产生输出电压的下降，但通过合理设计，只要输出电压没有降低到小于电池电压，那么系统依然可以输出额定功率。

LCC-S 在接收端去掉了补偿电感和一个补偿电容，不但减小了接收端的体积，还避免了补偿电感上的大量损耗，提高了效率，减少了发热，使其更容易布置到电动汽车上。同时，元器件的减少能带来系统成本的下降。

因此本案例中采用如图 5.61 所示的 LCC-S 谐振补偿拓扑作为系统的电路补偿拓扑结构。磁能线圈组的基本参数如下：发射线圈组自感 $L_1=305\ \mu H$，接收线圈组自感 $L_2=265\ \mu H$，耦合系数 $k=0.227$。

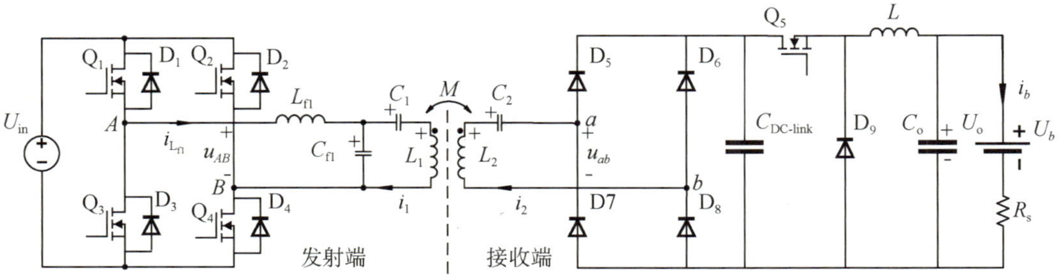

▲ 图 5.61 接收端 Buck 调节的 LCC-S 谐振补偿拓扑原理

考虑到MOSFET的耐压等级，逆变器的输入电压被设定为$U_{in}=425$ V，由于$U_{AB}=2\sqrt{2}U_{in}/\pi$，谐振电路的输入电压$U_{AB}$也被确定了。由于系统本身的额定输入功率为7.4 kW，因此H桥逆变器的输出电流基波有效值$I_{f1}=19.17$ A。

通过调节L_{f1}的大小，控制无线电能传输系统的输入阻抗，调节发射和接收线圈中电流的大小，使谐振拓扑工作在最优效率点上。L_{f1}的调节范围有一个限制，那就是谐振腔的输出电压U_{ab}必须大于电池电压，不然无法完成充电。

本案例设计谐振拓扑时，希望通过设置合适的参数，使谐振电路中的损耗降至最低。根据以上分析，问题被转化为在给定输入电压U_{AB}下，以L_{f1}为变量，求系统的损耗函数$P_{LCC\text{-}S_disp}$的最小值。LCC-S谐振拓扑中的损耗主要是发射和接收线圈回路上的损耗，以及补偿电感上的损耗。补偿电容上的损耗相对较小，可以忽略。LCC-S拓扑中的耗损$P_{LCC\text{-}S_disp}$对补偿电感L_{f1}的函数为

$$P_{LCC\text{-}S\_disp}=\left(\frac{P_{in}}{U_{AB}}\right)^2R_{L_{f1}}+\left(\frac{U_{AB}}{\omega_0}\right)^2\frac{R_1}{L_{f1}^2}+\left(\frac{P_{in}}{U_{AB}M}\right)^2R_2L_{f1}^2 \tag{5.71}$$

式中，P_{in}为H桥逆变电路的输出功率。

根据补偿电感设计厂家资料，其电感的品质因数为680 μH左右，根据品质因数的定义可以得到电感L_{f1}和其电阻$R_{L_{f1}}$之间的对应关系。将式(5.71)对L_{f1}求偏导数，可得当L_{f1}为49.8 μH时，补偿拓扑的损耗最小，为111.1 W。当谐振频率为85 kHz时，可以根据LCC-S谐振条件确定其他补偿元件的参数C_{f1}为70.4 nF，C_1为13.74 nF，C_2为13.23 nF。

在设计完补偿电容后，需要考虑补偿电容的耐压来完成其选型。与发射线圈串联的补偿电容C_1上的电流为发射线圈的电流I_1，根据公式发射线圈上电流的有效值为

$$I_1=\frac{U_{AB}}{j\omega_0L_{f1}}=14.41\ (\text{A}) \tag{5.72}$$

依此可以计算补偿电容C_1上的电压应力为

$$V_{C1}=\frac{I_1}{j\omega_0C_1}=1.96\ (\text{kV}) \tag{5.73}$$

对于补偿电容C_{f1}，先计算通过的电流$I_{C_{f1}}$，只考虑基波，根据基尔霍夫电流定律，补偿电容C_{f1}上电流的有效值及其电压应力为

$$I_{C_{f1}}=\sqrt{L_{L_{f1}}^2+I_1^2}=23.98\ (\text{A}) \tag{5.74}$$

$$V_{C_{f1}}=\frac{I_{C_{f1}}}{j\omega_0C_{f1}}=637.79\ (\text{V}) \tag{5.75}$$

可见补偿电容 C_1 和 C_{f1} 上的电压应力都较高，为了保证其不被高电压击穿且有较小的损耗，可选用 TDK 薄膜电容 B32653 系列，其耐压为 1 000 VAC，容值范围为 1～22 nF。因为只考虑了一阶分量，为了防止偶然的尖峰，补偿电容 C_1 采用三组薄膜电容串联而成，总耐压达到3 000 VAC。补偿电容 C_{f1} 采用两组薄膜电容串联，总耐压为 2 000 VAC。

对于补偿电容 C_2，为了计算其耐压，首先考虑流经其电流额定值为

$$I_2 = \frac{P_{in} L_{f1}}{U_{AB} M} = 14.92\ (\mathrm{A}) \tag{5.76}$$

以上考虑的是在无位错满载时的情况。当位错产生时，在互感 M 下降到 80%时，也要能输出额定功率，电流 I_{2_max} 为 18.65 A。因此，电容 C_2 上的最大电压为

$$V_{C2\_max} = \frac{I_{2\_max}}{\omega_0 C_2} = 2.64\ (\mathrm{kV}) \tag{5.77}$$

据此，电容 C_2 可以采用三组耐压值为 1 kVAC 串联，总耐压为 3 kVAC。

最后，需要校核在有位错的情况下，LCC-S 补偿拓扑接收端经过整流之后的输出电压 $U_{dc\text{-link}}$ 大于电池电压 U_b，以保证在经过 Buck 变换器后能正常充电。在没有位错时，谐振电路的输出电压为

$$U_{ab} = \frac{U_{AB} M}{L_{f1}} = 495.6(\mathrm{V}) \tag{5.78}$$

U_{ab} 是以 $U_{dc\text{-link}}$ 为幅值的正负方波的基波的有效值，可通过下式计算：

$$U_{dc\text{-link}} = \frac{U_{ab}\pi}{2\sqrt{2}} = 550.56(\mathrm{V}) \tag{5.79}$$

显然 $U_{dc\text{-link}}$ 比电池电压 400 V 高出许多，经过一级 Buck 降压之后依然能给电池进行充电，并且其比值为 0.73。也就是说当产生位错时，互感 M 降低到额定值的 73%时，无线电能传输系统依然正常工作，具有输出满载功率的能力。

对于 LCC-S 补偿拓扑，为了实现逆变器的软开关，如果调整接收端补偿电容 C_2，将造成接收端失谐，严重影响系统的恒压输出特性。因此本案例选择调整发射端补偿电容 C_1，使发射线圈产生一个过补偿的电感，相当于发射线圈的自感减小了，这样也能实现将谐振拓扑调至弱感性的目的。根据上文的分析，发射线圈自感的变化不会影响输出功率以及接收端输出电压。

根据第 2 章对 LCC-S 拓扑的电路理论分析，当发射端线圈组自感发生变化后，系统的功率因数为

$$\cos \varphi = \frac{k^4}{k^4 + \delta_1^2} \tag{5.80}$$

式中，$\delta_1 = \Delta L_1 / L_1$。

当不考虑高次谐波时，MOSFET 的关断电流应该满足

$$I_{\text{off}} = \sqrt{2} I_{L_{f1}} \sin \varphi \tag{5.81}$$

因此，可以计算得到补偿电容 C_1 需要调整的值为

$$\Delta C_1 = \frac{\omega_0^2 \cdot \Delta L_1 \cdot C_1^2}{1 - \omega_0^2 \cdot \Delta L_1 \cdot C_1} \tag{5.82}$$

为了实现大范围的软开关，在系统输出功率降低到一半左右时，就是 $I_{L_{f1}}$ 为 8 A，关断电流 I_{off} 应在 3 A 以上。可以算得此时 $\Delta C_1 = -0.52$ nF。

至此，LCC-S 补偿拓扑的所有元器件参数已经计算出来，见表 5.3。

表 5.3　LCC-S 补偿拓扑参数

参数	值	参数	值
额定输入功率	7.4 kW	耦合系数	0.170～0.227
输入电压	425 V	补偿电感 L_{f1}	49.8 μH
电池电压	400 V	补偿电容 C_{f1}	70.40 nF
发射线圈自感	305 μH	补偿电容 C_1	13.22 nF
接收线圈自感	265 μH	补偿电容 C_2	13.23 nF

5.7.2　接收端 Buck 变换器设计

LCC-S 谐振拓扑的输出电压被设定为高于电池电压，这样有利于减小接收端线圈中的电流，因此在给电池充电之前，需要一个降压变换器，把电压降至略高于电池电压。

在各种原因导致的补偿拓扑输出电压发生波动，或者随着充电的持续，动力电池的电压上升，以及 BMS 对充电电流要求发生变化等情况下，闭环调节的 Buck 变换器能通过实时控制开关管的占空比，让输出稳定在设定的参考值。

本设计中，Buck 变换器的设计要求为：

(1) 额定输出功率为 6.6 kW；

(2) 输入电压为 $U_{dc\text{-link}}$ 为 550～420 V；

(3) 输出电压为 U_b 为 300～400 V;

(4) 输出充电电流 I_b 为 2～22 A。

在本设计中,在以上设计条件下,根据 Buck 变换器的工作特性,可以得到其占空比的范围是 $0.54 < D < 0.95$。

作为输出级的功率调节电路,Buck 电路的开关频率选择不会对前级的无线电能传输电路产生太大的影响。考虑到希望减小磁性元件和输出电容的体积,开关频率宜选高一些,但是太高又会造成开关损耗增加和 EMI 问题,本设计中开关频率采用 100 kHz[24]。

对于 Buck 变换器电感的设计,涉及其中电流的纹波系数。纹波系数太小会导致电感体积偏大,而太大则需要更大的输出电容。文献[25]介绍了一种基于电感面积的纹波系数选取方法,不同的占空比存在一个最优化的纹波系数范围。根据文中结论,在占空比 $D=0.54$ 时,应选取纹波系数为 $r=0.46$。但是本设计希望在输出电流降低到 2 A 时,变换器仍然工作在 CCM 模式下。此时, $\Delta I=4$ A, 要达到这个要求,电感值应该在所有工况下,满足

$$L \geqslant \frac{V_{\mathrm{o}}(1-D)}{\Delta I_{\mathrm{f}}} \tag{5.83}$$

公式右侧在 Buck 变换器最恶劣工况, $U_{dc\text{-link}}=550$ V, $U_b=300$ V 时取得最大值,代入计算得到 $L \geqslant 340.91$ μH。

考虑电感在加入直流偏置后,感值会下降 25% 左右,因此将电感按照 1.3 倍设计, $L=450$ μH。电感上的电流等于输出电流,但是考虑到纹波系数,留出一定裕量,按照额定电流 $I=30$ A 设计,将饱和电流设置在 40 A。

在开关管的选型上,在最恶劣工况下电压 $V_{\mathrm{DS}}=550$ V, 已经比较接近传统 Si MOSFET 的 650 V 耐压,且考虑在开关频率 100 kHz 下有较低的开关损耗,因此,选用 SiC MOSFET。开关管的最大电流为 $U_{dc\text{-link}}=420$ V 时, $I_{\mathrm{D}}=15.71$ A。综合以上因素,可选用 Cree 的 900 V 系列,SiC MOSFET 型号为 C3M0065090D, 其最大连续漏极电流 I_{D} 为 36 A, 导通内阻 $R_{\mathrm{DS(on)}}=65$ mΩ。

对于 Buck 变换器中的二极管,其两端最高电压为 550 V,其最恶劣的电流应力工况也是在输入电压最高、输出电压最低的情况。此时, $I_{\mathrm{D}}=10$ A, 考虑二极管上容易有较高的 MOSFET 关断尖峰,应在耐压上留出较高的裕量。因此,常见的 650 V 肖特基二极管耐压不够。可选用 ON Semiconductor的 SiC 肖特基二极管,型号为 FFSH15120AOS,耐压为 1 200 V,额定电流 15 A,正向压降 1.5 V。

参考文献

[1] BOYS J T, COVIC G A, GREEN A W. Stability and Control of Inductively Coupled Power Transfer Systems[J]. IEE Proceedings — Electric Power Applications, 2000, 147(1): 37-43.

[2] WANG C S, COVIC G A, STIELAU O H. Power Transfer Capability and Bifurcation Phenomena of Loosely Coupled Inductive Power Transfer Systems[J]. IEEE Transactions on Industrial Electronics, 2004, 51(1): 148-157.

[3] PENG F Z. Z-Source Inverter[J]. IEEE Transactions on Industry Applications, 2003, 39(2): 504-510.

[4] SHEN M, JOSEPH A, WANG J, et al. Comparison of Traditional Inverters and Z -Source Inverter for Fuel Cell Vehicles[J]. IEEE Transactions on Power Electronics, 2007, 22(4): 1453-1463.

[5] CHA H, PENG F Z, YOO D W. Distributed Impedance Network (Z-Network) DC-DC Converter[J]. IEEE Transactions on Power Electronics, 2011, 25(11): 2722-2733.

[6] LI Y, JIANG S, CINTRON-RIVERA J G, et al. Modeling and Control of Quasi-Z-Source Inverter for Distributed Generation Applications[J]. IEEE Transactions on Industrial Electronics, 2013, 60(4): 1532-1541.

[7] FANG X P, QIAN Z M, PENG F Z. Single-phase Z-source PWM AC-AC converters[J]. IEEE Power Electronics Letters, 2005, 3(4): 121-124.

[8] FANG X P, WANG. X G, CHEN Z Q. A Single-Phase AC Power Supply Based on Modified Quasi-Z-Source Inverter[J]. IEEE Transactions on Applied Superconductivity, 2014, 24(5): 1-5.

[9] HE L Z, DUAN S X, PENG F Z. Safe-Commutation Strategy for the Novel Family of Quasi-Z-Source AC-AC Converter[J]. IEEE Transactions on Industrial Informatics, 2013, 9(3): 1538-1547.

[10] PANTIC Z. Framework and Topology for Active Tuning of Parallel Compensated Receivers in Power Transfer Systems[J]. IEEE Transactions on Power Electronics, 2012, 27(11): 4503-4513.

[11] HUANG C Y, BOYS J T, COVIC G A. LCL Pickup Circulating Current Controller for Inductive Power Transfer Systems[J]. IEEE Transactions on Power Electronics, 2013, 28(4): 2081-2093.

[12] COVIC G A, BOYS J T. Decoupling Circuits: United States, 20060082323[P]. 2005-10-11.

[13] HOTHONGKHAM P, KONGKACHAT S, THODSAPORN N. Performance Comparison of PWM and Phase-Shifted PWM Inverter Fed High-Voltage High-Frequency Ozone Generator[C]// IEEE. TENCON 2011—2011 IEEE Region 10 Conference, 2011.

[14] PANG B, DENG J, LIU P, et al. Secondary-Side Power Control Method for Double-Side LCC Compensation Topology in Wireless EV Charger Application[C]// IEEE. IECON 2017—43rd Annual Conference of the IEEE Industrial Electronics Society, 2017.

[15] 徐志聪. 基于 LCC 补偿拓扑的电动汽车无线电能传输系统设计[D]. 上海:同济大学, 2018.

[16] DIEKHANS T, DE DONCKER R W. A Dual-Side Controlled Inductive Power Transfer System Optimized for Large Coupling Factor Variations and Partial Load[J]. IEEE Transactions on Power Electronics, 2015, 30(11): 6320-6328.

[17] 赵梵丹. 磁耦合谐振式无线充电副边控制技术研究[D]. 黑龙江:哈尔滨工业大学, 2017.

[18] LI S, LI W, DENG J, et al. A Double-Sided LCC Compensation Network and Its Tuning Method for Wireless Power Transfer[J]. IEEE Transactions on Vehicular Technology, 2015, 64(6): 2261-2273.

[19] DAI X, LI X, LI Y, et al. Maximum Efficiency Tracking for Wireless Power Transfer Systems with Dynamic Coupling Coefficient Estimation[J]. IEEE Transactions on Power Electronics, 2018, 33(6): 5005-5015.

[20] FU M F, ZHANG T, MA C B, et al. Efficiency and Optimal Loads Analysis for Multiple-Receiver Wireless Power Transfer Systems[J]. IEEE Transactions on Microwave Theory and Techniques, 2015, 63(3): 801-812.

[21] IMURA T, HORI Y. Unified Theory of Electromagnetic Induction and Magnetic Resonant Coupling[J]. IEEE Transactions on Industry Applications, 2015, 135(6): 697-710.

[22] LI H, LI J, WANG K, et al. A Maximum Efficiency Point Tracking Control Scheme for Wireless Power Transfer Systems Using Magnetic Resonant Coupling[J]. IEEE Transactions on Power Electronics, 2015, 30(7): 3998-4008.

[23] YEO T D, KWON D S, KHANG S T, et al. Design of Maximum Efficiency Tracking Control Scheme for Closed-Loop Wireless Power Charging System Employing Series Resonant Tank[J]. IEEE Transactions on Power Electronics, 2016, 32(1): 471-478.

[24] 孙跃, 陈小洁, 夏展阳. 电流连续模式下 BUCK 开关变换器的频率选取优化[J]. 世界科技研究与发展, 2010, 32(5): 618-621.

[25] 付园园, 姚素英, 徐江涛, 等. Buck DC-DC 变换器电感的优化设计[J]. 南开大学学报(自然科学版), 2012, 45(6): 33-40.

[26] BOYS J T, COVIC G A, GREEN A W. Stability and Control of Inductively Coupled Power Transfer Systems[J]. IEE Proceedings-Electric Power Applications, 2000, 147(1): 37-43.

[27] BEH H Z, NEATH M, BOYS J T, et al. An Alternative IPT Pickup Controller for Material Handling Using a Current Doubler[J]. IEEE Transactions on Power Electronics, 2018, 33(12): 10135-10147.

[28] 解光军,程心. DC-DC 开关变换器的建模与设计[M]. 北京:科学出版社, 2015.

06 车载无线充电系统前沿技术

本书前几章主要对电动汽车静态无线充电系统进行了讨论。目前国内外对于静态充电的研究已经相对比较成熟,已有许多企业纷纷开始对车载静态无线充电进行产业化的推广,相信不久的未来,静态车载无线充电技术将会实现产业化并率先应用到某些中高端车型上。

本章中将着重关注目前仍处于研究开发阶段的关于大功率无线电能传输的前沿技术,重点介绍双向无线充电技术及动态无线充电技术,旨在更进一步地挖掘基于电磁感应的无线电能传输技术的应用场景。

6.1 双向无线充电技术

随着智能化时代的到来，电动汽车不再仅仅是一个用电设备，而可以是电网的分布式储能单元。为了顺应目前 V2G 的潮流，电动汽车往往需要具备给电网反向馈电的功能。随着智能微网的技术日益发展和电动汽车的保有量不断增加，电动汽车作为分布电源接入电网的可能性大大增加，而无线电能传输也需要适应这一新的需求变化。

6.1.1 电流源型双向无线充电系统

对于车载双向无线充电系统，根据其补偿方式的不同，可以划分为基于串联谐振补偿的电压源型系统以及基于并联谐振补偿的电流源型系统。由于动力电池大部分的时间都处于恒流充电阶段，而且电流源型系统允许系统空载或负载短路运行，更便于接收端的输出功率控制。因此，本章将着重介绍基于并联谐振补偿的电流源型双向无线充电系统。对基于串联补偿的电压型双向无线充电系统感兴趣的读者可参看相关文献[20]。

如图 6.1 所示为典型的电流源型双向无线充电系统[1]。其中发射端与接收端采用了完全相同的电路结构。图中，L_T，L_{si}分别为发射和接收线圈组的自感，M 为两个线圈组之间的互感。发射与接收端均采用相同的 LCL 谐振补偿网络，发射端 L_{pi}和 C_T为补偿电感和补偿电容，接收端 C_s和 L_{so}分别为补偿电容和补偿电感。同时，在发射和接收端均有四个 MOS 开关管，当能量从电网侧传输到动力电池侧时，发射端的四个 MOS 管处于逆变器的工作模式，接收端的四个 MOS 管处于整流桥的工作模式；当能量从动力电池侧回馈到电网侧时，发射端的四个 MOS 管处于整流桥工作模

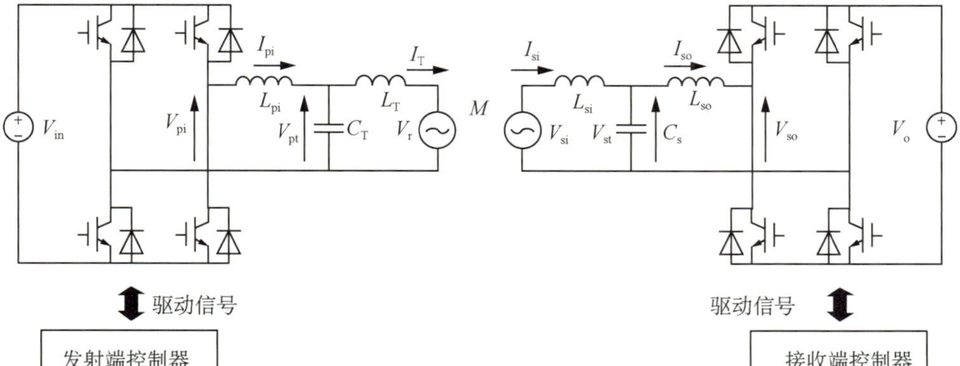

▲ 图 6.1　基于并联谐振补偿的电流源型双向无线充电系统

式，接收端的四个 MOS 管处于逆变器工作模式。

(1) 基本工作原理

如图 6.1 所示的双向无线充电系统，假设发射端逆变器的输出电压为基准参考相位电压，$V_{pi}\angle 0°$，其角频率为 ω。而发射线圈组上的激励电流 I_T 为恒定值(通过发射端控制器调节保证)。

在电路稳态情况下，在接收线圈组上的感应电压 V_{si} 可以表示为

$$V_{si}=j\omega MI_T \tag{6.1}$$

式中，M 为发射与接收线圈组之间的互感。

在双向无线充电系统中，发射与接收端均有可能是负载，也有可能是电源，这是由四个 MOS 管的工作模式决定的。但是无论处于何种工作模式，在发射线圈组上产生的感应电动势 V_r 可以表示为

$$V_r=-j\omega MI_{si} \tag{6.2}$$

在电路稳态情况下，双向无线充电系统电路可以简化为如图 6.2(a)所示的电路[1]。通过星三角形电路变换，可将图 6.2(a)的 T 型补偿网络等效转变为图 6.2(b)所示的 π 型谐振补偿网络。

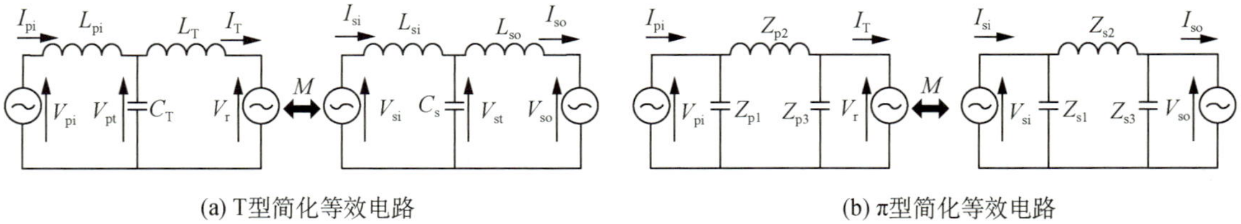

图 6.2 双向无线充电系统简化等效电路

由图 6.2(b)可知，发射端的输入电流 I_{pi} 和发射线圈组的激励电流 I_T 可以表示为

$$I_{pi}=\frac{V_{pi}}{Z_{p1}}+\frac{(V_{pi}-V_r)}{Z_{p2}} \tag{6.3}$$

$$I_T=-\frac{V_r}{Z_{p3}}+\frac{(V_{pi}-V_r)}{Z_{p2}} \tag{6.4}$$

式中

$$Z_{p1}=\frac{Z_p}{j\omega L_T},\ Z_{p2}=\frac{Z_p}{1/j\omega C_T},\ Z_{p3}=\frac{Z_p}{j\omega L_{pi}}$$

$$Z_p=j\omega L_T(j\omega L_{pi}+j\omega L_T)/j\omega C_T+j\omega L_{pi}/j\omega C_T$$

$$Z_{s1}=\frac{Z_s}{j\omega L_{so}},\ Z_{s2}=\frac{Z_s}{1/j\omega C_s},\ Z_{s3}=\frac{Z_s}{j\omega L_{si}}$$

$$Z_s=j\omega L_{si}(j\omega L_{so}+j\omega L_{si})/j\omega C_s+j\omega L_{so}/j\omega C_s$$

同理,接收线圈组的电流 I_{si}以及接收端输出电流 I_{so}可以表示为

$$I_{si}=\frac{V_{si}}{Z_{s1}}+\frac{(V_{si}-V_{so})}{Z_{s2}} \tag{6.5}$$

$$I_{so}=-\frac{V_{so}}{Z_{s3}}+\frac{(V_{si}-V_{so})}{Z_{s2}} \tag{6.6}$$

将式(6.1)代入式(6.5)以及将式(6.2)代入式(6.4)可得

$$I_T=\frac{V_{pi}}{Z_{p2}}+\left(\frac{1}{Z_{p2}}+\frac{1}{Z_{p3}}\right)(j\omega MI_{si}) \tag{6.7}$$

$$I_{si}=-\frac{V_{so}}{Z_{s2}}+\left(\frac{1}{Z_{s1}}+\frac{1}{Z_{s2}}\right)(j\omega MI_T) \tag{6.8}$$

通过上述两式,消去 I_{si}可得

$$I_T=\frac{(V_{pi}/Z_{p2})-((1/Z_{p2})+(1/Z_{p3}))(j\omega M(V_{so}/Z_{s2}))}{1+(1/Z_{p2}+1/Z_{p3})(1/Z_{s1}+1/Z_{s2})(\omega M)^2} \tag{6.9}$$

将式(6.1),式(6.6)与式(6.9)整合可得系统的输出电流 I_{so}为

$$I_{so}=\frac{(V_{pi}/Z_{p2})+(1/Z_{p2}+1/Z_{p3})(\omega M/Z_{s2})^2V_{so}}{1+(1/Z_{p2}+1/Z_{p3})(1/Z_{s1}+1/Z_{s2})(\omega M)^2}-\left(\frac{1}{Z_{s2}}+\frac{1}{Z_{s3}}\right)V_{so} \tag{6.10}$$

当 $L_{pi}=L_T$, $L_{si}=L_{so}$,且系统匹配至完全谐振状态时,即

$$\omega_0^2=\frac{1}{L_TC_T}=\frac{1}{L_{pi}C_T}=\frac{1}{L_{si}C_s}=\frac{1}{L_{so}C_s} \tag{6.11}$$

此时式(6.9)和式(6.10)可简化为

$$I_T=-j\ \frac{V_{pi}}{\omega_0L_T} \tag{6.12}$$

$$I_{so}=-j\ \frac{j\omega MI_T}{\omega L_{si}}=-j\ \frac{M}{L_{si}}\ \frac{V_{pi}}{\omega L_T} \tag{6.13}$$

由式(6.12)可知，发射线圈组的激励电流不随负载变化而变化，呈恒流源特性，可以通过控制输入电压 V_{pi} 使 I_T 在不同负载情况下保持恒定。若接收端可控整流桥前的等效输出电压为 $V_{so}\angle -\theta$，则系统的输出功率为

$$P_o = \mathrm{Re}\{V_{so}\cdot(-I_{so})^*\} = -\frac{M}{L_{si}}\frac{V_{pi}}{\omega L_T}\,|V_{so}|\sin\theta \tag{6.14}$$

由上式可知，若系统处于谐振匹配状态，当接收端输出电压与发射端输入电压的相差为 ±90°时，系统的传输功率最大。若 V_{so} 超前 V_{pi}，则能量从接收端向发射端传输；若 V_{so} 滞后 V_{pi}，则能量从发射端传输到接收端。因此，对于任何给定的发射端输入电压，系统传输功率的大小和方向可以通过发射端和接收端的控制器进行控制。

(2) 基本控制思路

如上文所述，双向无线充电系统传输功率的大小可以通过对接收端整流桥前的输出电压的调节来控制。由式(6.14)可知，当系统处于谐振匹配状态(满足式(6.11)条件)且 $\theta = \pm 90°$ 时，系统最大传输功率的大小可以通过改变发射端输入电压 V_{pi} 或者接收端输出电压 V_{so} 进行调节。但是通过对 V_{pi} 的调节实现最大传输功率的调节会使得发射线圈组的激励电流不断改变，这不利于系统磁能线圈组的设计。同时，发射端激励电流的改变也会导致接收端线圈组感应电动势的改变。当系统处于轻载输出时，接收线圈组上的感应电压会降低，使得在同样的输出电压下，系统输出端的等效品质因数 Q ($Q = V_{so}/V_{si}$) 变得过高。Q 值过高会导致系统对电路参数的变动过于敏感，不利于系统的稳定。因此，对于最大传输功率的大小的控制可以通过对接收端等效输出电压 V_{so} 的调节实现，而发射端控制器的主要目的是控制逆变器的输出电压 V_{pi}，使得在有外界扰动时，发射线圈组的激励电流 I_T 仍然保持恒定。而在接收端则是通过对输出电压采样，与参考输出电压作对比，通过 PI 控制器得到输出端的全桥可控整流电路上两个桥臂之间的移相角 α。当 α 为 0°时，代表系统以满功率状态输出；当 α 为 180°时，系统的负载被短路，此时系统输出电压为 0。由于接收端采用 LCL 谐振补偿，具有电流源特性，因此即使负载被短路，系统仍然能保持稳定。

(3) 仿真及过程分析

为了进一步说明双向无线充电系统的工作过程，下面以一个 500 W 的双向无线充电系统为例，通过 Matlab/Simulink 仿真分析系统在不同工作状态下的关键参数的波形图。在仿真模型中，系统的直流输入电压 $V_{in} = 35$ V，直流输出电压 $V_o = 50$ V，发射线圈组的激励电流控制在 50 A。

如图 6.3(a)所示，当能量从发射端传递到接收端时，V_{pi}超前 V_{so} 90°。此时接收端的全桥可控整流电路中的相邻桥臂的移相角 α 为 15°，可以控制系统的输出功率大约是 400 W。

如图 6.3(b)所示，当移相角从 15°调整至 90°时，系统的输出电压 V_{so}下降，使得系统的输出功率下降为 300 W。值得注意的是，由于 LCL 谐振网络的滤波特性，尽管逆变器后的输入电压是方波电压，但是在线圈组上的电压和电流为正弦波。

如图 6.3(c)所示为当能量从接收端反向传输至发射端时的波形图。此时接收端的四个 MOS 管处于逆变器工作状态，而发射端的四个 MOS 管则处于整流桥的工作状态。要改变反向传输功率的大小可以通过改变接收端四个 MOS 管的移相角实现，但同时要保证 V_{so}始终超前 V_{pi} 90°。

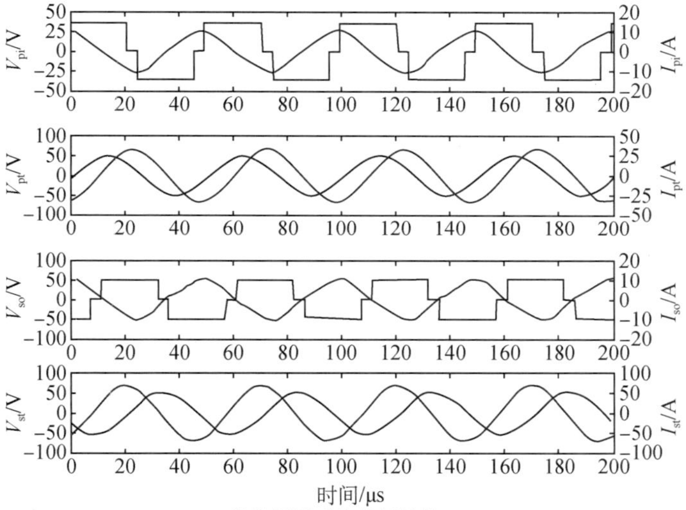

(a) 从发射端到接收端传输400 W

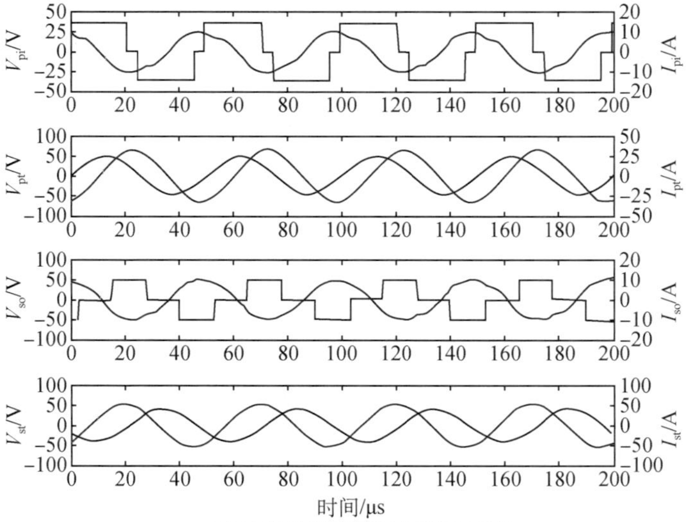

(b) 从发射端到接收端传输300 W

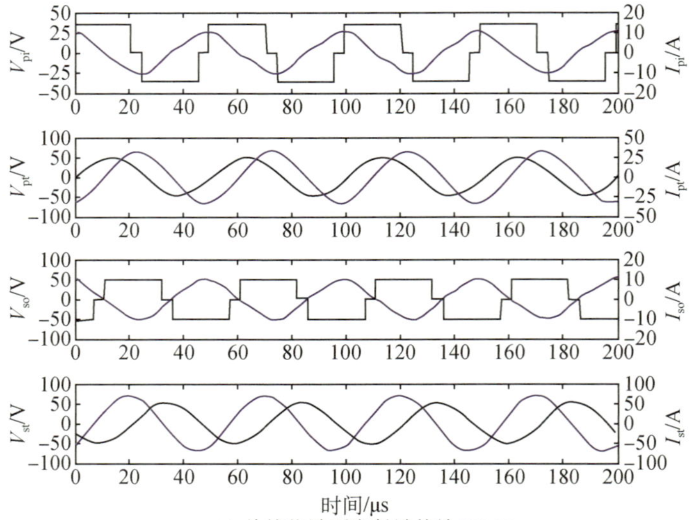

(c) 从接收端到发射端传输500 W

图 6.3 双向无线充电系统不同工作状态下的关键参数波形

6.1.2 电流源型双向无线充电系统的功率—频率控制

由上文分析可知，基于并联补偿的电流源型双向无线充电系统是一个高阶的能量传输系统。其传输能量的大小和方向均依靠发射端和接收端的 MOS 管进行控制。出于系统鲁棒性的考虑，在功率传输时应该要确保能量接收侧有能力接受发射侧所传递的能量，而能量发送侧有能力提供接收侧所需求的功率。对于电流源型的无线充电系统，通过控制能量发送侧使其一直保持最大功率输出往往不容易实现，尤其当接收侧所需要的能量等级高于发送侧的额定最大传输功率时。例如，在电动汽车无线充电场合，对于同一个发射装置，不同的汽车上的接收侧对于功率的需求不同，这要求无线充电系统在不同的负载条件下具有较强的鲁棒性。

比较简单的方法可以直接通过无线通信方式，将能量接收侧的功率需求提供至能量发送侧，能量发送侧根据自身实际的功率供给能力提供能量。但是加入无线通信模块往往比较复杂，同时由于无线充电系统本来就是依靠高频强磁场传递能量，这对无线通信的设计带来较大挑战，同时也增加了系统成本。

因此，可以采用文献[2]所提出的基于功率—频率特性的下垂控制器来实现对系统输出功率的调节。通过引入下垂控制器，即使能量接收侧的功率需求超出了发送侧的最大功率限值，发射侧仍然可以保持其自身最大额定功率输出。在接收侧不同功率需求情况下，系统的频率会作适当的改变，但是不会偏离谐振频率太多，因此并不会给发送侧带来较大的伏安数需求。

(1) 功率—频率特性下垂控制基本原理

为了方便说明,此处假设能量从无线充电系统的发射端传递到接收端,即发射端为能量发送侧,接收端为能量接收侧。根据感应式无线电能传输系统的典型功频特性,当系统工作在谐振频率时,LCL 谐振补偿网络可以保证输入电压电流同相,即在任何功率需求情况下保持对发射端最低的伏安等级要求。当系统工作频率稍微偏移谐振频率时,系统中会出现部分的无功环流,从而降低系统有功功率的传输,无线充电的功频特性如图 6.4 所示。

加入下垂控制器后,系统的功频特性如图 6.4 中实线所示。图中 f_{max}和 f_{min}分别对应正向和反向传递能量时空载情况下对应的频率。为了不对系统能量输入侧的伏安等级造成太大的影响,一般 f_{min}和 f_{max}仅在谐振频率几百赫兹范围内取值。

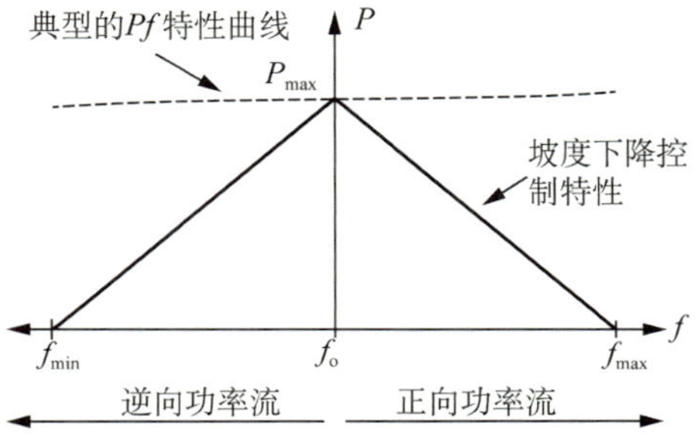

图 6.4　无线充电系统的功频特性

如图 6.5(a)所示,当系统接入负载,且负载的功率需求大于发射端的最大功率限值时,系统工作频率从 f_{max}开始,接收端监测到发射端的工作频率为 f_{max},并开始接收能量,此时系统的工作点从 A 点移动到 B 点。发射端的控制器对其输出功率进行定期采样,当发现接收端开始接收能量时,控制器在下一个采样周期之前将改变系统的工作频率,此时系统工作点从 B 点移动到 C 点。由于系统的频率仍然没有达到谐振频率,因此接收端仍可继续提高其功率需求直至到达 D 点。此时发射端已经处于最大功率输出状态,控制器将限制接收端继续增加其功率需求。

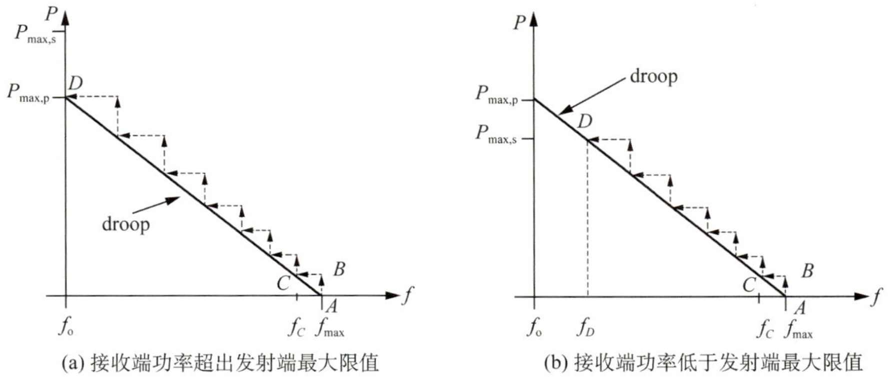

(a) 接收端功率超出发射端最大限值　　(b) 接收端功率低于发射端最大限值

图 6.5　不同负载条件下的系统工作过程

当负载的功率需求低于发射端最大功率限值时,其系统工作过程如图 6.5(b)所示。此时系统工作将从 A 点不断过渡并最终稳定在 D 点(对应频率 f_D),系统输出功率达到接收端的功率需求。

(2) 功率—频率特性下垂控制基本控制思路

根据图 6.4 的功频特性,可以得到系统工作频率与其发射端输出功率之间的关系式如下:

$$f-f_{o}=(P_{max}-P_{p})\frac{df}{dp} \tag{6.15}$$

式中,$\frac{df}{dp}$是可以人为设定的功频变化斜率。

若系统的传输效率为 η,则式(6.15)可以改写为

$$P_{s}=\eta\left(P_{max}-\frac{f-f_{o}}{dp}df\right) \tag{6.16}$$

式中,P_{s}为接收端的输出功率。

与上节讨论的控制思路类似,发射端的控制器主要作用是保持输入电压恒定,即在不同负载条件下,仍然保持发射线圈组上的激励电流恒定。而接收端的控制器可以控制全桥可控整流器两个桥臂之间的移相角实现对输出功率的调控。当移相角 α 为 0°时,系统以最大功率输出;当 α 为 180°时,负载被短路,系统输出功率为 0。

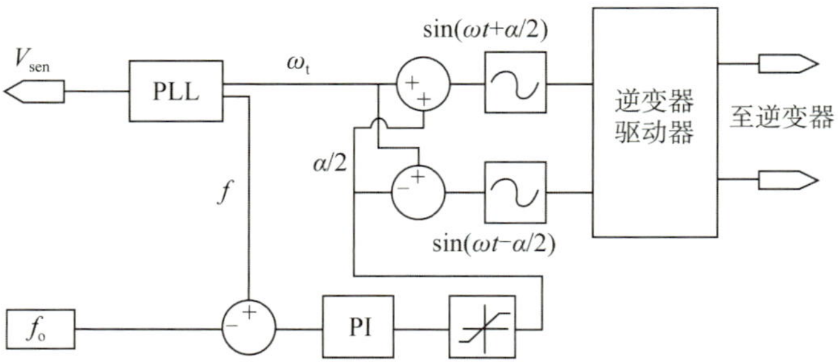

图 6.6 接收端下垂控制器的控制过程

如图 6.6 所示是接收端的下垂控制器的控制过程。接收端控制器检测接收线圈组上的感应电压,通过锁相环得到当前系统的工作频率。再利用当前的工作频率与谐振频率作差,其差值通过 PI 控制器后得到桥臂间的移相角 α,从而可以对输出功率进行控制。

(3) 功率—频率特性下垂控制仿真结果分析

为了更进一步说明下垂控制的控制效果,本节在 Matlab/Simulink 中搭建一个基于下垂控制的双向无线充电系统。系统中发射端的最大功率为 1 kW,接收端最大功率为 1.5 kW。发射端的输出电压恒定为 200V DC,而发射线圈组的激励电流控制在 55A(RMS)。接收端的负载电压为 200V DC,其谐振网络等效输出电压与发射端的逆变器后端输入电压为方波电压,且始终保持 90°相差,从而确保单位功率因数输出。

如图 6.7(a)所示,当能量从发射端向接收端正向传递,且接收端的需求功率比发射端小时,控制器控制移相角 α,使系统在非满载工况下稳定运行。此时发射端的电压 V_{pi} 超前接收端电压 V_{si} 90°。当接收端的需求功率大于发射端最大输出功率时,其波形如图 6.7(b)所示,此时发射端只能

保持最大 1 kW 功率输出。通过图 6.7(a)和图 6.7(b)比较可知，无论在何种负载条件下，发射端的激励电流 I_{Pt} 始终保持 55 A(RMS)。如图 6.7(c)所示为能量从接收端逆向传输至发射端时的电路关键参数波形。其各部分主要波形与图 6.7(b)类似，只是接收端逆变器后输入电压 V_{si} 超前了发射端整流电路前的输入电压 V_{pi} 90°。

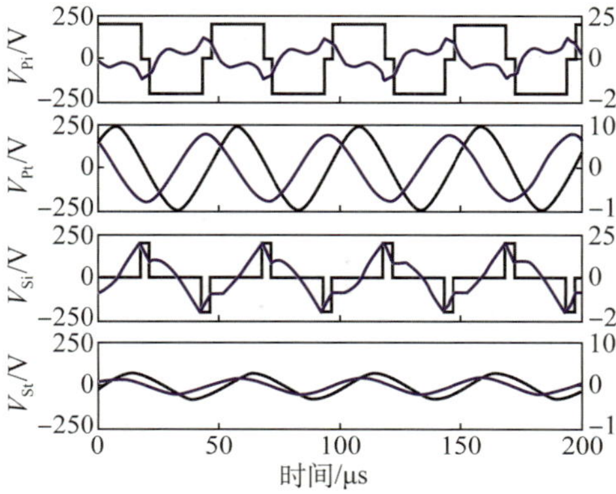

(a)正向能量传输(非满载功率输出)

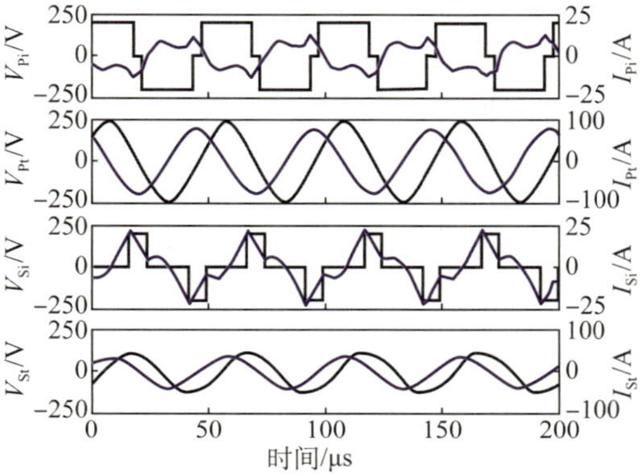

(b)正向能量传输(满载功率输出)

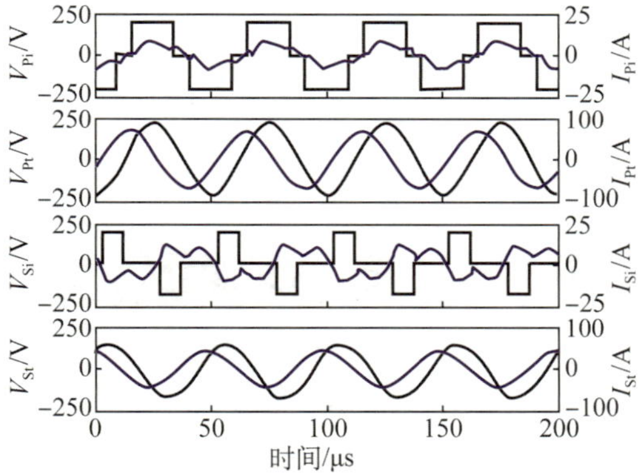

(c)逆向能量传输(满载功率输出)

▲ 图 6.7　不同工况下基于下垂控制的双向无线充电系统关键电路参数波形

如图 6.8(a)所示，能量从发射端正向传递到接收端。在 0～2.5 s 时，接收端的功率需求(P_{Slimit})为 0.5 kW，此时系统处于非满载工作状态，系统工作频率稍微偏离谐振频率 20 kHz。在 2.5 s 时，接收端的功率(P_{Slimit})需求从 0.5 kW 调整至 1.5 kW，随后，系统频率在下垂控制器控制下不断减小，最后达到谐振频率。此时系统发射端处于满载功率输出状态(1 kW)，而接收端最多也只能获得 1 kW 的功率输出。如图 6.8(b)所示，能量从接收端逆向传递到发射端。在 0～2.5 s 时，接收端的输入功率(P_{Slimit})为 0.5 kW，系统的工作频率稍微偏离谐振频率。在 2.5 s 时，接收端的输入功率(P_{Slimit})调整为 1.5 kW，随后系统工作频率在下垂控制器控制下不断增加，最后达到谐振频率。此时发射端达到其最大接收功率上限 1 kW,接收端不会继续增加输入功率。

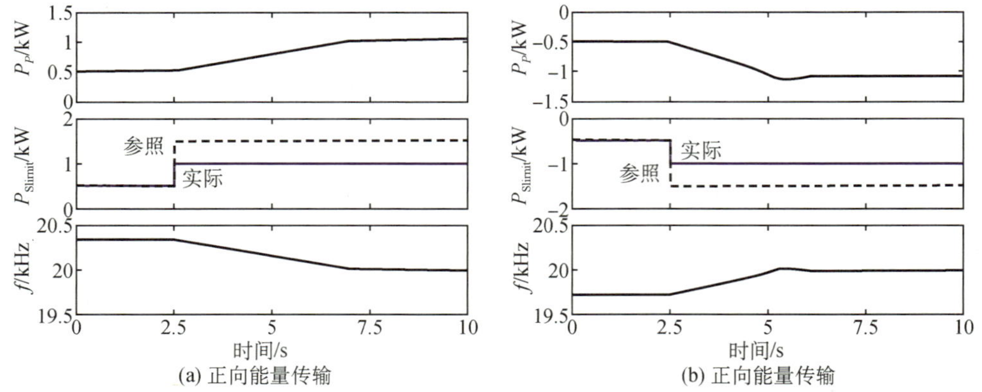

图 6.8 不同工况下基于下垂控制的功率调节效果

双向无线充电系统的控制方法是目前广大学者的研究重点,除了本节介绍的基于功频特性的下垂控制外,还有最优 PID 控制[3],以及自动调谐控制[4]等各种控制手段,有兴趣的读者可以具体参看相关文献。

6.2 动态无线充电技术

动态无线充电技术已经在第 1 章中作了简单的介绍。由于其对基础设施的改造成本过高,而且控制技术尚未成熟,目前动态无线充电技术还未得到大规模的应用推广。但是,同样是利用空间磁场耦合传递能量,动态无线充电技术可以允许电动汽车在行驶过程中不断充电,可以真正意义上解决使用者的里程焦虑。因此,动态无线充电技术仍然具有广阔的发展前景,因此本节将从动态无线充电的基本概况,近年来各大研究机构的发展动向以及动态无线充电中的关键技术三个方面展开阐述[5]。希望能够使有兴趣的读者了解到目前动态无线充电技术发展的全貌。

6.2.1 动态无线充电基本原理

最早关于动态无线充电电动汽车的研究可追溯到 1894 年法国的 Hutin 和 Leblanc 申请的专利,其内容为关于电气轨道的变压器系统的研究[6]。在该专利中,考虑了许多技术细节,例如发射端轨道式线圈的应用，补偿网络的设计，对传导和涡流损耗的降低措施等，都与目前的动态无线充电系统类似。为了解决石油危机，降低对化石能源的依赖程度，1976 年和 1979 年劳伦斯伯克利国家实验室和圣塔芭芭拉研究所分别对动态无线充电的电动汽车进行研发，但是并没有取得理想的研究成果。总结了两次不太成功的经验教训后，1992 年，美国的加州大学伯克利分校借助 PATH(Partners for Advanced Transit and Highways)计划的资助，成功证实了电动汽车动态无线充电的技术可行性。通过 PATH 计划，加州大学伯克利分校的研究团队成功将动态无线充电技术搭载到电动客车上，使得该客车可以在 76 mm 的空气间隙中以 60%的效率传递 60 kW 的能量[7]。但是由于当时缺乏高频的半导体开关器件，系统的工作频率仅有 400 Hz，使得发射端的激励电流非常大，达到上千安培。当时由于没有高性能的磁芯材料和利兹导线，系统的电磁干扰严重，而且整体传输效率较低。因此，大功率的动态无线电能传输技术并没有进一步走向商业化。

尽管当时器件发展限制，使得大功率动态无线充电技术未能得到进一步发展，但是也确立了其基本的系统框架。如图 6.9 所示为典型的电动汽车动态无线充电系统结构。该系统主要可以分为两大部分，分别是地面端和车载端。其中，地面端包括高频逆变器、谐振补偿网络、发射线圈组或轨道；而车载端则包括接收线圈组、谐振补偿网络、整流电路以及输出功率控制器。

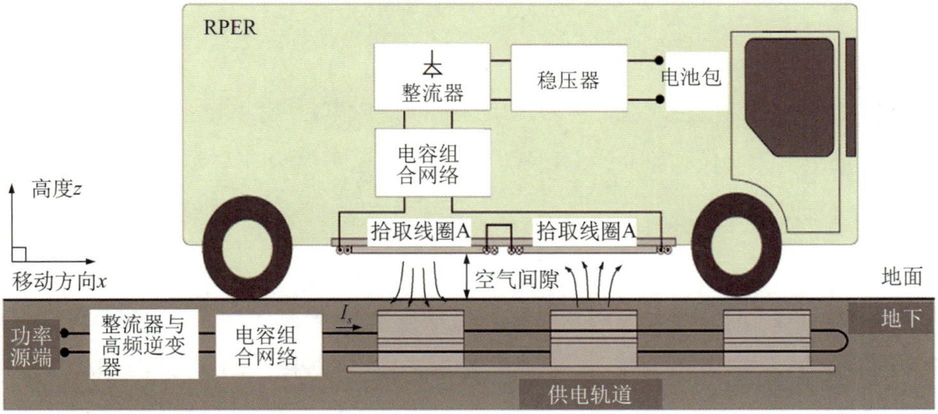

图 6.9 电动汽车动态无线充电系统结构

由于电动汽车动态无线充电技术仍然是基于空间交变的电磁场传递能量，因此，如何有效降低无线充电系统周围的磁场泄漏，使其对人体安全和手机等通信设备不造成影响，是无线充电系统设计的首要解决任务。针对空间磁场泄漏的减少问题，目前主要可以从两方面开展研究。一是发射轨道分段化技术，即将一段长的能量供给轨道有效地划分为若干个短的电磁场激励轨道，当汽车通过某段轨道上方时，该轨道才通电，其他分段的轨道处于关断状态[8]。二是空间电磁场屏蔽技术。空间电磁场的屏蔽措施主要可以分为两类:①通过高电导率材料将空间漏磁场转化为涡流损耗的被动屏蔽方法;②利用额外的激励线圈在空间中形成与漏磁场大小相同、方向相反的空间磁场,从而抵消原来的漏磁通[9-12]。此方法称为空间磁场主动屏蔽技术,但是此方法需要额外加入激励线圈、激励电源以及相位检测装置,加大了系统的复杂程度。

除了磁场屏蔽问题之外,电动汽车无线充电系统的设计中还有一个重要的问题需要考虑。由于发射轨道和接收线圈组都可以近似看作纯电感,因此直接用电压源或电流源驱动会导致电路中存在较大的无功功率,这会大大地增加发射端逆变器的设计难度。因此,为了保证一定的有功输出功率的同时,尽量减少系统的无功功率,需要在发射导轨和接收线圈组上加入谐振补偿电路,对电感进行补偿。目前,在动态无线充电系统中比较常用的谐振补偿拓扑是串—串或者是串—并拓扑[13]。

6.2.2 动态无线充电技术发展概况

1) 韩国 OLEV 计划

进入 21 世纪后,随着半导体器件以及高性能磁芯材料的飞速发展,为了解决 PATH 计划所留下的问题,从 2009 年开始,韩国科学技术院(KAIST)开展了 OLEV(Online Electric Vehicle)计划。OLEV 计划自 2009 年执行以来,截至 2015 年 6 月,KAIST 相继在大田市、首尔市、丽水市、鱼尾市发布了第 1 代到第 4 代搭载动态无线充电技术的电动客车[7]。

自 2016 年开始以降低动态无线充电对基础设施改造成本,打造与静态无线充电兼容的充电体系为重点,研发推出了第 5 代和第 6 代 OLEV。下面将对这两代 OLEV 作简单的介绍。

(1) 第 5 代 OLEV

为了进一步降低动态无线充电系统地面端的制造成本,在第 5 代 OLEV 中 KAIST 提出了一种超薄的 S 型供电轨道作为动态无线充电的发射端(图 6.10)。该轨道可以在 20 cm 气隙中对平面线圈组的接收端进行 22 kW 的功率传输,并且在水平方向上的容错能力可以达到 30 cm[12]。

如图 6.10(b)所示,在 S 型轨道中,每个磁极中都包含了 S 型铁氧体磁芯和传输电缆,每个磁极之间通过底部的磁芯平板相连。由于正负磁极之间为空间磁场提供了低磁阻的磁回路,因此大部分的交变磁场可以约束在无线充电的工作区域之内。使用 S 型供电轨道,在距离轨道 1 m 处的漏磁场强度仅有 1.5 μT[12],这远远低于国际非电离辐射防护委员会(ICNIRP)中规定的上限值 27 μT。

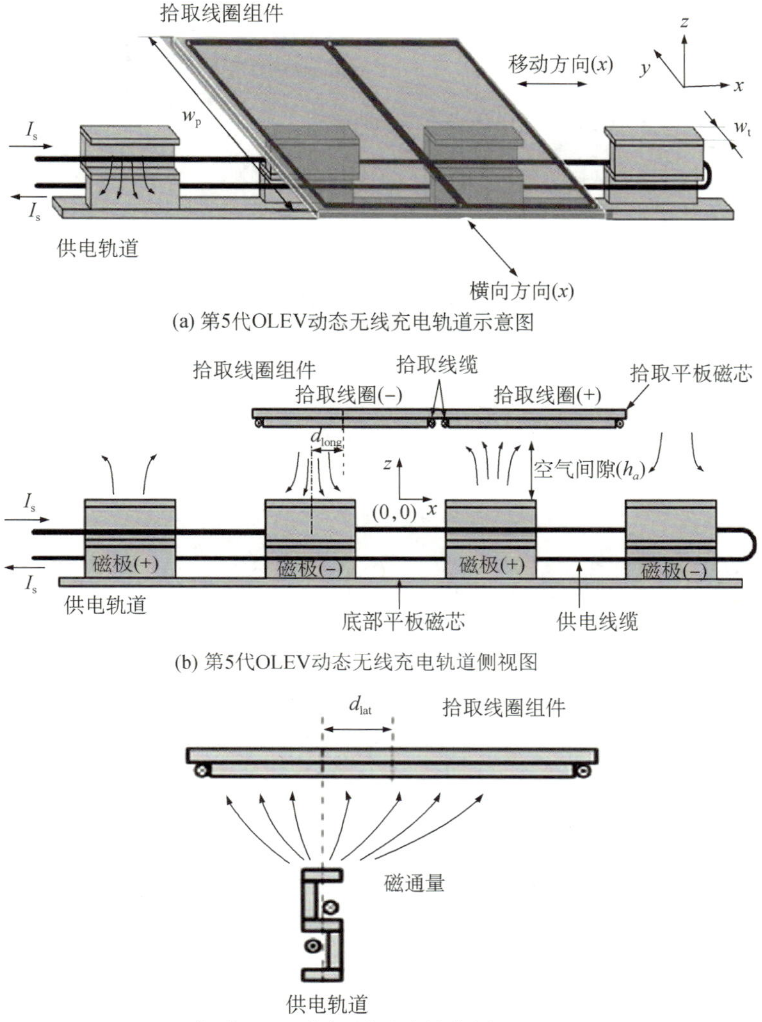

(c) 第5代OLEV动态无线充电轨道主视图

图 6.10　第 5 代 OLEV 动态无线充电轨道

此外为了方便运输和安装，S 型供电轨道可以将每一对正负磁极做成一个模组，模组之间通过传输电缆连接，并且模组之间可折叠(图 6.11)。由于 S 型供电轨道的自感较大，导致其两端的电压应力较大，因此需要加入电容对其自感值进行补偿。如图 6.11 所示，每个模组中包括正负两个磁极，其中铝盒中安装的就是用于补偿电感的电容阵列。电容与两个磁极均是串联连接以补偿其自感值。

为了使 S 型供电轨道在高湿度的路面下能够长时间可靠的工作，在每个 S 型供电轨道的模组中都会注入环氧基树脂[7]。在加入该树脂后，S 型供电轨道可以在承受路面反复机械冲击的情况下至少工作 10 年。综上所述，第 5 代基于 S 型供电轨道的 OLEV 能够有效地降低动态无线充电系统的制造成本和安装难度，有兴趣想进一步深入了解该技术的读者可以参看相关文献[12]。

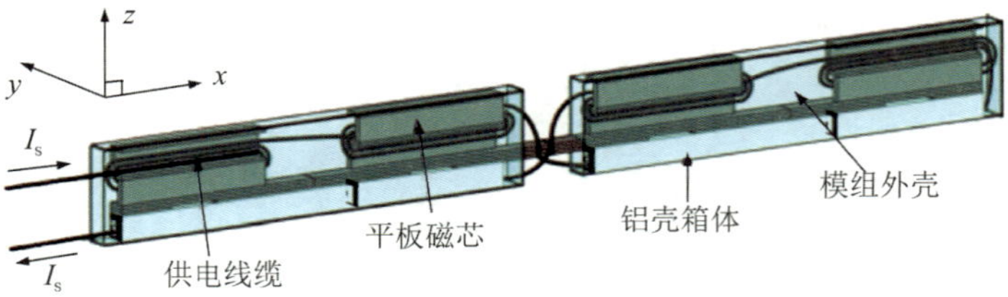

(a) 模块化S型供电轨道示意图

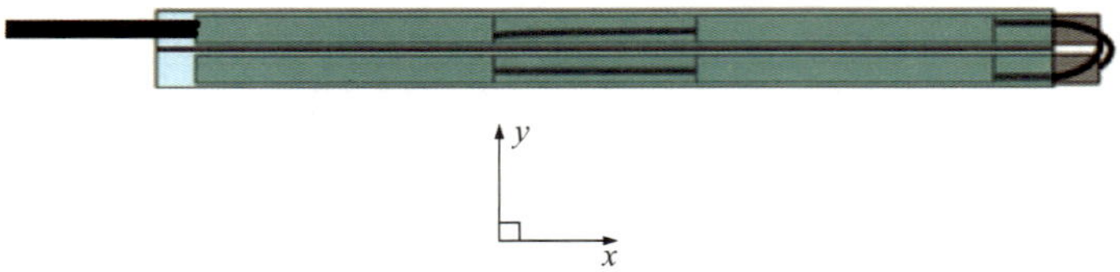

(b) 折叠后模块化S型供电轨道俯视图

图 6.11　模块化可折叠动态无线充电轨道[13]

(2) 第 6 代 OLEV

如本书中前几章所述，静态车载无线充电技术将会在不久的将来进入大规模商业化的进程。因此，动态无线充电系统想要在未来大规模应用必须与静态无线充电系统兼容。出于上述考虑，与第 3 代 OLEV 的供电轨道相比，第 6 代 OLEV 供电轨道也是由两条通电电缆形成回路，唯一不同的是，第 6 代供电轨道底部并没有加入磁芯。因此该轨道可以在路面上产生均匀的交变磁场，即使用于静态充电的方形线圈组(图 6.12)也能够通过该轨道在行驶中对电池进行充电。

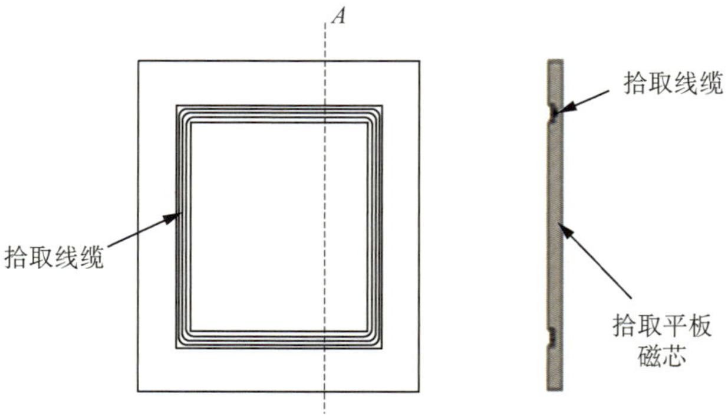

图 6.12　SAE J2954 中的方形标准接收端线圈组

第 6 代 OLEV 采用了如图 6.13(a)所示的空芯传输轨道作为动态无线充电的发射线圈[13]。同时，由于第 6 代供电轨道并没有大面积的磁芯铺设于电缆底部，因此在轨道安装时可以大大降低对原本路面的改造，从而降低施工成本，缩短改造时间。由于带磁芯的供电轨道自感较高，在系统工作时，补偿电容两端的电压应力会很大，因此系统的工作频率往往限制在 20 kHz 左右来保证电容两端的电压应力在其最大耐压范围之内。若采用空芯供电轨道，则轨道本身的自感可以有效地降低，对于同样的激励电流，基于空芯供电轨道的动态无线充电系统可以将工作频率从 20 kHz 提升至 85 kHz(SAE TIR J2954 标准中针对静态无线充电的工作频率)，此时补偿电容两端的电压仅为第 3 代 OLEV 轨道中补偿电容两端电压的两倍。因此，采用空芯供电轨道更有利于将静态和动态无线充电系统统一至一个工作频率范围内。

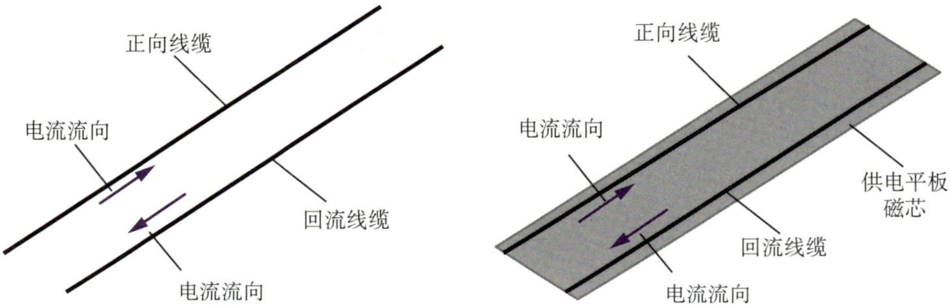

(a) 第6代OLEV供电轨道　(b) 第3代OLEV供电轨道

图 6.13　第 6 代和第 3 代 OLEV 供电轨道对比[13]

此外由于没有高磁导率的磁芯存在，如图 6.14 所示，第 6 代 OLEV 供电轨道的自感值本身比第 3 代 OLEV 供电轨道要低。同时，当接收线圈组存在水平位错时，第 6 代 OLEV 供电轨道自感值和其与接收线圈组之间的互感值的变动量都比第 3 代 OLEV 的变动量小。由图 6.15(a)可知，在不同的空气气隙下，采用第 6 代 OLEV 的供电轨道，接收线圈组自感在存在水平位错的情况下基本不变。这种在位错情况下，耦合机构的自感互感变动量小的特点可以大大降低动态无线充电控制系统的设计难度，从另一个角度看即可提高系统整体的鲁棒性。

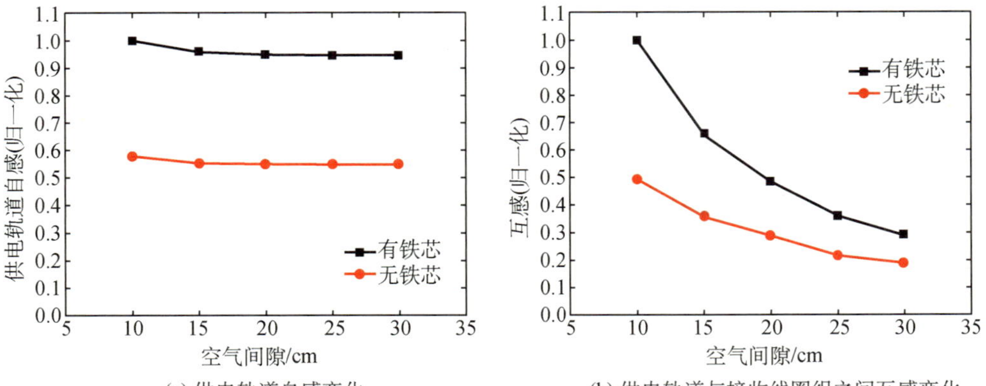

(a) 供电轨道自感变化　(b) 供电轨道与接收线圈组之间互感变化

图 6.14　第 6 代和第 3 代 OLEV 供电轨道自感与互感随垂直间隙变化[13]

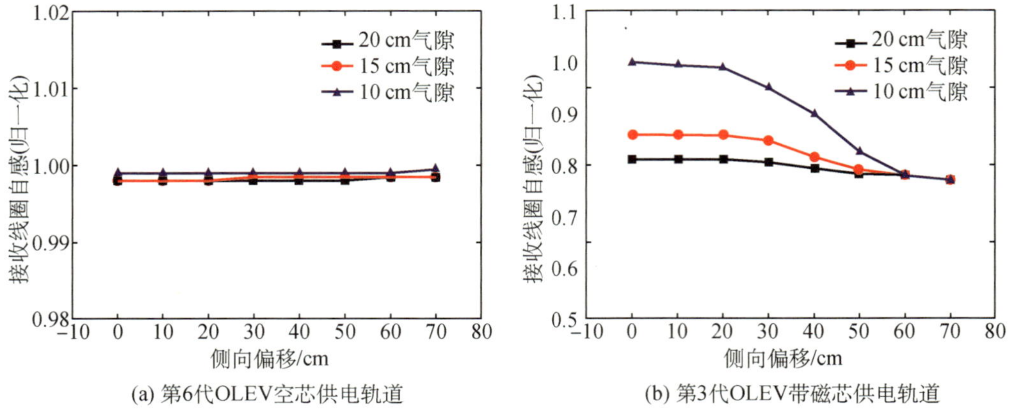

图 6.15　第 6 代和第 3 代 OLEV 供电轨道接收线圈组自感随位错变化

2）西班牙国家电力公司(Endesa)

自 2013 年 4 月起，西班牙国家电力公司借助 VICTORIA(Vehicle Initiative Consortium for Transport Operation and Road Inductive Application)计划，致力于研发同时兼容有线充电、静态无线充电以及动态无线充电三种技术的纯电动公交车，如图 6.16 所示。该团队研发的电动公交车在晚上可以利用有线充电在车站为电池充电。在白天运行时，电动公交车既可以在公交站短暂地利用静态充电为汽车充电，同时在行驶过程中也可以在铺设供电轨道的道路上进行动态充电。为了实现静态充电与动态充电兼容，电动公交车接收端采用了方形的接收线圈组。VICTORIA 计划的

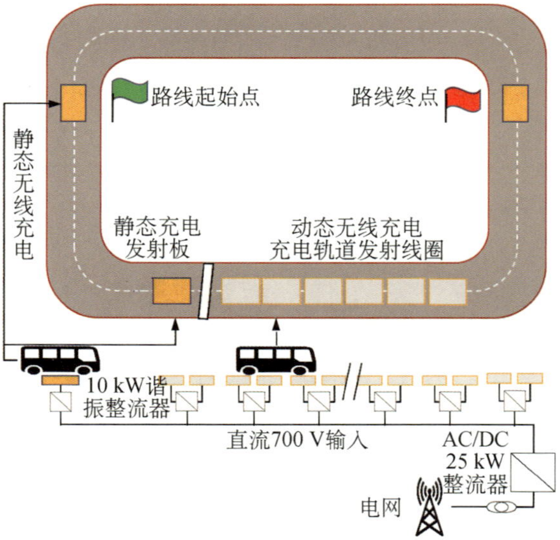

图 6.16　西班牙国家电力公司电动汽车充电设施布局

试点公交路线于 2014 年 12 月在西班牙的 Malaga 建成,其总长 10 km,包含 16 个公交站。其中动态充电公路分成 8 段充电轨道,每段相隔 12.5 m,总长 100 m,最大充电功率为 50 kW。与动态充电道路前后相隔 200 m 的公交车站点设有静态无线充电供电轨道,如图 6.17 所示。

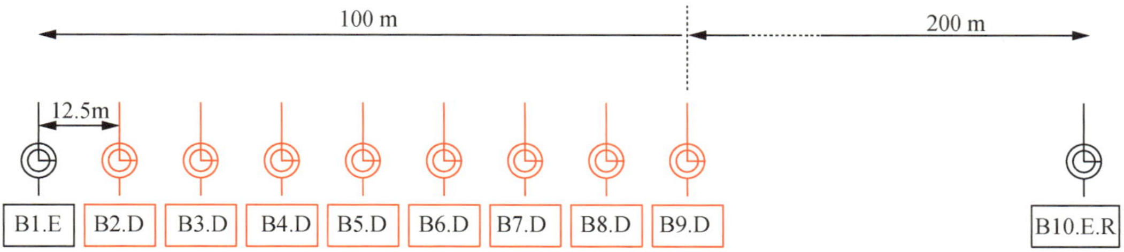

▲ 图 6.17 西班牙国家电力公司电动汽车无线充电道路布局[14]

3) 德国 INTIS 公司

从 2011 年开始,德国的 INTIS 公司就开始对基于磁感应无线电能传输的电动汽车静态和动态无线充电技术进行研究。目前 INTIS 公司已经搭建了一条长 25 m 的动态充电供电轨道(图 6.18),并且其研发中心同时具备对电动汽车静态和动态充电的模块测试及系统测试条件(图 6.19)。基于单相供电系统,INTIS 采用双 U 型供电轨道并联作为发射线圈,以 35 kHz 的频率输出最大 200 kW 的电能。

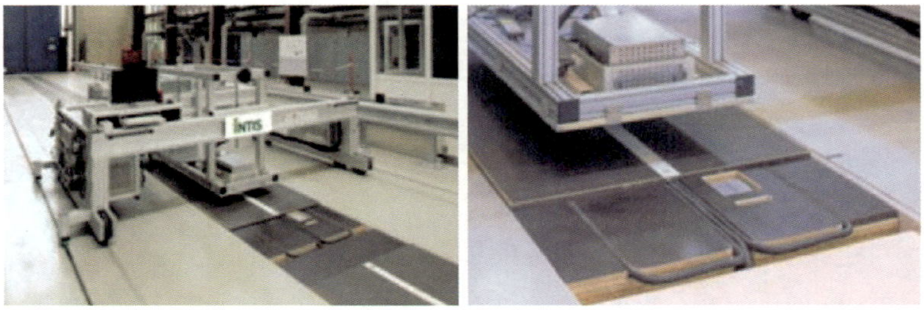

▲ 图 6.18 德国 INTIS 公司双 U 型供电轨道实物

▲ 图 6.19 德国 INTIS 公司电动汽车无线充电测试实验室

6.2.3 基于分布线圈的动态无线充电技术难点

与上述长供电轨道作为发射线圈相比，利用多个分布的线圈并排布置而形成的一条供电轨道具有其独特的优势。其中最重要的一点就是分布线圈供电轨道可以通过合理的开关设计，仅仅在上方有行驶车辆的发射线圈中激励磁场，对电动汽车进行无线充电。与长供电轨道相比，这种方案可以大大降低系统的能耗以及空间漏磁场[15]。下面将对分布式线圈供电轨道中的线圈组设计和能量供给策略两个方面技术难题进行讨论，有兴趣的读者可以从以上两个方面入手，对分布线圈式动态无线充电系统进行开发。

(1) 线圈组结构设计

基于集中式(非轨道式)的线圈组无线电能传输技术，多个圆形、方形或者双 D 线圈以一定的间距在地面下排列，对路面上经过的电动汽车进行充电。其中发射与接收线圈组之间的耦合系数是线圈设计时的重要参数。在汽车行驶中，它不仅仅会由于发射与接收线圈组之间的距离变化而发生变化，同时也会由于线圈的形状以及线圈组间的侧向偏移(垂直于汽车行驶方向)而发生变化[16]。如第 4 章中所述，磁能线圈组可以大致分为两类。第一类是以方形、圆形线圈组为代表的单极线圈组。此类线圈组工作时线圈组表面会作为磁极的北极，而线圈组边缘周围空间则作为磁极的南极供磁力线形成磁回路。这种线圈组结构比较简单，而且在对准的情况下，线圈组之间的耦合系数较高。第二类是以双 D 线圈组为代表的双极线圈组。在双 D 线圈组中，两个 D 线圈分别通以反向电流从而形成磁极的南北两极，为磁力线提供低磁阻磁回路。因此，双极线圈组具有更好的耦合条件。

在动态无线充电应用中，发射与接收线圈组之间必然存在位错，而双 D 线圈组在存在一定位错时会存在耦合死区。为了解决双 D 线圈组的耦合死区问题，需要在接收线圈组上加入正交补偿线圈(DDQ 线圈组)对耦合死区位置进行补偿。关于 DD 线圈组、DDQ 线圈组以及与单极线圈组之间的性能对比分析可以参考本书的第 4 章，在此不再一一赘述。

(2) 能量供给策略

在汽车行驶过程中，接收线圈组会不断与不同的发射线圈组耦合，但是大部分的发射线圈组并没有与接收线圈组进行耦合。因此，功率输出控制的准则在于仅仅与接收线圈组耦合的发射线圈组才会有激励电流，才进行能量传输。为了实现上述的局部能量供给策略，其中一种方案，如图 6.20(a)所示，为每个单独的发射线圈组配备一个逆变器，当检测到接收线圈组接近时，通过对逆变器的控制来决定该发射线圈组是否处于能量供给状态。这种方案的优势在于具有更大的控制自由度以及系统稳定性，但是其缺点在于需要加入大量的逆变器以及传感器，这大大增加了动态无线充电系统的安装成本。另一种方案则是利用一个逆变器同时给若干个发射线圈组供电，在每个线圈组上加入一个开关，当接收线圈组接近时，用开关通断来控制能量的传输状态，如图 6.20(b)所示。这种方案的好处是可以减少高频逆变器的使用，但是会增加开关器件的使用。

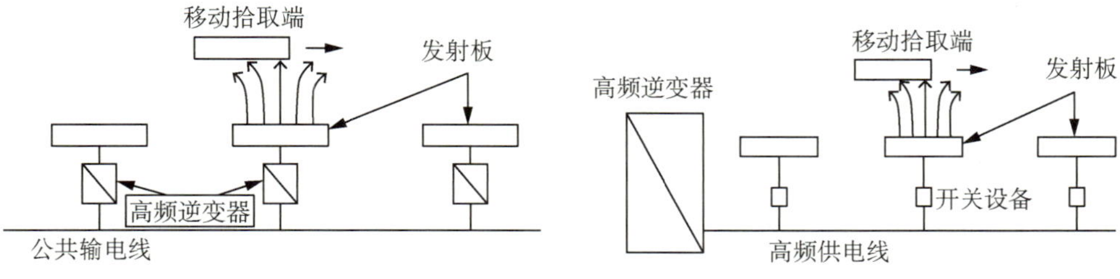

(a) 分布式逆变器布局　　(b) 集中式逆变器布局

▲ 图 6.20　动态无线充电系统能量供给策略

由于上述两种方案都要加入大量的位置传感装置来检测接收线圈组是否接近，从而确定发射线圈组的工作状态，这大大增加了系统的成本和复杂程度。为了解决这个问题，文献[17]提出利用接收线圈组接近时的反射阻抗来控制能量传输的方法。如图 6.21 所示，同样采用一个高频逆变器同时对多个发射线圈组进行供电。当接收线圈组不接近时，若发射端不加入补偿电容，则其电抗很大，此时流过线圈组的电流很小，发射线圈组处于能量不输出状态。当接收线圈组接近时，发射线圈组上产生反射阻抗，通过人为设计将该反射阻抗调整呈容性，并且正好对发射线圈组自感进行补偿，则可以在发射端产生较大的激励电流，从而使得能量从发射端传递至接收端。利用这种方法在不需要加入大量传感器的前提下可实现对功率的分段输出控制。

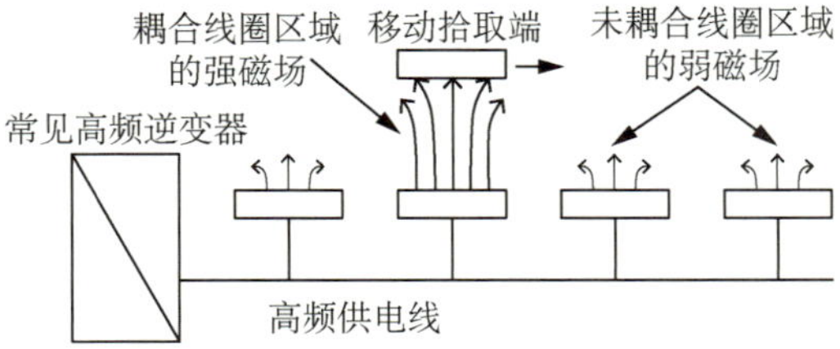

▲ 图 6.21　发射线圈组自动能量供给策略

以上是关于无线充电的两项前沿技术的简单介绍和讨论。希望能够为有兴趣致力于大功率无线电能传输的读者提供更开阔的研究思路。由于大功率无线电能传输仍然是目前电力电子中研究的热点，因此上述所提出的控制方案和思路仍然存在不少的问题有待更多的学者去研究和完善。总的来说，大功率的无线电能传输在目前汽车日益电动化、智能化的大趋势之下有着一定的科研价值和广阔的应用前景。

参考文献

[1] MADAWALA U K, THRIMAWITHANA D J. Current Sourced Bi-Directional Inductive Power Transfer System[J]. IET Power Electronics, 2011, 4(4): 471-480.

[2] MADAWALA U K, NEATH M, THRIMAWITHANA D J. A Power-Frequency Controller for Bidirectional Inductive Power Transfer Systems[J]. IEEE Transactions on Industrial Electronics, 2013, 60(1): 310-317.

[3] NEATH M J, SWAIN A K, MADAWALA U K, et al. An Optimal PID Controller for a Bidirectional Inductive Power Transfer System Using Multiobjective Genetic Algorithm[J]. IEEE Transactions on Power Electronics, 2013, 29(3): 1523-1531.

[4] MOGHADDAMI M, SARWAT A. Self-Tuned Single-Phase AC - AC Converter for Bidirectional Inductive Power Transfer Systems [C]// IEEE. IEEE Industry Applications Society Annual Meeting, 2017.

[5] MI C C, BUJA G, CHOI S Y, et al. Modern Advances in Wireless Power Transfer Systems for Roadway Powered Electric Vehicles[J]. IEEE Transactions on Industrial Electronics, 2016, 63(10): 6533-6545.

[6] HUTIN M, LEBLANC M. Transformer System for Electric Railways: United States, 527857[P]. 1894-10-23.

[7] CHOI S Y, GU B W, JEONG S Y, et al. Advances in Wireless Power Transfer Systems for Roadway-Powered Electric Vehicles[J]. IEEE Journal of Emerging and Selected Topics in Power Electronics, 2015, 3(1): 18-36.

[8] AHN S Y, PARK J, SONG T, et al. Low Frequency Electromagnetic Field Reduction Techniques for the On-Line Electric Vehicle (OLEV)[C]// IEEE. IEEE International Symposium on Electromagnetic Compatibility Fort Lauderdale, 2010.

[9] WU P, BAI F, XUE Q, et al. Use of Frequency-Selective Surface for Suppressing Radio-Frequency Interference from Wireless Charging Pads[J]. IEEE Transactions on Industrial Electronics, 2014, 61(8): 3969-3977.

[10] HILES M L, OLSEN R G, HOLTE K C, et al. Power Frequency Magnetic Field Management Using a Combination of Active and Passive Shielding Technology[J]. IEEE Transactions on Power Delivery, 1998, 13(1): 171-179.

[11] TANG S C, HUI S Y, CHUNG S H. Evaluation of the Shielding Effects on Printed-Circuit-Board Transformers Using Ferrite Plates and Copper Sheets[J]. IEEE Transactions on Power Electronics, 2003, 17(6): 1080-1088.

[12] CHOI S Y, JEONG S Y, GU B W, et al. Ultraslim S-Type Power Supply Rails for Roadway-Powered Electric Vehicles[J]. IEEE Transactions on Power Electronics, 2015, 30(11): 6456-6468.

[13] THAI V X, CHOI S Y, CHOI B H, et al. Coreless Power Supply Rails Compatible with both Stationary and Dynamic Charging of Electric Vehicles [C]// IEEE. IEEE 2nd International Future Energy Electronics Conference (IFEEC), 2015.

[14] RUIZ J A. ITS systems developing in Malaga[C]// the 2nd Congress EU Core Net Cities, 2014.

[15] COVIC G A, BOYS J T. Modern Trends in Inductive Power Transfer for Transportation Applications [J]. IEEE Journal of Emerging and Selected Topics in Power Electronics, 2013, 1(1): 28-41.

[16] COVIC G A, BOYS J T. Inductive Power Transfer[J]. Proceedings of the IEEE, 2013, 101(6): 1276-1289.

[17] LEE K, PANTIC Z, LUKIC S M. Reflexive Field Containment in Dynamic Inductive Power Transfer Systems[J]. IEEE Transactions on Power Electronics, 2014, 29(9): 4592-4602.

[18] 牛金红. 数字控制双向全桥 DC/DC 变换器的研究[D]. 湖北: 华中科技大学, 2006.